修訂十二版

LAW

民法總則

General Principles of the Civil Law

鄭玉波 著

黃宗樂 楊宏暉 修訂

三民書局

修訂十二版序

本書自民國九十七年九月修訂十一版發行以來，迄今已近十三載有餘。其間，民法各編及與本書有關之公司法、涉外民事法律適用法、決算法、家事事件法等均有修正或制定，其中，與本書最為直接相關者，當屬民法總則中成年年齡的下修，以及相關配套規定之修改，最為影響重大，爰特為修訂。此外，發見有訂正或增補之必要者，亦予以訂正或增補。

本書先前修訂執筆中，發行人劉振強先生不意於民國一百零六年一月二十三日溘然與世長辭，享壽八十六歲。劉發行人係戰後隨軍隻身來臺的流亡學生，他以過人的意志、毅力和智慧，赤手空拳，投入文化事業，創辦三民書局，苦心孤詣，慘淡經營，從無到有，由小而大，終於出類拔萃，執出版界牛耳，出版書籍成千上萬，對於淨化世道人心、促進學術發展與文化進步，做出重大貢獻，德業永垂不朽，令人欽佩、讚歎！愚曾以〈文化巨人，德業長昭〉一文悼念。

三民書局創業於民國四十二年七月，當時國家仍處於風雨飄搖之際。稱三民書局，寓意三民書局係由「三個小民」所創立，其後二人另有高就，而由劉振強先生獨挑大樑。「九層之臺，起於累土。」張錦源教授回憶說：「到了民國四十八年左右，三民書局開始推出甚受歡迎的一系列大專用書，記憶所及，其中有鄭玉波教授大作如《民法總則》，是膾炙人口的名著，法商科的學子幾乎人手一冊，三民書局藉此奠定大專用書牛耳。」（出處見本書修訂新版序）

鄭玉波教授生前曾告訴我說：劉振強先生對學者非常敬重、禮遇，他承劉先生盛邀，在三民書局出版的法律教科書至少有九種以上，三民書局是他學術生涯中的「貴人」，讓他能夠盡情著書立說，又得到優渥的稿酬，備受尊重，他很感激；他對劉先生的魄力和遠見，至為敬佩。

鄭教授逝世後，劉發行人為使鄭教授《民法總則》等名著，繼續嘉惠莘莘學子，特囑愚修訂，以保持常新，俾適用為教科書，而其更深層的目的是要讓鄭教授的學術生命延長，名聲普聞，劉發行人之飲水思源、有情有義，可見一斑。今，鄭教授、劉發行人皆已不在人世，然典範長存，令人懷念、欽仰！

哲人其萎，其嘉言懿行，應加以禮讚、傳揚。

本書每次修訂，均承三民書局多方協助，由衷感激，此次修訂，又承國立中正大學法律學系教授楊宏暉博士鼎力幫忙，併此致謝。

中華民國一百一十年八月一日

黃宗樂　楊宏暉　敬序

修訂新版序

本書自民國四十八年八月初版發行以來，由於文從字順、理路清晰、內容嚴謹、體系井然，一直膾炙人口，洛陽紙貴，歷久而不衰。最近，張錦源先生於〈與三民一起走過五十年〉一文中披露：「到了民國四十八年左右，三民書局開始推出甚受歡迎的一系列大專用書，記憶所及，其中有鄭玉波教授的大作如《民法總則》，是膾炙人口的名著，法商科的學子幾乎人手一冊，三民書局藉此奠定大專用書牛耳。」（《三民書局五十年》一六八頁）更足以證明本書在法律書籍中具有極其崇高之地位，影響我國學界及實務界至為廣大深遠，乃名副其實的經典之作。

法學係承先啟後、繼往開來之事業，本書曾隨著民法總則之修正而於七十一年八月修訂，越九年，鄭玉波教授駕返道山，一代宗師從此與世永訣。為保持常新，俾益實用，劉發行人振強囑愚再為修訂。愚於鄭師生前有幸忝列門牆，仰霑化雨，又曾在鄭師主持下共撰高中法學教材，而在大學濫竽民法總則亦有時日，乃不揣固陋，欣然應允。

九十二年之修訂，一、原著面目儘量保存，非特有必要，絕不更易任何文字；二、格式有不一致者，力求使其一致；三、原著偶有誤植者，訂補之；四、原著所引之法規，有修正者，改訂之；五、新頒布之法規，其有關者，增列之；六、實務見解宜納入者，增補之；七、補述「消滅時效之客體」、「違反公共利益之禁止」等，使其內容更加充實。至於本書各註所列之外國立法例則依著者原意，縱有修正亦不加修改，藉以維持我民法總則立法當時之舊觀，而便作立法史之查考。又此次修訂，全部重新排版，美觀悅目，亦所以造福讀者諸賢也。

茲民法總則編（及其施行法）復於今（九十七）年五月二日經立法院修正通過，總統於同年五月二十三日明令修正公布，修正條文自公布後一年六個月施行。此次修正，廢止禁治產制度，代之以成年人監護制度，並採行「監護宣告」與「輔助宣告」二級制，修正幅度甚大，影響深遠，本書爰就修正部分詳加修訂，以利新制之宣揚與推行。此次修訂，並補述「民法總則編之修正」，而使本書之體系更臻完整。

愚學殖未深，修訂本書，雖戰戰兢兢，但疏漏仍所難免，倘蒙海內宏達，不吝指正，則無任感荷。

中華民國九十七年八月八日

黃宗樂　謹序

修訂版序

民法總則修正條文，將於民國七十二年元月一日施行。該項條文共有四十五條之多，幾佔民法總則全部條文三分之一，修正幅度，可謂甚大。本書為刷新內容，爰亦作全面修訂，俾資與新條文配合。同時本書原引之其他法令，如公司法、非訟事件法、法人及夫妻財產制契約登記規則等條文，亦間有修正，茲為符合現制，亦分別參照修改。惟本書各註所列之外國立法例，因關係我民法總則立法當時，如何繼受外國法之情況，故雖因時代變遷，各該外國法條文，亦有修正者，如泰國民法，但本書仍予保留原條文，未加修改，藉以維持我立法當時之舊觀，而便作立法史之查考。至於德國民法現已將成年年齡改為滿十八歲，本書註列該國民法條文有關部分，亦參照修改，乃所以表示現代潮流成年年齡有降低之趨勢，吾人不可不注意及之也。

筆者研究未深，修訂本書，仍難免疏漏，倘蒙海內宏達，不吝賜正，則不勝感幸。

中華民國七十一年八月

鄭玉波　序於司法院

自序

民法為私法之基本法，而民法總則又為民法之基本部分，舉凡私法上之原理原則，如私權之主體——人、私權之客體——物、及私權之變動——行為等基本問題，胥在於斯，故習法者必以民總為始，而用法者亦必以民總為重。

本書以我國民法總則編為主要之論究對象，除對於上述之基本問題，均分別予以剖述外，並置重於左列二端：

一、外國法例之比較：外國立法例乃他山之石，如能參證比較，則對於本國法之研究，庶可作優劣適否之判斷；況我國現行民法，其內容多自大陸法系諸國繼受而來，追本溯源，對於外國法（母法）之研究，尤屬必要。因而本書特將法、德、瑞、日、泰五國民法有關條文，隨書中引述我國民法條文之所在，分別譯註於該段正文之後，俾資比較。

二、特殊問題之探究：民法總則中，不少特殊問題，如法人之侵權行為能力，公序良俗，權利之濫用等項，或則學者間議論紛紜，或則其內容難作具體之詮釋，凡此均宜詳加探討，本書特就此草擬專論數篇，分別附於各該章之末，聊供參考。

筆者學殖未深，本書之成，雖已時歷四載，稿經三易，且曾數度用作臺灣省立法商學院及國立政治大學之講義，但以牽涉範圍較廣，疏漏仍所難免，海內宏達，幸垂教焉！

本書之撰述，猥蒙先進及友好指導鼓勵之處甚多，而三民書局主持人，在此出版條件困難之下，惠予刊行，於此均當申誌謝忱。

中華民國四十八年孟秋
鄭玉波　序於臺北

略語表

略語	全稱
民法	我國民法
法民	法蘭西民法
德民	德意志民法
德失蹤法	西德失蹤法
瑞民	瑞士民法
瑞債	瑞士債務法
日民	日本民法
日手形	日本手形（票據）法
泰民	泰國民法

民法總則　目　次

本　論

參考書目

緒論

第一章 私法與公法

第一、私法、公法之區別

法之分為公、私，乃法學上傳統的、典型的分類，雖近世學者對於此種二分法，頗多訾議❶，然究未

---

❶ 對於公法私法之區別，倡反對論者有左列兩說：

（1）一元說　此說乃學者克魯孫氏（Hans Kelsen，一八八三年生於奧國，為維也納法學派之創始者）所倡，依其主張則國家與國民之關係，由法律上觀之，亦係權利義務關係，而非權力服從關係，與私人間之對等的相互關係，實無所異。易言之，事實上縱係握有極大權力之國家，然其與國民之關係，由法律上觀之，亦猶絕大資本之企業家，與最低級勞動者之關係然，其性質完全相同，並非一為公法關係，一為私法關係。因而認為法律均屬國法，應有共通觀念，而適用共通原則。

其次，我國學者黃右昌氏亦云：「建立中國本位新法系，自當確認三民主義為法學最高原理，民族民權民生即民有民治民享，所有法律，都是民眾的法律，乃必強為分曰：何種法律，為國家與國家之關係，或國家與人民之關係，謂之公法；何種法律，為人民與人民之關係，謂之私法，豈不與建國大綱第一目及三民主義相刺謬耶！不寧唯是，民事訴訟法乃規定實行權利及履行義務之程序法，如以實體法的民法為私法，則程序法的民事訴訟法，亦為私法，自無異說，

能根本推翻，故此二分法（二元說）仍不失為今之通說，惟其區別之標準，迄無定論而已。瑞士學者郝林嘉（Hollinger）就此曾舉出不同之學說十七種，德國學者瓦爾茲（Walz）亦曾舉出十二種之多（林紀東：《法學通論》三五頁，日本學者林信雄：《法學概論》一三九頁參照），足徵其見解之紛歧。其詳細之討論，應讓諸法理學，本書僅就其主要者，列述如下：

（一）利益說　此說以法律所保護之利益為其區別標準，即保護公益者為公法，保護私益者為私法；亦即公法以保護公益為目的，私法以保護私益為目的，故亦稱「目的說」。此說昔由羅馬法學家鄔爾比安氏（Ulpianus）所倡，近世學者拉遜（Adslf Lasson）宗之❷。

此說雖為歷史最久之學說，然以公益私益為公法私法之區別標準，實無異以問答問，蓋何謂公益？何謂私益？其本身之區別標準，亦至難決定也。若謂公益乃社會公共的利益，私益乃私人個人的利益，則無論何種法律，對斯二者，莫不同時兼顧，例如刑法之設置，固在制裁犯罪，以維持社會之秩序（公益），然

乃德國學者謂為公法，法國學者謂為私法。足見界說之不明，蓋學說愈多，則剖析愈難，根本取消反而透澈，此余所以不憚喋喋力主推翻公法私法之區別，而以根本法附屬法代之。」（《民法詮解總則編》上二頁）。

（2）三元說　此說並不否認公法私法之區別，惟於斯二者之外，另認有第三法域之社會法（公私綜合法）存在，此為多數學者所主張。

❷ 鄔爾比安氏謂：「規定羅馬國之事者為公法；規定私人利益者為私法。」（**Publicum ius est, quod ad statum rei Romanae spectat, privatun, quod ad singulorum utilitatem pertinet**）乃後世利益說之所本。又拉遜，係德人，一八三二年誕生，一九一七年逝世，乃新黑格爾派法律哲學大家。

其另一面亦在保障私人生命財產之安全（私益）；又如民法之設置，固在保護私權，以規律其生活（私益），然同時亦在規律吾人之社會生活關係（公益），倘必欲執此利益說以繩，則刑法豈不既可謂為公法，又可謂為私法；而民法豈不既可謂為私法，又可謂為公法乎？其欠當也，奚待繁言！故此說現已失勢。

（二）**主體說**　此說以法律關係之主體為其區別標準，即凡規律國家或其他公共團體間之相互關係，以及國家或其他公共團體與私人間之相互關係者為公法；僅規律私人間或私團體間之相互關係者為私法。易言之，即法律關係之主體，其雙方或一方為國家或其他公共團體時，則屬於公法關係；若其雙方均為私人或私團體時，則屬於私法關係。此說耶律芮克（G. Jellinek）倡之❸。

此說雖較利益說為進步，但仍有缺點，即國家或其他公共團體有時亦不免立於私人地位（準私人地位之國家），與私人締結買賣、租賃或運送等契約，而發生法律關係；而私人亦不免有時立於國家地位（準國家地位之私人），對於其他私人行使國家所賦與之公權力（例如船長因維持海上治安，得依船員法第五九條規定，行使警察權），而發生法律關係。於此兩種情形，若以主體說衡之，則在前者其法律關係主體之一方，既為國家或其他公共團體，自當認為公法關係，因而規律該法律關係之法律，自亦當認為公法，然果如此，豈非大謬？又在後者其法律關係主體之雙方，既均為私人，自當認為私法關係，因而規律該法律關係之法律，自亦當認為私法，然果如此，則豈非同樣誤謬？以此可知主體說亦非盡善（參照林紀東：〈論公法與私法之區別〉，載《法令月刊》七卷七期）。

❸ 耶律芮克乃德之公法學者，一八五一年誕生，一九一一年逝世，曾任維也納大學教授，著有《一般國家論》、《近世國法學》等書，均為馳名之作。

者為私法。

（三）**性質說**　此說以法律關係之性質為其區別標準，更細分三說如左：

（1）**權力關係說**　謂規律不平等關係，亦即權力服從關係者為公法；規律平等關係，亦即權義關係者為私法。

（2）**統治關係說**　謂規律國家統治權發動關係者為公法；規律非統治權發動關係者為私法。

（3）**生活關係說**　謂吾人之生活關係可分兩種方式，一為基於國民一份子資格之「國民的生活關係」，一為本於社會一份子立場之「社會的生活關係」（指狹義的社會生活而言）。前者例如任官、納稅、服兵役，以及因犯罪而遭受刑罰等關係是；後者例如買賣、僱傭、婚姻、繼承等關係是。生活關係既分為二，則規律該關係之法律，自亦隨之而不同，申言之，即規律前者之法律為公法，規律後者之法律為私法。

性質說為日本學者之通說，其中之「生活關係說」，尤為其多數學者所主張（穗積重遠：《法學通論》一二二頁，我妻榮：《民法總則》一頁），大體言之，比較穩妥。惟本書尚認為法之分為公私，不應祇向法的概念上推求，同時亦應向法的理念上求之，昔希臘哲人亞里斯多德所謂「一般的正義」及「分配的正義」即公法之理念，而所謂「平均的正義」乃私法之理念❹。因而前者所屬之範疇，即為公法，而後者所屬之

❹　亞里斯多德分析正義為三種：第一、為平均的正義，此種正義指示社會上個人相互間之給付與對待給付，應保持均衡，而個人之權利應互相尊重。第二、為法律的正義，或稱一般的正義，指示個人對於團體之任務，應謀取公共福利之增進。第三、為分配的正義，此種正義亦猶法律的正義，係有關團體的生活關係，而與第一種正義相對立。惟分配的正義，係規定團體對於個人之關係，此點與第二種正義卻不相同。團體（其代表人）應視各個人之能力及功績，而將公的名譽，公的財富以及其他文化利益，分配於其人，並將負擔及刑罰，亦依此而分配之。（田中耕太郎：《法律學概

範疇，即為私法。

近來我國通說採「新主體說」，認為應以法規歸屬的主體作為區分標準，如屬公權力主體或其機關所執行之職務法規，即屬公法，如稅捐稽徵法、行政罰法、刑法等；至於對任何人都可適用的，包含國家、公權力主體或私人，均有發生權利義務之可能者，則為私法，如規範買賣、租賃等關係之民法。

第二、私法、公法之優劣

私法公法之區別既如上述，則二者在地位上孰優孰劣？此則每因歷史的變遷及世界觀的評價而有不同，其情形分為左列三種：

（一）**私法優位主義**　在「自由主義的世界觀」言之，私法較公法應居於優越地位，公法之設，僅在保護私所有權，易言之，私法為主，公法為從，公法不過為私法之僮僕而已。此一見解乃根據「社會契約說」而來，認為私法之對等觀念，應滲透於公法之中，結果在實證法上即表現為「法治國家」之制度。

（二）**公法優位主義**　在「超個人主義的、保守的世界觀」言之，公法應較私法為優，私法祇是在包括的公法中，保留其撤回的可能性，而一時的委由個人之創意的活動而已，此種見解，在實際上即表現為「警察國家」之制度。

（三）**私法之公法化**　在「個人主義的、社會的世界觀」言之，私法應公法化，此一見解在形式上與上述之「公法優位主義」頗相近似，但在實質上則絕不相同。蓋此見解係正視個人之社會的差異，認為法律應支援社會的弱者，而牽制社會的強者，使之達於真正的平等，因此國家的權力，不得不介入個人間法

論》四八頁，梅仲協：《法學緒論》五六頁）

律關係之中，於是私法乃有公法化之傾向。此種思想，係第一次世界大戰後，由德國之威瑪憲法發其端，而我國之現行憲法亦多此種思想之表現❺，私法既趨向公法化，可見在現代之法律秩序上，已無所謂私法公法之優劣問題矣。

第三、羅馬法與日耳曼法

上述私法公法之優劣問題，在歷史上表現最明顯者，厥惟「羅馬法」與「日耳曼法」之對立，茲將斯二者簡述之：

（一）**羅馬法**　羅馬人以其實際的天才，在實證法之領域上，獲得無比之成就，其精緻之理論，對於相隔兩千年之現代的實證法，仍有決定的影響。羅馬法之全盛期為第二、三世紀之所謂「古典時代」，斯時法家輩出，關於法律問題，由皇帝賜予一種解答之特權，結果法家之學說，遂發生法律的拘束力。迨羅馬帝國東西分裂，羅馬法學乃漸趨衰微。惟第六世紀，東羅馬查士丁尼大帝（Justinianus）即位後，遂勵精圖治，為謀羅馬古典時代之再現，乃光復失土，以求帝國之統一；排斥異端，以求宗教之統一；編纂法典，以求法律之統一，因而對於當時已混亂之法律，遂展開整理工作，卒有「羅馬法大全」之完成❻。

---

❺ 德國威瑪憲法第一五三條三項規定：「所有權附有義務，其行使應同時有益於公共福利。」我憲法第一四二條規定：「國民經濟應以民生主義為基本原則，實施平均地權，節制資本，以謀國計民生之均足」，第一四五條規定：「國家對於私人財富及私營事業，認為有妨害國計民生之平衡發展者，應以法律限制之。」

❻ 羅馬法大全包括：①學說彙纂（Digesta）、②法學提要（Institutiones）、③修訂敕法彙編（Codex repetita praelectionis）及④新敕法（novellae constitutiones）等四種法典，傳至第十六世紀由法國之羅馬法學家戴尼修斯哥德弗里茲（Dionysius

在羅馬法體系中，一貫之世界觀，乃係「個人主義」的思想，認為個人係法律之出發點，亦係法律之歸著點，故保護個人利益（尤其所有權）之私法乃法律之中心，公法僅為其附庸而已。申言之，在羅馬法上保護所有權一事，乃一切法律之唯一的究極的目的，後世所有權神聖不可侵犯之思想，實胚胎於此。

（二）日耳曼法　日耳曼民族並無統一的法律，當初所有多數之部族法，後因部族多結合為種族，遂分別成為種族法，此等「種族法」自第五世紀迄第九世紀之間，編纂為法典者雖不在少數，但第九世紀以後，在神聖羅馬帝國之統治下，竟漸次習慣化，法典乃因之而不彰，同時原為屬人的種族法，亦一變而為屬地的地方法矣。其後因貨幣經濟之發達，更形成多種多樣之都市法。迨第十三、四世紀，雖盛行一種所謂「法律書」的私撰法典，然而不文法的、不統一的法律狀態，依舊存續。

中世紀之日耳曼法，並無私法與公法之區別，絕對的私權或公權，在其人之心目中，尚屬未知之事。例如服兵役、納稅等重要的國民義務之發生，亦以「同意、接受」為其基礎，而另一方面，私法的權利能力或所有權，亦與種種錯綜的公法的權利義務相結合，似今日純粹絕對的私所有權，在彼時實無從獲睹。蓋日耳曼之法律思想，係注重團體關係，認為個人乃全體之一肢，個人之權利乃為全體之利益而存在。因而對於羅馬之「個人主義」的法律思想言之，日耳曼之法律思想，實屬「超個人主義」的，兩者恰成鮮明的對比。

第十四、五世紀以後，歐陸各國因繼受羅馬法之結果，致羅馬法之勢力大張，而日耳曼法除在英倫別

Gothofredus）合併刊行，並予以總括之名稱為「羅馬法大全」（Corpus iuris Civilis）以與「教會法大全」（Corpus iuris Canonici）相對稱（詳請參照拙編《羅馬法要義》一五八頁）。

樹一幟（英、美法系）外，幾一蹶不振。尤其十七、八世紀，在政治上，個人主義極佔優勢，在經濟上，資本主義正攀高峰，而羅馬法之法律思想，恰與此種潮流相迎合，故能獨步世界。但至十九世紀後半，極端的個人主義與資本主義之弊端，陸續顯現，於是日耳曼法之超個人的主義思想，乃有兼被重用之勢。

第二章　民法與民法典

第一節　民　法

第一、民法之概念

近世各國「民法」之名稱，多自羅馬法之 jus civile（市民法）一語沿襲而來，故羅馬法之市民法，實為今日各國「民法」之語源❶，至我國「民法」一語，究係固有，抑屬舶來？說者不一❷，不過此僅就字面

---

❶ 羅馬法有市民法（jus civile）與萬民法（jus gentium）之分，前者乃羅馬市民（具有羅馬市民權者）所適用之法律，後者乃羅馬市民以外之人所適用之法律，但自第三世紀以後，因羅馬對境內所有之住民，原則上均賦予市民權之結果，市民法與萬民法對立之現象遂告消失。於是中世紀以來 jus civile 一語乃成為羅馬法之總稱，其後遂用為私法之意，在法語為 **droit civil**，英語為 **civil law**，德語為 **Bürgerliches Recht**，而荷蘭語則為 **Burgerlyk Regt**，日語之「民法」二字，乃慶應四年，由其學者津田真道氏自荷語翻譯而來。（穗積重遠：《民法總則》四頁，松坂佐一：《民法提要總則》四頁）

❷ 梅仲協：《民法要義》九頁：「民法一語，典籍無所本，清季變法，抄自東瀛，東瀛則復從拿翁法典之 droit civil，譯為今稱，……彼邦學者，依字義直譯，而於我則無據。」但謝振民：《中華民國立法史》八九九頁載民政部奏請釐訂民律略謂：「東西各國法律，有公法私法之分，……中國律例，民刑不分，而民法之稱，見於尚書孔傳。……」又徐謙：《民法總論》三〇頁，亦有「尚書孔傳雖已有民法之名稱」等語。

言之耳，若就其意義言之，則究竟如何之法律，始得謂之民法乎？茲分形式與實質兩方面述之如下：

（一）**形式的民法**　形式的民法，即指成文的民法法典而言，亦即法典之標明「民法」二字者是。關於「民法典」之詳細情形，俟於次節專述之。

（二）**實質的民法**　實質的民法，既不論法典之有無標明「民法」字樣，更不論是否成文，凡具有民法性質之法規、或習慣，均屬民法，然則其意義若何？茲分述如下：

（1）**民法者私法也**　私法對公法而言，何謂公法？何謂私法？前已言之。民法固為私法，但究為私法之全部乎？抑為私法之一部乎？欲明乎此，則須知民法有廣狹二義，狹義之民法，即非私法之全部，僅為私法之一部，此外尚有商法與之對立，而斯二者構成普遍法與特別法之關係，申言之，即民法為普通私法，商法為特別私法，商事應先適用商法（特別法優於普通法），於商法無規定時，始得適用民法（普通法補充特別法）。至廣義之民法，則等於私法之全部，亦即為各種私法之總稱，我國現採民商統一制度，並無獨立之商法存立，因而在我國現制度言之，實質的民法即屬廣義的民法也。不過其中仍有普通民法與特別民法之分，自不待言。

（2）**民法者市民社會之法也**　民法乃有關市民社會生活之法律。所謂市民社會係對封建社會而言。二者之不同處，即在於後者之組織係以階級的身分為基礎，而前者則以平等的契約為基礎，例如同一土地耕作關係，在封建社會，則耕作人之於地主，乃農奴與領主之關係（階級關係）；而在市民社會，則為永佃權人與土地所有人之關係（契約關係）。蓋近世因人類自覺，打破封建社會，而建立市民社會，於是向之階級關係，亦進而為契約關係，法學家梅因（Maine）有所謂「由身分到契約」（from status to contract）之說❸，即指此而言。近世社會既為市民社會，則規律此種社會生活關係之法律，即民法是也。

（3）**民法者行為規範兼裁判規範也**　民法乃吾人日常生活上，行為之準則，以不特定之一般人民為規律對象，易言之，民法屬於「行為規範」，惟對於此種規範，如不遵守，而個人相互間惹起紛爭時，當然得向法院訴請裁判，此時法院即應以民法為其裁判之準繩，於是民法亦為法官之「裁判規範」，故民法實兼具行為規範與裁判規範之雙重性格。

第二、民法之理念

近代市民社會係以平等的契約關係為基礎，而與封建社會之以階級的身分關係為基礎者大不相同，前已言之。因此在私法上乃以「自由平等」為理念，基此理念遂演成私法上三大原則如左：

（一）**所有權絕對原則**　即個人私有財產之所有權，為神聖不可侵犯之權利，其行使固有自由，其不行使尤有自由，而行使自由則包括行使之方法，行使之時期，行使之後果等皆聽其自由，任何人不得干涉而言。此一原則係根據法國「人權宣言」第一七條而來，其後為法國民法所襲用，發展為「私有財產權尊重」原則。

（二）**契約自由原則**　即在私法關係中，個人之取得權利，負擔義務，純任個人之自由意思，國家不得干涉，從而基此自由意思，締結任何契約，不論其內容如何，方式如何，法律概須保護。又不僅契約如

❸　梅因（Maine, Henry Sumner），英人，生於一八二二年，卒於一八八八年，曾任大學教授、律師及印度總督法律顧問等職，以研究古代法而知名，對於人類法律生活之變遷，有獨到之發見，彼之「由身分到契約」一語，曾與其後社會科學之影響不小，所著《古代法》（Ancient Law）一書，有日本學者鳩山和夫氏之譯本。

此，即單獨行為，如遺囑，亦係如此，所謂遺囑自由是。因而此一原則遂發展為「私法自治」原則。

（三）**過失責任原則**　即個人對於自己之行為，倘非出於故意或過失，縱有損害於他人，亦不負賠償責任，易言之，即惟有對於自己故意或過失之行為，始負賠償責任。至對於他人之侵權行為，則絕對不負責任，故亦稱「自己責任」原則。

以上三大原則，乃十八世紀個人主義法律思想下之產物，其對於人類文明之貢獻，在乎使個人財產獲得保障，刺戟其自由競爭，而促成資本主義之發達，然天下事不能有利而無弊，利之極，即弊之漸，三大原則之功績雖多，其弊端亦不少，例如貧富懸殊，勞資對立等問題，皆其所釀成，因而此三大原則，遂漸為世所詬病。時至今日，法律思想已由個人本位進入社會本位，而向之極端尊重個人自由者，今則一變而為以社會公共福利為前提矣，於是此三大原則，遂亦修正如左：

（一）**所有權之社會化**　自德國威瑪憲法規定：「所有權附有義務」以來，法律思想上對於所有權之觀念，為之丕變，即認為私有財產制度，係將社會之物資，信託於個人，其目的原在使其利用，而不在使其所有，亦即法律所以保護所有權者，乃期其充分利用，以發揮物資之效能，而裕社會之公共福利，故所有權之行使或不行使，均須以社會全體利益為前提，一言以蔽之，即所有權須社會化是也。因而其行使固無絕對之自由，不行使亦無絕對之自由，例如法律明定權利濫用之禁止及誠實信用原則等❹，是皆積極的

❹ 關於禁止權利濫用之原則，我民法於第一四八條設有規定，而誠實信用原則，我民法本規定於債編第二一九條，但此次（民國七十一年元月四日總統公布——以下同此）修正，則改列第一四八條二項。日本民法於戰後修正其第一條為：①私權應遵公共之福祉；②權利之行使及義務之履行，應依信義而誠實為之；③權利之濫用，不許之。德國民法第二

限制其行使之自由者；而時效制度，則為消極的限制其不行使之自由者，可見所有權絕對之觀念，於今法律上已不復存在矣。

（二）契約自由之限制　契約自由原則因資本主義發達之結果，其弊端亦層出不窮，蓋此種自由之實現，必須人人於社會上經濟上皆立於平等地位而後可，否則社會地位之低劣者，及經濟上之弱者，每不免於契約自由之美名下，為社會地位之優越者及經濟上之強者所壓迫，例如大企業組織生產獨占之結果，對於商品之價格及價金支付之方法等，皆為生產者一方所決定，一般消費者對於契約之內容，已無過問之餘地，僅有締結之自由而已。不過此之所謂商品，乃指尚非日常所必需者而言，若為日常所必需之物品，則無論資本家所定之條件，苛酷至何種程度，消費者亦非忍痛購用不可，如此則並締結之自由，亦不克保有矣。又如勞動者與資本主締結僱傭契約，雖亦名為契約自由，其實勞動者方面唯有俯首聽命而已，實無自由之可言。由此可見契約自由原則，竟變為強者壓迫弱者之手段，安得不加以限制。限制之方法有：①締結契約加以公法監督，即由國家頒行各種強行法規，以防當事人一方之獨裁。例如電燈、自來水之用費之決定，須經國家認可，或逕由國家公營；及勞動契約關於工資、工作時間等之設有一定限制是，②扶植經濟上之弱者使之團結，以謀集體自衛之方法，如對於消費者勞動者扶植其組織消費合作社、工會等，俾以團體力量抵抗資本力量，而得平衡是❺。此外，法律更明定凡有背於公共秩序或善良風俗之法律行為，概

二六條：權利之行使，不許專以損害他人為目的。瑞士民法第二條：行使自己之權利及履行自己之義務，應依誠實及信義為之。權利之顯然濫用，不受法律之保護。

❺ 我國關於保護勞動者之法令甚多，其主要者有：工廠法、礦場法、勞動契約法、團體協約法、勞資爭議處理法及工會

作無效（民法七二條），亦係對契約自由之一種概括的限制也。

（三）**無過失責任之採用**　過失責任原則，亦因資本主義發達，大規模企業激增，危險事項，比比皆是，而無法立足。蓋此時倘仍執此原則以繩，其結果有失公平。例如工廠中工人為機械所傷，倘嚴守過失責任原則，則非證明企業主有過失，即不得請求損害賠償，被害人亦即無法獲得救濟，不平孰甚？故近來法律多趨向「無過失責任」主義，凡因大企業所生之災害，不問有無過失，概須由業主負賠償責任。易言之，祇要有損害之結果，則不問加害者之有無過失，概須賠償，故無過失責任亦稱結果責任。我民法雖尚以過失責任為原則，但或設有舉證責任之轉換（民法一八七條二項、一八八條一項但書、一九〇條一項但書、一九一條一項但書、一九一條之一一項但書、一九一條之二但書、一九一條之三但書），或設有無過失責任之例外規定（民法一八七條三項、一八八條二項）亦皆足以顯出此種趨勢也。對此，消費者保護法第七條之商品和服務的缺陷責任，則屬無過失責任（消保法七條三項）。

第三、民法之法源

法源二字，意義多歧，但本書則用為「法律存在形式」之意，申言之，所謂民法法源者，即民法存在之形式之謂。其主要者，不外為：①成文的民法法典，即通常所稱之民法，亦即前述之形式的民法；②成文的特別民法，即民法法典以外之成文的民事特別法；③習慣民法，及④判例民法等數種。前二者係以明

法等，戰後又有：勞動基準法、職業安全衛生法、職業訓練法、就業服務法、職業災害勞工保護法等，足見我國立法事業之進步。日本於戰後亦頒行勞働基準法、勞働組合法、勞働關係調整法、勞働者災害補償保險法、最低賃金法、雇用對策法、職業能力開發促進法、家內勞働法、勞働安全衛生法等多種，對於勞動者亦特加保護。

文制定之成文法；後二者則為未經明文制定之不文法，關於法源詳細討論，請參照本章附論（法源論），茲僅就上列四者，略予說明如下：

（一）**民法法典**　民法法典為法典中之規模最大者，包羅民法法規之絕大部分，實為民法之最主要之法源，其詳除於次節專述外，茲應注意者，即民法法典中所載之法規，亦非盡屬民法法規，例如法人董事罰則之規定（民法三三條一項），則具有廣義的刑罰法規之性質，其所以載入民法法典者，純為編列上之便宜而然，不過此種情形，究屬極少，此外民法法典之大部分，則悉為民法法規也。

（二）**成文的特別民法**　我國現採民商統一制度，並無獨立之商法法典，僅有公司、票據、海商、保險等民事特別法(亦稱商事法)，此外尚有非訟事件法及法人及夫妻財產制契約登記規則(與民法總則有關)，土地法、平均地權條例、礦業法、漁業法（以上與物權編有關）等法令甚多，不勝枚舉，此等單行成文法規之內容，雖未必盡屬民法性質之規定，然其所含之民事法規畢竟不少，凡此皆應優先於民法而適用，故均屬於民法之特別法。

（三）**習慣民法**　某事項於社會上反復行之，即成為習慣，習慣為社會生活規範之一種。習慣達於社會上對之有法的認識及法的確信，並經社會中心勢力（主要為國家權力）之承認而強行之程度時，即成為習慣法。依法律發生之歷史觀之，係先有習慣法，而後有成文法，不過成文法發生後習慣法不惟不因之而斂跡，且更有層出不窮之概，良以社會不斷進步，則新習慣勢必產生，久之，即演成新習慣法，殊非一成難變之成文法所得阻遏也。因之無論成文法如何發達之國家，亦莫不有習慣法之存在，申言之，雖民法法典如何完備，但亦不能不另有習慣民法，故習慣民法亦為民法之法源。

習慣民法對於成文民法之效力若何？即習慣民法能改廢成文民法歟？抑僅有補充成文民法之效力歟？乃法理學上之一大爭議，茲就民法法典制定之歷史上觀之，則十八世紀末至十九世紀初，由於國家中央權力之強大，及自然法理論之勃興，遂促成法典編纂之風氣，致習慣法之存在幾被否定。蓋國家中央權力強大，勢必獨占社會上法律規範之源泉，而不容許習慣法由社會生活中自然生成。而自然法理論既主張有不受時空影響，而萬世不易之大法存在，並此種大法又已載明法典，此外自無習慣法發生之餘地。因而當時所編纂之大法典（一八〇四年拿破崙法典、一八一一年奧地利民法典）皆有否認習慣法之旨。迨十九世紀，歷史法學派逐漸代自然法學派興起，對於國家為法律唯一源泉之思想，遂加以否認，而習慣法之地位，亦再被尊重，至第二十世紀瑞士之民法出，更於第一條明示習慣法有補充成文法之效力（參照本論第一章❶）。我國民法第一條亦有：「民事，法律所未規定者，依習慣」之規定，蓋與瑞士民法同其趣旨。似此將習慣法從否定階段，扭轉至以明文規定其有補充效力之地步，實為歷史法學派之一大貢獻，最近法律之趨勢，對於習慣法更加重視，不惟認其有補充效力，更進而認其有與成文法對等效力，而我民法且有多處以明文規定其優先效力矣（民法六八條但書、四五〇條二項但書）。

總而言之，社會生活變遷不已，習慣法亦不斷發生，無論任何學說興起，習慣法於事實上亦永久存在。雖歷史法學派較自然法學派對於習慣法所採之手段，有推波助瀾與剪枝鋤蔓之不同，而各國法典，對習慣法之效力，亦有否定與肯定之差異，致習慣法之適用，有時堂堂正正，有時迂迴曲折，然此不過形式與時間問題，終無礙於習慣法達成改廢成文法之目的也。

（四）判例民法　法院之判決，雖僅在解決具體事件，然其中所含之合理性，對於其他類似之事件，自應有同一解決之效力，因此判決往往成為一般之法律規範，若再經最高審判機關，屢屢援用，則其效益著，遂成為判例法矣。判例法是否為民法之法源？在英美各國因採取不文民法主義，判例法當然為最重要之民法法源，然在成文民法各國，判例法之地位，自較為遜，同時又因其國家之司法制度係採取各級法院在法律上受其本身或同級或其上級法院所為判例之拘束與否，而對於判例法產生之難易，亦有影響。不過無論如何，判例之拘束力在事實上終屬存在，基於此種事實，則判例法亦終必發生。我國雖採取成文民法主義，對於判例之拘束力，亦僅認其事實上存在，然而最高法院之判例，不僅其本身須據以裁判，即其以下各級法院，倘無別具堅強自信之見解，亦莫不受其拘束。過去，實務上亦設有「判例」制度，即最高法院裁判之法律見解，如有編為判例之必要者，經民事庭或刑事庭總會決議之後，報請司法院備查後，即可形成判例，故過去認為判例亦具有法律上之拘束力，而可成為民法之法源矣。不過，判例係將法律見解自個案抽離，獨立於個案事實之外，而成為抽象的判例要旨，使其具有通案之規範效力，雖能達統一法律見解之目的，但畢竟與權力分立原則，有所扞格，故現行法院組織法，已將上開判例選編制度廢止，使其效力回歸個案裁判的本質，而不再具有通案效力，改代之以「大法庭裁定」（法院組織法五一條之一、行政法院組織法一五條之一），針對「歧異提案」及「原則重要性提案」進行裁定，以利法律見解之統一。

於此應予附述者，為「法理」是否亦為民法之法源之問題，按法理二字之解釋向不一致，有謂法理即是條理，日本法律及我國歷次民法草案皆稱條理，現行民法雖改為法理，但其意義仍屬相同者；有謂法理即法律之原理（客觀的），條理乃自然之道理（主觀的）。二者雖大同小異，但尚非毫無區別者。兩說以後者較當，蓋法理之適用，須有其客觀價值，若僅憑法官個人主觀之判斷，而不參照法律上之一般原理，實不免失當也。

法理與法律之關係有二：一為法理乃法律或契約內容應有之標準，二為法理遇法律無規定時可為審判之依據。申言之，①無論法律或契約，其內容不得違反法理，倘有違反之處，或逕否定其效力；或作適宜於法理之解釋。然此乃專就法律與契約之解釋而論，與法理之應有獨立法源之地位否，尚無關涉。②法律無規定時，必須依據法理以為審判，為世所公認，我民法第一條：「民事，法律所未規定者，依習慣，無習慣者，依法理」，亦與多數立法例從同（參照本章附論）。蓋法官不能拒絕裁判，苟遇法律無規定之事項，而又無習慣可據時，倘不依據法理，則何以濟其窮。惟如此所依據之法理，究等於法律歟？抑非法律歟？尚有爭論。倘必以法官祇能準據法律為前提，則法理既為法官所準據，自須承認其為法律。然此種直把法理當做法律之情形，在法律之本質上觀之，亦不免有牽強附會之嫌。故不若謂法理雖非法律，但法官亦可適用，較為妥當，因而嚴格言之，法理似不應為民法法源，然而基於法理所為之裁判，恆成為判例而產生判例法，以此則承認法理為民法法源之一，又不為過矣。

第四、民法之效力

民法之效力即指民法效力所及之範圍而言，關於此一問題，可分三項敘述如下：

（一）**關於時之效力**　法律之效力在時間上，應有其範圍，申言之，其效力應有所始，亦應有所終。法律效力自何始？此點國各不同，日本則自法律公布之日起，滿二十日生效，但以該法律未另定施行日期者為限（日本法例一條）。我國關於法律之施行，本有「法律施行日期條例」（民國二十年十二月二十三日公布施行）及「法律施行到達日期表」（民國二十一年十二月二十三日公布施行、三十九年八月十日修正）

兩種法令，可資依據。依上述條例第二條之規定，凡法律特定有施行日期者，自特定日期起發生效力。我現行民法之施行日期，係分三期，總則編以民國十八年十月十日為施行日期，債編物權編以民國十九年五月五日為施行日期，親屬編繼承編以民國二十年五月五日為施行日期，因之民法各編自應由各該日期起生效。但民國五十九年八月三十一日中央法規標準法公布施行後，上述兩種條例當然廢止，然民法既已生效，自不受影響。至七十一年民法總則編修正，其修正之條文，依總統七十一年七月一日令自七十二年元月一日起生效，九十七年五月二十三日公布之修正條文則自公布後一年六個月施行，應予注意。另民國一一〇年一月十三日公布之修正條文則自民國一一二年一月一日起施行。

其次法律效力何所終？曰終於廢止，我國關於法律之廢止，本有「法律廢止條例」（民國四十一年十一月二十日公布施行），可資依據。該條例第三條規定：「法律之廢止，應經立法院決議，總統公布之。」但其第四條復規定：「法律定有施行期限者，期滿當然廢止，不適用前項之規定。」我民法無上述之兩種情形，現正有效。又上述法律廢止條例亦因中央法規標準法之公布施行而失效，但對於民法無影響。

最後應予附述者，尚有左列兩大原則：

（1）**法律不溯既往原則**　法律自其生效時起，以後所發生之事項，始有其適用，其生效前所發生之事項，當然不適用此法律，亦即法律之效力不能溯及，是謂「法律不溯既往」原則，為羅馬法以來世所公認，我民法各編施行法第一條，皆揭明此旨（民法總則施行法第一條：「民事在民法總則施行前發生者，除本施行法有特別規定外，不適用民法總則之規定。」其餘各編施行法第一條亦同此旨。）惟應注意者，此一原則乃司法原則，並非立法原則，因而立法時基於國策或社會之需要，仍可明定法律有溯及之效力，如民法總則施行法第三條一項有：「民法總則第八條、第九條及第十一條之規定，於民法總則施行前失蹤者，亦適用之。」即其適例。

(2) **新法改廢舊法原則** 關於法律之廢止，除上述者外，尚有新法改廢舊法原則，即同一事項之法律倘已有新法公布，縱無廢止舊法之明文，舊法亦當然廢止（中央法規標準法二一條四款參照）是，但應注意者，所謂新法舊法，必須居於同一地位而後可，若一為普通法，一為特別法，則儘有公布之先後，亦不適用此原則也。

（二）**關於人之效力** 一國法律其效力究竟及於何如人？向有二大主義，一為以「人」為標準，而決定其所及之人，一為以「地」為標準，而決定其所及之人，前者乃國家行使「人民主權」之結果，謂之「屬人主義」；後者乃國家行使「領土主權」之結果，謂之「屬地主義」。「人」之標準國籍是也。依此則凡有該國國籍之人，亦即其本國人民，即不問其所在之地若何（國內抑國外），均受其本國法律之支配；「地」之標準領域是也，依此則凡居住於該國領域內之人，即不問其國籍若何（本國人抑外國人），均須受該國法律之支配。然此兩種主義若同時絕對貫澈，而於各國民法未統一之今日，勢必發生甚多之衝突，而感不便。故各國關於一定之涉外事項，莫不承認外國法律之適用。我國現行之涉外民事法律適用法（民國四十二年六月六日公布，其先有法律適用條例，現已不適用。）即為解決此種問題而設立之單行法也。其性質屬於國際私法學研究之範圍，茲不贅述。

其次我憲法第七條有：「中華民國人民，無分男女、宗教、種族、階級、黨派，在法律上一律平等」之規定，則我民法對人之效力，自亦應遵守此原則。

（三）關於地之效力　民法原則上適用於一國之全部領域，但特別民法有時亦有僅適用於特定地域者，如平均地權條例（八五條）及實施耕者有其田條例（三五條）（後者已廢止），即其適例。

第五、民法之解釋

（一）民法解釋之必要　法律之解釋云者，乃適用法律之際，如有疑義發生，則應探求其真義，以期適用正確之謂。因之關於探求民法各種法源之真義，以確定其內容之工作，謂之民法之解釋。屬於不文法之習慣法及判例法，固亦有解釋之必要，如確認習慣之內容，判斷其具否法之確信者，習慣法之解釋也；以各個判決之內在合理性，抽象的構成一般之法律規範者，判例法之解釋也，然均不若成文法之解釋之最重要與最困難。申言之，文字所表現之法律，表面上其意義似極明瞭，無須解釋，然而一旦欲適用於某種具體事實而確定其意義時，反難免含糊不清，模稜兩可，倘不加以適當之解釋，則必無法適用，蓋法文本身並非法律，其所表現之規範始為法律，文字不過為表現法律之工具而已。例如：「禁止攀折花木」六字，如僅依字面觀之，則竹非花木，當不在禁止攀折之列，其實何可如此，折竹當亦所不許；同樣吾人如拘泥於攀折二字，則踐踏似所不禁，其實既不許攀折，又何得踐踏。可見法律之真義，如僅拘泥於文字，則難免發生不當之結果，故解釋尚焉。

（二）民法解釋之技術　民法適用時既需要解釋，則解釋之技術若何？此可分左列各項述之：

（1）**文理解釋**　係依據法律條文之字義或文義所為之解釋，故亦稱文字解釋。因法文字句，較為簡要，而社會情勢之變遷，則格外劇烈，吾人之意識，勢必隨之而改易，因而對於法文之意義，即難免仁智異見，言人人殊，若不加以解釋，自不免失其客觀之標準，而影響於法律秩序者甚大，故文理解釋頗為重要。

（2）**論理解釋** 斟酌法律制定之理由，及其他一切情事，依推理作用，而闡明法律之真義者，謂之論理解釋。申言之，論理解釋乃不拘泥於文字，而依一般論理法則，確定法律之意義者是也。論理解釋較上述之文理解釋尤為重要，其方法可細分如下：

⑴擴張解釋：又稱為擴充解釋，即法律意義，如僅依文字之意義，則失之過窄，而不足以表示立法之真義時，乃擴張法文之意義，以為解釋之謂。例如將民法第一條：「民事，法律所未規定者，依習慣；無習慣者，依法理」之「法律」解釋為「法令」，包括法律及命令在內。

⑵限縮解釋：亦稱縮小解釋，因法文之涵義有時過於廣泛，非予以縮小解釋，則難期適用之正確，例如民法第七七二條有「前五條之規定，於所有權以外財產權之取得，準用之。於已登記之不動產，亦同。」等語，依文字解釋，所有權以外之財產權，應包括債權在內，但消滅時效，已於民法總則中有規定，此之取得時效，原則上應不適用於債權，故應為限縮解釋，將一般債權除外是。

⑶反對解釋：依法律條文所定結果，以推論其反面之結果者，謂為反對解釋。換言之，即對於法律所規定之事項，就其反面而為之解釋，即係反對解釋。例如民法第一二條：「滿十八歲為成年」，自其反面解釋，則年未滿十八歲者，為未成年人，又如民法第七二條：「法律行為，有背於公共秩序或善良風俗者，無效」，若自其反面解釋，則凡不背於公序良俗之法律行為，均應有效是。此外法律就甲乙兩個相似之事項，初則同為規定，繼則僅對甲有規定，對乙無規定時，則吾人對於乙如認為應與甲得反對之結果者，亦可用反對解釋。例如民法第九二條一項有「因被詐欺或被脅迫，而為意思表示者，表意人得撤銷其意思表示。……」之規定，其第二項則規定「被詐欺而為之意思表示，其撤銷不得以之對抗善意第三人」，是則對於「詐

欺」與「脅迫」兩個類似事項，先於第一項為同一之規定，而第二項則僅規定因被詐欺之意思表示之撤銷，不得對抗善意第三人，對於因被脅迫之意思表示之撤銷如何？則無規定，此時自應就前者之反面而解釋為「得以之對抗善意第三人」，此種解釋，亦屬反對解釋。

⑷類推解釋：類推解釋者，對於法律無直接規定之事項，而擇其關於類似事項之規定，以為適用者是也，故亦稱類推適用，相當於我國舊律之比附援引。例如代理人之簽名，與民法第三條：「依法律之規定，有使用文字之必要者，得不由本人自寫，但必須親自簽名」之規定不符，此時應援用民法第五五三條：「稱經理人者，謂由商號之授權，為其管理事務及簽名之人」之規定以類推解釋之。

（三）民法解釋之標準　民法解釋之使命有二：一為對於同一民法法規，不可因人因事而異其結果，此即所謂一般的確實性是；一為對於同一民法法規，而適用於各種不同之情形時，應使之生妥當的結果，此即所謂具體的妥當性是。此種一般的確實性與具體的妥當性，二者實不易調和。蓋顧此則失彼也，因而吾人對於民法之解釋即在如何使斯二者互相調和，申言之，即應在無礙於一般確實性之情形下，儘量發揮其具體妥當性。執此以觀，則文理解釋，適於維持法律之一般確實性，但往往缺乏具體的妥當性；反之論理解釋，雖可達成具體妥當性之目的，但稍一不慎，即不免流為便宜主義，而喪失一般確實性矣。故解釋法律時應以下述兩項為準則：

⑴解釋之順序，應先之以文理解釋，而後論理解釋，倘二者之結果不同時，則應以論理解釋為準。

⑵解釋之態度，對於一般規定之抽象文字應從廣義解釋，蓋法諺有「法律規定無區別者，吾人亦不可加以區別」之說，例如法律上所謂「人」，除有特殊情形外，自應解釋為自然人、法人、男女老幼等均包

括在內是。惟例外規定則應從嚴格解釋，否則將礙及法規之尊嚴，有失例外規定之旨。

第二節　民法典

第一、民法典之編纂

（一）外國民法典之編纂　英美法系，採取不文法主義，自無民法典編纂之可言；然在大陸法系諸國，因採取成文法主義之關係，對於民法典之編纂，實屬一件大事。夫法典之編纂，由來甚古❻，但予後世之影響最大者，莫若羅馬法大全（參照前章❻）。蓋此一法典，經十二世紀之註釋學派（Glossatoren）及第十三世紀中葉之後期註釋學派（Postglossatoren）之研究與闡揚，於第十五世紀遂為德國所繼受〔一四九五年

---

❻ 茲將古代有名之法典列舉四種如左：

（1）漢摩拉比法典（Code of Hammurabi）　乃巴比倫第一王朝第六代君主漢摩拉比（2123–2081 B.C.）所製，刻於八呎石柱之上，計二八二條。此法典係一九〇一年在波斯舊都蘇薩（Susa）為法國探險隊隊長摩爾根（Morgan）所發見，現保存於巴黎圖書館。

（2）摩奴法典（Mánava Dharma Sastra）　此為印度婆羅門教所制之法典，其制定之年代不詳，約在西元前一二〇〇年至西元後二〇〇年間完成。共分十二章，二六八〇條。有日學者田邊繁子之譯本（岩波文庫）。

（3）十二表法（Lex duodecim tabularum）　係羅馬共和時代所編製之一種法典，成於西元前四五〇年。（詳請參照拙編羅馬法要義一四六頁）

（4）李悝法經　李悝（約400 B.C.）乃戰國時代魏文侯相，撰〈法經〉六篇，現已失傳。

依宮廷裁判所條例，做為普通法而適用，斯即所謂羅馬法之繼受 Rezeption 是，此不僅為西洋法制史上一大事件，亦為其一般文化史上一大事件，與文藝復興（Renaissance）及宗教改革（Reformation）三者，併稱三R，乃西洋近世文明之序幕」，而開始影響歐陸各國之立法，迨第十八世紀，因自然法理論之倡行，遂大啟編纂法典之風氣，於是各國民法法典乃次第完成，茲將重要者分述如左：

（1）**法國民法典**　法國民法典即有名之拿破崙法典（Code Nepoléon）是，於一八〇四年，由拿破崙第一制定頒布，計二二八一條，內容多繼受羅馬法，為個人主義法律思想之結晶，乃拿翁之得意傑作，當其被放逐於聖赫勒拿島時，曾遙望故國，慨然歎曰：「吾四十年之戰功，因滑鐵盧之一敗，而全歸泡影，所餘者一部民法典耳！」此一民法典不僅支配法國社會迄今已近二百年，即歐美拉丁系統各國之民法典，亦概以此為範本而編成，其影響實不為小。

（2）**德國民法典**　德國繼受羅馬法後，在德意志帝國未統一前，各邦所制定之法典，重要者有普魯士普通法法典（一七九四年公布）、奧地利民法法典（一八一一年公布）、及薩克森民法法典（一八六三年公布）等，此等法典均屬地方性之法典，不能通行全國。一八一四年，海德堡大學教授提波（Thibaut 1772–1840）曾有制定德國統一民法法典之倡議，因而惹起與柏林大學教授薩維尼（Savigny 1779–1861）之法典論爭，迨德意志帝國統一（一八七一年）後，乃於一八八七年完成該國民法草案，是為第一次草案，其後有第二次草案（一八九五年），至第三次草案，即現行之德國民法典，係於一八九六年公布，一九〇〇年施行，計二三八五條。此法典乃十九世紀個人主義法律思想之總結算，後經納粹時代，雖遭若干修正，但現已恢復舊觀矣。並於二〇〇二年進行債法現代化改革。

（3）**瑞士民法典**　瑞士以法制完備稱於世，其民法法典係由瑞士民法（一九一二年施行）及瑞士債務法（一八八一年公布，一九一一年修正，一九三七年全面修正）兩者合成，前者分為四編，後者做為其第五編，此一法典係用德、法、意三種文字為正文，乃第二十世紀法律思想由個人本位轉入社會本位之契機。並採取民商統一制度（後詳），是其特色。此一法典其後為土耳其所全盤繼受（一九二六年），我民法之編纂，受其影響之處亦多。

（4）**日本民法典**　日本在明治維新以前，其法律本係繼受我國，迨明治一二年乃招聘法國巴黎大學教授寶索納德（Boissonade 1825–1910）起草民法，於明治二三年公布，預定二六年起施行，此即所謂「日本舊民法」是。此民法公布後，亦引起爭議，斷行論者，主張如期施行；延期論者，主張無限期的延期，結果後者勝利，該法典遂被擱置，而於明治二六年改派學者穗積陳重、富井政章、梅謙次郎三氏，以德國第一次民法草案為藍本，另行起草民法，於明治三一年七月一六日施行，是為現行民法典。此次戰後，業經相當修正（親屬、繼承兩編，全部重訂，物權編亦有修正），現為一〇四四條。

（二）**我國民法典之編纂**　我國歷代法制雖備，但對於民法典則獨付闕如❼，清末變法圖強，編成大

---

❼ 對於我國昔日無民法法典一節，梁啟超先生認為：「我國法律之發達，垂三千年，法典之文，萬牛可汗，而關於私法之規定，殆絕無之，……吾推其原故：①由君主專制政體亘數千年來未嘗一變，彼羅馬法律雖大成於帝政時代，然實積共和時代之習慣法而來，故其法含有共和的精神，我國自戰國以前，未脫酋長政治之史域，其後遂變為帝政，以迄今日，故法律純為命令的原素，而絲毫不含有合議的原素，其於一般私人之痛癢，熟視無覩，亦固其所宜。②由於學派之偏畸，我國自漢以後，以儒教為國教，然儒教固取德治主義禮治主義，而蔑視法治主義，故言法者殆見擯於儒家

清民律草案一種，是為第一次民法草案；民國成立後，又有民律草案之完成，是為第二次民法草案，迨現行民法典之公布施行，乃陽關三疊矣，茲分述之：

（1）**第一次民法草案**　清光緒三三年派沈家本、俞廉三、英瑞等為修律大臣，設立修訂法律館，聘日學者志田鉀太郎及松岡義正起草民律總則、債權、物權三編，而由章宗元、朱獻文起草親屬編，高种、陳籙起草繼承編，至宣統三年八月全部完成，是為大清民律草案，亦即我國第一次民法草案，但未及頒行，清室已亡。

（2）**第二次民法草案**　民國成立後，設立法典編纂會，後改為法律編查館，最後又改為修訂法律館，從事民法典之編纂，該館即參照前清民律草案，於民國十四年至十五年間，完成民律草案五編，總則編為余棨昌起草，債編為應時起草，物權編為黃右昌起草，親屬、繼承兩編為高种起草，是為我國第二次民法草案。此草案曾經司法部通令各級法院作為條理引用，然終未正式公布施行。

（3）**現行民法**　國民政府奠都南京，設立法制局，著手編纂民法法典，十七年曾完成親屬（燕樹棠起草）及繼承（羅鼎起草）兩編，但亦未及施行。其後立法院成立，於十八年一月組織民法起草委員會，

之外。法家言於他方面雖不復有勢力，而在法律界，仍以商韓為不祧之宗，夫儒家固常以保護私人之利益為國家之天職者也，使純采儒家所持主義以立法，則私法之部分，其必不至視同無物，無奈儒家言惟置重社會制裁力，而於國家之強制執行，不甚視為重要，其根本概念，與法治不能相容，故不得不任法家言占優勝之地位於法律界，而法家言則祇知有國家自身之利益，而構成國家之分子（即人民）之利益在所不計。儒法兩派不能調和，此所以法令雖如牛毛，而民法竟如麟角也。」（《中國成文法編制之沿革》五三頁）

以傳秉常、焦易堂、史尚寬、林彬、鄭毓秀（後改為王用賓）等五人為起草委員，根據中央政治會議歷次通過之民法各編立法原則❽，從事民法之起草，至民國二十年先後全部完成，共分五編，都一二二五條，

❽ 民法總則編立法原則十九條（中央政治會議一六八次會議通過），債編立法原則十五條（一八三次會議通過），物權編立法原則十五條（二〇二次會議通過），親屬編立法原則九條，繼承編立法原則九條（以上兩編原則二三六次會議通過）。因本書係以總則為論述對象，為便於參考計，將總則編立法原則錄之如左：

（1）民法所未規定者依習慣，無習慣或雖有習慣而法官認為不良者依法理。

（2）民法各條應分別為兩大類：①必須遵守之強制條文；②可遵守可不遵守之任意條文。凡任意條文所規定之事項，如當事人另有契約，或能證明另有習慣者，得不依條文，而依契約或習慣；但法官認為不良之習慣，不適用之。凡任意條文，於各本條明定之。

（3）失蹤人失蹤滿十年以上者，法院得為死亡之宣告；失蹤人為七十歲以上者，得於失蹤滿五年後為死亡之宣告；失蹤人為遭遇特別災難者，得於失蹤滿三年後為死亡之宣告。

（4）二人以上同時遇難而死，無證據足以證明其死亡之先後時，即推定其為同時死亡。

（5）足二十歲為成年。

（6）未滿七歲之未成年人無行為能力，七歲至二十歲為有限制之行為能力人。

（7）對於心神喪失及精神耗弱之人，法院得宣告禁治產。

（8）姓名權受侵害者，被害人得請求法院禁止之。

（9）同時不得有二處以上之住所。

（10）外國法人之認可，依法律規定。在中國境內外國法人之設立營業及分設支店，應受中國法律及規章之支配。經

於是我國始有正式的民法法典，堪為我國立法史上一大紀念事業。茲將其編別及公布施行日期等，列表如下：

認可之外國法人，與同種類之中國法人有同等之權利能力及行為能力；但法令另有規定者不在此限。外國法人受中國法院之監督及管轄。

（11）法律行為必須依方式者，宜定其方式，但種類不宜過多，所定方式亦不宜繁瑣。

（12）法律行為雖依法定條件，應認為有效者，如乘他人之危急，或其他特定情形，顯失公平者，法院得撤銷之。

（13）以侵害他人為主要目的而行使權利者，其權利之行使為不法。

（14）因避免不法侵害所為之行為，不得認為不法；但以不超越相當程度者為限。因避免緊急危險，而損害、或毀滅他人之物者，其行為不得認為不法；但以不超越相當程度者為限。

（15）為保護自己權利起見，對於他人之自由或財產施以相當制裁之行為，不得認為不法，但以舍此以外，無他方法，並事後即請司法之援助者為限。

（16）享受權利之能力不得放棄。

（17）自由不得拋棄。契約上自由之限制，不得違背公共秩序或善良風化。

（18）不於法定期間行使權利者，其權利因時效而消滅。法定時效期限，不得以契約延長及減短之，並不得預先拋棄時效之利益。

（19）最長時效期限，擬定為十五年；定期給付之債權，擬定為五年；關於日常交易之債權，擬定為二年。

編別	公布日期	施行日期	備註
總則	民國十八年五月二十三日	民國十八年十月十日	一～一五二條，計一五二條，施行法一九條與總則同日施行。
債	民國十八年十一月二十二日	民國十九年五月五日	一五三～七五六條，計六〇四條，施行法一五條與債編同日施行。
物權	民國十八年十一月三十日	同右	七五七～九六六條，計二一〇條，施行法一六條與物權編同日施行。
親屬	民國十九年十二月二十六日	民國二十年五月五日	九六七～一一三七條，計一七一條，施行法一五條與親屬編同日施行。
繼承	同右	同右	一一三八～一二二五條，計八八條，施行法一一條與繼承編同日施行。

民國成立後，迄民法施行前，關於民事之裁判，仍援用大清現行刑律中之有關民事部分之規定（經參議院元年決議），是為現行律民事有效部分，民法施行，始歸廢止。

民法公布施行以來，已歷經半個世紀，在此期間，社會情況、經濟形態及人民生活觀念丕變，部分規定已難因應實際需要，自有全面檢討，擇要修正之必要。因此民國六十三年七月司法行政部（現為法務部）組成民法研究修正委員會（本書著者亦忝列研究修正委員末席）開始民法之研究修正。

民法總則及其施行法修正案，經立法院於七十年十二月二十二日三讀通過，計修正四十五條，總統於七十一年一月四日令修正公布，另於七十一年七月一日令定於七十二年元月一日施行；九十七年又經修正，同年五月二十三日總統令修正公布，自公布後一年六個月施行；一〇四年復為修正，同年六月十日總統令修正公布，並自公布日施行；一〇八年六月十九日復為修正第一四條；新近於一一〇年一月十三日修正調降成年年齡，修訂第一二及一三條，並自一一二年一月一日起施行。

其次，民法親屬與繼承兩編，七十四年六月三日總統令修正公布。民法親屬編復分別於八十五年九月二十五日、八十七年六月十七日、八十八年四月二十一日、八十九年一月十九日、九十一年六月二十六日、九十六年五月二十三日、九十七年一月九日、九十七年五月二十三日、九十八年四月二十九日、九十八年十二月三十日、九十九年一月二十七日、九十九年五月十九日、一〇一年十二月二十六日、一〇二年十二月十一日、一〇三年一月二十九日、一〇四年一月十四日、一〇八年四月二十四日、一〇八年六月十九日、一一〇年一月十三日、一一〇年一月二十日總統令修正公布。民法繼承編復於九十六年底經修正，九十七年一月二日、九十八年六月十日、九十八年十二月三十日、一〇三年一月二十九日、一〇四年一月十四日總統令修正公布（民法繼承編施行法單獨於九十七年五月七日總統令修正公布）。民法債編，八十八年四月二十一日總統令修正公布，修正條文自八十九年五月五日施行（民法債編施行法三六條二項本文），其後又分別於八十九年四月二十六日、九十八年十二月三十日、九十九年五月二十六日、一一〇年一月二十日總統令修正公布。

至於民法物權編除曾於八十四年一月十六日修正公布第九四二條外，九十六年就擔保物權部分修正，總統於九十六年三月二十八日明令公布，自公布後六個月施行。通則及所有權部分，於九十八年二月二十三日修正公布，同年七月二十三日施行；用益物權（地上權、永佃權、地役權及典權）及占有部分，於九十九年二月三日修正公布，自公布後六個月施行。又，一〇一年六月十三日修正公布第八〇五條、八〇五條之一條條文。

第二、民法典之體制

（一）外國民法典之體制

關於外國民法典之體制，應予敘述者有下列兩點：

（1）羅馬式與德國式　民法典在編次上言之，有羅馬式與德國式兩種，羅馬式（Institutiones System）係羅馬法學家葛由斯（Gaius）「法學提要」所用之體例，其後為查帝（Justinianus）之「法學提要」（羅馬法大全之一部）所襲用。內容共分三編，第一編人事編，第二編財產編，第三編訴訟編，即人法、物法、訴訟法（persona, res, actio）是也。此式法國民法採之，不過將訴訟編除去，而將財產編析分為二，即第一編為人事編，第二編為財產編，第三編為財產取得編。荷蘭、比利時、意大利、西班牙、葡萄牙各國民法，及日本舊民法，皆仿此例，不過大同小異而已。

德國式亦稱普通法式，或逕稱「潘德克吞」式（Pandekten System，係由羅馬法大全中學說彙纂之希臘名稱之Pandectae而來），乃德國法學家於著述中所用之編別法也。此式之內容，共分為五編，即總則、債權、物權、親屬、繼承是。惟因債權與物權兩編，先後編列次序之不同，又可分為薩克森（Sachsen）式與巴威里（Baviria）式兩種，前者置物權於第二編，債權於第三編，後者則反是。日本現行民法採薩克森式，德國現行民法採巴威里式。至瑞士民法，第一編人事，第二編親屬，第三編繼承，第四編物權，並另有債務法做為第五編，其外形雖似羅馬式，而其實質則又近乎德國式，蓋屬於一種折衷式也❾。

---

❾ 羅馬式與德國式兩者孰優，學者間之見解不一，主張德國式較優者為通說，略謂：「羅馬式之缺點為：①概為原則的規定，缺少可為他部分前提之總則；②同為財產法，而未區別性質全異之物權與債權；③置關於人格及能力之規定，

（2）**民商分立與民商統一制**　民法典在制度上言之，有民商分立制與民商統一制之別。所謂民商分立制者乃民法法典之外，尚有商法法典與之對立之制度是也。所謂民商統一制者乃民法法典之外，不復有商法法典存在之制度是也。大體言之，民商分立制，為十九世紀以前產生民法法典之國家所採用，故為舊制，而民商統一制，乃二十世紀以後新訂民法法典之國家所採用，故為新制。德國（新商法典一八九七年制定）、法國（商法典一八〇七年制定）、日本（新商法典明治三十二年制定）等國，屬於前者之系統；瑞士、泰國（民法典一九二五年制定）及蘇俄（民法典一九二三年制定）等國，屬於後者之系統。意大利本為民商分立國家，但後來，將舊法之民法典（一八六五年制定）及商法典（一八八二年制定）合併為「國民法典」，而於一九四二年施行，是則改採民商統一制矣❿。

以及親屬關係之規定於財產編；④繼承祗視為財產取得之一法。凡此種種缺點德國式均無之。」（黃右昌：《民法詮解總則編》上四〇頁，徐謙：《民法總論》二八頁，何孝元：《民法總則》六頁，穗積重遠：《民法總則》一二頁參照）。但持反對論者在我學界則有梅仲協氏主張：「依余所見，上述兩種體制，以羅馬式較為合理，蓋人皆有母，丐亦有妻，以親屬法列於民法之首，匪特合乎自然之原則，且可略避重物輕人之嫌也。」（《民法要義》一二頁）於德國學界則有孟格氏（Monger 1841–1906）主張：「①親屬法應列第一，蓋以親屬制度，不問有無財產，同一適用，故其編次不宜後於財產法；②其次，應規定大多數國民有利害關係之財產法，而以物權居先，債權居後；③最後則規定繼承。蓋繼承僅與有產者有關也。」又日學者穗積重遠氏亦認為上述之通說（即德國式較優之說）不無研究之餘地，略謂：「①民法總則果有與他部分對立，而獨立成編之價值歟？②物權與債權之區別並非絕對的，而近來債權已有物權化之傾向；③將親屬法列後之現行民法，實不若首列人事編之舊民法，更適合國情；④將繼承列入財產取得編，固屬不妥，但繼承在財產方面的重要性，亦不可忽視。」（《民法總則》一三頁）

（二）**我國民法典之體制**　我國民法典之體制，亦分為左列兩點言之：

（1）編次　我民法典在編次上言之，係採取德國式之巴威里式，惟第二編不稱債權，亦不稱債務，而僅名之曰「債」，蓋寓有保護債權人與債務人雙方之法意也。至何以列債編於物權之前，蓋於近世，債為

⑩ 民商統一制度乃基於民商二法統一論而來。此一理論係西元一八四七年意大利學者摩坦尼利（Motanelli）所首倡，一時學者景從，曾一度風靡全世，影響各國法制不少，但此種法制在實行上未見若何成功，故統一論厥後已非有力之學說（意大利學者維域提氏及日本松本烝治博士曾主此說最力，但後已改變），不過後來此種理論於意大利又由學者尼帕得、阿斯奎尼等所重新掀起，影響所及，該國法制已實際採用，此點頗堪注目（關於民商統一論之論據，及其反對論者之反對理由，請參閱後列⑪）。

於民商統一論之外，尚有與該理論類似的一種「民法商法化」之問題，此乃關於民商二法界限上一種動的觀察（民商統一論乃民商二法界限上一種靜的觀察），亦頗堪注目。此問題為學者李塞耳（Riesser）所揭櫫。所謂民法商法化（Kommerzia-lisierang des burgerlichen Rechts），其意義有二：①由商事交易及商法上所形成之思想或制度，輒為民法漸次採用，如方式自由原則及動產之善意取得等，即其適例；②原屬民法上之制度或法律關係，後漸歸商法所支配，如民法上之營利法人（民事公司），後成為商法上之公司，是其適例。不過此種情形，並非說明民商二法應予統一，而係認為伴隨經濟生活之進展，商法不斷的創造新的原理，此種新的原理亦不斷的滲透於民法之中而已。李塞耳嘗謂：「商法在交易錯綜之里程上，常做為民法之嚮導，且為勇敢之開路先鋒。亦即成為民法吸取新鮮思想而藉以返老還童之源泉。」學者哥德休米特亦謂：「民商兩法之關係，譬之冰河，在其下流之積雪雖漸次消融，而與一般沈澱物混合，但其上流卻漸次形成新的積雪。」凡此均足以說明商法原理雖頻頻滲入民法，然商法本身仍不失其獨立性。（西原寬一：《商法總則》七頁，北澤正啟：《商法總則》二五頁，竹田省：《商法總論》三〇頁）

取得物權之重要方法，且適用較廣之故。此點與薩克森式不同，後者列物權於債權之前，蓋以物權為根本，而吾人生活史上，物權較債權發生在先故也。

（2）**制度**　我民法典在制度上言之，係採取民商統一制度⓫，於民法典外，不另設獨立之商法法典，

⓫ 民國十八年五月，中央政治會議委員兼立法院院長胡漢民，副院長林森，提議編訂民商統一法典，經中央政治會議決議交胡委員漢民、戴委員傳賢、王委員寵惠審查，復經中央政治會議第一八三次會議通過，交立法院遵照編訂。原審查報告書列舉八項理由如下：

一、因歷史關係，認為應訂民商統一法典也：商法之於民法以外成為特別法典者，實始於法皇路易十四，維時承階級制度之後，商人鑒於他種階級，各有其身分法，亦遂組織團體，成為商人階級，而商法法典亦相因而成。此商法法典別訂於民法法典之外者，乃因於歷史上商人之特殊階級也。我國自漢初弛商賈之律後，四民同受治於一法，買賣錢債，並無民商之分。清末雖有分析民法法典及商法法典之議，民國成立以來，亦沿其說，而實則商人本無特殊階級，亦何可故為歧視耶？

二、因社會進步，認為應訂民商統一法典也：反對民商法統一者之言曰：商法所定，重在進步，民法所定，多屬固定。此在昔日之陳跡，容或有之，不知凡法典應修改者，皆應取進步主義，立法者認為應修改即修改，與民商合一與否無關。例如英國民商合一，而公司法施行後亦有數次之修改。而德國為民商分立之國，乃商法之改變，遠不如英國。於此可見進步與否，並不在民商之合一與否也。是以各國學者，盛倡民商合一之論，其最著者，如意國之維域提氏（Viyonte）、法國之他賴氏（Thallen）、德國之典爾伯氏（Dernburg），皆有相當之理由。

三、因世界交通，認為應訂民商統一法典也：反對民商法典統一者之言曰：商法具有國際性，民法則否。此亦狃於舊見之說也。民商合一，對於商事法規，應趨於大同與否，立法者儘可酌量規定，並不因合一而失立法之運用。且

民商劃分之國，其法典關於本國之特別規定者，亦不一而足也。

四、因各國立法趨勢，認為應訂民商統一法典也：意大利為商業發達最早之國，而其國之學者，主張民商合一為最力。英美商業今實稱雄於世界，而兩國均無特別商法法典，瑞士亦無之。俄國一千八百九十三年民法第一草案，一千八百九十六年民法第二草案，一千九百零六年民法第三草案，一千九百零七年民法第四草案，均包商法在內。似此潮流，再加以學者之鼓吹提倡，則民商合一，已成為世界立法之新趨勢，我國何可獨與相反。

五、因人民平等，認為應訂民商統一法典也：人民在法律上本應平等，若因職業之異，或行為之不同，即於普通民法之外，特定法典，不特職業之種類繁多，不能遍及，且與平等之原則不合。

六、因編訂標準，認為應訂民商統一法典也：昔時各國之商法，以人為標準，即凡商人所為者，均入於商法。德國於一八九七年所訂之商法亦然。法國自革命之後，以為不應為一部分之人專訂法典，故其商法以行為為標準，即凡商行為均入於商法典。然何種行為係商行為，在事實上有時頗不易分。我國如編訂商法法典，則標準亦殊難定。

七、因編訂體例，認為應訂民商統一法典也：各國商法之內容，極不一致，日本商法分為總則、會社、商行為、手形、海商五編，德國商法無手形，法國則以破產法及商事裁判所組織法訂入商法法典，體例紛歧，可知商法應規定之事項，原無一定之範圍，而劃為獨立之法典，亦正自取煩擾。再法典應訂有總則，取其綱舉目張，足以貫串全體也。而關於商法，則不能以總則貫串其全體。

八、因商法與民法之關係，認為應訂民商統一法典也：在有商法法典之國，其商法僅係民法之特別法，而最重要之買賣契約，仍多規定於民法，而民法上之營利社團法人，仍須準用商法，則除有特別情形，如銀行交易所之類外，民法商法牽合之處甚多，亦何取乎兩法併立耶？且民商劃分，如一方為商人，一方非商人，適用上亦感困難，因民商法相關聯之處甚多，而非一般人所能意料者。

要之，各國民商法典，近時趨勢，凡民商劃一之國，鮮有主張由合而分者，其他民商劃分之國，其學者主張由分而合者則甚多，其所以至今尚未實行者，蓋因舊制歷年已久，而理論實力一時之間尚未能推翻之耳，而趨勢則已大定也。且在無商法特別法典之國，如英美等，不過無歐洲大陸所謂商法法典，而實則關於商人之各種法規，燦然具備。是民商之合一與否，與商業之發達，並無關係，茲當百度革新之時，發揚　總理全民之旨，應訂民商統一法典殆無疑義也。

根據上述，不僅可知我國採取民商統一制度之理由，同時對於民商統一理論之內容，亦可大致明瞭。惟日學者田中耕太郎博士對於上列各項理由均持反對見解（載中華民國法制研究會所編之《中華民國民法債權總則》一頁，此書雖署名為我妻榮氏著，但此一部份，則為田中氏執筆），茲為供研究之參考，節錄之如左：

法國自一六七三年之商事敕令以來，對傳統的民商二法典之分離，已有激烈之爭論，在前世紀之末葉，一時主張統一論之學者不少，頗佔優勢。一八八一年瑞士債務法成立，尤可謂統一論勝利之表徵。最近如一九二三年俄國民法亦採統一主義。是故前述審查報告書所稱民商二法統一主義為世界商法及學說之最新趨向，雖過於誇張，在回溯最近之過去，猶未必誤。惟時至今日，決難謂統一主義猶屬有力，雖以已過時之舊學說目之，亦不為過也。例如意國學者維域提氏，嘗為統一論之健將，但自一九二五年以來，則已改為劃分論之說。是審查報告書以統一主義，係不爭之新趨勢，中國不能獨後云者，不得不謂為反乎最新之事實。新學說之趨勢，要在趨於探求商法特性之方面，因之承認在商法之範圍，有異於一般私法之原理，民商二法典之分離主義，遂得確立其理論之基礎。

審查報告書中羅列民商統一理由甚多，已如上述，茲依次作下述簡單之檢討：

一、基於沿革之理由。各國商法之劃分，與其謂沿革之遺物，毋寧以商法之特性為沿革之後盾，中國往昔，縱有舊典，但在近代商業勃興之際，對於新興之商業，須與一般私法為特異之處置，固為事實上所需要者，殊不能徒以沿革之理由排斥之也。換言之，向來商事法規，所以不與一般私法區別者，祇以商業範圍狹小簡單，無為特殊處置之必要，若謂近代商業亦適用之，則斷非所許。

二、主張商法之進步性質，與商法修正之難易無涉。然民商法在其對象之社會狀態與進展之程度上，自屬不同，故要求修正之程度亦異。民法典中有商法之規定者，對於商法之修正自有使之遲延之虞，此在事實上，終難否認，畢竟第二點理由，止於理論而已，對於事實未免抹煞。尤其徵引英國事例，甚有未妥，以英國僅以公司法為特別法，故易於修正，且此正為維持商法特別法主義之事例。

三、亦與上述相同。各國民法，固各有其特色，但商法因商事有世界性，有趨於國際化之傾向，而此傾向，更不得不藉條約等以助長之，故欲適應國際的進展，仍有以商法為特別法之必要。例如維域提氏亦曾堅持此種論調。

四、關於立法之趨勢，已如前述，茲不複贅，惟如統一論者所援引之瑞士債務法，實非其成功之事例，不若謂為失敗之事例，且今立法事業之趨勢，決非趨向統一也。

五、基於平等之理由。實止為表面之觀察，如另訂商法，決無害於法律上之平等，此項關係，祇在適應商事之必要而為妥當之處置，並非與商人以特殊之地位，是故勞動法之制定，並不反乎平等者，正與斯旨相同。

六、因民商兩法難以區別之理由。此點當為劃分主義之有力非難，然事物之界限不明，比比皆然，不得僅以此故，而遽否認商法範圍之存在，祇有對此界限之確定努力為之耳。

七、主張編制有系統之商法典頗有困難。其實商法所以不如民法之有系統者，乃因其為民法特別法，故當然如是，然亦不能以此即謂商法不能成為有任何系統之商法典，蓋商法獨特之系統，實尚在保留耳。

八、強調商法為民法之特別法時，則適用困難。然既已為適應商事之需要，而制定為特別法矣，自當如此，與其規定於同一法典與否，毫無關係，今欲避免此項困難，壓抑商事之需要，或強納商事原理於民法之中，然而無論何者，皆係實質上之不當。

如上所述，則民商統一論之主張，實缺乏依據不難明瞭，但於此應予注意者，即中國所實現之民商統一主義，並非如瑞士債務法範圍之廣汎，亦即僅將倉庫、運送、承攬運送、行紀、居間、經理人、隱名合夥及交互計算等有關之對於商法典中應規定之事項，分為兩部分處理：①凡性質上便於與民法典合一規定者，即一一編入民法典；②其性質上不宜編入民法典者，則制定單行法規，而做為民事特別法。茲將此兩種辦法實際上具體的情形，列表如左：

①編入民法典之事項表

事項	通常在商法典中之地位	編入我民法典中之地位	備註
經理人	商法總則之一部分	債編第二章第十一節（五五三～五六四條）	商法中之買賣、居間等，因民法中原亦有此等項目，故不另列。
代辦商	同右	同右	
交互計算	商法商行為之一部分	債編第二章第三節（四〇〇～四〇五條）	
行紀	同右	債編第二章第十三節（五七六～五八八條）	
倉庫	同右	債編第二章第十五節（六一三～六二一條）	
運送營業	同右	債編第二章第十六節（六二二～六五九條）	
承攬運送	同右	債編第二章第十七節（六六〇～六六六條）	

規定，列入民法之中，對於公司、票據、保險及海商等大部份法規，仍分別制定為特定法，而獨立於民法法典之外，至於商業登記、商號、商業賬簿等有關規定，則尚未制定法律（按我國已於民國二六年頒行商業登記法，本文係成於昭和八年——民國二二年——故未見及），易言之，民法典中所移入者，不過為保險法以外之商行為及商法總則之一部分而已，其他大部分祇未形成一合一的法典，但仍屬對於民法之特別法也。如此特別法之編訂，實際上與編訂為一個商法法典，而與民法分離之情形，不僅可收同等之效果，或竟可收較大之效果。故以上對於統一論之批評，此部分自不在非難之內。總之，所得批評者祇關於統一之部分，及其基礎之理論而已。

②制定單行法之事項表

事項	通常在商法典中之地位	單行法之名稱	備註
商業登記、商號及商業賬簿	商法總則之一部分	商業登記法	二六年六月二八日公布施行
公司	商法之一編	公司法	一八年一二月二六日制定公布，二〇年七月一日施行
票據	同右	票據法	一八年一〇月三〇日公布施行
海商	同右	海商法	一八年一二月三〇日公布，二〇年一月一日施行
保險	商法商行為之一部分	保險法	一八年一二月三〇日公布施行

(三)我國民法總則編之結構　本書於本論中，將專以民法總則編為論述對象，故特將該編之結構先加概述如左：

二十世紀法律思想雖由權利本位進入社會本位，但當我民法典制定之當時，各國法律在制度上，尚處於權利本位，我國民法之內容既多繼受外國(德、瑞為主，間有採自日本者)，自亦未能脫離權利本位之色彩，易言之，我民法仍屬權利本位之立法，故民法總則編仍以權利為中心而構成。除其第一章法例為法律全部適用之通則外，其第二章「人」乃權利之主體問題；第三章「物」乃權利之客體問題；第四章「法律行為」、第五章「期日及期間」、第六章「消滅時效」，三者同為權利之變動問題；最後「權利之行使」一章則為權利行使及保護之問題。可見無論從其結構上觀之，或從其內容上觀之，均係以權利為中心也。

其次，我國民法在體制上既係採取德國式，設有總則編，而與德、日民法相同，但就總則編之結構言，三者尚不無若干出入，茲列表對照如下：

中華民國民法總則	德國民法總則	日本民法總則
第一章 法例		第一章 通則
第二章 人 第一節 自然人 第二節 法人 第一款 通則 第二款 社團 第三款 財團	第一章 人 第一節 自然人、消費者、企業經營者 第二節 法人 第一款 社團 第二款 財團 第三款 公法上之法人	第二章 人 第一節 權利能力 第二節 意思能力 第三節 行為能力 第四節 住所 第五節 失蹤 第六節 同時死亡之推定 第三章 法人 第一節 法人之設立 第二節 (刪除) 第三節 (刪除) 第四節 (刪除)
第三章 物	第二章 物及動物	第四章 物
第四章 法律行為 第一節 通則 第二節 行為能力 第三節 意思表示	第三章 法律行為 第一節 行為能力 第二節 意思表示 第三節 契約	第五章 法律行為 第一節 總則 第二節 意思表示 第三節 代理

第四節　條件及期限 第五節　代　理 第六節　無效及撤銷	第四節　條件及期限 第五節　代理及意定代理權 第六節　事前同意及事後同意	第四節　無效及取消 第五節　條件及期限
第五章　期日及期間	第四章　期間及期日	第五章　期　間
第六章　消滅時效	第五章　消滅時效	第六章　時　效 第一節　總　則 第二節　取得時效 第三節　消滅時效
第七章　權利之行使	第六章　權利之行使、自衛及自助	
	第七章　擔保之供與	
約計　一五二條	約計　二四〇條	約計　一六九條

由於上表可知三者之不同處有：①我民法總則有「法例」之設，而德、日則無，惟日本民法於此次戰後修訂，於第一條及第一條之二加入私權本質、私權行使及法律解釋等應遵守之數項基本原則，做為該國民法之總括規定，其性質等於法例；②關於人之規定，我民及德民於「人」之總稱下，復分為自然人與法人兩節，而日民則逕設人（自然人）與法人兩章，而無共通之總稱；③關於法律行為，我民及日民均設通則，德民則否，又德民設契約之規定，我與日民則否（均設於債編）；④關於時效，我民及德民僅設消滅時效（取得時效置於物權編），而日民則將取得時效亦一併設於總則編；⑤我民及德民均設權利行使之專章，

日民則否（僅於第一條新設禁止權利濫用等原則）；⑥德民設有「擔保之供與」，我與日民則否。以上數項係三者在結構上之大較也。

第三、民法總則編之修正

（一）七十一年之修正

第二次世界大戰後，世界政治、經濟、社會情況多有變遷，各國民法亦隨之迭有修正，例如德國、日本、瑞士及意大利等大陸法系國家民法，均已先後修正多次。我國民法各編於十八年至二十年間先後公布施行，迄於六十三年當時已有四十餘年，而在臺灣施行亦已近三十年，時代潮流、社會情況丕變，已難因應實際需要。當時之司法行政部乃決定修正民法各編，而於六十三年七月間延攬學者專家，組成「民法研究修正委員會」，進行研修工作，依下列原則擇要修正：

(1)促進三民主義及憲法所定基本國策之實踐。

(2)加強社會公益之維護。

(3)因應國家社會發展之需要。

(4)原規定有欠明確或窒礙難行者，修正之。

(5)特別民事法規之規定，性質上得納入本法者，增列之。

(6)司法院解釋、最高法院判例或學說上有爭執之事項，性質上得以條文規定者，參酌研究修正或增列之。

(7)注重實質之改進，不重文字之修正。

民法研究修正委員會自六十四年五月開始，就民法總則及民法總則施行法，參酌各界所提修正意見，逐條審慎研討，於六十五年十月完成修正草案初稿後，復廣徵各方意見，再行斟酌，對每一問題，均經反覆討論，始完成修正草案，並於六十八年十二月間由行政院函請立法院審議。立法院於七十年十二月二十二日三讀通過，總統於七十一年一月四日明令修正公布，並另定自七十二年元月一日起施行。此次修正要點如下：

(1)改進死亡宣告制度　縮短死亡宣告之失蹤期間並提高老年失蹤者之年齡，增設檢察官亦得聲請死亡宣告（八條）。

(2)增設檢察官得聲請宣告禁治產（一四條一項）。

(3)加強人格權之保護　增設人格權有受侵害之虞時，得請求防止之（一八條一項）。

(4)表明住所之設定與廢止之標準　增訂「依一定事實」為認定標準（二〇條一項、二四條一項）。

(5)促進法人之健全　①增設董事執行事務之方法（二七條一項）；②對於董事代表權之限制不列為登記事項，並配合修正第四八條一項八款及第六一條一項七款規定；③增設得設監察人之規定（二七條四項）；④修正第二八條「職員」為「其他有代表權之人」；⑤加強主管機關對於法人之監督權（三三條）；⑥增設法人董事不聲請破產應連帶負責之規定（三五條二項）；⑦增設選任清算人方法之規定；⑧加強法院監督法人清算之職權（四二條一項）；⑨增設法人解散時應通知或報告法院之規定（四二條二、三項）；⑩修正法人賸餘財產之歸屬方法（四四條一項）。

(6)強化社團之組織　①增列章程應記載事項（四七條三款）；②增設社團總會召集最少次數之規定

（五一條一項）；③增設社員不得加入表決及不得代理他人行使表決權之規定（五二條四項）；④修正總會決議違法之效果（五六條）。

(7)加強財團之維護　①增設法院得指定遺囑執行人設立財團之規定（六〇條三項）；②修正財團設立程序及管理方法（六一條二項至六三條）；③加強對於董事違反章程行為之糾正方法（六四條）。

(8)修正允許限制行為能力人獨立營業之規定　增設允許之撤銷或限制，不得對抗善意第三人之但書規定（八五條二項但書）。

(9)修正無權處分行為之效果　增設原權利人或第三人已取得之利益，不受影響之但書規定（一一八條二項但書）。

(10)改進消滅時效制度　①修正時效中斷之原因（一二九條、一三二條至一三四條）；②澄清因強制執行而中斷時效之條文含義（一三六條二項）；③延長經確定判決等所確定之請求權短期時效期間（一三七條三項）。

(11)明定權利行使之原則　①充實權利行使原則之內涵（一四八條）；②修正聲請公力援助之規定（一五二條一項）。

（二）九十七年之修正

我民法總則編關於禁治產宣告之規定，社會各界迭有反應規定過於簡略，不僅無法周延保障成年禁治產人之權益，同時亦難以因應現今高齡化社會所衍生之成年監護問題，立法委員陳節如、黃淑英、潘孟安等二十三人爰擬具「民法總則編部分條文修正草案」提出立法院，經立法院司法及法制委員會審查通過（僅其施行法修正草案第四條之二，將公布施行期限由「一年」，修正為「一年六個月」），嗣經立法院於九十七年五月二日三讀通過，總統於同年五月二十三日明令修正公布，修正條文自公布後一年六個月施行。此次修正乃步日本民法（二〇〇〇年）、德國民法（二〇〇二年）之後，廢止禁治產制度，而代之以成年人監護制度，其修正要點如下：

(1)將「禁治產」之用語，修正為「監護」。

(2)明確監護宣告之要件，並擴大監護宣告聲請權人之範圍（一四條一項）。

(3)明定受監護之原因消滅時，法院應依聲請權人之聲請撤銷監護之宣告（一四條二項）。

(4)明定受監護宣告之人無行為能力（一五條）。

(5)於監護宣告之外，增加「輔助之宣告」，並明定輔助宣告之要件、聲請權人範圍及受輔助之原因消滅時應撤銷輔助之宣告（一五條之一第一、二項）。

(6)明定「監護之宣告」與「輔助之宣告」得依精神狀態之變動而轉換適用（一四條三、四項及一五條之一第三項）。

(7)明定受輔助宣告之人為重要法律行為時應經輔助人同意（一五條之二第一項），並明定該同意準用民法第七八條至第八三條及第八五條之規定（一五條之二第二、三項）。

(8)明定輔助人故不為同意時之處理方法（一五條之二第四項）。

（三）一〇四年之修正

新制定之家事事件法第四編第八章，就失蹤人財產管理事件已有整體規範，而非訟事件法有關失蹤人財產管理之規定（第一〇八條至第一二〇條）已配合刪除，爰於一〇四年六月十日修正公布第十條，明定失蹤人財產之管理，除其他法律令有規定者外，依家事事件法之規定。

（四）一〇八年之修正

因於親屬編引進成年意定監護制度（一一一三條之一至一一一三條之十），而意定監護人目的即在處理委任人受監護宣告後之事宜，故宜讓意定監護受任人亦具有聲請監護宣告之權限，故於一〇八年六月十九日修正公布第一四條，明定意定監護受任人亦得為監護宣告之聲請。

（五）一一〇年之修正

為符合現今社會青年身心發展現況，保障其權益，並與國際接軌，以及社會各界亦迭有調降民法成年年齡之倡議，爰將成年年齡自二十歲下修至十八歲（修正一二條），並配合民法親屬編結婚年齡之修正，使得民法成年年齡與結婚年齡均為十八歲，故刪除第一三條第三項之「未成年人已結婚者，有行為能力」之規定。惟因成年年齡之調降，屬重要制度之變革，影響深遠，為減緩其衝擊，宜設緩衝期間，故明定自一一二年一月一日起施行。

附論：法源論

一

法源（英 Source of law，德 Rechtsquelle，法 Source du droit）乃法律淵源之簡稱，其意義極不一致：有謂：「法源之意義有二，一指法律效力之根據而言，例如神意、理性或國家等是，但在國民主權主義之下，則國民之總意，即為法源；二指法律存在之形式而言，大別之有成文法與不文法兩者，法律與命令（制定法）屬於前者；習慣法與判例法屬於後者，此外條理與學說是否亦為法源，則論者不一。」（我妻榮：《新法律學辭典》八七三頁）

有謂：「法源先應分為形式的淵源與實質的淵源。所謂形式的淵源，乃法律效力之淵源，亦即法律效力所由發生之根源是也。所謂實質的淵源，乃法律所由組成之資料之意。實質的淵源尚可分為法律的淵源與歷史的淵源兩種，前者即指做為法律而適用者而言，後者乃指法律資料之來源而言，成文法、習慣法、判例法等法律規範，屬於前者；而外國法、學說、慣例、道德等法律資料，屬於後者，易言之，被形式的淵源所包攝之歷史的淵源，斯為法律的淵源，而有意識的使歷史的淵源包攝於形式的淵源，而提高至於法律的淵源之作用，謂之立法。至於推考條理之裁判，雖亦係將歷史的淵源視同法律的淵源，而應與立法作用同等看待；但須注意者，條理係屬於非經驗的，不得為法律資料的歷史的淵源，因而條理法即不能成為法律的淵源，結果法律的淵源，祇以成文法習慣法與判例法三者為限。」（廣濱嘉雄：《法理學》三三三頁）

有謂：「法源者乃指依照組成法律秩序之法律的形式，而區分之法律種別而言。即依據法律規範係採取文章之形式；或不採取文章形式，僅於社會生活上做為習慣而通行；抑或將事物當然之性質做為法律而承認等三種情形，將法律分為成文法與不文法兩者。不文法包括成文法以外之一切法源，其中最主要者為習慣法，因而學者每將習慣法與成文法對稱。又因成文法係由國家或其他公共團體所制定，故屬於制定法；而其他之法源並不經制定，故屬於非制定法。」（田中耕太郎：《法律學概論》二七六頁）

有謂：「法律之淵源，別之有三：第一為成文法；第二為習慣；第三為條理。」（牧野英一：《法理學》第二卷上二頁）是為法源三重說。

最後之說為通說，茲依此將斯三者分述如下：

二

（一）成文法　德國歷史法學派，認為習慣法乃國民精神之發露，故特別重視之；但在法國則認為由議會所制定之法律，應予特別重視，蓋斯乃社會通念之表示也。此種觀念與自然法之思想相結合，致對於成文法，尤其民法，乃唱出所謂「法典萬能」之論調，註釋學派有「萬事莫先於正文」（Les textes avant tout!）之標語，即此論調之具體表現。然而成文法果真如此萬能歟？抑其功用亦有限度歟？試觀下列兩點，自不難獲其答案，①成文法乃人為的產物：人為的產物當然不能萬能，蓋吾人之知識，其本身即非無涯，加以時間洪流之激盪，昨日是者而今日已非；今日非者明日可能又是，世事滄桑，吾人對於未來之預見力，果有幾何？人類之預見力既不能無窮，則本此預見力之立法，又何能永遠適應社會乎！可見成文法之功用，實屬有限，而非萬能也。②成文法係依文字而表現者：文字雖為表達意思之工具，但究係一種符號，其意義須由社會上客觀的觀念定之，因而著諸法條之文字，果能表達立法者之主觀意思否，自非立法者所能左右，然則立法者縱屬萬能，但因其意思須藉文字以為表達之故，亦勢難畢現無遺，則成文法之不能無缺漏，而非萬能也明矣。

成文法雖非萬能，但仍有其優點：第一、成文法既具有一定之形式，則對於法規之存在，人易明瞭，此點於交易之安全上，頗關重要，蓋吾人於法律生活中，對於自己之行為，在法律上能生如何之效果，自須預先知曉，始能作合法之打算，一般人如此，商業界尤其如此，況現時國際交通頻繁，一國之商人與他國之商人間，從事交易之情形，已司空見慣，因而對於對方國家法制之內容，不無熟悉之必要，此際倘該對方國家係絕對採取不文法制者，則欲熟悉其內容，談何容易，影響所及，商旅為之卻步，故英美等國，雖屬不文法國家，但其商法（縱無統一之法典，亦有單行之法規）獨能成文化者以此。第二、成文法在性質上，每因法規之種類，而具有特殊之重要性。此點多於防止國家權力專橫，保護人民自由權利等有關之法規上見之，其最著之適例，當推刑法，因刑法乃直接對於國民之生命、自由及財產具有重大影響之法律，故非有明確之法條（成文法），則不徒遵之者莫知其際，即法官之斷獄，亦難免流於主觀的恣意，及政治的濫用之危險，所謂「罪刑法定主義」（Nullum crimen sine lege, nulla poena sine lege）即針對此種情形而設，故刑法上絕無不文法存在之餘地，因而其他法學上之法源問題，於刑法上亦常不發生，故刑法之領域乃成文法之獨占的天下，此亦成文法之優點使然也。

（二）**習慣**　人類有模仿本能，一人之所為，他人輒踵而效之，由是隨聲附和，遞傳多人，則此一行為，遂普遍為某地區或某階層所仿行，而成為一般行為之準繩矣，此就空間而言也；若今日如是，明日如是，日日如是，年年如是，則此一行為永遠為眾人所遵循，而成為因襲不替之規則矣，此就時間而言也。

綜此時間空間積累而成之某地區某階層人所共守之規則，即習慣是也。不過此之所謂習慣與個人之習慣不同，個人之飲食起居以及嗜好等習慣，祇為其個人所慣行，於社會上無拘束力，換言之，即不具有社會性，非茲所謂習慣也。習慣既為群眾所慣行，則對於群眾自有拘束力，語云：「人為習慣之奴隸」「活人往往為死人所支配」，皆足以說明習慣對人類行為支配力量之大，因此習慣亦為社會生活規範之一。惟習慣與習慣法有無區別？說者不一，有謂：「習慣為事實，習慣法為法律，前者僅為社會所通行，後者兼為國家所承認，故習慣乃法律之間接淵源，而習慣法則已具有法律之本質矣。」有謂：「習慣與習慣法並無殊異，至少在我民法上如此，我民法雖稱習慣（民法一條），而不稱習慣法，但此之所謂習慣，乃專指有法之效力者而言，並非泛指任何單純習慣也。」就我民法言之，後說較當。習慣如何始有法之效力，其要件有四：①須有外部要素：即該習慣確屬存在與慣行，易言之，即於一定期間內，就同一事項，反復而為同一之行為是；②須有內部要素：即須人人確信其為法律，甘願受其拘束而無爭議者是；③須為法律所未規定之事項：我民法第一條：「民事，法律所未規定者，依習慣……」可見法律無規定之事項，始可適用習慣，否則法律一經規定，則習慣即無適用之餘地；④須有法律之價值：有法律效力之習慣，須有法律之價值，即須不背於公序良俗而後可（民法二條），否則倘屬一種陋規或惡習，而非美俗醇化，則與法律維持社會秩序之目的不合，即無法律價值，法律方矯正之不暇，焉能承認其有法律之效力而適用之？

（三）**條理**　條理亦稱理法（Natur der Sache），我民法稱法理，乃多數人所承認之共同生活的原理也，例如正義、衡平，及利益較量等之自然法的根本原理是。條理之所以被援用，乃因法律之有缺欠而然，蓋成文法及習慣法縱如何完備，但究難適應變化多端的社會生活之要求，而法官又不能以法無規定為理由而拒絕裁判，此點法國民法第四條已明定：「裁判官如以法律之不明或不備為口實而拒絕裁判時，應負拒絕裁判之罪責。」我國憲法第一六條亦有「人民有……訴訟之權。」之明文，可見裁判為法官之權利，同時亦係其義務，此義務雖對於法律無規定之事項，亦不能藉以免除，於是祇有乞靈法理，以濟其窮，故我民法第一條規定：「民事，法律所未規定者，依習慣；無習慣者，依法理。」而他國之法例，亦多類此之規定，例如奧國普通民法第七條定有：裁判官應依「自然的法原理」（die natürlichen Rechtsgrundsätze）以補充法律缺欠之意旨；而意大利法例第三條二項因受奧國民法之影響，亦定有：如遇疑問，應依「法之一般原則」（**Secondoi principii generali di diritto**）決定之字樣；德國民法第一次草案第一條亦有：「法律未設規定者，應類推其他規定以為適用；其他規定亦無者，應適用由法律精神所得之原則。」至瑞士民法則於第一條二項規定：「本法未規定者，審判官依習慣法；無習慣法者，審判官依自居於立法者地位所應行制定之法規，裁判之。」又日本裁判事務須知亦規定：「民事之裁判，有成文法者依成文法；無成文法者，依習慣；無習慣者，應推考條理裁判之。」上述各國之法條，或稱「自然法的原理」，或稱「法之一般原則」，或謂「由法律精神所得之原則」，或謂「自居於立法者地位所應行制定之法規」，其用語雖不一致，但均規定於實證法之外，可依據客觀的法律原理以為裁判，則尚無不同，於此可見條理（或法理）實為重要法律之一。

三

成文法、習慣、條理三者，既均為重要之法律，然則三者之關係如何？此可分兩方面言之，其一為適用上之關係，其二為沿革上之關係。適用上之關係，即成文法居先，習慣次之，條理又次之。此種順序，已屢見前述，茲不復贅。至沿革上之關係，則可述者如左：

由法律發達之過程觀之，古代法官並無適用法律之義務，依現代思想，當然認為先有法律之存在，然後始有法官之適用，但在古代並無斯種思想，古代法官之任務，不過對於當事人之爭執，加以適當的判斷，易言之，法官祇是當事人之一位和平使者（Peace-maker）而已。惟既須加以適當之判斷，則自亦須有所準據，其準據為何？要不外法官自己之常識，此種常識即係一般的道理，亦即今之所謂條理（或法理），故最原始的法律，當推條理。而此條理在性質上，完全屬於潛在，並不具有客觀的形態也。

條理進一步，則為習慣。習慣之成立有兩種形態，一係由民眾間自行成立之習慣，可名之曰民眾法（Volksrecht），一係由裁判上反復行之所成立之習慣，此種習慣因係成於法律家之手，故可名之曰法曹法（Jusistenrecht）。然而無論何者，既成為習慣，總具有某種客觀的形態，而與單純的條理有所不同，就此點言之，可謂法律之一大進步。

習慣再進一步，則為成文法，成文法實乃人類法的思惟之結晶，亦係人類一大精神的、科學的、文化的產物。法律發達至此階段，可謂已攀高峰，不過法律之領域，仍非成文法所得獨佔，易言之成文法之外，仍須有習慣，習慣之外，仍須有條理，然後法律之體系始能完備，故成文法、習慣與條理三者，乃重要之法律淵源也。

第三章　權利與義務

第一節　權　利

第一、權利之本質

權利之本質若何？學者間議論不一，大別之有下列三說：

（一）意思說　此說謂權利之本質，乃意思之自由，或意思之支配，申言之，即權利為個人意思所能自由活動或個人意思所能任意支配之範圍，故意思為權利之基礎，無意思即無權利，權利之本質，歸著於意思。此說以溫德賽氏（Windscheid, Bernhard 1817–1893，為德國羅馬法學大家，以論述訴權與請求權而馳名）為其代表。此說之缺點，在於僅著眼於權利之動態，而未詳究權利之靜態，蓋依此說，則下列諸點，將無法說明：①無意思何以亦得享有權利？例如受監護之宣告者，雖無意思能力，然仍得享有權利是；②權利之取得，未必基於意思，其由於他人之行為，或由於自然事實，而取得權利者，亦所在多有，例如私生子被其父認領，而取得被扶養之權利；又如父母因其子女之出生，而取得親權，皆非基於權利取得者之意思也；③權利之行使，亦未必基於意思，例如無行為能力人之權利，由其法定代理人代為行使，其本人有無行使該權利之意思，法律上在非所問；④權利有時亦不受意思支配，例如自由權不得拋棄（民法一七條）是，凡此均足以證明意思說之不妥。

（二）利益說　此說謂權利之本質，即法律所保護之利益，申言之，凡依法律歸屬於個人生活之利益（精神的或物質的）即為權利，此說以葉凌柯氏（Jhering, Rudolf von. 1818–1892，德之法學家，倡目的法學，著述以《羅馬法之精神》一書為最知名）為其代表。其缺點在乎認權利之主體與受益之主體為同一。其實法律對於吾人利益之保護，未必皆以賦與權利之方式出之，其依反射作用，使人享受利益者，亦不在少。例如法律使人遵守交通規則，結果人人皆得享受交通安全之反射利益；此項利益即非權利，因享受者無權向他人請求履行也。可見此說誤認權利之目的為權利之本質，故亦欠完善。

（三）法力說　此說謂權利之本質乃享受特定利益之法律上之力也。以梅克爾氏（Merkel, Adolf 1836–1896，德國法學家，主張法學之對象，應限於實證法）為其代表，乃現今之有力學說，本書從之。

此外尚有對於權利加以否認者，是為權利否認說，此說係狄驥氏（Duguit, Léon 1859–1928，法國學者，以社會連帶說著名）所主倡。惟此說既不承認權利之存在，復何有權利本質之可言，於此姑舉之以供參考耳，至其說之得失如何，又當別論也。

第二、權利之意義

關於權利之本質，吾人既採「法力說」，則對於權利之意義❶，自亦當依此而分析之如下：

---

❶ 權利一語，在拉丁語為jus，法語為droit，德語為Recht，英語為right，均含有正義直道之意。日學者初譯為「權理」，係採取道理主義。厥後又改用「權利」，是又採取利益主義，但不若初譯之為愈也。在我國權利二字併用，典籍上雖不乏厥例，然而今日用之於法律上，則仍係來自東瀛。（穗積重遠：《法學通論》八〇頁，梅仲協：《民法要義》二四頁，王伯琦：《民法總則》一九頁）

（一）權利者法律上之力也　法律上之力與一般所謂實力不同，實力乃私人之腕力，法律上之力乃法律所賦與者，此種力量受法律之支持與保障，依此力量即可以支配標的物，復可以支配他人。

（二）權利者可以享受特定利益之法律上之力也　法律以力予人，並非毫無目的，目的為何？在乎使人享受特定利益而已。利益指生活利益而言，蓋人類維持或發展其社會生活，必有欲求，因欲求而生之關係，是為生活利益，此生活利益即係人類對其社會的地位或外界之物之一種心理關係，可分為財產的利益與非財產的利益兩種，前者如一般之財富是；後者如生命、身體、自由、名譽是。此等利益本有多方面，其受法律保護者，謂之法律利益（簡稱法益）。法律為保護或充實個人之特定法益計，乃認有權利之一形態，亦即予人以特定的法律上之力，俾其藉以享受特定之利益。而於其反面又課相對人以相當之拘束（義務），以確保此利益之享受。因而權利與義務常相對待。

由於上述，可知權利係由「特定利益」與「法律上之力」兩種因素所構成，此兩種因素係自各種權利之內容抽象而得，因而所謂「特定利益」者，當然因權利之不同而亦差異，而所謂「法律上之力」者，亦當然因權利之差異而亦不同。茲就物權言之，物權之定義，吾人輒曰：「物權乃直接支配其標的物，而享受其利益之具有排他性的權利。」其中「支配其標的物而享受其利益」云者，即係物權之「特定利益」，而「直接支配，具有排他性」云者，即係物權之「法律上之力」是也；其次就債權言之，債權之定義，吾人輒曰：「債權乃請求特定人（債務人）為特定行為（作為，不作為）之權利。」其中「特定人為特定行為」云者，即債權之「特定利益」，而「請求」云者，即債權之「法律之力也」是也。至於其他權利，亦復如此，即同樣含有此兩種因素。因而吾人由於此兩種因素之不同，即可查知各種權利之特徵及其重要區別矣。

第三、權利之分類

權利可依不同之標準，而為種種分類，茲先將其主要者列表如左，然後說明之：

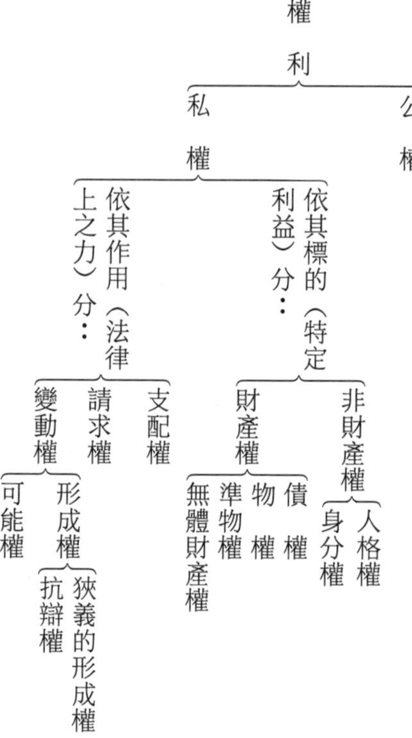

權利先可分為公權與私權，其區別標準，說者不一，其紛爭不下於公法私法之分類。惟普通多以「法律根據說」為可採。此說係以權利所根據之法律為標準而區分，即根據公法之規定者為公權；根據私法之規定者為私權。民法為私法，則民法上之權利，斯為私權。公權不在本書討論範圍之內，以下專就私權闡述之。

私權之分類，可先由權利所含有之兩種因素上分析，即先由「特定利益」上著眼，亦即依其標的而區分，是為靜的觀察；然後由「法律上之力」著眼，亦即依其作用而區分，是為動的觀察；最後復可由其他種種標準加以區別，如此則關於私權之類別，自不難瞭如指掌。

（一）私權以其標的為標準，可分為非財產權與財產權兩種，詳述如左：

（1）**非財產權**　非財產者與權利主體之人格、身分有不可分離關係之權利也。可再分人格權與身分權兩種。①人格權者乃存於權利人自己人格上之權利，亦即以權利人自己人格利益之享受為標的之權利。此種權利因出生而取得，因死亡而消滅，在權利關係存續中，不得讓與或拋棄。如生命權、身體權、自由權、姓名權、名譽權、肖像權等均屬之；②身分權者乃存於一定身分關係上之權利，主要係存於親屬的身分關係之上，故亦稱親屬權。如夫權、妻權、親權、子權、家長權、家屬權等均屬之。

（2）**財產權**　財產權者不與權利主體之人格、身分相終始，而具有經濟的利益之權利也。所謂經濟的利益，不獨指具有交換價值者而言，即僅具有使用價值者，亦可認為經濟的利益。屬於此類之權利，有債權、物權、準物權（礦業權、漁業權）、無體財產權（著作權、專利權、及商標商號等專用權）等等。其中債權及物權，我民法分別規定於第二、第三兩編，至準物權及無體財產權，則各以特別法規定之。

此外尚有繼承權與社員權二者，乃兼具非財產權與財產權雙重性格之權利也。

（二）私權以其作用為標準，可分為支配權、請求權、變動權三者，茲分述之：

（1）**支配權**　支配權（亦稱管領權）者，權利人得直接支配其標的物，而具有排他性格之權利也。此種權利有兩種作用，在積極方面，可以直接支配其標的物，而不需他人行為之介入；在消極方面，可禁止他人妨礙其支配，同時並具有排他性是也。物權為典型的支配權，他如準物權、無體財產權，以至親屬權之大部分（親屬權中之扶養請求權，不在此限）亦均為支配權。

（2）**請求權**　請求權者乃要求他人為特定行為（作為、不作為）之權利也。此一權利之觀念，係德學者溫德賽氏（見前）所創，蓋昔日於訴權之外，不復知有私人間請求關係，迨經溫氏始予辨明，而認於訴權（公權）外，尚有請求權（私權）之存在，德國民法於第一九四條一項遂以明文規定。惟請求權係由基礎權利（如物權、債權等）而發生，必先有基礎權利之存在，而後始有請求權之可言。因而請求權以其所由發生之基礎權利之不同，可分為①債權上之請求權（債權與請求權並非一事，債權乃基礎權利，請求係其所滋生之權利）；②物權上之請求權；③準物權上之請求權；④無體財產權上之請求權；⑤人格權上之請求權；及⑥身分權上之請求權等數種。在原則上債權上之請求權係於債權成立時，當然隨之發生，其餘之請求權，則多於其基礎權利受侵害時，始告發生。

（3）**變動權**　變動權者依自己之行為，使法律關係發生變動之權利也。因所變動之法律關係之不同，尚可分為左列兩類：

(1)形成權：形成權者依自己之行為，使自己或與人共同之法律關係發生變動之權利也。形成權有廣狹二義，廣義之形成權包括抗辯權，狹義之形成權則將抗辯權除外。一般所稱之形成權，多指狹義之形成權而言❷，此種權利之作用，有在於發生權利者，即因形成權之行使，而成立一種法律關係，如一般之承

❷ 形成權（Gestaltungsrecht）一詞，乃賽克爾（Sceker）所創，奧特曼（Oertmann）及湯恩（Thon）亦用之，因非法典上之名詞，學者對之遂不一其稱，齊特兒曼（Zitermann 1852–1923，德之名私法學者）稱為能為權（Könnrecht），赫兒威（Hellwig 1856–1913，德人）稱為變動權（Recht auf Rechtsänderung），安德曼（Endemann）則稱為抽象的權利

認權（民法一一五條、一七〇條一項）是；有在於變更權利者，即因形成權之行使，而改變現存之法律關係，如選擇權（民法二〇八條）是；有在於消滅權利者，即因形成權之行使，而廢棄現存之法律關係，如撤銷權（民法一一四條）、抵銷權（民法三三四條）、解除權（民法二五四條）、回贖權（民法九二三條）、離婚權（民法一〇五二條）、繼承拋棄權（民法一一七四條），均屬之。此外準物權亦可列為形成權，蓋此等權利，非以現在特定之物為標的，而以無形的利益為標的，不過權利人將來得依特定行為，使發生確定存續變更或消滅之特定的法律關係而已，此種權利亦因其係依權利人自己一方之行為，可發生法律上一定之效果，故應屬於形成權之一；又各種物權取得權，如刈取越界竹木枝根之權（民法七九七條二項），亦屬於形成權（胡元義：《民法總則》七九頁認為因先占之取得，不宜列入形成權中）。

其次，抗辯權（屬於廣義形成權之一）者，乃對抗請求權之權利也。其作用在乎防禦，而不在乎攻擊，因而必待他人之請求，始得對之抗辯。又，抗辯權主要雖在對抗請求權，但並不以此為限，對於其他權利之行使，亦得抗辯，如對於抵銷權行使之抗辯（民法三三七條及日民五〇八條所定情形之反面，又德民三九〇條亦請參照），及對於抗辯權之抗辯，均不失為抗辯權（學者輒稱前者為準抗辯，後者為再抗辯，兩者可合稱為反對權），此外，否認對方權利存在之異議，亦屬於一種廣義的抗辯。抗辯權依其所根據法律，可

（Abstrakte Recht），杜爾（Tuhr）則稱為第二次的權利（Sekundäre Recht）。可見其名稱之繁多。不惟如此，學者間否認形成權而認其係權利之作用，屬於一種權能，並非獨立之權利者，亦非烏有，如寇勒爾氏（Koller）即採此見解者也。斯蓋著眼於形成權輒附隨於一種法律關係，而不得單獨讓與之故。（田中耕太郎：《法律學概論》三四三頁，鳩山秀夫：《日本民法總論》三二二頁）

分為程序法（訴訟法）上之抗辯，及實體法之抗辯；而依其作用，則又可分為永久的（滅卻的）抗辯，與一時的（延期的）抗辯，前者如對於已罹消滅時效債權請求權行使之抗辯（民法一四四條）；後者如同時履行之抗辯（民法二六四條）及先訴之抗辯（民法七四五條）是也。

⑵可能權：依自己之行為，可使他人法律關係發生變動之權利也。如代理權（嚴格言之，僅屬一種地位），法人董事之事務執行權，民法第一一八條規定之承認權，及第二四二條規定之代位權是。

（三）私權除上述之（一）（二）兩大分類外，尚可依其他區別標準，而為種種分類，即可分為：

（1）**絕對權與相對權**　私權以其效力為標準，可分為絕對權與相對權兩種。所謂「絕對權」者乃請求一般人不為一定行為之權利也。申言之，即得請求世人勿侵害其權利之權利，故亦謂之「對世權」。其特徵在於義務人之不一定，與請求內容之限於不行為二點。例如人格權、物權及無體財產權等屬之。「相對權」者乃請求特定人為一定行為或不行為之權利也。其特徵在於義務人為特定，與請求內容之不限於不行為二點，故亦謂之「對人權」，例如債權是也。惟近來學說上對於絕對權與相對權之區別，漸加否認，蓋權利既為法律所保護，則無不可以對抗第三人者，因而縱係債權，倘被第三人侵害時，亦可請求除去其侵害，易言之，債權人亦得請求一般人不為侵害其債權之行為也。

（2）**主權利與從權利**　以私權之相互關係為標準，可分為主權利與從權利兩種，例如以抵押權擔保債權，則債權為主權利，抵押權為從權利是。惟主從云者乃相對的名詞，無主權利，則從權利不能存在；無從權利，則主權利縱非不存在，但主權利之一名詞則無由發生也。例如上述之抵押權倘無主債權之存在，則無所附麗，故必以主債權之存在為前提，但債權則不如是，附抵押權者有之，不附抵押權者尤有之，其不附抵押權亦無其他擔保（如保證，質權）者，則不得以主債權稱之，基此見地，則主權利應稱之為「獨存權」，而從權利則應稱之為「附屬權」。不過附屬權應與「權能」有所區別，二者雖同為不能獨立存在之物，但前者究屬一種單獨的權利，僅其存在時須依附於他權利而已，後者乃構成權利內容之一分子，其本身並非一單獨的權利也。例如使用，收益，處分等權能，均為所有權之主要內容，並非所有權之附屬權是。

（3）**專屬權與非專屬權**　私權以其與主體之關係為標準，可分為專屬權與非專屬權兩種。所謂專屬權者乃專屬於權利人一身之權利，更可分為「享有之專屬權」與「行使之專屬權」二者，前者係專歸於一定之人享有，而不得讓與或繼承，但不妨代位行使，例如終身定期金權（民法七三四條）是；後者其行使與否，專由權利人之意思決之，他人不得代位行使，但於某種情形之下，不妨讓與或繼承，例如因侵害人格權所生之損害請求權，即不得由他人代位行使，但其賠償金額，如已依契約承諾或起訴者（民法一九五條二項但書），即得讓與或繼承是也。至非專屬權云者，即專屬權以外之權利是，一般之財產權多屬之，不過由委任及僱傭契約所生之權利（義務亦然）則為專屬權，而不為非專屬權。

（4）**既得權與期待權**　私權以其成立要件之已否全部實現為標準，可分為既得權與期待權兩種，前者其成立要件，已完全實現，一般之權利屬之；後者其成立要件，將來有實現之可能，如附條件之權利（民法一〇〇條），取得時效完成前占有人之權利，及繼承開始前法定繼承人之權利，皆其適例。

第四、權利之競合

數個權利存於同一標的，依其行使，可生同一結果者，是謂權利之競合。權利之競合，在各種權利固均可發生，然其最習見者，則為請求權之競合，即權利人對於同一義務人，就同一標的發生數個請求權之情形是也。在此情形，除因一個請求權之滿足，而其餘各請求權均歸消滅之一點外，至於其他事項則各請求權仍彼此獨立，不相關聯，尤其消滅時效一節，係個別進行，因而其中一請求權縱因罹於時效而先行消滅，對於其餘者亦無何影響。

請求權之競合：有物權上請求權與債權上請求權競合者，例如承租人於租賃關係終止後，仍不返還租賃物時，則出租人方面既發生所有物返還請求權（民法七六七條），復發生租賃物返還請求權（民法四五五條）是也；有數個物權上請求權競合者，如所有物返還請求權與占有物返還請求權（民法九六二條）之競合是也；有數個債權上請求權競合者，如不當得利之返還請求權與基於侵權行為之損害賠償請求權之競合是。請求權競合時，因其權利性質之不同，及消滅時效期間之差異，對於行使上即有利有不利，於是權利人不妨擇其有利者行使之，茲先就其性質言之。物權上請求權在行使上即較債權上請求權為有利，因其具有優先效力故也，因此倘遇斯二者競合時，則權利人應行使前者；其次就消滅時效言之，不當得利返還請求權即較侵權行為之損害賠償請求權為有利，因前者之時效期間，係依民法第一二五條之規定（十五年），而後者則依第一九七條之規定（二年，十年）故也。

此外有所謂「法規競合」者，乃同一生活事實可以合乎數種法規所定之法律要件，而其中一法規屬於特別法，應優先適用之情形是也，此際並不發生數個請求權，因而與上述之權利競合，有所不同。

第二節 義 務

第一、義務之意義

義務有廣狹二義，廣義之義務指一切規範所課於吾人之拘束而言，如道德上之義務，宗教上之義務，均包括在內；至狹義之義務則專指法律上之義務而言。然則其意義者何？曰：「義務者乃法律上所課之作為或不作為之拘束也」，茲依此析述之如下：

（一）**義務者拘束也**　何謂拘束？即不能由被拘束之人隨意變更或免除者是也，易言之，不問義務人之意思如何，概須遵守之謂。因而倘不遵守，亦即違反義務時，則法律上一面允許相對人（權利人）訴請強制執行，以實現其拘束，一面允許相對人請求損害賠償，以制裁之。

（二）**義務者作為或不作為之拘束也**　義務之形態有二：一為作為義務，即義務人必須有所作為也，一為不作為義務，即義務人必須有所不為也。作為義務，以不作為為義務之違反；不作為義務，以作為為義務之違反。

（三）**義務者法律上所課之拘束也**　此點即與廣義的義務有所不同，前已言之，茲不贅述。

義務與權利常相對待，但亦有無對應義務之權利，如形成權，又有無對應權利之義務，如監督義務（民法一八七條）是也。又義務與責任之觀念亦應有區別，責任者義務人不履行義務時，法律上使處於受制裁之地位是也。可分為人的責任，物的責任；有限責任，無限責任等等。責任與義務常相伴隨（法文上亦常相混用），但祇有義務而無責任者有之，如自然債務（罹於消滅時效後之債務）是；祇有責任而無義務者亦有之，如物上保證責任是。

此外有所謂「間接義務」者，乃當事人對於法所規定應為之一定行為而不為時，法律乃課以不利益，以收間接強制其行為之效果者是也。如票據法上，為保全追索權，規定執票人應為種種行為（主要者如提示，拒絕證書之作成），倘執票人不照辦時，則法律使之遭受追索權喪失之不利益，即其適例。此種間接義務與上述義務不同之處，在乎義務之違反，其所生之損害賠償責任，原則上以過失為要件，而此之間接義務之違反，則當然發生不利益之結果，至有無過失則在所不問。

第二、義務之分類

義務與權利既常相對待，則義務之分類與權利之分類自亦大致相當，例如公義務與私義務，專屬義務與非專屬義務，以及主義務與從義務等是，此外尚有積極義務與消極義務之別，乃義務特有之分類也。所謂積極義務者係以給付財物或提供勞務等一定作為為內容者是；所謂消極義務者乃以不為一定行為（如不競業）為內容者是也。

第三節　權利義務與法律之關係

第一、權利與法律之關係

此一問題，有三種學說：①權利先存說：謂有人之初，即有權利，權利與人生以俱來，為保護此權利，始有法律之創設，此即所謂「天賦人權說」是也；②法律權利同時存在說：謂法律與權利乃一事之兩面，法律依主觀的觀察，則為權利（Subjektives Recht），權利由客觀的觀察，則為法律（Objektives Recht），換言之，法律與權利乃同時存在，法律學即權利之學，自羅馬以來，除英語外，拉丁、德、法等語，對於法律與權利兩者，在文字上並無區別者，職是故也（拉丁語之jus，德語之Recht，法語之droit，皆同時含有法律與權利兩義）；③法律先存說：謂權利乃法律所創造，不惟有法律之先，絕無權利之可言，即有法律之後，亦非先有權利之觀念，而係先有義務之觀念，至相當時期以後，始有權利觀念之發生。（穗積重遠：《法學通論》八二頁參照）三說以後說較為合理。

第二、義務本位、權利本位與社會本位

由法律制度進化之過程觀之，法律係由義務本位進入權利本位，最後再進入社會本位。茲以金錢借貸為例言之，在義務本位之法律，其規定輒以：「金錢之借用人，應依約定期限返還其金錢」之方式出之（我國古時有「欠債還錢」之語，是即從義務方面立論也），而在權利本位之法律其規定則取：「金錢之貸與人，得請求返還其金錢」之形式，至於社會本位之法律，則不偏於義務，亦不偏於權利，而以社會共同生活利益為依歸，如我民法債編，既不稱債權，亦不稱債務，而祇稱曰「債」，其在形式上即具有社會本位制度之精神也。惟社會本位乃今法律之理想，當個人不自覺時代，法律為義務本位；迨個人自覺時代，法律進入權利本位，及社會自覺時代，法律自更進入社會本位（黃右昌：《民法詮解總則編》上五三頁參照），於今社會本位，仍在發端時期，我民法雖因立法之時期關係，尚未能完全脫離權利本位之色彩，但吾人於適用或研究之際，卻不可不著眼社會之公共福利而為解釋也。

本論

第一章 法例

第一節 總說

法例者，民事法規全部適用之通則也。各國民法設法例者有之，不設法例者亦有之，瑞士屬於前者，德國屬於後者，日本民法原無法例之設，然此次戰後修訂，於第一條及第一條之二加入私權本質、私權行使及解釋法律等應遵守之數項基本原則，做為該國民法之總括規定，亦等於法例矣。我民法於總則編，揭「法例」於首章，雖係仿瑞士之立法例，然而法例一語，卻為我所固有，晉律即有刑名與法例之分，北齊則合而為一，稱為名例，厥後歷唐至清，相沿未改（名例在唐律為五七條，在明律為四七條，在清律為四六條），現行民法則復稱法例焉。至於民法之編纂，何以必須先設法例？蓋民法之內容縱屬浩繁，然其基本原則，畢竟有限，此等原則若不於編首設總括之規定，則勢必散置於其他條文之中，重複拉雜，莫此為甚，故為條文之簡化計，為組織之完密計，於立法之技術上，不能不先設法例也。惟我民法之法例章僅寥寥五條，而其中第三至五條，乃有關意思表示之規定，應否列入法例之中，學者間尚有爭議，至於現代民法上應有之基本原則，如誠信原則、權利濫用禁止原則等，反未列入本章，是否得當，實不無研究之餘地耳。

第二節　法例之內容

第一、法規之補充方法及適用順序

我民法法例章共五條，前二條乃關於法規補充方法及適用順序之規定，蓋在成文法之國家，吾人行為之準繩，固應以成文法律為其依據，然而社會之進化不已，事物之變幻何窮，雖法條多如牛毛，亦勢難面面顧到，倘遇有法律無規定之事項，應予如何處理，若不明定其補充方法，必致苦於肆應，因而我民法第一條即規定：「民事，法律所未規定者，依習慣；無習慣者，依法理。」❶斯即明示習慣與法理二者有補充法律之效力，以濟其窮者也。民事對刑事而言，特別標明民事者，蓋刑事因刑法採取罪刑法定主義之結果，如無明文時則不為罪，絕不可以習慣、法理為之補充也。又本條文中不曰：民事，「本法」所未規定者，

❶ 民法第一條之立法例：

瑞民　第一條　關於文字上，或解釋上，本法已有規定之法律問題，一概適用本法。

本法未規定者，審判官依習慣法；無習慣法者，依自居於立法者地位時，所應行制定之法規，裁判之。

前項情形，審判官應準據確定之學說及先例。

日裁判事務須知　第三條　民事之裁判，有成文法者依成文法；無成文法者，依習慣；無習慣者，應推考條理裁判之。

泰民　第一三條　訴訟事件，無可適用之法律時，適用習慣。

第一四條　訴訟事件，無可適用之法律或習慣時，依其最類似之規定類推之，或依一般法理決定之。

依習慣……，而曰：民事，「法律」所未規定者，依習慣……，是乃表示此種以習慣、法理等補充法律之方法，非僅本（民）法適用，即其他一切民事法規亦莫不適用也。

其次，本條一面固在規定法規之補充方法，但另一面亦在規定法規之適用順序。即吾人在適用法規時，應以成文之法律為第一，習慣居次，法理則應列第三。質言之，法律有明文規定者，即不許適用習慣；有習慣者，即不准適用法理。惟習慣之後於法律而適用，乃原則耳，例外亦有先於法律適用之時，例如民法第四五〇條二項：「未定期限者，各當事人得隨時終止契約。但有利於承租人之習慣者，從其習慣。」可見遇此情形，習慣即得先於法律而適用也。惟應注意者習慣之先於法律而適用，須以法有明文規定者為限，否則仍不得不遵守上述之原則。又此之所謂習慣雖專指民事習慣而言，但我國係採取民商統一之法制，商事習慣自亦包括在內，因而於適用上自與民商分立之國家不同，例如日本商法第一條有：「商事，本法所未規定者，適用商習慣法；無商習慣法者，適用民法」之規定，可見商事習慣在該國其適用順序係列於成文的民法之先，然在我國則不得如此，即商事習慣亦為民事習慣之一，自亦應後於民事之成文法規而適用。惟習慣亦有普通習慣與特別習慣之別，在適用時自應以特別習慣為優先（例如商事習慣，應優先於一般民事習慣而適用），此又不待言者也。

至於何謂習慣？何謂法理？前已言之（參照本書緒論第二章第一節第三），茲不復贅。惟應注意者，習慣必須具備法律價值而後可，若為一種陋規或惡習（例如我國舊時代賣產儘先親族承受，及過去臺灣之養女習慣），而非美俗醇化，則法律方矯正之不暇，焉能承認其有法律效力？故我民法於規定習慣有補充法律效力之後，即緊接於第二條規定曰：「民事所適用之習慣，以不背於公共秩序或善良風俗者為限」❷，蓋所以示限制，且表明習慣所應具備之消極的要件也。

第二、使用文字之準則

法律行為有要式行為與不要式行為之分，在後者固不問方式之有無，及方式之如何，均可成立，但在前者則不然。申言之，要式行為以踐行一定之方式為必要，倘不踐行，則原則上該法律行為即歸於無效（民法七三條參照）。其結果既如此嚴重，則要式行為究需若何之方式，法律上不可不予明文規定，例如結婚，一要式行為也，其所要之方式，依法律之規定則為「結婚應以書面為之，有二人以上證人之簽名，並應由雙方當事人向戶政機關為結婚之登記」（民法九八二條）；又如期逾一年之不動產租賃契約，亦一要式行為也，其所要之方式，依法律之規定則為「應以字據訂立之」（民法四二二條）。可見要式之「式」，法律所規定者實亦不一而足，不過大別之可得兩類：①以使用文字為必要者（上例之後者屬之），②不以使用文字為必要者（上例之前者屬之）是也。其以使用文字為必要者，我民法第三條一項規定其準則曰：「依法律之規定，有使用文字之必要者，得不由本人自寫，但必須親自簽名。」❸良以人之教育程度不齊，會寫者有

❷ 民法第二條之立法例：

日法例　第二條　不違背公共秩序或善良風俗之習慣，限於依法令規定之所認，及關於法令無規定之事項，與法律有同一之效力。

❸ 民法第三條之立法例：

德民　第一二六條　依法律規定，以作成書件為必要者，作成人應於證書親自簽名，或捺法院或公證人所認證之指印。就一個契約，當事人應簽名或捺指印於同一證書，關於契約，作成同樣證書數份者，各當事人以簽名或捺指印

之，不會寫者有之，會寫而不能寫者（如手顫者）亦有之，倘不論任何情形，一律嚴限於本人自寫，則勢所不能，故我民法乃有上述之規定，以濟其窮。惟既須使用文字，則其具有重大的權利義務關係，不問可知，因而縱其本文得不由本人自寫，然而卻不可不由本人親自簽名，以昭鄭重（責任確實，兼防偽造）。況簽名一事，輕而易舉，雖目不識丁之輩亦鮮有不能自行簽名者，故法律之此種規定，亦非苛求也。

其次，我國社會上，向以蓋章為重要之憑信，故我民法第三條二項又有「如有以印章代簽名者，其蓋章與簽名生同一之效力」之規定，以明示其效力。且萬一有不能簽名者，亦可藉以補救。至於以指印（舊俗有捺腳印者，法不認許）十字或其他符號（如畫押）代簽名者，固亦可與簽名生同等之效力，但必須在文件上經二人簽名證明而後可（民法三條三項），亦所以昭慎重也。不過在解釋上作證明之二人，必須親自簽名或蓋章，再不得以指印等符號代用，否則仍各須另經他二人簽名證明，輾轉相求，則文件上，豈非雜

於為他方當事人所作成之證書為已足。

書件，得以法院或公證人所作成之證書代之。

瑞債　第一三條　依法律規定，應作成書件之契約，以負擔義務之當事人簽名為必要。

第一四條　簽名，應由簽名人自為書寫。以化學方法所為自簽之模倣，以其方法在交易上係屬通行，如發行多數有價證券而簽名者為限，為有效。

盲人以其簽名被認證，或證明簽名時已知悉證書內容者為限，為有效。

第一五條　不能簽名者除關於票據之規定外，其簽名以有認證之指印或公證書代之。

泰民　第一五條　法律所需之文書。無須本人或當事人之自寫，但須其簽名。

亂無章，無法辨認，烏乎可？此外應注意者，尚有左列諸端：

⑴上述之簽名、蓋章、捺指印等等辦法，當事人採用其一，即不必再用其二，申言之，既簽名者不必再蓋章，既蓋章者亦不必再捺指印，至於畫十字或其他符號時，亦皆如是。不過法律另有規定者，則應從其規定，例如公司章程之訂立，即既須簽名而又須蓋章者也（公司法四〇條二項，舊規定）。又以指印等符號代簽名時，必須文件上業已表明其姓名者始可，否則僅有此等符號，將不知係何人所為。

⑵法文順序，雖先列簽名，次列蓋章，然後再列其他辦法，且明定蓋章以下各辦法均為簽名之代用，但卻不可解為非不會簽名者，則不得蓋章，非無章可蓋者，則不得捺指印，蓋此等辦法並無適用順序之可言，當事人得自由選擇也。如著眼於確實可靠，則以捺指印為佳，不過不雅觀耳。

⑶親自簽名一語，解釋時不可過於固執，例如發行大量有價證券時，雖以機械方法簽名，亦應認為有效，此點瑞士債務法第一四條二項已有規定（參照❸），我民法雖無明文，但應為同一之解釋。又代理人代理本人簽名，亦不可不承認其效力（類推適用民法第五五三條之規定亦可）。

⑷本條所規定之簽名蓋章等辦法，係專指依法律之規定而使用文字之情形而言，若其使用文字並非依據法律規定，而係由當事人任意者，自無須以本條之規定相繩，亦即祇問其實質上是否真實可矣，不過當事人如約定必須簽名或蓋章者，在未踐行其約定前，則該項法律行為，法律上輒推定其不成立耳（民法一六六條），此不可不知也。

復次，隨著電子化、網路化時代的到來，為推動電子交易之普及運用，確保電子交易之安全，促進電子化政府及電子商務之發展，民國九十年十一月十四日總統令公布電子簽章法。本法所謂電子文件，係指文字、聲音、圖片、影像、符號或其他資料，以電子或其他以人之知覺無法直接認識之方式，所製成足以表示其用意之紀錄，而供電子處理之用者（電簽法二條一款）。所謂電子簽章，係指依附於電子文件並與其相關連，用以辨識及確認電子文件簽署人身分、資格及電子文件真偽者（電簽法二條二款）。其大要如左：

(1)依法令規定應以書面為之者，如經相對人同意，得以電子文件為之（電簽法四條二項）。

(2)依法令規定應簽名或蓋章者，經相對人同意，得以電子簽章為之（電簽法九條一項）。

(3)得為電子簽章之電子文件，須符合下列二要件：①其內容可完整呈現；②可於日後取出供查驗（電簽法四條二項、五條一項、六條一項）。

又，電子簽章得以數位簽章方式為之。所謂數位簽章，指將電子文件以數學演算法或其他方式運算為一定長度之數位資料，以簽署人之私密金鑰對其加密，形成電子簽章，並得以公開金鑰加以驗證者（電簽法二條三款）。而所謂加密，指利用數學演算法或其他方法，將電子文件以亂碼方式處理（電簽法二條四款）。以數位簽章簽署電子文件者，應符合下列二規定，始生電子簽章之效力：①經法定之核定或認證程序；②憑證尚屬有效並未逾越使用範圍（電簽法一〇條）。憑證，謂載有簽章驗證資料，用以確認簽章人身分、資格之電子形式證明（電簽法二條六款）。

第三、確定數量之標準

（一）**以文字為準者**　表示一定之數量，以文字（如一、二、三或壹、貳、叁）為之者有之，以號碼如1、2、3或I、II、III）為之者有之，同時以文字及號碼為之者亦有之。若單以文字或號碼表示時，固不發生兩者符合與否之問題，然若同時以文字及號碼表示，而其所表示之數額又不相同時，則應以何者為準？此依我民法第四條規定：「關於一定之數量，同時以文字及號碼表示者，其文字與號碼有不符合時，如法院不能決定何者為當事人之原意，應以文字為準。」❹所以如此者，因在一般觀念上，文字較號碼為鄭重，且不易塗改故也。惟此種確定數量之標準，並非可以率然逕用，必須法院不能決定何者為當事人之原意時，始得適用之。但此乃一般民事如此，若票據上記載金額之文字與號碼不符時，則不問當事人之意思若何，而逕以文字為準（票據法七條），蓋票據之流通性使然也。

（二）**以最低額為準者**　以上所述，乃以文字及號碼各為一次表示，而有不符時之確定標準，若以文字為數次之表示，或以號碼為數次之表示，而其所表示之數額不一致時則如何？此依我民法第五條規定：「關於一定之數量，以文字或號碼為數次之表示者，其表示有不符合時，如法院不能決定何者為當事人之原意，應以最低額為準。」❺所以如此者，期在保護義務人之利益，此蓋本於法民法第一一六二條規定：

---

❹ 民法第四條之立法例：

日手形　第六條　匯票之金額，以文字及數字記載者，如其金額有差異時，應以文字所記載之金額為匯票金額。（其小切手法第九條一項同此）

泰民　第二七條　以文字及號碼所表示之金額或數量，其表示不一致，法院不能確定其實際之意思者，依文字之表示。

❺ 民法第五條之立法例：

瑞債　第七二三條　票據之金額，以文字為數次之記載，其中有差異時，以其最低額視為票據之金額。

日手形　第六條（二項）　匯票之金額以文字或數字重複記載者，如其金額有差異時，應以最低金額為匯票金額（其小切手法第九條二項同此）。

「契約之文意有疑義時，應為債務人之利益解釋之」之法意也。惟此種確定數量之標準，亦與上述者同，非法院不能決定何者為當事人之原意時，則不得適用。以上所述乃單以文字為數次之表示，或單以號碼為數次表示，而有不符時之解決辦法，若同時以文字及號碼為數次之表示，而有不符時，則如何？學者間解釋紛歧，其一、認為應以文字之最低額為準，即不論號碼表示之多寡，祇就文字所表示者加以比較；而以其最低額為準（王伯琦：《民法總則》三九頁），其二、以最低額為準，即混合文字及號碼加以總比較，而以其中之最低額為準（黃右昌：《民法詮解總則編》上一〇三頁，蔡肇璜：《民法總則》三〇頁）。兩說本書贊同後者，蓋吾人所以以文字為準者，原在取乎文字較號碼為慎重，然此僅可適用於各為一次表示之情形，若在數次表示之情形，則當事人方寸自亂，尚何有孰為慎重，孰為不慎重之可言？於此勿寧以其最低額為準，以保護債務人之利益也。

泰民　第二八條　以文字或號碼所表示之金額或數量有數處，而其表示不一致，法院不能確定其實際之意思者，依最低額之表示。

第二章　人──權利之主體

第一節　總　說

第一、人之涵義

「人」在法律上之涵義，與通常之涵義不同，通常所稱之人，乃專指具有五官百骸，而為萬物之靈的自然人而言，但法律上所稱之人，則除自然人外，尚包括法人在內（何謂法人？後當詳述），例如民法條文中，所稱之「當事人」、「債務人」、「債權人」、「第三人」、「他人」以及「利害關係人」等均是。惟未可一概而論，法條所稱之人，有時不無專指自然人而言，或專指法人而言者；然則何種情形係專指自然人而言？何種情形係專指法人而言？何種情形係兼指兩者而言？此應先視該條有無明文以定，申言之，法條中有明定為自然人者（如民法九七二條），則法人自不包括在內；有明定為法人者（如民法二五條以下），則自然人自亦不在其中。若無明文規定時，自應視其所規定事項之性質如何以為斷。即其所規定之事項，在性質上如為自然人所專有者，則法人不在其內，例如「未成年人」「受監護宣告之人」「受輔助宣告之人」「限制行為能力人」「失蹤人」等是。否則原則上多兼指法人而言。

第二、權利主體

（一）法律關係　法書萬卷，法典千條，頭緒紛繁，莫可究詰，然一言以蔽之，其所研究或所規定之對象，要不外法律關係而已。何謂關係？人與人間生活上之牽涉也。申言之世界上祇有一人（如魯賓遜之飄流荒島），自無所謂關係，必也「我」之外有「你」，「你」之外有「他」，而我、你、他又非處於「你為你，我為我，他為他」之局面，亦即彼此間於生活上時有所牽涉，斯即「關係」是也。惟吾人之生活內容，本極錯綜複雜，因而所發生之關係，自亦不止一種，例如宗教關係（宗教上之牽涉），同鄉關係（鄉土上之牽涉），同學關係（學業上之牽涉），同事關係（工作上之牽涉）以及戀愛關係（情感上之牽涉）等等，實不一而足，不過此等關係並非法律關係，因其不受法律所支配之故。然則法律關係者，乃吾人生活關係中受法律所支配之關係是也。惟法律關係一語，義有廣狹，廣義的即泛指一切法律所支配之關係而言，狹義的則專指個個權利義務所構成之具體的關係（如買賣關係，租賃關係）而言，然而無論何者，要不外乎權利與義務之問題而已，易言之，法律關係之特徵（與他種關係之不同點），乃在乎權利義務，故亦可謂為權利義務關係。茲將法律關係圖示如下：

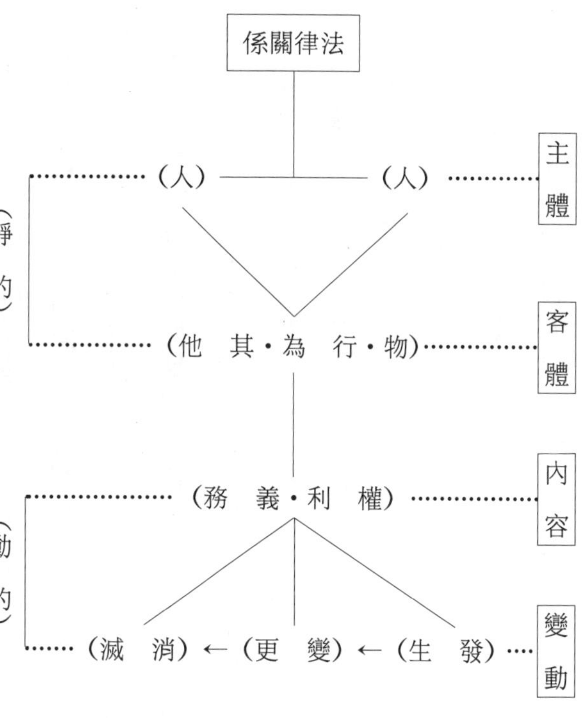

依圖可知法律關係之構成，分動靜兩種成份，靜的成份為主體及客體，動的成份則為權利義務及其變動（發生、變更、消滅）。申言之，主體為權利義務之所屬，客體為權利義務之所附，而此一主體與他一主體間，即憑藉客體以彼此牽涉，牽涉之內容即為權利義務，至於此種牽涉何由始？何所終？有何效果？是為權利義務之變動問題。可見法律關係雖錯綜複雜，然而分析之要不過上述諸端而已。吾人苟能把握以上重點，對於任何法律之研究，必能以簡馭繁，迎刃而解，蓋法律規定，無論其範圍之大小，總不離乎法律關係，而法律關係之構成，總不外乎上述之成份，茲以水為喻，大海之水化驗之為氫二氧一（H_2O），江河之水亦為氫二氧一，推而至於一池、一缸、一勺、一滴之水，其成份亦莫不如是。法律亦然，整個民法之成份不外為法律關係之主體、客體、及權利義務之變動，而其每一編之成份，亦不外乎此（如債編係規定債之主體、客體、債之發生變更消滅等問題，而物權編則為物權之主體、客體、物權之發生變更消滅等問題，他編亦然），推而至於各編中之每一小制度，亦皆係此等問題所交織者（如買賣則規定買賣之主體、客體、買賣之發生變更消滅等問題，典權則為典權之主體、客體、典權之發生變更消滅問題等），不過其規定各有詳略偏重而已，如總則編，係偏重於權利主體（人），權利客體中之物，及權利變動之行為（一般法律行為）等而詳加規定；債編則偏重於權利客體（債之標的）及權利義務之變動（債權債務之發生變更消滅），而詳加規定；物權編則偏重於權利客體之物及其有關之權利義務而詳加規定。不惟民法如此，其他法律莫不皆然，例如公司法係偏重於權利之主體（法人）問題，而票據法則係偏重於權利變動之行為（票據行為）問題是。惟其規定者雖各有偏重與詳略，但關於上述構成法律關係之各種成份，則尚無不全部涉及之者，因而吾人對於一種法律如能研究澈底，則對於其他法律之研究，每可收觸類旁通之效。

（二）**權利之主體**　法律關係之成份，既已說明如上，茲再就其成份中之主體問題，加以研究，所謂法律關係之主體者乃就整個法律關係而言，亦即就權利與義務雙方觀察者，若單就權利一方觀察，則為「權利之主體」問題。權利之主體，即人是也，此之所謂人當然兼指自然人與法人而言，因法律關係之構成，雖有上述之諸種因素，但畢竟以「人」為其中心，故民法於首章「法例」之後，即緊接規定「人」之問題，蓋明示權利之歸屬，所以務本也。惟關於「人」之立法例，國各不同，有祇認自然人為權利之主體，對於法人僅於特別事項，間接認其存在者，如法國民法（五三七、六一九、九一〇條）是；有逕用「私權主體」字樣，而不區別自然人與法人者，如蘇俄民法是；有分別自然人與法人，但無總括之名稱者，如日本、泰國、瑞士等國民法是；有區分為自然人與法人，並總稱之為人者，如德國民法是。我民法於人之總章內，復分自然人與法人兩節規定，蓋從德之立法例者也。

第三、權利能力

堪為權利主體之地位或資格，謂之「權利能力」，亦曰「人格」，在法、日民法稱之為「私權之享有」，德、瑞民法則稱為「權利能力」，我民法之用語，與後者從同。惟依現代法律，凡得享受權利者同時亦得負擔義務，故權利能力，實應與義務能力合併而稱為權義能力。祇以現行民法仍係基於權利本位而制定，故僅稱權利能力耳。

民法上具有權利能力者總稱之為「人」，「人」指自然人及法人而言，前已述及，惟斯二者何以具有權利能力？須從歷史之演進上觀之。

（一）自然人　①一切自然人皆平等的具有權利能力，此為現代法律之原則，惟此原則之樹立，實有其悠久之歷史。在昔大家族制度之下，僅家長具有完全之權利能力，其餘服從家長權之家屬及奴隸，則祇有極小之權利能力或竟無之。尤其在莊園制度之下，農民多隸屬於土地，而為土地之附屬物，服從領主之權利，自無權利能力之可言。然自交換經濟發達以後，上述之家屬、奴隸、農民等，始漸為獨立交換買賣契約之當事人，而於此範圍內有其權利能力。其後因中世紀都市制度之發達，以及近世工場制度之勃興，遂致多數人一面受雇於人，而獲得工資；一面購入生活資料，而為法律關係之主體。似此社會經濟關係之變遷，乃上述原則所由樹立之最大原因也。此外，個人主義與人文主義之發達，對此原則之促成，亦不無助力，因而遂以法國大革命為一大轉捩點，一切自然人皆平等的具有權利能力，而以前不平等之現象，一概消除矣。②一切自然人皆具有權利能力之原則，奧國民法（一七條），法國民法（八條），瑞士民法（一一條），土國民法（八條）均有明文規定，我民法雖無規定，然既規定人之權利能力始於出生（民法六條），則可知人一出生，即當然的無條件的取得權利能力，故該條非僅在規定權利能力之始期，他方面亦正含有一切自然人皆平等的具有權利能力之意義在內。③一切自然人皆有平等的權利能力，此原則對於「外國人」今亦適用，實乃現代法律之特色，我民法關於外國人及外國法人之權利能力，規定於總則編施行法中，詳容後述之。

（二）法人　法人者自然人以外，得為權利義務主體者也（詳後述）。於個人主義最高潮時代之民法，本祇承認個人有權利能力，對於團體，不過於最小限度內，例外的以準個人視之而已。然自十九世紀至二十世紀資本主義經濟發達之結果，促成資本之集中，而資本的集團（如各種公司）於焉出現；其後與資本團體相對抗之職業團體及勞動團體等，亦急速發達，因而社會上團體之地位，日形重要，結果現代法律遂認定此等團體亦可為權利義務之主體，而具有權利能力矣。

其次，法律賦人以權利能力，原以維持該個人獨立自主為目的。故就文化上言之，權利能力乃具有個人得以獨立自主之一主體，而參與人類文化發展之能力之意義；就經濟上言之，權利能力乃含所有權能力，及契約自由能力之意義。然因過分強調個人主義及契約自由原則之結果，乃致貧富不均，社會上人與人間竟形成一種支配關係，亦即契約自由實際上已不存在，因而現代法律為矯此流弊，乃由保護抽象的「人格」，進而保護具體的「人」，使之具有生存能力，於是個人之財產權乃漸受社會的統制，而個人之契約自由亦漸為團體契約所排斥。其結果向以個人為中心之法律關係，乃漸有被以各種團體或各種企業組織為中心之法律關係所代替之趨勢。此乃研究現代法律上之權利能力制度者，所不可不特加注意者也。

第四、行為能力

上述之權利能力，不過為吾人得享權利或得負義務之地位而已，至於現實的對於特定權利之取得或義務之負擔（例如買賣或贈與應如何為之），乃屬另一問題，此即權利主體之「行為能力」問題是也。此問題除後詳述外，茲欲一言者，乃民法中有關權利能力與行為能力之規定，均屬強行規定，亦即關於此等能力之有無、廣狹及其始終等規定，均不得以個人意思左右之。例如使人為奴隸，即剝奪其權利能力之契約，或限制其行為能力之契約，乃至所規定之代表機關與法不合之法人章程，概歸無效是也。

第二節　自然人

第一款　權利能力

第一項　權利能力之發生

第一、權利能力之始期

一切自然人皆平等的具有權利能力，前已言之，然而此權利能力究自何始？曰：「始於出生」，此不獨我民法第六條有「人之權利能力，始於出生」之明文規定，即其他各國民法亦莫不皆然❶。可見近代法律皆承認人一出生，即無條件的取得權利能力也（昔羅馬法有奴隸制度，為奴隸者不因出生而取得權利能力，必須經其主人之解放，始僅能取得不完全之權利能力）。

「出生」既為權利能力之始期，則其關係重大，不問可知，因而如之何始得謂之出生，勢須予以確定。出生在法律上言之，乃法律事實中之自然事件也。其應具備之要件為「出」與「生」，兩者缺一不可。所謂「出」者乃由母體分離是，至出之原因若何（分娩抑流產）及方式若何（自行產出，抑人工取出），均在所不問。所謂「生」者乃保持其生命而出是（否則謂之死產），至保持生命之久暫，亦非所問。惟此乃一般說法，學者間對於「出生」之見解，頗不一致，茲列舉如下：

（1）**陣痛說**　此說謂妊婦開始陣痛，則胎兒即屬出生。豈知陣痛之後，胎兒是否必出，出而是否必生，尚為未知之數，故陣痛說對於人之出生，實未免言之過早，倘信斯言也，則胎兒與出生後之嬰孩直無

---

❶ 民法第六條之立法例：

法民　第八條　凡法蘭西人得享有民權。

德民　第一條　人之權利能力，於出生完成時為始。

瑞民　第一一條　凡人皆有權利能力。

凡人於法規範圍內，有為權利及義務主體之平等能力。

第三一條　人格，於生兒之出生完成為始，死亡為終。

日民　第一條之三　私權之享有，始於出生。

泰民　第三九條　人格，於生兒之出生完成為始，死亡為終。

區別矣，烏乎可！

（2）**露出說**　此說謂胎兒由母體露出，即為出生。露出說尚分一部露出說與全部露出說兩種，惟無論何者，祇能說明「出」，而不能說明「生」，故此說仍不完全，未可採取（但日本刑法判例則採一部露出說，見其大判大正八年十二月十三日刑錄一三六七頁）。

（3）**斷帶說**　此說謂胎兒之臍帶剪斷時，始得謂之出生。豈知臍帶剪斷，常在胎兒墜地很久以後（據產科醫師謂胎兒降生，臍帶應從緩剪，以便暫時保持由母體輸送養分），則依此說而定人之出生，又未免言之過晚矣。

（4）**生聲說**　此說謂胎兒降生後，須能發聲，始得謂之出生。豈知呱呱墜地者，固不乏人，而寂寂無聲者，亦非烏有，如先天瘖啞之人，則將永久不得謂之出生乎？況據醫生云胎兒出生時，假死者，亦所在多有，若必限於生聲後始為出生，則對於人之保護，未免不周矣。

（5）**獨立呼吸說**　此說謂胎兒是否出生，須視其已否獨立呼吸以為斷。因胎兒未與母體分體前，乃以母體之呼吸為呼吸，脫離母體後始能以其自己之肺獨立呼吸，此時即屬出生，而為權利能力之開始。此說既可說明「出」，又可說明「生」，蓋不出則無由獨立呼吸，出而不生更不能獨立呼吸也。因而對於胎兒究係降生後死亡？抑原來死產？如有爭執時，鑑定亦易。即胎兒之肺如已經獨立呼吸，則入水即有泡沫，而上下浮動；否則入水即沉也❷。以此獨立呼吸說，乃為近代多數學者所採。

---

❷ 人之出生其時間遲早片刻，及是否保持其生命而出生，不僅與刑法上之殺人罪有重要之關聯，尤對於民法之上繼承問題，有密切之關係，蓋依民法第七條及第一一六六條之規定，胎兒有遺產繼承權，今設胎兒之父於其出生前已死亡，

其次依羅馬法之規定，關於出生之條件，除上述之「出」與「生」兩者外，尚有：①須懷胎六個月後出生，否則謂之早產兒（abortus），不能取得權利能力；②出生兒須具備人之形體，否則謂之鬼胎（monstrum）或怪物（prodigium），得自由遺棄或扼殺之（日耳曼古法，雖正常之嬰兒其父亦有遺棄權），以上兩種條件，近代民法甚少有規定，蓋就前者言，未滿六個月而流產者，雖多不能保持其生命（俗有七活八不活之說），然而萬一保持其生命，自亦無不認其為人之理；就後者言，依一般見解，凡人所產者必為人，而非異物（但亦非絕對如此，某年臺北某衛生展覽會上，即陳有各種怪胎，如葡萄胎是），縱有多少畸形，亦不得謂之非人，故除不具者得為婚姻撤銷之原因外（民法九九五條），餘則均無特別限制其權利能力之規定也。

此外尚有孿生子（即雙胞胎）及一胎三兒（品胎）之長幼問題，在外國有以後生為長者，但我國習慣則以先生者為長。倘出生之先後不明時，他國法律有規定以抽籤定之者，我民法既無明文，自可由其父母之意思定之也（亦有主張推定其為同時出生者）。

至於出生之性別，為男為女必居其一，中性兒為法律所不認，倘遇此種情形，祇可擇一決定（近來醫學發達，每有變男為女之事，亦一值得研究之問題），不過法律上人之性別對於權利能力究無何影響也。

而胎兒有兄姊二人，此時其父之遺產，即應作四份平均繼承（兄、姊、母各一份，為胎兒保留一份，參照民法第一一三八條一款，第一一四一條及第一一四四條一款）。但胎兒將來若未能保持其生命而出產（死產），即不能取得繼承權，其先所保留之一份，仍屬父之遺產，應由其兄、姊、母三人再平均繼承；反之胎兒若保持其生命而出生，縱於出生後頃刻即死，在此頃刻間，已取得應繼財產，該財產即已成為胎兒之遺產，依法應由其母單獨繼承矣。二者出入甚大，則出生問題之重要性，不問可知也。

第二、胎兒

權利能力既以出生為始，則未出生之胎兒，原則上自無權利能力之可言。惟如貫徹此原則，則對於胎兒之保護，未免欠周，因而各國法律對於胎兒之保護，均設例外之規定，不過此種規定各國之立法例不同，有採列舉主義，即關於特定事項，如損害賠償請求權、繼承權及遺贈等之保護，視為既已出生者，德、日民法屬之；有採概括主義，即凡屬胎兒將來可得享受之利益，法律上均予以保護者，瑞、泰民法屬之，我民法第七條有「胎兒以將來非死產者為限，關於其個人利益之保護，視為既已出生」之規定❸，蓋採後者

❸ 民法第七條之立法例：

法民　第七二五條　遺產繼承人，應於其遺產繼承開始時生存，左列之人，不得為遺產繼承：

一、未有懷胎之徵之子。

二、出產後不能生存之子。

三、民事上之死亡者。(但本款已於一八五四年廢止)

德民　第八四四條　因殺人而負賠償義務者，對於負擔埋葬費之人，應賠償其費用。

被害人於被殺害之當時，對第三人負有法律上之扶養義務，或有應扶養之關係，而第三人因殺害之結果，致喪失其扶養請求權時，則賠償義務人應於推定被害人生存期間中，所負擔扶養費之限度內，對於第三人支付定期金，以為損害之賠償。於此情形準用第八四三條第二項至第四項之規定。若第三人於加害之當時，尚為胎兒者，亦生此種賠償義務。

第一九二三條　限於繼承開始時之生存者，得為繼承人。

繼承開始之時，雖未生存但已在胎內者，則視為生於繼承開始之前者。

之立法例者也。惟此二種立法例以適用範圍之明確言，固以前者為優；但以避免遺漏而對於胎兒之保護周到言，則仍以後者為愈也。至於胎兒之權利能力，其法律性質若何？學者間主張不一：有認為胎兒出生前，即取得權利能力，倘將來死產時，則溯及的喪其權利能力者，是為法定的解除條件說，或限制的人格說（我妻榮：《民法總則》四四頁，松坂佐一：《民法提要總則》五九頁）；有認為胎兒於出生前，並未取得權利能力，至其完全出生（非死產）時，方溯及的取得權利能力者，是為法定的停止條件說，或人格溯及說（鳩山秀夫：《日本民法總論》四四頁）。我民法第七條之規定，依多數學者之意見，係採取前說（黃右昌：《民法詮解總則編》上一二一頁，李宜琛：《民法總則》六四頁），但亦有認為係採取後說者（王伯琦：《民法總則》四三頁），本書贊同前者，蓋必如斯解釋，對於胎兒之保護始較為周到也❹。又我民法第七條既明

第二一七八條　受遺人於繼承開始之當時，尚未出生，或其人格因繼承開始以後發生之事實而確定時，其遺贈於第一之例，與出生同時成立，於第二之例，與事實之發生同時成立。

瑞民　第三一條（二項）　出生前之胎兒，以生體分娩為條件，有權利能力。

日民　第七二一條　胎兒關於損害賠償請求權，視為既已出生。

第八八六條　胎兒關於繼承視為既已出生。

前項規定，胎兒出生係死體時，不適用之。（又第八八八條二項及第八八九條二項之規定，亦同此旨，茲不贅錄）

第九六五條　第八百八十六條及第八百九十條之規定，於受遺人準用之。

第一〇四四條　第八百八十八條、第九百條、第九百一條、第九百三條及九百四條之規定，於遺留分準用之。

泰民　第三九條（二項）　胎兒，享有法律上所定之權利，但須為生體分娩。

定「關於其個人利益之保護」，則不利益自不包括在內，因而凡關於不利於胎兒者（如扶養義務），自不得視為既已出生也。

第三、出生證明

出生在法律上既關重要，則對於出生時期如有爭執時，應如何確定。一般言之，自當以戶籍簿上所登載者為最有力之證據；然亦非絕對的證據。易言之，其登載者亦可另依醫師或助產士之證明以推翻之。良以出生乃一事實問題，縱戶籍上有所誤報，對於真實之時期，亦不應有所影響也。

第二項　權利能力之消滅

第一、權利能力之終期

我民法第六條明定「人之權利能力，……終於死亡」，則死亡即為自然人權利能力之終期（瑞民三一條一項亦有明文；德、日民法則認為事屬當然，未予規定），亦即自然人之人格因死亡而消滅。死亡既為權利能力之終期，則死亡之時期，頗關重要，何時始得謂之死亡，學說上亦有兩種不同之見解如下：

❹ 如採取後說，則胎兒自不得有法定代理人，而我民法又未有如德民法第一九一二條：「胎兒，有保護其將來權利之必要時，得設管理人」之規定（僅於第一一六六條二項設有：「胎兒關於遺產之分割，以其母為代理人」之規定），如此即難免發生不利於胎兒之現象。例如胎兒之父，被人殺害，胎兒應有損害賠償請求權，此請求權倘不得由其母代為及時行使，必待胎兒出生後始得行使，即未免有難收效果之虞（如賠償義務人於斯時破產），故不若採取前說（限制的人格說），認為胎兒雖未出生，但已取得限制的權利能力，而由將來出生後之親權人，為胎兒之法定代理人，對於胎兒得享受之利益，得代為管理或保存也。

（一）**脈搏停止說**　此說謂自然人是否已死，應以脈搏已否停止為準。在脈搏尚未停止以前，無論如何垂危，仍不失為生人，但在脈搏停止以後，即不得不認為屍體矣。

（二）**心臟鼓動停止說**　此說謂脈搏雖已停止，然心臟仍不無鼓動者，故應以心臟鼓動停止時，為人之死亡時期。

以上二說雖不過毫釐之差，然人之死亡時間，遲早片刻，在法律上之效果，即大不相同❺，故以後說為妥（俗多以呼吸斷絕為死亡）。惟須注意，近年來由於醫學發達，遂有腦死說之興起，主張應以腦波完全停止時為人之死亡時期，我人體器官移植條例即明定，在屍體器官移植手術，病人之死亡得以腦死判定之；死亡以腦死判定者，應依中央衛生主管機關規定之程序為之，但腦死說尚未為一般所接受，心臟鼓動停止說仍為今日之通說。

其次應注意者：①死亡須為確定的死亡，若一時之假死，則其權利能力不能因之而消滅或中斷。②自然人權利能力之終期，在近代法上除後述之「死亡宣告」外，僅以人之死亡為限，若古代法上所謂「人格大減等」（Capitis deminutio maxima 羅馬法），「平和剝奪」（Friedlosigkeit 日耳曼法），以及「民事上之死」（Mort civile, bürgerlicher Tod 法、德古法）等制度，在今日已不復存在矣。③死亡之時期，對於權利能力之消滅雖具有重要之關係，但死亡之原因若何（老死、病死、自殺、被殺），則在所不問，亦即無論因何而

❺ 在繼承問題上，尤關重要，例如夫妻各有財產，並無子女，惟妻之祖母尚在，假設夫妻係同日死亡，若妻先死一刻，則夫與妻之祖母同為繼承，妻之祖母，僅得妻之財產三分之一，反之若夫先死一刻，則妻繼承夫之全部財產，併妻自己財產之全部，皆歸妻之祖母繼承，可見其出入甚大。

死，其權利能力概歸消滅則一也。

第二、死亡宣告

（一）**死亡宣告之意義**　死亡宣告者自然人失蹤（離去其住所或居所，而生死不明）達一定期間，由利害關係人聲請法院為死亡宣告，使之與真實死亡生同等效果者也。人之權利能力原則上終於死亡，但例外於死亡宣告亦可結束（嚴格言之，僅為法律關係之結束）。蓋人既失蹤，則其有關之權利義務，必無法確定，此種狀態，若任其長久繼續，則不利於社會者甚大，例如財產之荒廢，及配偶、繼承人之不利等問題，均有善後處置之必要，因此法律上遂設有四死亡宣告之制度，以濟其窮。

（二）**死亡宣告之要件**　死亡宣告關係於人之權利義務者甚大，故必須極端慎重，非具備下列要件，則不得為之：

(1) **須其人已失蹤**　失蹤係離去其住所或居所，而處於生死不明之狀態之謂，所謂「生死不明」者，乃生固不明，死亦不明是也，申言之，不僅「其存其歿，家莫聞知」，即「人或有言，將信將疑」之情形亦不可得，始得謂之生死不明，否則尚能推測其生存，或可確認其死亡（如船舶沉沒、礦坑塌陷，或防空洞炸塞，縱不能撈獲屍體，或雖已撈獲屍體，但不能辨別其為何人之情形，自亦應認定為死亡，得於戶籍上登載，否則處理上必有困難。瑞士民法第三四條有「雖無人見其屍體，但在可信為確實死亡情況下失蹤者，其死亡視為已證明」之規定，我民法雖無明文，解釋上似亦應如此），則不得或不必為死亡宣告也。

(2) **須失蹤滿法定期間**　一時生死不明，不得遽為死亡宣告，必須此種狀態繼續達一定期間而後可，此期間依我民法之規定有兩種：一為普通期間，一為特別期間。普通期間者，即一般失蹤人受死亡宣告，

所應達之期間也，我民法定為七年（八條一項）❻；特別期間者，即有特殊情形之失蹤人，受死亡宣告時

---

❻ 民法第八條立法例：

法民　第一一五條　凡人離去其住所或居所，四年間音信斷絕時，利害關係人，得向法院訴請失蹤之宣告。

德失蹤法（失蹤問題，本規定於德民一三條至二〇條，但第二次戰後西德於一九五一年一月十五日，公布失蹤法，現正適用，故將該法條文列出，民法條文從略。）

第一條　某人所在地長期不明，在此期間，其人係尚生存抑已死亡，毫無音信時，以因此對於其人其後之生存確有可疑之情事為限，則其人為失蹤人。

綜觀所有情事，對於其人之死亡，已無可懷疑者，其人非失蹤人。

第二條　失蹤人具備第三條至第七條之要件者，得依公示催告程序，為死亡宣告。

第三條　由失蹤人最後有生存音信之年終了後，經過十年；或失蹤人將於死亡宣告當時，可滿八十歲者，經過五年，得為死亡宣告。

於失蹤人滿二十歲之年終了前，不得依第一項為死亡宣告。

第四條　軍隊所屬員於從事戰爭或類似戰爭事業之期間，在危險區域去向不明而失蹤者，自媾和時起；或自該戰爭或類似戰爭事業未經媾和，而事實上終止之年之終了時起，經過一年時，得對之為死亡宣告。

失蹤人係於其足以認為有死亡之高度蓋然性之事情下，而去向不明時，關於第一項所定之期間，自其去向不明時起算。

滯留於軍隊之人，準用軍隊所屬員之規定。

第五條　於航海之際，尤其因船舶沉沒而失蹤者，自船舶沉沒或構成失蹤原因之其他事件時起，經過六個月時，得對之為死亡宣告。

對於認為失蹤原因之船舶沉沒之事實，不能確定時，則第一項之六個月期間，自船舶尚未沉沒之最後音信經過一年時起算。

依一般之海員的經驗，基於其船舶之性質及裝備，並鑑於預定航行之海面或其他情事，而足以認為船舶之沉沒較前者，得將此一年之期間，縮短至三個月。

第六條　於航空之際，尤其因航空機之破壞而失蹤者，自航空機破壞，或構成失蹤原因之其他事件時，或未能確定此事件，而於失蹤人生存之最後音信時起，經過三個月時，得對之為死亡宣告。

第七條　於第四條至第六條所定以外之情事下，遭遇生命危難後而失蹤者，自生命危難終了，或依其情事可期待其終了時起，經過一年者，得對之為死亡宣告。

第八條　其失蹤人，對於第四條之要件與第五條或第六條之要件兼備者，僅適用第四條。

瑞民　第三五條　某人遭遇足為死亡原因之災難，行蹤不明，或因不在永無音信，其死亡可認為確實者，審判官得因利害關係人之請求，為失蹤之宣告。

於此情形，失蹤人在瑞士最後住所地之審判官有管轄權；失蹤人不住於瑞士者，本籍地之審判官有管轄權。

第三六條　前條之請求，得於遭遇災難時起至少一年後，或自最後音信時起五年後為之。審判官應依適當方法，公告知悉行蹤不明人或不在人之消息者，應於一定期間而為聲明。

前項期間，於最初公告以後至少應為一年。

日民　第三〇條　不在人之生死，七年間不分明者，家庭裁判所，得因利害關係人之請求，為失蹤之宣告。

身臨戰地者，在沉沒之船舶中者，遭遇其他足為死亡原因之災難者，其生死，於戰爭終止後、船舶沉沒後、或其他災難消滅後，三年間不分明者，亦同。

泰民　第七四條　離去居所，生死不明滿七年者，法院得因檢察官或利害關係人之聲請，宣告失蹤。

所應達之期間也。此期間較前者為短，依民法之規定，失蹤人為八十歲以上者，其期間為三年（八條二項），蓋八旬翁媼，風燭殘年，自較少者壯者之死亡機會為多，故期間應縮短也；又遭遇特別災難者（如戰禍、海難、風災、地震等），其期間為一年（八條三項）。亦因人既遭難，則凶多吉少，故其期間尤應縮短也。至於期間之起算點，在普通期間之七年及特別期間之三年，均應自失蹤時起算，至於特別期間之一年，則應自特別災難終了後起算。

（3）**須經利害關係人或檢察官之聲請**　所謂利害關係人者指對於死亡宣告於法律上有利害關係之人而言。例如失蹤人之繼承人、配偶、法定代理人、受遺贈人，及因失蹤人死亡得受領保險金之人等是。又事關社會公益，檢察官亦得聲請之。

（4）**須經公示催告程序**　法院經上述之利害關係人聲請後，應踐行公示催告程序（參照民訴六二八、六二九條）。

以上四種要件完全具備後，法院始得以判決為死亡宣告。

（三）**死亡宣告之效力**　關於死亡宣告之效力，立法例有兩種：一為「視為死亡」（如日本民法），一為「推定死亡」（如德、瑞民法），前者在撤銷宣告前，不許更舉反證；後者許主張其未死亡者提出反證以推翻之，我民法屬於後者，但無論何者，一經宣告，即生效力，如繼承開始，婚姻消滅等均與該失蹤人之真實死亡相同。不過死亡宣告究與真正死亡有別，故以下各點應予注意：①其效力範圍，僅限於結束以失蹤人原離去之住所或居所為中心之法律關係而已，若該失蹤人實際上於他地尚生存時，則其權利能力，並

前項七年，依最後可信之情報，不在人顯然在海難或戰爭等生命危險之狀態者，減短為三年。

不因此死亡宣告而終了；②失蹤人一旦生還，關於已結束之法律關係，固非撤銷宣告，不能復活（撤銷程序依家事事件法第七十四至九十七條規定；但善意行為不受影響，如配偶善意再婚，即不得破鏡重圓矣），然歸還後新生之法律關係，自不受死亡宣告之妨礙；③死亡宣告為私法上之制度，與公法關係，不生影響。凡此皆與真實死亡有所不同者也。

至於死亡宣告效力發生之時期，各國立法例，頗不一致，我民法第九條一項規定：「受死亡宣告者，以判決內所確定死亡之時，推定其為死亡。」❼則判決內所確定死亡之時，即為死亡宣告效力（推定死亡）

---

❼ 民法第九條之立法例：

德失蹤法　第九條　以死亡宣告所決定失蹤人確定之時，推定其為死亡。縱於死亡宣告前，在死亡登記簿上登記與上開相異之時者，亦同樣處理。

以調查結果所得蓋然性最高之時，確定為死亡之時。

如不能依此確定其時者，則以下列之時確定為死亡之時：

一、於第三條之情形，由失蹤人最後有生存音信之年起經過五年，或於失蹤人應達八十歲之情形，經過三年之時；

二、於第四條之情形，失蹤人去向不明之時；

三、於第五條及第六條之情形，為船舶沉沒，航空機破壞，或構成失蹤原因之其他事件之發生，或不能確定之者則失蹤人最初去向不明之時；

四、於第七條之情形，生命危難開始之時；

死亡之時如僅就日為確定者，則以其日終了之時，為死亡之時。

發生之時期也。惟此項時期並非可由法官任意確定，故同條二項復規定：「前項死亡之時，應為前條各項所定期間最後日終止之時。但有反證者，不在此限。」可知法官所確定死亡之時，除有反證外，即應以第八條各項所定期間（普通失蹤者七年；八十歲以上者三年；遭遇特別災難者一年）最後日終止之時，即各該期間滿了之時（參照民法一二一條）為準。

其次應予一言者，即失蹤後未受死亡宣告前，其人之財產，應如何管理？此在我民法第一〇條規定：「失蹤人失蹤後，未受死亡宣告前，其財產之管理，除其他法律另有規定者外，依家事事件法之規定。」❽

第一〇條　失蹤人未受死亡宣告之期間，則於第九條第二項及第四項所揭之時以前，推定其尚生存或曾生存。

瑞民　第三八條　於期間內無何呈報，行蹤不明人或不在人被宣告為失蹤人者，與死亡已被證明者同，得行使因其死亡而發生之權利。

失蹤宣告之效力，溯及於足為死亡原因之災難，或最後音信之時。

日民　第三一條　受失蹤之宣告者，於前條期間滿了時，視為死亡。

泰民　第七五條　受失蹤宣告者，於前條期間終止時，視為死亡，其遺產，依遺產法之規定，歸屬於繼承人。

❽ 民法第一〇條將失蹤人財產之管理讓諸非訟事件法，此種規定，尚無類似之立法例，惟日本民法將財產管理之詳細辦法規定於總則編，頗值參考，茲譯列如下：

第二五條　離去其向來之住所或居所，而未設其財產之管理人者，家庭裁判所得因利害關係人或檢察官之請求，就其財產之管理得命為必要之處分；於本人不在期間管理人之權限消滅者，亦同。

本人日後自設管理人時，家庭裁判所，須依其管理人，利害關係人或檢察官之請求，撤銷其命令。

家事事件法第四編第八章規定失蹤人財產管理事件（第一四條至一五三條）。家事事件法係特為妥適、迅速、統合處理家事事件，維護人格尊嚴、保障性別地位平等、謀求未成年子女最佳利益，並健全社會共同生活而制定者（家事事件法一條）。家事事件分為甲類、乙類、丙類、丁類、戊類五類（同法三條），由少年及家事法院處理之；未設少年及家事法院地區，由地方法院家事法庭處理之（同法二條）。

第三、死亡證明

自然人已否死亡，及死亡之時期，於法律上既具有重大之意義（關乎權利能力之是否消滅及繼承問題），則死亡之證明自應特別重視。此問題可分下列兩項敘述：

（一）真實死亡　真實死亡即自然人生理上之死亡，其死亡之時自應依照前述之「心臟鼓動停止說」

第二六條　於不在者設有管理人之情形，其不在者生死不明時，家庭裁判所得因利害關係人或檢察官之請求，改任管理人。

第二七條　依前二條之規定，於家庭裁判所所選任之管理人，須編製其應管理之財產之目錄；但其費用以不在者之財產支付之。

不在者生死不明，因利害關係人或檢察官之請求，家庭裁判所對於不在者所設之管理人亦得命為前項之程序。

右述之外，家庭裁判所認為保存不在者財產之必要處分，概得命管理人為之。

第二八條　管理人有為超越第百三條所定權限行為之必要時，得經家庭裁判所之許可為之。於不在者生死不明之情形，其管理人有為超越不在者所定權限行為之必要時，亦同。

第二九條　家庭裁判所得命管理人就財產之管理及返還，提供相當之擔保。

家庭裁判所得依管理人與不在者之關係，其他之事情，由不在者之財產中給與管理人相當之報酬。

之見解以為決定，但如死亡之時期不明（如溺死縊死往往事後很久發見），而又發生爭執時，則須由主張因死亡之時而有利於己之事實者，負舉證責任。

（二）**推定死亡**　推定死亡，固非真實死亡，但不舉反證，亦不能任意推翻。推定死亡，可分兩種：①即前述之死亡宣告是也，死亡宣告以判決內所確定死亡之時，為推定死亡之時。②同死之推定，此依我民法第一一條規定：「二人以上同時遇難，不能證明其死亡之先後時，推定其為同時死亡。」❾此條乍視之雖似僅為第八條三項之補充規定（即對於因遭遇特別災難而失蹤者，如同時有二人時，其死亡宣告所推定死亡之時，應相同），但對於二人以上同時遭難之真實死亡，而僅不能證明其死亡之孰先孰後時，亦應有

---

❾ 民法第一一條立法例：

法民　第七二〇條　若應互為繼承者有數人，以同一事故死去，其中何人先死不得而知時，因其時情狀而推定其中之後死者；情狀不分明時，以其死者之年齡與男女而定之。

第七二一條　若同時死去之數人，未滿十五歲時，推定其中之年長者為後死。若同時死去之數人，皆在六十歲以上時，推定其中之年少者為後死。

若同時死去之數人，有十五歲未滿者，與六十歲以上者時，推定十五歲未滿者為後死。

第七二二條　若同時死去之數人，皆在滿十五歲以上六十歲未滿，而其年齡全等或相差不超過一歲時，推定男為後死。若其數人為同性時，應從可為遺產繼承之自然順序而推定之，故推定年少者較年長者為後死。

德失蹤法　第一一條　死亡或受死亡宣告之數人中，如不能證明其中一人於他人死亡之後尚生存者，則推定其為同時死亡。

瑞民　第三二條（二項）　數人死亡，如不能證明其一人後於他人死亡時，視為同時死亡。

其適用，此不可不注意者也。又同死之二人，在繼承關係上言之，應互不繼承，但學者亦有解為應互為繼承者，其詳當讓諸繼承編，茲不多贅。

至於同死之推定，立法例並不盡同，羅馬法對此並無一般性之規定，僅於親子同船覆沒，如不能確定其死亡之孰先孰後時，則視其子是否已成熟（男滿十四歲、女滿十二歲，則為成熟人）而定，如子已成熟，則推定其親先死，否則推定其子先死。法民法仿此乃設有後死之推定，德、瑞民法設同死之推定，我民法仿之。日本民法於昭和三七年以法四〇號於第三二條之二，增設「同死推定」之規定，結果與我民同矣。

第二款　行為能力

第一項　總　說

第一、行為能力之意義

行為能力有廣狹二義，廣義之行為能力，指吾人之行為在法律上能發生一定效果之能力也。何謂行為？乃吾人有意識的身體動靜（動則謂之作為，靜則謂之不作為）之謂，至無意識的身體動靜（如說夢話），不得謂之行為。何謂能力？在法律上應解作資格或地位之意（與尋常解為本領或才幹者不同）。吾人唯有有意識的身體動靜，斯能在法律上發生一定之效果，其中合法者謂之合法行為（包括法律行為及其以外之合法行為）；不合法者謂之不法行為（包括違法行為及侵權行為，是為廣義的不法行為；侵權行為乃狹義的不法行為）。合法行為受法律之保障（一定之效果）；不法行為受法律之制裁（一定之效果）。廣義的行為能力即兼指此合法行為及不法行為之能力而言。

狹義的行為能力乃專得為法律行為之能力而言。何謂法律行為？即合法行為中之以意思表示為要素之行為是也。因合法行為原亦有多種，前已言之，其中以意思表示為要素者，謂之法律行為，不以意思表示為要素者，謂之事實行為（尚有準法律行為，詳於法律行為章中述之），狹義的行為能力，即指法律行為能力而言，易言之，以獨立的意思表示，使其行為發生法律上效力之資格，即狹義的行為能力是也。惟狹義的行為能力，在法、日民法僅稱之曰「能力」，而德、瑞民法則稱之曰「行為能力」，我民法仿之，故在我民法上稱「行為能力」時，即指狹義的行為能力而言，茲所論述者，即以此為限。

第二、行為能力與其他能力

（一）行為能力與權利能力　權利能力者乃得享權利負義務之資格，行為能力者乃得以獨立的意思，為法律行為（現實的取得權利，或負擔義務）之資格。前者凡人生而具有，後者則否。蓋得否享權利負義務為一事，而實際上能否自行取得權利或負擔義務為另一事，二者不可混為一談。因而有權利能力者未必皆有行為能力，如未滿七歲之未成年人雖有權利能力，但無行為能力，故此種人如欲取得權利或負擔義務時，則須由其法定代理人代為之。

（二）行為能力與意思能力　意思能力者能判斷自己行為生如何結果之精神的能力也，包括正常的認識力及預期力兩者，瑞士民法稱「判斷能力」（一六條至一九條），我民法則稱「識別能力」（一八七條）。意思能力為決定行為有效無效之標準，有之則其行為有效，無之則其行為無效（參照民法七五條），蓋近代法律係以「個人權利之取得、義務之負擔，祇可基於其個人之意思」為原則也。既如此，則有意思能力者始有行為能力，無意思能力者即無行為能力，可見意思能力乃行為能力之前提。惟意思能力之有無，本應就其人之每一具體行為，加以審查，然後判定其行為之有效無效，始合實際。但果如此，則勢必費時費事，有礙交易之敏活不少，因而法律上遂以人之年齡及精神障害為劃一的標準，而規定何如人有意思能力，斯有行為能力；何如人無意思能力，斯無行為能力；何如人有不健全之意思能力，斯有限制的行為能力（詳後述），於交易時其行為能否生效，悉依此為斷，原則上，不問其實際情形之如何也。例如未滿七歲之未成年人，法律規定其無行為能力，因而此種人為某一行為時，縱實際上有意思能力，然而法律上亦不之問，即概作無意思能力處理，不認其行為為有效。不過此乃原則，若其人雖已達相當年齡，在法律上已有行為能力，但於行為當時，確係欠缺意思能力者，則法律亦不使其行為生效（民法七五條下段），以資保護。

（三）**行為能力與責任能力**　責任能力者因不法行為，能受法律制裁之能力也。責任能力之有無，概以行為時有無識別能力（意思能力）為斷（民法一八七條），亦即須就其個個具體的行為，審查其有無識別能力，以決定其責任。法律上並未如行為能力制度，以年齡等設定其劃一之標準，蓋不法行為係應受制裁之問題，理宜就具體情形決定，不適於依抽象的標準斷之也。因而責任能力與行為能力雖均以意思能力為前提，但二者在性質上畢竟不同。

（四）**行為能力與特別能力**　以上所述之行為能力乃就一般的行為能力而言，此外尚有特別行為能力問題，所謂特別行為能力者，乃法律就某種人之某種行為，特別規定其能力者是也。其中有較一般行為能力加重其要件者，如一般之收養能力（民法一〇七三條）、有配偶者之收養能力（民法一〇七四條）及有配偶者之被收養能力（民法一〇七六條），均屬之。有較一般行為能力減輕其要件者，如訂婚能力（民法九七三條）、遺囑能力（民法一一八六條二項），均屬之。特別行為能力須依特別之規定，不適用一般行為能力之規定。吾人由此亦可看出，民法總則中關於一般行為能力之規定，僅適用於財產行為，對於身分行為則多不適用也。

第三、行為能力制度之內容

我民法就行為能力之有無，將自然人區分為：①有行為能力人；②無行為能力人；及③限制行為能力人等三種（當於次項以下專述之），有行為能力人其行為有效，無行為能力人其行為無效，限制行為能力人其行為有時有效，有時無效，其詳俟於法律行為章述之，茲不贅。

至於行為能力制度（日學者稱無能力制度）之立法例，則異同互見，茲分兩點述之如左：

⑴就編制言之，約分兩派，甲派以之規定於自然人中，如法、瑞、日、泰等民法是；乙派以之規定於法律行為中，如德國民法是（但關於成年禁治產等問題仍列於自然人中）。我民法將行為能力之有無問題，規定於自然人中，而將行為能力之效力問題，規定於法律行為中，在編制上觀之，雖似有割裂之嫌，但在適用上言，卻不無便利之效，因行為能力之效力問題，與法律行為關係綦切（行為能力乃法律行為有效要件之一），故宜列入該章也。

⑵就內容言之，關於行為能力之有無，原則上採取年齡之長幼為標準而定，例外亦以人之精神狀態為標準而定，此兩大標準，為各國民法之所同，其不同者（本書修訂版當時）：①就年齡之標準言，則有兩級制，即僅分成年與未成年兩級，未成年人為限制行為能力人，法、日民法採之；多級制，其中有分四級者，如羅馬法以未滿七歲為一級，七歲以上至成熟期（男滿十四，女滿十二，為成熟期）為一級，成熟期至成年（二十五歲）為一級，成年以上為一級，奧國民法大致仿此。又有分三級者，如德國民法以未滿

七歲為一級，七歲以上至十八歲未滿為一級，成年（十八歲）以上為一級，我民法仿之（亦以十八歲為成年）。②就精神狀態之標準言，有分為禁治產與準禁治產者，如法、日、泰民法是；有僅設禁治產，但於其中復分為無行為能力人與限制行為能力人者，如德國民法是；有僅設禁治產，且概使之為無行為能力人者，如瑞士民法是，我民法仿之。上述⑴、⑵立法例中已有修正者，而九十七年我民法修正時，將「禁治產」之用語修正為「監護」，並增加「輔助之宣告」，受監護宣告之人為無行為能力人；受輔助宣告之人為重要法律行為時應經輔助人同意。

第二項　有行為能力人

凡能獨立以法律行為取得權利或負擔義務者，則為有行為能力人，此種人所為之法律行為，除別具無效（民法七五條下段）或得撤銷（民法七四條）之原因外，皆絕對有效。至於何如人始為有行為能力人？依我民法規定，分為兩種如下：

第一、成年人

我民法第一二條規定：「滿十八歲為成年。」❿（按本條自一一二年一月一日起施行）可知無論男女，

---

❿ 民法第一二條之立法例：

法民　第四八八條　滿二十一歲為成年。（一九七四年修正為滿十八歲為成年）。

　　達此年齡之人，對於一切民事生活上之行為，有能力。

德民　第二條　滿十八歲為成年人。

瑞民　第一四條（一項）　滿二十歲者，為成年人。（現為滿十八歲者，為成年人）。

滿十八歲均為成年人，成年人則有完全之行為能力，民法中雖無明文規定，但由其規定未成年人無行為能力或有限制行為能力之一點觀之，則解釋上自應認為當然。

成年年齡，各國因其人民生理發達之有遲早，而立法例極其不一，有如左表：

國別	新加坡	泰	丹麥、奧國、荷蘭、法、英、意、瑞、俄、德、土耳其、阿根廷、日
成年年齡	二十一歲（僅限於進入賭場、選舉和結婚的最低年齡）	二十歲	十八歲

過去我民法以滿二十歲為成年，蓋沿我國男子二十而冠，女子二十而笄之古禮也。（《禮記》〈內則〉：二十而冠，始學禮。又〈內則〉註：女子十五許嫁則笄，未許嫁者二十而笄。）然而，隨著現今社會的進步與科技媒體的普及，資訊大量流通，而使青年之身心發展與自我意識能力，已不同於以往，故二十歲成年制之規定，已不符當今社會發展現況，故參考世界多數國家之規定，將成年年齡下修至十八歲。但因此次修正，對社會之影響及衝擊頗大，宜設有緩衝期間，以資減緩，為利政府機關及社會大眾因應新制實施，故於民法總則施行法第三條之一明訂自一一二年一月一日起施行。

第二、結婚成年制之探討

日民　第三條　滿二十歲為成年。（一〇六年修法將本條移至第四條，並於一〇七年修改為：「滿十八歲為成年。」將於一一一年起正式實施）。

泰民　第四〇條　滿二十歲……為成年。

我民法第一三條三項原規定：「未成年人已結婚者，有行為能力。」⓫而未如其他國家（如日本）規定未成年人已結婚者視為成年之結婚成年制，其理由如下：

⓫ 民法第一三條三項之立法例：

法民　第四七六條　未成年人結婚者，法律上當然解除親權。

第四七七條（一項）　未成年人雖未結婚，但已滿十五歲者，得由其父，無父者由其母，解除親權。

第四七八條（一項）　無父母之未成年人，經親屬會之判斷，認為有能力者，得解除親權，但以年滿十八歲以上者為限。

德民　第三條　滿十八歲之未成年人，得依監護法院之決定，為成年宣告（按德民三～五條現已刪除）。

未成年人因成年宣告取得成年人法律上之地位。

第四條　成年宣告須得未成年人之同意。

未成年人服從親權時，尚須得親權人之同意，但親權人對於其子之身心及財產無任何監護權者，不在此限。未成年之寡婦，無須得親權人之同意。

第五條　成年宣告，祇能為未成年人之利益為之。

瑞民　第一四條（二項）　結婚人為成年人。

第一五條　滿十八歲者得依本人之承諾，及父母之同意，由監護監督官署，宣告為成年。於本人服從監護時，前項之聲請，須詢問監護人。

日民　第七五三條　未成年人結婚時，視為成年。

泰民　第四〇條　……，或已結婚者，為成年。

(1)人已結婚，其年齡大抵已接近成年，蓋我民法對於結婚年齡原有一定之限制，即民法第九八〇條原規定：「男未滿十八歲，女未滿十六歲者，不得結婚。」可見一經結婚，則已距成年不遠，故法律雖提前賦與行為能力，亦非過早。另按自一一二年一月一日起施行之民法第九八〇條規定之男女結婚年齡同為十八歲，則與成年年齡相同。

(2)人已結婚，生活上需要獨立自主，倘仍事事仰人鼻息，則不惟事實上困難殊多，而心理上亦難免發生不良之影響。故法律不能不予以行為能力。

(3)以一定年齡為界限，而定行為能力之有無，勢必發生昨日尚為無行為能力者，今日頓成有行為能力人之現象，此種現象於理難調其合，蓋人之精神能力，皆係逐漸發達，並非一旦遽行成熟者。因此各國無不設有成年制之緩衝制度，結婚人有行為能力，為緩衝制度之一。不過，此種人在法律上其行為能力仍非完全等於成年人，因其倘欲離婚，則仍應取得其法定代理人之同意（原民法一〇四九條但書），故此種人雖因結婚而取得行為能力，但在法律上並不因之而成年。惟按自一一二年一月一日起施行之民法第一〇四九條已刪除該但書，即夫妻兩願離婚者，得自行離婚，無須法定代理人同意，蓋符合結婚年齡者，即為成年人矣。又，在其未成年前，倘婚姻關係消滅（配偶死亡，或離婚）時，其已取得之行為能力是否因之而喪失？說者不一：①一般通說均謂其行為能力不喪失，司法院二〇年院字第四六八號解釋原亦謂：「已結婚之未成年婦女，不因夫之死亡，而喪失其行為能力。」但未達結婚年齡而結婚者，如其婚姻經撤銷時，則應喪失其行為能力（司法院二四年院字第一二八二號解釋原亦謂：「不達法定年齡結婚者，在撤銷前有行為能力。」反對解釋之，則撤銷後無行為能力）。②學者間亦有認為其行為能力喪失，而仍恢復為未成年人者（柚木馨：《民法總論》六七頁），蓋認為結婚成年乃係一種擬制，斯時（婚姻關係消滅時）應予解消也。然上述爭議，將隨自一一二年一月一日起施行之成年年齡與結婚年齡的一致規定而告消失。

其次關於成年緩衝制度，雖為各國民法所採用，但立法例，則不相同，約分三種如左：

⑴ **成年宣告制**　即未成年人達相當年齡時，得由法院宣告其成年之制度是也。在昔羅馬法雖以二十五歲為成年，但男子達二十歲，女子達十八歲者，得由皇帝宣告其有完全之行為能力。德國民法（三條）原仿此，對於滿十八歲以上之未成年人，得由監護法院宣告其為成年；但現已刪除。瑞士民法（一五條）亦採成年宣告制。

⑵ **自治產制**　即未成年人因一定事由，而成為自治產人之制度是也。法國民法對於未成年人，因結婚而當然解除親權（四七六條），又未成年人雖未結婚，但年齡已達十五歲，得由父母之意思解除親權（四七七條），倘無父母時得由親屬會解除親權，惟以年滿十八歲者為限（四七八條），因親權之解除，未成年人即成為自治產人。

⑶ **結婚成年制**　即未成年人因結婚而成年之制度是也。瑞士民法除採成年宣告制外，復規定結婚人為成年人（一四條二項）；泰國民法（四〇條下段）則專採結婚成年制，又日本民法（七五三條）於此次戰後修正，亦設有結婚成年制矣。我民法則將結婚年齡與成年年齡作相同規定，並刪除未年成人已結婚者有行為能力之規定，雖未採結婚成年制，但適用結果，並無差異。

第三項　無行為能力人

凡於法律上絕對不能為有效法律行為之人，謂之無行為能力人，何如人為無行為能力人？我民法規定兩種如下：

第一、未滿七歲之未成年人

我民法第一三條一項規定：「未滿七歲之未成年人，無行為能力。」⓬所謂未成年人指未滿十八歲之人而言，我民法對未成年人之行為能力，分為兩級，未滿七歲者為一級，滿七歲以上者為一級，前者依上述規定，無行為能力，即不能自為法律行為（由法定代理人代為，詳於法律行為章述之）。惟此之所謂無行為能力並非自然的無能力（incapacité naturelle），乃係法定的無能力（incapacité legale），蓋未滿七歲之人，無識無知者固多，但聰明穎慧者亦復不少，此種自然的差異，法律概不之問，而一律以七歲為界，硬性規定其無行為能力，故此之無能力，屬於法定的無能力。至法律所以不問自然的差異如何，而作此劃一的規定者，究不外對於動的安全與靜的安全（參閱㊼），兼籌並顧而已。

第二、受監護宣告之人

（一）由禁治產制度到成年人監護制度　我民法就精神障礙者原採禁治產制度，現於第一四條第一項規定：「對於因精神障礙或其他心智缺陷，致不能為意思表示或受意思表示，或不能辨識其意思表示之效

⓬ 民法第一三條一項之立法例：

德民　第一〇四條　左列之人，無行為能力：

一、未滿七歲者。（二、三款見⓮）

瑞民　第一七條　無判斷能力人，未成年人，……為無行為能力人。

泰民　第四六條　未成年人，視為無能力人。

果者，法院得因本人、配偶、四親等內之親屬、最近一年有同居事實之其他親屬、檢察官、主管機關、社會福利機構、輔助人、意定監護受任人或其他利害關係人之聲請，為監護之宣告。」⑬現第一五條規定：

---

⑬ 民法第一四條一項之立法例：

法民　第四八九條　處於白痴，心神喪失或狂疾常態之成年人，縱偶有恢復本心之時，但亦應受禁治產之宣告。

第四九〇條　血親得互為禁治產宣告之聲請，配偶者一方對於他方亦同。

第四九一條　在狂疾之情形，配偶及血親均不為聲請時，檢察官須聲請之；檢察官對於白痴或心神喪失之情形，以其無配偶及血親為限，得為之請求宣告禁治產。

（按本條上段之規定，現在幾乎不適用，因法國於一八三八年六月三十日，另頒有對於精神病人之監置辦法故也。）

德民　第六條（一項）　左列之人，得為禁治產人：

一、因精神病或精神耗弱，致不能處理事務者。

二、因浪費致自己或其家族有陷於困難之虞者。

三、因酒癖致不能處理自己事務，或自己及其家族有陷於困難之虞，或有危害他人之安寧者。

日民　第七條　對於處在心神喪失常態之人，家庭裁判所，得依本人、配偶、四親等內之親屬、監護人、保佐人或檢察官之請求，宣告禁治產。

第一一條　心神耗弱人、聾人、啞人、盲人及浪費人，為準禁治產人，得附保佐人。

泰民　第五四條（一項）　對於心神喪失人，法院得因其配偶、直系尊親屬、直系卑親屬或檢察官之聲請，宣告為無能力人，而選任法定代理人。

第五九條（一項）　對於心神耗弱、浪費或酗酒，致不能處理自己事務者，法院得因第五四條所定之人聲請，

「受監護宣告之人，無行為能力。」然所謂「禁治產」者，僅有「禁止其自己治理其財產」之意，似只是針對財產行為而言，而不及於身分行為（司法行政部六四臺函民字第〇三二八二號函參照），無法彰顯「成年人監護制度」重在保護受監護宣告之人，維護其人格尊嚴，並確保其權益之意旨，九十七年修正時，爰將「禁治產」之用語，修正為「監護」，並就監護宣告之要件、監護宣告之撤銷，詳為規定，尤其擴大監護宣告聲請權人之範圍，俾使各界善加利用成年人監護制度。此外，過去禁治產宣告之規定，係採宣告禁治產一級制，缺乏彈性，且不符社會需求，爰於監護宣告之外，增加「輔助之宣告」，而採「監護宣告」與「輔助宣告」二級制，俾靈活運用。此等修正條文（民法一四條至一五條之二），自公布（總統於九十七年五月二十三日公布）後一年六個月施行（民總施四條之二），俾有充裕之準備期間，以利新制之運作。廢止禁治產制度，而導入成年人監護制度，以因應高齡化社會所衍生之成年人監護問題，周延保護其權益，乃一項值得肯定與喝彩的重大變革（日本自二〇〇〇年四月一日起、德國自二〇〇二年一月一日起，已廢止禁治產制度，而代之以成年人監護制度，均係與時俱進之修法）。茲先敘述監護宣告之制度：

（二）受監護宣告之人之意義　受監護宣告之人者，因精神障礙或其他心智缺陷，致不能為意思表示或受意思表示，或不能辨識其意思表示之效果，法院因一定之人聲請，為監護之宣告，而使之成為無行為能力之自然人也。茲依此析述如下：

（1）**受監護宣告之人者因法院為監護之宣告，而成之無行為能力之自然人也**　受監護宣告之人係自然人，法人無監護之問題，受監護宣告之人係因法院宣告而成之無行為能力人。在我民法無行為能力人有

設置保佐人。

兩種：一以年齡而定，即前述之未滿七歲之未成年人是；一以精神狀態而定，即此之受監護宣告之人是。前者無須經過任何程序，後者必須經法院宣告，故受監護宣告之人係經宣告而成之無行為能力人。

（2）受監護宣告之人者因精神障礙或其他心智缺陷，致不能為意思表示或受意思表示，或不能辨識其意思表示之效果，而被宣告之無行為能力人也　受監護宣告之人係因精神障礙或其他心智缺陷，致不能為意思表示或受意思表示，或不能辨識其意思表示之效果，而被宣告之無行為能力人，此種人其自為之法律行為無效。惟我民法第七五條有「意思表示係在無意識或精神錯亂中所為者無效」之規定，因而精神障礙人之行為本可依該條規定而歸無效，何必又另設此成年人監護制度？蓋第七五條之規定，乃就一時的精神障礙而言，若其人之精神狀態，經常發生障礙，則僅依此規定，即不足以保護，良以經常發生障礙者，其障礙亦未必毫不間斷，例如瘋人，雖經常發瘋，但總有片刻之間歇，若依上述規定，則瘋人之行為，發瘋時無效，間歇時則有效。倘因而發生爭執，則勢必就其各個行為之效力加以審查，豈惟煩擾不堪，抑且舉證困難，故法律為保護此等人之利益，及交易之安全計，遂設此成年人監護之制度以濟之。

（三）監護宣告之要件　我民法第一四條一項規定：「對於因精神障礙或其他心智缺陷，致不能為意思表示或受意思表示，或不能辨識其意思表示之效果者，法院得因本人、配偶、四親等內之親屬、最近一年有同居事實之其他親屬、檢察官、主管機關、社會福利機構、輔助人、意定監護受任人或其他利害關係人之聲請，為監護之宣告。」依此可知監護之宣告，須具備之要件如下：

（1）實質要件　原先第一四條一項前段「心神喪失或精神耗弱致不能處理自己事務」之規定，語意極不明確，適用易滋疑義，爰參酌行政罰法第九條三項及刑法第一九條一項規定，修正為「因精神障礙或其他心智缺陷，致不能為意思表示或受意思表示，或不能辨識其意思表示之效果」，俾資明確。此即監護宣告之實質要件。所謂精神障礙，例如因腦組織病變或內因的精神病、精神分裂症等病理的精神障礙。所謂其他心智缺陷，例如白痴、老人痴呆等智能不足及其他嚴重的精神異常（神經官能症等）。惟不論精神障礙或其他心智缺陷，均須達於不能為意思表示或受意思表示，或不能辨識其意思表示之效果之程度，始得為監護之宣告。因此，法院須就醫學的觀點，判斷其是否有精神障礙或其他心智缺陷，此際須依精神醫學的專業鑑定，始能為正確之判斷；判斷為有時，須再就法學的觀點，認定其精神障礙或其他心智缺陷是否致其完全喪失意思能力或辨識能力，認定為是時，始得為監護之宣告。法院認為精神障礙或其他心智缺陷未達應為「監護宣告」之程度，而僅為能力顯有不足者，對於監護宣告之聲請，得依第一五條之一第一項規定，為「輔助之宣告」。又，監護宣告制度，主要係對成年人之精神障礙者而設，對於未成年人能否為「監護之宣告」？須依其情形，分別而論，即對於未滿七歲之未成年人，不須宣告，因此等人本無行為能力，宣告監護，無何實益也。對於滿七歲以上之未成年人，如有受監護宣告之原因，自宜宣告，使其由限制行為能力人，變為無行為能力人。我民法第一一〇九條之二預定未成年人亦有可能受監護之宣告，而規定於此情形，適用成年人監護之規定。

（2）形式要件　須因一定之人聲請，法院始得宣告。修正法參考民法第一〇五五條一項規定，放寬聲請權人之範圍。依民法第一四條一項之規定，聲請權人如下：

⑴本人：本人可自行聲請宣告監護，但須於回復正常精神狀態之間為之。

⑵配偶：夫妻休戚相關，故法律許其相互聲請。

⑶四親等內之親屬：所謂親屬，血親、姻親，直系、旁系，均包括之，惟須在四親等內，祇要是四親等內之親屬即得聲請，且以一人聲請為已足。

⑷最近一年有同居事實之其他親屬：最近一年應以聲請時為準。所謂同居係指共同生活而言；所謂其他親屬乃指四親等外之親屬而言，至親等如何，在所不問。其聲請亦以一人為之為已足。

⑸檢察官：檢察官得聲請者，係為維護公益及本人之利益而然。其聲請時固宜先行查詢當事人本人、配偶，或其親屬之意見，但亦得獨立為之。

⑹主管機關：所謂主管機關，依相關特別法之規定，例如老人福利法第三條〔第一項「本法所稱主管機關：在中央為衛生福利部；在直轄市為直轄市政府；在縣（市）為縣（市）政府」〕、身心障礙者權益保障法第二條〔第一項規定與上述同〕、精神衛生法第二條〔本法所稱主管機關：在中央為行政院衛生福利部；在直轄市為直轄市政府；在縣（市）為縣（市）政府〕。

⑺社會福利機構：所謂社會福利機構，例如老人福利法第二章所定之老人福利機構、身心障礙者權益保障法第五章所定之身心障礙福利機構等是。

⑻輔助人：輔助人原係於本人心智不足時所設，其對於受輔助人之精神或心智狀況，最為熟知，故倘受輔助人已達無法為意思表示或受意思表示，或不能辨識其意思表示效果之程度，而有受監護宣告之必要者，自宜由輔助人向法院聲請之。

⑼意定監護受任人：配合成年人意定監護制度之增設，意定監護人既為本人所預先選任，並約定於本人受監護宣告時，由其允為擔任監護人，是以，亦應讓意定監護受任人有聲請權。

⑽其他利害關係人：所謂利害關係人，係指對於受監護宣告於法律上有利害關係之人而言。例如受監護宣告人之債權人或債務人等。

具備上述要件後，法院即得為監護之宣告。其所以必經法院宣告者，因成年人監護之制度，一面固在保護被宣告人之利益，一面亦在剝奪其行為能力，故不得不特別慎重，同時為維護交易之安全計，亦不得不予公示也（民法一一一二條之二參照）。至監護宣告之程序，家事事件法第十章「監護宣告事件」中有詳細之規定，屬於程序法之問題，茲不贅述。

（四）監護宣告之效力　監護宣告之效力，可分兩點述之：

（1）受監護宣告之人無行為能力　我民法第一五條規定：「受監護宣告之人，無行為能力。」⑭則

⑭民法第一五條之立法例：

法民　第五〇九條　禁治產人關於其身體及財產，視同未成年人；關於未成年人監護之規定，於禁治產之監護，亦適用之。

德民　第一〇四條　左列之人，無行為能力（一款已見前）：

二、不能為自由意思決定之精神病狀態者，但此狀態非暫時者為限。

三、因精神病而禁其治產者。

第一一四條　因精神耗弱，浪費或酒癖，被禁治產者，……其行為能力，與滿七歲之未成年人同。

瑞民　第一七條　……禁治產人，無行為能力。

日民　第八條　禁治產人付監護。

第九條　禁治產人之行為，得撤銷之。

受監護宣告之人不能自為法律行為也明矣。惟此之效力係創設的，即一經宣告，即不問受監護宣告之人有無意思能力或辨識能力，其行為概不生效，縱其精神已回復正常狀態，但於撤銷其宣告前，仍不免為無行為能力人；又此之效力係絕對的，即不僅對於聲請人發生，對於一般人，亦均發生，亦即任何人皆得主張其行為之無效也。外國立法例，雖有將成年受監護人（成年被後見人）之法律行為，規定為得撤銷者（例如日本民法第九條本文），亦即受監護宣告之人不因監護宣告而完全喪失行為能力。惟因我民法有關行為能力制度，係採完全行為能力、限制行為能力及無行為能力三級制；而禁治產人，係屬無行為能力，其所為行為無效。此一制度業已施行多年，且為一般民眾普遍接受，為避免變動過大，社會無法適應，修正法仍規定受監護宣告之人，無行為能力（參照修正理由）。

（2）**受監護宣告之人應置監護人**　我民法第一一一〇條規定：「受監護宣告之人，應置監護人。」蓋受監護宣告之人既不得自為法律行為，則不可無代理之人，監護人於監護權限內即為其法定代理人是也（民法一一一三條準用一〇九八條一項）。監護人之選定，依民法第一一一一條之所定，其詳當讓諸親屬編，茲不贅述。

（五）監護宣告之撤銷　我民法第一四條二項規定：「受監護之原因消滅時，法院應依前項聲請權人之聲請，撤銷其宣告。」⓯所謂受監護之原因消滅者，即原為監護宣告原因之事實，已不存在之謂，如精

泰民　第五四條（一項）（全文見前註）

⓯ 民法第一四條二項之立法例：

法民　第五一二條　禁治產宣告與其原因共同終了，但其撤銷，仍須遵照關於禁治產宣告之規定之方式為之；禁治產

神障礙或其他心智缺陷者已長期的回復常態，精神健全，而有意思能力或辨識能力是。此時法院應依同條一項聲請權人（即本人、配偶、四親等內之親屬、最近一年有同居事實之其他親屬、檢察官、主管機關、社會福利機構、輔助人、意定監護受任人或其他利害關係人）之聲請，撤銷其宣告。

（六）監護宣告之變更　我民法第一四條四項規定：「受監護之原因消滅，而仍有輔助之必要者，法院得依第一五條之一第一項規定，變更為輔助之宣告。」受監護宣告之人精神障礙或其他心智缺陷已有改善，而無受監護之必要，惟仍有受輔助之必要者，理應准由法院據第一四條第一項聲請權人之聲請，依第一五條之一第一項規定，逕行變更為輔助之宣告，俾簡化程序；變更為輔助之宣告後，法院所為原監護宣告，則當然失效（參照修正理由）。

第四項　限制行為能力人

限制行為能力人原僅滿七歲以上之未成年人一種，九十七年修法時導入成年人輔助之制度，受輔助宣告人，亦應屬於限制行為能力人。茲依我民法規定，分述如下：

第一、滿七歲以上之未成年人

我民法第一三條二項規定：「滿七歲以上之未成年人，有限制行為能力。」[16]所謂限制行為能力者，

人非在撤銷判決之後，不得回復其權利之行使。

德民　第六條（二項）　禁治產之原因消滅時，應撤銷禁治產。

日民　第一〇條　禁治產原因消滅時，家庭裁判所得依第七條所載之人之聲請，撤銷其宣告。

第一三條　第七條及第一〇條之規定，於準禁治產準用之。

其法律行為能力受限制是也，申言之，限制行為能力，非有完全行為能力，亦非絕無行為能力，而係居於斯二者之間，此種人之行為，以應得法定代理人之允許或承認（受限制）為原則，但例外於某種情形下，亦可以獨立為之，其詳俟於法律行為章述之，於此祇知滿七歲之未成年人為限制行為能力人足矣。惟未成年人如已結婚，則有行為能力，前已言之，茲應注意。

第二、受輔助宣告之人

（一）成年人輔助制度之採行　民法有關禁治產宣告之規定，原採宣告禁治產一級制，缺乏彈性，且不符社會需求，九十七年修正時爰於監護宣告之外，增加「輔助之宣告」，俾充分保護精神障礙或其他心智缺陷者之權益，已如前述。輔助之宣告，在我國乃全新之制度。

（二）受輔助宣告之人之意義　受輔助宣告之人者，因精神障礙或其他心智缺陷，致其為意思表示或受意思表示，或辨識其意思表示效果之能力，顯有不足，法院因一定之人聲請，為輔助之宣告，而使之為重要法律行為時應經輔助人同意之自然人也。茲依此析述如下：

（1）受輔助宣告之人者因法院宣告，而成之為重要法律行為時應經輔助人同意之自然人也　受輔助宣告之人係自然人，法人無輔助之問題，受輔助宣告之人係因法院宣告而成之為重要法律行為時應經輔助人同意之限制行為能力人，其與滿七歲以上之未成年人之差異在於：後者以年齡而定，無須經過任何程序，祇要是滿七歲以上之未成年人即為限制行為能力人，而受輔助宣告之人乃以精神狀態而定，必須經法院宣

⑯ 民法第一三條二項之立法例：

德民　第一〇六條　滿七歲之未成年人，依一〇七條至一一三條之規定，限制其行為能力。

告；後者之限制行為能力乃一般的限制，即其為任何法律行為，以應得法定代理人之允許或承認為原則，而受輔助宣告之人，僅於為法律所定之重要法律行為時應經輔助人同意。

（2）**受輔助宣告之人者因精神障礙或其他心智缺陷，致其為意思表示或受意思表示，或辨識其意思表示效果之能力，顯有不足，而被宣告之限制行為能力人也**　其被宣告之原因為因精神障礙或其他心智缺陷，致其為意思表示或受意思表示，或辨識其意思表示效果之能力，顯有不足，被宣告後為法律所定之重要法律行為時應經輔助人同意，故為限制行為能力人。

（三）**輔助宣告之要件**　我民法第一五條之一第一項規定：「對於因精神障礙或其他心智缺陷，致其為意思表示或受意思表示，或辨識其意思表示效果之能力，顯有不足者，法院得因本人、配偶、四親等內之親屬、最近一年有同居事實之其他親屬、檢察官、主管機關或社會福利機構之聲請，為輔助之宣告。」依此可知輔助之宣告，須具備之要件如下：

（1）**實質要件**　須精神障礙或其他心智缺陷，致其為意思表示或受意思表示，或辨識其意思表示效果之能力，顯有不足。亦即，受輔助宣告之人，其精神障礙或其他心智缺陷程度，較受監護宣告之人為輕，在監護宣告，須達於完全喪失意思能力或辨識能力之程度；而在輔助宣告，僅須達於意思能力或辨識能力顯有不足之程度。意思能力或辨識能力是否顯有不足？其判斷、認定，請參照前述。輔助宣告適用之對象為成年人及未成年人已結婚者，至未成年人未結婚者，因僅有限制行為能力或無行為能力，無受輔助宣告之實益，故不適用民法第一五條之一之規定（參照修正理由），是宜注意。

（2）**形式要件**　須因一定之人聲請，法院始得宣告。得聲請法院為輔助宣告之聲請權人與得聲請法院為監護宣告之聲請權人，其範圍有所不同，只包括⑴本人、⑵配偶、⑶四親等內之親屬、⑷最近一年有同居事實之其他親屬、⑸檢察官、⑹主管機關、⑺社會福利機構，其說明請參照前述。

具備上述要件後，法院即得為輔助之宣告。至宣告之程序，則依家事事件法第十一章「輔助宣告事件」之規定。

（四）輔助宣告之效力　輔助宣告之效力，可分兩點述之：

（1）受輔助宣告之人應置輔助人　民法第一一一三條之一第一項規定：「受輔助宣告之人，應置輔助人。」輔助人之選定，準用民法第一一一一條之規定（民法一一一三條之一第二項部分），其詳當讓諸親屬編，茲不贅述。

（2）受輔助宣告之人為重要之法律行為時應經輔助人同意　受輔助宣告之人僅其意思能力或辨識能力顯有不足，並不因輔助宣告而喪失行為能力，惟為保護其權益，於為重要之法律行為時，應經輔助人同意，民法第一五條之二第一項即列舉應經輔助人同意之行為。但純獲法律上利益，或依其年齡及身分、日常生活所必須者，則得獨立為之，不須經輔助人同意。此點與民法第七七條但書之規定同，其詳容後述。

應經輔助人同意之行為如下（民法一五條之二第一項本文各款）：

⑴為獨資、合夥營業或為法人之負責人。

⑵為消費借貸、消費寄託、保證、贈與或信託。

⑶為訴訟行為。

⑷為和解、調解、調處或簽訂仲裁契約。

(5)為不動產、船舶、航空器、汽車或其他重要財產之處分、設定負擔、買賣、租賃或借貸。所謂「其他重要財產」，係指其重要性與不動產、船舶、航空器或汽車相當之其他財產；所謂「財產」，包括物或權利在內，例如債權、物權及無體財產權均屬之（參照修正理由）。

(6)為遺產分割、遺贈、拋棄繼承權或其他相關權利。所謂「其他相關權利」，係指與繼承相關之其他權利，例如受遺贈權、繼承回復請求權以及遺贈財產之扣減權等（參照修正理由）。

(7)法院依前條聲請權人或輔助人之聲請，所指定之其他行為。為免前六款規定仍有掛一漏萬之虞，爰於第七款授權法院得依第一五條之一聲請權人或輔助人之聲請，視個案情況，指定前六款以外之特定行為，亦須經輔助人同意，以保護受輔助宣告之人（參照修正理由）。

受輔助宣告之人未經輔助人同意而為第一五條之二第一項所列之行為時，準用第七八條至第八三條規定（民法一五條之二第二項）。

輔助人同意受輔助宣告之人為第一五條之二第一項第一款行為（即為獨資、合夥營業或為法人之負責人）時，準用第八五條規定（民法一五條之二第三項）。

前揭各款所列應經同意之行為，無損害受輔助宣告之人利益之虞，而輔助人仍不為同意時，受輔助宣告之人得逕行聲請法院許可後為之（一五條之二第四項），以免影響其生活。茲所稱「法院許可」，性質上係代替輔助人之同意；受輔助宣告之人依本項規定聲請法院許可時，自無須經輔助人同意（參照修正理由）。

受輔助宣告之人為前揭各款所列以外之法律行為時，有行為能力，其效力不因其為受輔助宣告之人而受影響，固不待言（參照修正理由）。

（五）**輔助宣告之撤銷**　我民法第一五條之一第二項規定：「受輔助之原因消滅時，法院應依前項聲請權人之聲請，撤銷其宣告。」所謂受輔助之原因消滅者，即原為輔助宣告原因之事實，已不存在之謂，如精神障礙或其他心智缺陷者已完全回復常態，意思能力或辨識能力已無欠缺是。此時法院應依同條一項聲請權人（即本人、配偶、四親等內之親屬、最近一年有同居事實之其他親屬、檢察官、主管機關或社會福利機構）之聲請，撤銷其宣告。

（六）**輔助宣告之變更**　我民法第一五條之一第三項規定：「受輔助宣告之人有受監護之必要者，法院得依第一四條第一項規定，變更為監護之宣告。」受輔助宣告之人須輔助之情況加重，而有受監護之必要者，理應准由法院依第一四條第一項規定，逕行變更為監護之宣告，俾簡化程序；變更為監護之宣告後，法院所為原輔助宣告，則當然失效（參照修正理由）。

第三款　人格權

第一、人格權之意義

人格權者，乃存於權利人自己人格之權利，申言之，即吾人於與其人格之不分離的關係上所享有之社會的利益，而受法律保護者是也。例如生命、身體、自由、貞操、名譽、肖像、姓名、信用等權利，均屬之。此等權利為構成人格之要素，總稱之為「人格權」。至其性質，則有如下列：

（1）**人格權係非財產權**　權利有財產權與非財產權之別，前已言之（參照本書緒論第三章），人格權屬於非財產權之一，而與身分權相對立，故其在法律上之處置，多與財產權不同。

（2）**人格權係支配權**　權利有支配權與請求權之別，人格權屬於支配權，而具有排他的效力。

（3）**人格權係絕對權**　權利有絕對權與相對權之別，人格權屬於絕對權，而對於任何人皆得主張。

（4）**人格權係專屬權**　權利有專屬權與非專屬權之別，人格權係專屬權，他人不得代位行使（行使上之專屬權）。

第二、人格權之保護

私權中之財產權，及非財產權之身分權，在民法中均設專編（債、物權、親屬、繼承），而有詳密之規定，但非財產權之人格權，除於債編之侵權行為中有寥寥數條（一九二條至一九五條）之規定外，並無專編之設，而此種權利，對於吾人之社會活動上，頗關重要，因而民法不能不於總則編特設相當之規定（一六條至一九條），以資保護。

關於人格權保護之立法例，各國各不同，有未設明文者，如法、日民法是，有設明文規定者，後者又有設一般規定者（瑞民二七條至二九條），與不設一般規定，而僅設姓名權之規定，及就生命、身體、健康、自由、名譽等個別列入侵權行為中者（德民一二一、八二三、八二五、八三三條），我民法關於人格權之規定，係折衷於瑞、德兩國之立法例者也。此外人格權在憲法及刑法上亦均受有相當之保護，自不待言。不過斯種保護，多係一種反射作用而已，與民法所規定之保護，其性質並不相同。茲將我民法有關人格權保護之規定，詳述如左：

（一）**關於人格權保護之一般規定**　我民法關於人格之保護，設有一般性之規定，即：

（1）**侵害之除去**　我民法第一八條一項中規定：「人格權受侵害時，得請求法院除去其侵害。」⑰

所謂侵害者指不法的加以限制或剝奪之謂，例如以出版物毀損人之名譽，以暴力限制人之自由，或破壞人之貞操均是；此之侵害祇須不法為已足，加害人有否故意過失在所不問（故意過失乃侵權行為之要件，此之侵害不以構成侵權行為之侵害為必要）。所謂請求除去其侵害者，即對於現正繼續中之侵害狀態，請求排除之謂，例如對於毀損名譽之出版物加以廢棄是，但此僅指可能除去之情形而言，若對於貞操之侵害，則無法除去，祇得請求損害賠償或慰撫金（詳見下述）。其次，法文雖標明請求「法院」除去等字樣，但解釋上受害人對於加害人亦得直接請求，非必以訴訟手段出之不可也。又，此之請求權係一種絕對權，與所有權防害排除請求權之性質相同。

（2）**侵害之防止**　我民法第一八條一項中復規定，人格權有受侵害之虞時，得請求防止之。即發見有受侵害之危險，可以請求防止，以防範於未然。此權利與所有權妨害防止請求權（民法七六七條）相似，對於人格權之保護可謂相當周密矣。

（3）**損害之賠償**　我民法第一八條二項復有：「前項情形，以法律有特別規定者為限，得請求損害賠償或慰撫金」之規定，可知人格權受侵害時，不僅可以請求除去其侵害，且可以請求損害賠償或慰撫金，但並非一切人格權均得如此，其得請求損害賠償或慰撫金者，僅以法律有特別規定者為限，否則祇得請求除去其侵害，而不得併行請求損害賠償或慰撫金。至於何種人格權，法律有特別規定？我民法於總則編有

---

⑰ 民法第一八條之立法例：

瑞民　第二八條　人格受不法侵害者，得提起侵害除去之訴。

損害賠償之訴或請求給付一定金額之慰撫金之訴，以法律有特別規定者為限，得提起之。

規定者，為姓名權（一九條），於債編有規定者為生命權、身體權、健康權、名譽權及自由權（一九二條至一九五條），可見對於重要人格權之侵害，大都可以請求損害賠償或慰撫金。不過仍須受有損害，若根本未發生損害，則僅得依前項之規定，請求除去其侵害，並無賠償之可言。所謂損害指財產的損害與精神的損害兩者而言，前者如因傷害身體而支付之醫療費用，因毀損信用而致破產均是；後者如因侵害名譽、自由等所致之精神的損害（精神的苦痛）是也。民法第一八條二項所稱之「損害賠償」係指對於財產的損害之賠償而言；所稱「慰撫金」係指對於精神的損害之賠償而言。惟因侵害權利而生精神的損害之情形，不以人格權之侵害為限，對於財產權之侵害，亦可發生精神的損害，例如對於傳家寶之毀損，乃所有權之侵害也，然而亦可使被害人精神上發生苦痛，即亦可發生精神的損害是。對於精神的損害，應否一概准予請求慰撫金？此於德國民法制定當時，頗為學者所爭議。有採否定說者，認為對於一切精神的損害，如均許其請求慰撫金，則無異圖以損害賠償而滿足被害人之復讎心，難免發生刑法理想與民法理想混淆之結果，故屬不可。有採肯定說者，認為個人人格之尊重，與個人財產之尊重，應同等重要，倘對於人格之侵害，不許請求慰撫金，則民法對於人格權之尊重，未免有名無實矣。兩說爭辯之結果，德國民法遂折衷其間，承認法律上有特別規定者為限，得請求慰撫金，同時並將重要之人格權，設有得請求慰撫金之特別規定（德民二五三、八四七、一三〇〇條）。我民法大體上亦採此主義，除於債編侵權行為中設有精神的損害之賠償外，於親屬編中，對於違反婚約，結婚無效或被撤銷，以及判決離婚，而受有損害並無過失者，亦設有得向有過失之他方，請求精神的損害賠償之規定（民法九七九、九九九、一〇五六條）。凡此當讓諸債編或親屬編敘述，茲不多贅。

人格權之被侵害法律上有特別規定者，始得請求損害賠償或慰撫金，已如上述。然則貞操權在我民法上並無特設規定，是否亦得請求損害賠償或慰撫金？當然亦得請求，蓋貞操之侵害，不外為身體、健康、名譽及自由之侵害，民法對於此等權利，既均設有損害賠償之規定，則貞操之被侵害，自可視其情形，依此等規定請求損害賠償或慰撫金。（現社會上對於強姦婦女，每有付與「遮羞費」了事者，所謂遮羞費，蓋亦慰撫金之類歟？）

（二）關於人格權保護之特別規定 關於人格權保護之特別規定，我民法除於債編侵權行為中，設有侵害生命、身體、健康、名譽及自由權等之規定外，於總則編設有特別規定者如左：

（1）姓名權之保護 民法第一九條規定：「姓名權受侵害者，得請求法院除去其侵害，並得請求損害賠償。」⑱所謂姓名乃區別人我之一種符號，使用此符號之權利，謂之姓名權。惟國人往往於姓名之外，復有「字」、「號」、「筆名」、「藝名」等等，不一而足，致法律關係之主體，易生混亂，因而政府乃有「姓

---

⑱ 民法第一九條之立法例：

德民 第一二條 關於姓名使用之權利，為他人所爭或無權使用其同一之姓名，致對於權利人之利益有害者，權利人得對之請求除去其侵害；倘仍有繼續侵害之虞者，得提起禁止侵害之訴。

瑞民 第二九條 爭自己之姓名使用權者，得提起姓名確認之訴。因他人僭稱自己之姓名而受損害者，得請求其僭稱之禁止。於有過失時，得請求損害賠償，於依侵害之種類可認為正當時，得請求給付一定金額之慰撫金。

泰民 第四二條 他人濫用本人姓名者，得向法院請求發禁止使用姓名之命令。此之訴權，自原告知其濫用時起一年後，或自開始濫用時起五年後，因時效而消滅。

名條例」之頒布（民國四十二年三月七日總統令公布施行），規定「中華民國國民，應以戶籍登記之姓名為本名，並以一個為限。」（姓名條例一條一項），然此乃公法上之問題，對於民法上姓名權之保護，其趣旨不必盡同。申言之，雖非本名，如筆名受侵害時，亦可適用民法之規定以保護之。其次何謂姓名權之侵害，別之可有兩類，一為使用之侵害，如冒用他人之姓名，或妨礙他人使用姓名者是；一為不使用之侵害，如應使用他人之姓名時，而不讀正當之發音（如呼藍濤為爛桃）是也。姓名權受有侵害時，則被害人得依下列手段，以謀保護：

⑴侵害除去之請求：直接請求或訴請法院除去之均可。又不論該侵害者有無故意過失，均得為之。

⑵損害賠償之請求：如因侵害而發生損害者，則得請求損害賠償，惟此之請求是否僅以加害人有故意過失之情形為限，說者不一，有認為不論加害人有無過失，均得對之請求者，易言之，加害人之責任應屬無過失責任（黃右昌：《民法詮解總則編》上一三五頁，史尚寬：《民法原論總則》六八頁）；有認為民法關於其他人格權，如身體權、健康權、名譽權、自由權之侵害，均以侵害人有故意或過失為侵害行為成立及損害賠償義務發生之要件，何以民法關於侵害姓名權之侵權行為及損害賠償，獨規定為無過失責任？殊屬不解，故吾人應認為民法第一九條後半段，乃同法第一八四條一項之應用規定，而非其例外規定，從而對於姓名權成立侵權行為而發生損害賠償義務，仍應依該項之規定，以侵害人有故意或過失為必要（龍顯銘：《私法上人格權之保護》九一頁）。後說雖言之成理，但吾人鑒於近來民法原則由過失責任轉向無過失責任之一趨勢，自應贊同前說，而解為本（一九）條所規定者，乃侵害姓名權之一種法定的無過失責任。況本條法文既未列入故意過失之一要件，吾人亦何必勉強與其他人格權相比照而為畫蛇添足之解釋！又本

條既僅規定得請求損害賠償，則不得請求慰撫金也明矣。蓋前（一八）條曾規定慰撫金之請求，以法律有特別規定為限，而本條並無斯種規定故也。

（2）自由之保護　自由亦人格權之一種，我民法除於債編第一九五條設有積極性之保護規定外，於總則編第一七條⑲設有消極性的保護規定如下：

⑴自由不得拋棄：此為該條第一項所明定，對於自己之自由，固應有自由，但不得拋棄（指全部捨棄而言，例如敲監獄之門，自願入內受刑是），因自由重於生命，古人有「不自由，毋寧死」之說，可見其極端寶貴，而為基本人權之一，故民法特加保護，不准任意拋棄。

⑵自由之限制，以不背於公共秩序及善良風俗者為限：此為該條第二項所明定。自由雖不得拋棄，但不能不受限制，蓋吾人之社會生活，原以個人間相互限制其自由而成立，所謂尊重自己之自由，必須不侵害他人之自由始可，既不得自由侵害他人自由，則自己之自由，斯受限制矣。不寧唯是，傭工於人者，必不能自由離工，訂有不競業之契約者，亦不得自由競業，凡此皆係對於自由之一種限制，而此種限制自由之契約，當然有效。不過對於自由之限制，須不超過正當的程度始可，否則不惟有礙其個人之正當活動，且有害社會之健全發展，故本條明定須不背於公序良俗，以示其限制之程度也。

（3）能力之保護　我民法第一六條規定：「權利能力及行為能力，不得拋棄。」⑳權利能力與行為

---

⑲　民法第一七條之立法例：
　　瑞民　第二七條（二項）　凡人不得讓與其自由，或於違背法律或善良風俗之程度，自行限制其自由權之行使。

⑳　民法第一六條之立法例：

能力，雖非人格權，但前者乃一切人格權之基礎，後者乃取得權利，負擔義務之資格，若拋棄前者，則失其為權利義務之主體；拋棄後者，則成為無行為能力人，不惟其人格受損，與社會公益，亦有妨害，故本條以明文禁止之。

第四款　住　所

第一、總　說

（一）**住所之意義**　住所者吾人法律關係之中心地域也。吾人營社會生活，必以一定地域為其中心，雲遊四海，飄泊不定者蓋鮮矣。此生活之中心，在法律上即為法律關係之中心，而賦與種種法律效果（詳下述），因而住所在法律上頗關重要。

（二）**住所之種類**　住所以其成立根據之不同，可分為意定住所與法定住所兩種，前者乃由當事人意思所設定之住所，後者乃由法律所規定之住所是也；住所以其當事人性質之不同，又可分為自然人之住所與法人之住所兩種，自然人之住所或為意定，或為法定；法人之住所（民法二九條、公司法三條），則概屬法定者也。本款所述者，以自然人之住所為對象，至法人之住所，如有關聯者，亦兼及之。

（三）**住所之效果**　住所甚關重要，前已言之，所謂關乎重要者，不外在法律上可發生種種效果而已，其效果如何？茲列舉之如下：

⑴為確定失蹤之標準（民法八條）。

瑞民　第二七條（一項）　凡人不得全部或一部拋棄其權利能力及行為能力。

(2)為確定債務履行地之標準（民法三一四條二款）。

(3)為確定審判籍之標準（民訴一條、刑訴五條）。

(4)為受送達之處所（民訴一三六條、刑訴五五條）。

(5)為確定國際私法上準據法之標準（涉外民事法律適用法三、四、一一、一二、二〇、二八、四五、四七、四八、五〇、五六、六一條）。

以上係住所在法律上之重要效果，此外在公司法（三條）、票據法（二〇條）、海商法（一〇一條一款）、破產法（二條）及國籍法（三、五條）上，亦莫不有相當之法律效果，限於篇幅，茲不詳述。

第二、意定住所

意定住所者乃由當事人之意思所設定之住所也，一般之住所，多為當事人自行設定，故一言住所，則輒指意定住所而言。茲分設定與廢止兩點述之：

（一）住所之設定　我民法第二〇條一項規定：「依一定事實，足認以久住之意思，住於一定之地域者，即為設定其住所於該地。」㉑可見設定住所，須具備主觀與客觀兩要件如下：

㉑民法第二〇條之立法例：

法民　第一〇二條　所有法蘭西人之住所，關於其私權之行使，存於其生活本據之地。

德民　第七條　常居住於一地者，即為設定其住所於該地。

住所可同時設於數地。（三項見㉒）

瑞民　第二三條　人之住所，謂以久住之意思而居住之處所。

（1）須依一定之事實足認有久住之意思　此為主觀要件，所謂久住之意思者，乃無期限居住之意思之謂，並不以時間上之久暫為衡量之標準，故雖一時離去其處所（如行商、留學），而仍有回歸該處之意思者，亦不失為久住之意思。久住之意思，乃設定住所之第一要件。惟此之意思，無須表示，故設定住所之行為，並不屬於法律行為。但此意思之有無，仍須就客觀事實加以認定，非當事人得任意主張。例如主要財產均置於此，而又在此常年活動，即可以認為有久住之意思是。

（2）須有居住之事實　此為客觀要件，所謂居住之事實者，即事實上居住於該地域之謂，此之居住，亦不以毫無間斷的居住為限，雖有時離去，有時回歸，亦無不可。有此居住之事實，斯構成設定住所之第二要件。

具備上述兩種條件，即為設定住所於該地域。惟住所雖得依當事人之意思自由設定，但其箇數，依我民法第二〇條二項規定：「一人同時不得有兩住所。」蓋為避免法律關係之錯綜紛亂計，理宜如此也。

關於意定住所之立法例，頗不一致，就其要件言，有僅採取客觀主義者，即純就形式上決定住所，如古羅馬法以設家神祭壇及置財產大部分，或陳設椅子與帳簿而處理事務之處所為住所是；有採客觀主義兼主觀主義者，即認為於居住之一客觀事實外，尚須有主觀的久住之意思始可，如瑞士民法是，我民法即仿

無論何人，不得於多數之處所同時有住所。

本條之規定，不適用於工商業之營業所。

日民　第二一條　以各人之生活本據，為其住所。

泰民　第四三條　以繼續居住之意思居住之處所，為住所；無論何人，同時不得有一所以上之住所。

後者之立法例者也。其次就住所之箇數言，有採複數主義（一人同時得有二以上之住所）者，如德國民法是，有採單一主義（一人不得同時有兩住所）者，如瑞士民法是，我民法與後者同。

（二）住所之廢止　住所既可自由設定，當然亦可自由廢止，我民法第二四條規定：「依一定事實，足認以廢止之意思離去其住所者，即為廢止其住所。」㉒住所廢止，須具備之要件如左：

（1）**須有廢止之意思**　此為主觀要件；但須依一定事實認定之。

（2）**須有離去其住所之事實**　此為客觀要件，廢止住所必須具備上述之兩要件始可。否則僅有廢止之意思，而事實上並未離去，或雖有離去之事實，但並無廢止之意思，則均不得謂之廢止住所。不過廢止後是否另行設定新住所，則與此廢止之問題無關。因廢止後另設新住所者，雖亦可為住所之變更，法國民法第一〇三條對此另有規定，但在我民法上則可分別適用廢止與設定之規定，無就此特設規定之必要。至於廢止後，不設定新住所者，則法律上即以其居所擬制為住所，詳下述之。

第三、法定住所

法定住所者法律上規定之住所也，法定住所義有廣狹，廣義的法定住所，包括狹義的法定住所及擬制住所而言。所謂狹義的法定住所，即不任當事人之意思設定（當然亦不容任意廢止），而由法律直接規定之

㉒ 民法第二四條之立法例：

法民　第一〇三條　住所之變更，因以定生活本據於他地之意思，而現實的居住於他地而發生。

德民　第七條（三項）　以不願再行居住之意思而離去住所者，則其住所廢止。

泰民　第四四條　一度取得之住所，繼續至取得新住所時為止。

住所是也。所謂擬制住所，乃因住所不明或雖有住所，但以特定情形，法律上為之擬制之住所是也。茲分述如下：

（一）法定住所　此之法定住所指狹義的法定住所而言，其情形有如左列：

（1）無行為能力人或限制行為能力人之住所　民法第二一條規定：「無行為能力人及限制行為能力人，以其法定代理人之住所為住所。」㉓蓋此等人或無意思能力，或意思能力不健全，對於設定住所之「久

㉓ 民法第二一條之立法例：

法民　第一〇八條　妻於夫之住所外，不得有住所。

未免除監護之未成年人，應以其父母或監護人之住所為住所；受禁治產宣告之成年人，應以其監護人之住所為住所。

別居之妻，則不保有以夫之住所為其法定住所。但關於身分問題，所有對於別居之妻之送達，均須同時分送其夫，否則無效。

第一〇九條　經常於他人之家服勞務或為勞動之成年人，而與該他人於同一家起居者，即與他人有同一之住所。

德民　第八條　無行為能力人或限制行為能力人，非經法定代理人之同意，不得設定或廢止住所。

第九條　軍人軍屬以衛戍地為住所，但其所屬之軍隊若在國內無衛戍地者，則以其軍隊在國內最後之衛戍地為該軍人軍屬之住所。

前項規定，對於僅因履行兵役義務而服役者，或不得獨立設定住所者，不適用之。

第一〇條　妻與其夫同其住所，但夫之住所，設定於外國，而妻不隨行，且無隨行之義務時，不在此限。

夫無住所或妻不與夫共住所者，妻得有獨立之住所。

住之意思」一要件，實無法單獨為之，加以此等人之法律行為或須法定代理人為之代理，或須法定代理人為之補充，自以與法定代理人有同一之住所為適當，故法律明定此等人以其法定代理人之住所為住所。申言之，即未成年之子女，以其父母之住所為住所（民法一〇六〇條），或以其監護人之住所為住所（民法一〇九一條以下參照）；受監護宣告之人以其監護人之住所為住所（民法一一一〇條以下參照）是也。

（2）**夫妻之住所**　夫妻有同居之義務，自應有同一之住所，因而我民法規定，夫妻之住所，由雙方共同協議之；未為協議或協議不成時，得聲請法院定之；法院為前項裁定前，以夫妻共同戶籍地推定為其住所（一〇〇二條）。

以上係自然人之法定住所，至於一般法人，則以其主事務所之所在地為住所（民法二九條）；公司則以其本公司所在地為住所（公司法三條），凡此皆法定住所也。

（二）**擬制住所**　擬制住所屬於廣義法定住所之一，與上述之狹義的法定住所不同者，在乎上述者即

第一一條　婚生子與其父，非婚生子與其母，養子與其養親共其住所。此等住所未經子之有效廢止者，應保有之。

於子成年以後所為之認領或收養，對於子之住所不及影響。

瑞民　第二五條　妻以夫之住所為住所，子以行使親權之父母之住所為住所；被監護人以監護主管官署所在地，為住所。

夫之住所不明，或妻有別居之權利時，妻得有獨立之住所。

泰民　第四五條　……未成年人或其他無能力人，與其法定代理人有同一之住所。

真為該人之住所，其外並無自行設定住所之可言，而此則出於法律之一種擬制，用為住所之補充，玆將擬制住所分述如左：

（1）居所　居所之意義在民法上無規定，依通說則居所者缺乏久住之意思，而有暫住事實之處所也，所謂暫住並非短時間之意，乃有預定期間之意，凡於特定事業終了後，即行離去者，即得稱為暫住，例如經商、就醫、求學，在某地雖一住多年，仍不失為居所。居所之箇數，法律上無限制，至其效果，則我民法第二二條規定：「遇有下列情形之一者，其居所視為住所」㉔即居所於某種情形下，法律上可擬制為住所，使與住所發生同一效果。至何種情形，始得擬制？言之有下列兩端：

⑴住所無可考者：所謂住所無可考，包括全無住所及住所不明者而言，此時即以其居所視為住所（同條一款）。

⑵在我國無住所者：所謂在我國無住所，指在外國有住所，而在我國無住所之情形而言（若在我國、外國均無住所，則屬住所無可考之問題）。蓋其人雖在外國有住所，但在我國無住所時，對於法律關係之處

㉔ 民法第二二條之立法例：

瑞民　第二四條（二項）　從前之住所，已不能證明或在外國之住所現已拋棄，而於瑞士未設定新住所者，以其現在地為住所。

日民　第二二條　住所不明者，以居所視為住所。

第二三條　在日本無住所者，不問其為日本人外國人，以其在日本之居所，視為住所；但依法例所定應從住所地之法律者，不在此限。

理上殊為不便，因外國地域，非我國法律效力之所及也，故不能不以在我國之居所，擬制為住所（同條二款），以濟其窮。惟此一規定，在適用上應有限制，即遇有依法應依住所地法者，則不在此限（同款但書），所謂依法應依住所地法者，即依法律之特別規定，對於該人之法律關係須依照其住所地之法律以為解決者是也。如涉外民事法律適用法第二八條規定：「依本法適用當事人本國法時，如其國內各地方法律不同者，依其國內住所地法。」此時倘該外國人雖在我國無住所，而有居所，但亦不得依據民法之規定，將其居所視為住所，否則與法律規定應依其住所地法之宗旨相衝突矣，故民法第二二條二款特以但書列為例外。惟須注意，民國九十九年涉外民事法律適用法全面修正，而於第五條規定：「依本法適用當事人本國法時，如其國內法律因地域或其他因素有不同者，依該國關於法律適用之規定，定其應適用之法律；該國關於法律適用之規定不明者，適用該國與當事人關係最切之法律。」改採與當事人關係最切之法律。

（2）**選定居所**　我民法第二三條規定：「因特定行為選定居所者，關於其行為，視為住所。」㉕例如在金門有住所之商人，因來臺北行商，在臺北臨時選定一居所，此時關於該商業上之法律關係，即應以臺北之居所為住所而解決是也。本條之規定亦係以居所擬制為住所，其與前（二二）條不同之處有三：①前條係為本無住所或住所不明者而設；本條則為住所遠隔者而設；②前條之居所，不待當事人臨時選定，

㉕ 民法第二三條之立法例：

法民　第一一一條　當事人雙方或一方，依證書為法律行為之執行，而於原住所地以外之地域選定住所者，關於該行為之送達及訴訟，得於其合意之住所及該住所地之法院為之。

日民　第二四條　就某行為選定假住所時，關於其行為，以之視為住所。

祇須有居住之事實即可；本條之居所則須當事人有臨時選定之行為；③前條之居所，除第二款但書外，對於一切法律上之效果，皆與住所同；本條則限於因特定行為選定者，關於其行為（如因經商而選定者，關於其經商之行為，因就醫而選定者，關於其就醫之法律關係）與住所同，此外之法律關係，仍須就其原住所以為解決。

第五款　外國人

外國人云者無中華民國國籍之自然人也（國籍之得喪，依國籍法之規定），申言之，凡無中華民國國籍之人，不論其有無外國國籍，概屬外國人（國籍法稱無外國國籍者為無國籍人），惟有中華民國國籍，兼有外國國籍之人（二重國籍人）則仍為中華民國人而非外國人。外國人既與中華民國人不同，則其權利能力與行為能力，在我法律上應予如何處理，茲分述之如下：

第一、外國人之權利能力

外國人在法律上之地位，每因時代及國度而不相同，大體言之，則莫不經由「排外主義」，「相互主義」，而進於「平等主義」。所謂排外主義者，即對於外國人仇視之，賤視之，而不承認其權利能力之主義也，如羅馬古代，對於外國人，法律不予保護，我國古代對於四周外族，亦以東夷、西戎、南蠻、北狄稱之，皆其適例。此種主義，今日視之，固屬落伍不堪，然在昔日未開化之社會，亦勢所必然。所謂相互主義者，即視人之待我者如何，即以之對待其人之主義也。例如甲國不許乙國人在甲國內取得土地所有權，則乙國同樣亦不許甲國人在乙國內取得土地所有權是。此種主義又分兩種，即一為條約上之相互主義，法國民法採之（法民一一條）；一為法律上之相互主義，奧國民法採之（奧民三三條）。惟無論何者，均難免發生同住於某國內之外國人每因其國籍之不同，致其法律上之地位亦異之結果（如甲、乙兩國人同住丙國，若採相互主義，則丙國對彼等之待遇，每因甲乙兩國對待丙國人態度之不同，而亦不同），實非今日文明國家應有之現象，因而世界各國，近來對於外國人原則上大都採取平等主義矣（如一八二九年荷蘭民法，一八六五年意大利民法，一八六八年葡萄牙民法，皆有明文規定）。所謂平等主義者，即內外人之權利能力一律平等是。惟此乃原則，於必要之情形，仍得依法令予以限制，是又不待言者也。

外國人亦平等的具有權利能力之原則，既為近世各國所公認，我民法自亦不例外。依民法總則施行法第二條規定：「外國人於法令限制內有權利能力」㉖，可見外國人在我國內原則上平等的具有權利能力，惟仍不能不受法令限制耳。至於何種法令對於外國人之權利能力有所限制？茲舉其重要者如左：

（1）**土地法**　第一七條規定：林地、漁地、狩獵地、鹽地、礦地、水源地、要塞軍備區域及領域邊境之土地，不得移轉、設定負擔或租賃於外國人（外國人投資條例第一六條二款設有例外）。

（2）**礦業法**　第六條一項下段規定：「中華民國人得依本法取得礦業權」，依反對解釋則外國人不得取得礦業權（外國人投資條例第一六條一款設有例外）。

㉖ 民法總則施行法第二條之立法例：

法民　第一一條　外國人，以該所屬之國家，依條約現賦予或將來可賦予法蘭西人以私權者為限，在法蘭西得享有私權。

日民　第二條　外國人，除法令或條約之禁止外，得享有私權。

(3)**漁業法**　第五條本文規定：「漁業人以中華民國人為限」，則無中華民國國籍者，自不得取得漁業權，而為漁業人。

(4)**水利法**　第一六條：非中華民國國籍人民，原則上不得取得水權。

(5)**船員法**　第五條二項規定：「船長應為中華民國國民。」

此外尚有關於敵國人之權利能力問題，各國所取之態度，亦每因時代而不一致。大體言之，昔日由於對敵之憎恨，莫不採取絕對的限制或禁止之主義，厥後則採取於保護本國利益之範圍內而對於敵國人之權利能力加以限制之辦法，但經過兩次世界大戰，各國多未能保持此種態度，亦即對於敵國人之限制，由寬轉嚴矣。所以如此者並非僅因其為敵國人之故，而即加以限制，乃因現代之戰爭，屬於總體戰，私人之財產關係，對於戰爭之進行，亦不無影響，故不得不如此也。

第二、外國人之行為能力

人之行為能力，其有無，其限制，其開始及喪失等問題，每與各國之風土、習慣、民族、文化有密切之關係，因而國各不同。例如以成年言之，以十六歲為成年者有之（如越南）；以十八歲為成年者有之（如我國、日本、土耳其、俄羅斯）；以二十歲為成年者有之（如泰國），已見前述。今設有十六歲之越南人住於我國內，並欲與人締結契約，依其本國法則已成年，而有行為能力，可以單獨訂立契約，依我國法則為七歲以上之未成年人，僅有限制行為能力，不得單獨訂立契約（須得法定代理人之允許或承認），則此問題如何解決？依我現行之涉外民事法律適用法第十條一項規定：「人之行為能力，依其本國法」（日本法例第三條規定亦同），則此越南人自可獨立訂立契約，惟此乃原則，例外亦有不如此者（同法同條三項），其詳乃國際私法之問題，非本書所宜論列，故從略述。

第三節 法人

第一款 通則

第一項 總說

權利義務之主體，除自然人外，法律上復認有法人之存在，前已言之，故法人者乃非自然人而得為權利義務之主體者也。惟此一定義，雖非不妥，但究嫌消極，若從積極方面言之，固言人人殊，但本書則認為「法人者乃法律賦與權利能力（人格）之一種團體人也」。茲依此析述之如下：

第一、法人之意義

（一）**法人者團體人也**　團體對個人而言，個人為單一之自然人，團體乃多數人之組織體或一定財產之集合體（團體有廣狹二義，狹義之團體僅指多數人之組織而言，廣義則包括一定財產之集合體），吾人通常所稱之人，乃專指具有靈魂肉體之個人而言，但法律上所稱之人則較此為廣，即除個人之外，尚包括團體在內，故曰：法人者乃團體人也。

（二）**法人者法律賦與權利能力之團體也**　法人雖為一種團體，但團體未必盡為法人，蓋團體中法律賦與權利能力者有之，未賦與權利能力者亦有之，前者固可謂為法人，後者則不得以法人稱之，故曰：法人者乃法律賦與權利能力之團體也。

茲為表示法人在團體中之地位，以供上述說明之對照計，列表如左：

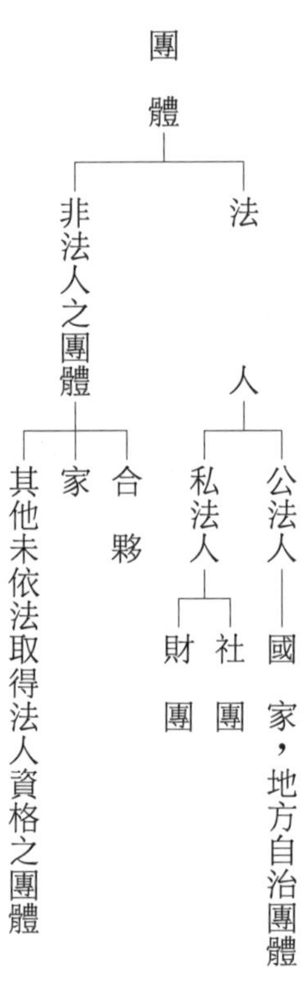

第二、法人之分類

法人，基於各種不同之標準，可區別為左列各類：

（一）公法人與私法人　法人可分為公法人與私法人，其區別標準及實益如下：

（1）區別之標準　公法人與私法人區別之標準，說者不一，有謂應依其目的事業之為公為私以區別之者；有謂應依其設立者之為公為私以區別之者；有謂應依其是否對於國家有特別利害關係及受特別之保護，以區別之者；有謂應依社會上一般觀念以為決定，並無唯一之標準者，甚且有主張並無區別公法人與私法人之必要者，議論紛紜，莫衷一是，茲為簡單明瞭計，姑依通說，即以其設立所依據之法律為標準，定其區別（但亦非絕對的），凡依公法而設立者為公法人，依私法而設立者為私法人，民法為私法，則民法上之法人，當然為私法人。

（2）區別之實益　法人所以須區別為公、私者，不外藉以解決以下之問題而已，即：

⑴訴訟管轄之問題，例如對於公法人之訴訟，多屬於行政法院，對於私法人之訴訟，則均應向普通法院為之，又如對於民事訴訟法第二條之適用，公法人與私法人亦各異其趣是。

⑵有關犯罪之問題，例如刑法上之瀆職罪，多適用於公法人之職員；而偽造公文書罪，亦多於公法人之文書，有其適用是。

（二）**社團法人與財團法人**　此為私法人之再分類，其區別標準及實益如下：

（1）**區別之標準**　此種區別係以法人成立之基礎為標準而分，申言之，社團法人者人之組織體，其成立之基礎，在於人；財團法人者財產之集合體，其成立之基礎，在於財產。我民法上之法人，即以此二者為限。

（2）**區別之實益**　兩者組織基礎既不相同，則設立之程序，及其社會作用即因之而異。例如社團法人之設立有須於登記前先受許可者，有不然者。而財團法人之設立，則非於登記前受許可不可。又如社團法人富有彈性（即其目的組織得隨時變更），故較適合於經營非公益之事業；而財團法人則具有固定性（即其目的組織不得任意變更），故較適合於經營公益之事業。

（三）**公益法人與營利法人**　此亦為私法人之再分類，其區別標準及實益如下：

（1）**區別之標準**　此種區別係以法人之目的事業為標準而分，申言之，法人之目的事業係為公益者則謂之公益法人；為營利者則謂之營利法人。所謂「公益」乃指社會全般利益而言，即不特定之多數人之利益是也；所謂「營利」乃指積極營利，並將其利益分配於其構成份子者是也。社團法人有為公益者，有為營利者；而財團法人則必為公益法人也。

（2）**區別之實益**　公益法人與營利法人之區別，對於其設立程序，頗關重要，即公益法人之設立，於登記前須受許可；而營利法人則無須先受許可。又營利法人須依特別法之規定，始能取得其資格；而公益法人則除有特別法外（如工會依工會法），應依據民法設立之。

法人之分類，已如上述，但各種法人之實例如何，初學者必極欲明瞭，茲將其主要者列表如左：

- 法人
  - 公法人：國家，地方自治團體
  - 私法人
    - 社團
      - 公益法人：農會、工會、商會、漁會、工業會、商業同業公會、輸出業同業公會及其他人民團體
      - 營利法人：公司、銀行、合作社
    - 財團——公益法人：寺廟及其他慈善團體

上表係將各種法人之實例，分別列舉若干，但社會上法人甚多，勢難一一羅列，適用時，惟有比照得之，此外尚應注意者如下：

⑴法人之分為公益與營利二者，係仿日本之立法例，嚴格言之，原不甚妥，蓋斯二者並非對待名詞，必也一方為公益，他方為私益；或一方營利，他方為非營利，始屬合理。現民法既以公益與營利對稱，因而即發生下列之問題：

A.既非公益，又非營利之團體，如同鄉會、文藝協會、水產協會，各種俱樂部等將何所屬？說者不一，①有認為此等團體乃中間的團體，在我民法上將無所歸屬，如無特別法之規定，即將成為無人格之社

團者；②有謂我民法上除公益與營利社團之外，尚非不承認中間社團者；③有謂此等團體既非營利，自未始不可解為公益者。最後之說，在理論上雖無不妥，但既解為公益社團，自須受設立之許可，而細繹我民法第四六條、第四八條一項六款及第五三條二項之文義，可知我民法並非不承認有不須受設立許可之社團存在，此點與日本民法第三四條、三五條之規定，僅承認公益與營利兩種法人者並不相同，因而實際上自以②說為當，則上述之各種團體，縱無特別法之規定，亦得依據民法而取得法人資格。

B.既為公益，又屬營利之團體，如合作社，將何所屬？說者亦不一，①有認為係營利法人者；②有認為係公益法人者；③有認為既非純然之營利法人，亦非純然之公益法人，仍屬一種中間性之法人者。本書則從①說。

C.無權利能力之社團，即無法人資格之社團，其來源有二：一在法人之種類中，無所歸屬，又無特別法之規定，而不能取得法人資格者；一雖能取得法人資格，而因未登記，尚未取得者。前者在日本民法之嚴以公益與營利法人為限之情形下，自屬有之，但在我民法則不致發生，前已言之；至於後者是否即可稱為無權利能力之社團，學者間見解不一：①有認為無人格社團之用語應予斟酌，吾民法之稱社團或財團，係指具有人格之法人而言，無人格當不得稱為社團或財團者；②有認為未準則之營利社團及未許可之社團及財團，應為有組織體之團體法而非團體人，因而若以民法上之社團及財團，為社團法人及財團法人之簡稱，實屬有誤者；③有認為無權利能力之社團，即現行民事訴訟法第四〇條三項所稱之非法人團體者。本書認為此種團體，事實上既不免存在，則是否稱為無權利能力社團一節，尚不關宏旨，衹其在法律上之地位問題，則頗屬重要，此點依德國民法第五四條規定：「無權利能力之社團，應適用合夥之規定。」我民法對此無明文規定，在解釋上，自亦不一其說，但通說則認為其內部關係，可適用社團之規定，而對外關係則應準用合夥之規定，本書從之。

(2)財團一語，除民法外，破產法上亦有之，如破產財團，但與民法上所稱之財團，乃截然兩事，不可混為一談。

(3)關於法人之類別，除上表所列者外，尚有加列「內國法人」與「外國法人」者，本書則將外國法人於另款專述之。

第三、法人之本質

法人既得於法律上獨立享受權利，負擔義務，然則其本質若何？亦即其何以取得獨立人格？此則為十八世紀以來，公私法學者所論爭之一大重要問題（在國際法、憲法、行政法上，關於聯合國、國家、地方團體之本質與法人之本質論有關；在刑法上關於公司或其他社團之犯罪能力，與法人之本質論有關；在私法上，法人之權利能力，行為能力，侵權行為能力等與法人之本質論有關）。而每因學者時代背景之不同，其見解亦大相逕庭，茲撮述如下：

（一）**擬制說**　此說以薩維尼（Savigny）為代表，普夫達（Puchta）、溫德賽（Windsheid）及梅謙次郎祖述之，其立論係以權利義務之主體，祇限自然人始得充之為前提，自然人以外當無權利義務主體之可言，法人之取得人格，乃依法律之規定將其擬制為自然人而然。此說係本於羅馬法之法人觀念，對於近世個人主義之立法，強調反團體之思想，頗有助力。蓋個人主義對於個人以外，原則上不承認有任何團體，僅例外的，於主權者命令或法律所特許之條件下，認有某種團體之存在而已。擬制說之理論，恰與此情形適應，故曾風靡一時。

此說之大前提，即所謂「權利義務之主體，應以自然人為限」，在今日已不合時宜，良以縱屬自然人如離開法律，自亦無權利義務主體之可言，易言之，自然人之得為權利義務主體，亦係法律所賦與者也。法律何以賦與所有自然人以權利能力？蓋認為任何自然人皆擔當同一之社會作用，皆具有同一之社會價值之故。然則法律如基於同一見地，對於自然人以外之足能擔當同一之社會作用，而具有同一之社會價值者，有何不可與自然人同樣地賦與其權利能力？又何必先擬制之為自然人然後賦與之耶？可見法人之取得權利能力，乃因其與自然人具有同樣之社會作用及社會價值之故，然則法人與自然人在取得權利能力一點上並無所軒輊，若必以自然人為真實者，而以法人為擬制者，殊嫌庸人自擾。

（二）**否認說**　否認說即不承認法人存在之學說也，此說可分三派，列述如左：

（1）**無主財產說**　此說乃布林茲（Brinz）所主張，倍克兒（Bekker）宗之，略謂：凡財產有屬於特定之人者，有屬特定之目的者，前者屬於其主體而供其使用，後者非屬於其主體，乃屬於其目的，而供其目的之利用，法人之財產即係後者，故法人者不過為一定目的而存在之無主財產而已，別無所謂人格之存在也（此說亦稱目的財產說）。

（2）**受益者主體說**　此說為葉凌（Jehring）所倡，菩蘭涅耳（Planial）宗之，其說略謂：權利之主體乃其利益之歸屬者，因而認為享有法人財產利益之多數個人，始為實質上之主體。申言之，即社團法人之真正權利人，乃為社員；而財團法人之真正權利人，乃為貧者病者及其他享受財團利益之人是。

（3）**管理者主體說**　此說乃胥耳德兒（Hölder）所主倡，賓德兒（Binder）宗之，其說略謂：現實擔任法人財產之管理者，即為該財產之主體，亦即法人之本體，仍係自然人也。

上述三種法人否認說，均係就法人制度存在之理由，加以實質的觀察，或則以其利益之歸屬，作為法人之本體；或則以現實存在之財產或現實活動之管理人為法人之主體，較之擬制說之純以法人為想像的存在物者，自屬進步。惟於現行法上無論如何解釋，亦不能否定法人之存在，故此說之不足取也，明矣。

（三）實在說　此說認為法人並非法律所擬制的空虛體，乃於社會上有其實體的存在，然此種實體的存在，其性質如何？則主此說者，後分兩種見解，茲述之如下：

（1）有機體說　此說為柏斯拉（Beseler）所倡，基爾克（Gierke）集其大成，略謂：人類之社會生活中，有甚多之結合體存在，此等結合體莫不有其內在的統一，而成為統一體，並有其固有之生命，一如自然人然。易言之，自然人為自然的有機體，有個人的意思；而此等統一體乃係「社會的有機體」，有團體意思，因此法律遂對於此種實際存在之社會的有機體，賦與人格，而使之成為法人。

基氏之說，係由於研究日耳曼法團體思想而來，當時適值反團體思想的擬制說趨向衰微之際，故此說乃代之而興，其強調團體之重要，矯正個人主義法律思想之偏見，功績雖不可泯，然而關於人類結合體之本質是否即應視為社會有機體；及應否認有團體意思之存在，乃專屬社會學上之問題。當然社會學上苟能將此等問題究明，固未嘗不可採為法人制度的法律理論之重要資料，然而縱令社會學上承認如此，則法律上何以對於社會有機體，即應認之為法人？又何以因其有團體意思，即應賦與權利能力？應無圓滿之解答。況自然人之得為權利義務主體；亦非因其係自然的有機體之故；而其取得權利能力，亦非因其有意思能力之故（意思能力，為行為能力之前提，非權利能力之基礎），可見此說亦與現代之法制不合。

（2）**組織體說**　此說為米休德（Michoud）所倡，沙利耶（Saleilles）宗之，略謂：法人者乃適於為權利主體之法律上之組織也。此說對於上述有機體說為闡明社會的有機體之一觀念，而不惜逸出法律理論外之一點，曾加以矯正，固屬進步，然對於有機體說所主張之在社會生活中團體係自然發生，並有其固有之生命，而非任何法律之力，所得濫予禁遏或擬制之一有價值的論斷，竟未能理會，殊屬可惜。況依此說則法律何以對於組織體即應賦與權利能力，亦語焉不詳，僅曰因其適於為權利主體之故，是何異於以「問」答「問」哉？

以上係關於法人本質學說之梗概，其中實在說之組織體說雖已為我國及日本學者間所共認之通說，但仍不無缺點如上述。然則法人之本質究若何？一言以蔽之曰，法人能擔當社會作用，而具有社會價值，法律有賦與其人格之必要，故賦與之也。至於何以有此必要？其理由即於下段述之。

第四、法人制度之必要

法人制度雖由羅馬法肇其端（查帝之學說彙纂中雖僅有公法人之規定，而無私法人之記載，但學者根據其他資料，亦斷定羅馬有私法人之存在），而日耳曼古法亦有其跡，但降及近代，所有法制，均以國家及個人為中心而確立，因而其初期，對於一般團體，認為倘賦與「人格」，則不免有妨害國家目的及拘束個人自由之虞，故對於團體極力排斥，僅例外的認有法人存在而已。厥後因社會進步，國家權力對於一切生活關係之處理，已不能完全勝任愉快，而個人方面對於生活利益之追求、伸展及保守等，亦深感力有未逮，於是國家與個人中間，遂有種種團體（如資本團體，勞動團體）應運而生，而法律上之法人制度，亦遂及時抬頭。茲將法人制度之必要，分社團與財團兩者，述之如左：

（一）**社團制度之必要**　人類之社會生活，無論古今中外，並非僅以個人為中心即可圓滿進展，必也於個人之外，尚須有大小強弱無數之團體（如國家、省縣等地域團體，及各種職業團體、文化團體等）之存在，始能促進社會之繁榮，因而於社會生活中，團體與個人係同等重要，亦即兩者同為社會之構成分子。加以近世由於工業革命之結果，各種大規模之企業，層出不窮，此等大規模事業，洵非個人之力所能興辦，況個人之生命有限，而此等大規模之事業，又多屬永續性者，以個人為之，則往往「出師未捷身先死」，難免人亡政息，半途而廢，對於整個社會之損失，無法估計，故團體尚焉。惟現行法制對於集合多數人以營同事業，原設有二種制度，一為合夥，一為社團。合夥係由當事人間契約而成立，與各該當事人之人格財產，仍有密切之關係，易言之，仍未脫離個人色彩，以之經營大規模之事業，尚難達成使命，但社團則不然，社團雖亦為多數人之結合體，與合夥無殊，然一經法律賦與法人資格，則可獨立享受權利，負擔義務，而成為其構成員以外之人，其財產既非其構成員之財產，其債務亦非其構成員之債務，易言之，其構成員個人之增減變更，對於法人原則上不生影響，因而與之交易者，自可純以法人自身之財產狀況為其對象，而不必過問其構成員之為誰何，於是社團之活動力自較合夥為強大，而其生命亦較合夥為永久，堪以達成個人或合夥所不能達成之任務，貢獻社會發展者殊不在少，法律因其有此重大的「社會作用」，而以人格畀予之，誰曰不宜？

（二）**財團制度之必要**　人類社會上為達成某種非個人之目的，而集合一定之財產者，乃事所恆有，如私人所捐助之育幼院、圖書館及醫院等，皆其適例，此等財產若委諸個人經營，則實際上難免因該個人之事由（如中飽漁利，生死存亡等）而受影響，致原來之目的未達，而財產反已化歸烏有矣，不妥孰甚。

因而法律上遂創出財團制度，使該一定財產之集合，成為獨立體，而使其管理具有永續性，申言之，該財產既不因受益人之增減變更而變更，尤不因管理人之交替而動搖，同時對於捐助人於既捐之後，亦不再有何等牽連，如此其原來之目的，自不難達成，可見財團制度之如何重要矣。

其次應予附述者，即上述之財團制度，乃大陸法系各國所採之制度，至英美法系國家，則採取「信託制度」，此種制度並非將一定之財產作為獨立的權利義務主體，乃使之歸屬於特定之管理人（受託人），但定有維持管理之特別方法，使該財產不失其獨自性與管理之永續性，申言之，即將信託財產，與該受託人之固有財產，截然劃分，且就受託人之資格設有限制，並對於信託事業之管理嚴加監督，務使信託財產之使命能完成者是也。此種制度既可與財團制度同樣達成其目的，故我國與日本雖採大陸法系之財團制度，但同時亦皆承認英、美法系信託制度之存在。

第二項　法人之成立

第一、法人成立之意義

法人成立者乃法人開始取得人格之謂，在自然人謂之出生，在法人則謂之成立。惟法文中有間用「設立」字樣者，究竟設立與成立，其意義有無不同，學者間每不置議，即偶有觸及之者，亦語焉不詳。本書認為法條中既有時用「成立」（民法二五條、三〇條），有時用「設立」（民法三一條至三四條），自非如一般文章之故弄花樣，而必有其用意在，易言之，二者似應有所區別，區別若何？言之有下列兩端：

(1)設立係就設立人方面觀察，成立則就法人本身方面觀察，故二者在觀念上應有客觀與主觀之分。

(2)設立係成立之前提，成立乃設立之後果，故二者在時間上應有先後之不同。

第二、法人成立之要件

（一）須經設立　法人不能憑空產生，必須先經設立人之設立，始能成立。如何設立？及設立行為之性質如何？則社團與財團既不相同；而公益法人與營利法人亦復差異，其詳除另款敘述外，茲將各國關於法人設立在法律上所取之態度，列述如下：

（1）**放任主義**　此主義即法人之設立，一任設立人之自由，法律不加干涉之謂，故亦稱自由設立主義。歐洲中世紀商事公司勃興時代，此主義曾一度盛行，後因放任結果，易滋弊竇，且法人既可自由設立，將與合夥不易區別，近世法律除瑞士民法對於非營利法人，仍採此主義外，已鮮有採用者矣。

（2）**特許主義**　此主義即法人之設立，須經特別立法或元首命令之准許之謂，故亦稱立法特許主義。此種主義對於法人之設立，係採取禁遏態度，限制過嚴，除法國外，亦鮮有採用者矣。

（3）**許可主義**　此主義即法人之設立，須經行政機關之許可之謂，故亦稱行政許可主義。德國民法對於財團法人之設立，採此主義，日本民法則不問財團社團，凡公益法人均採之。

（4）**準則主義**　此主義即法人之設立，法律上設有一定之條件，設立人準照該條件，即可設立，毋庸先經許可。德國民法除財團法人外概採此主義，日本民法則僅對於營利法人之設立採取之。

（5）**強制主義**　此主義即對於法人之設立，由國家予以強制者是也，近來各國對於特殊產業或團體，每採用此種主義。

我國法律對於法人設立，所取之主義如何？言之有如左列：

⑴對於財團及公益社團，採取許可主義，申言之，此兩種法人其設立之先，均應得主管機關之許可

（民法五九條、四六條）。惟此之所謂主管機關，乃指主管法人目的事業之行政機關而言，例如慈善事業由內政部主管，私立學校由教育部主管是。

⑵對於營利社團，則採取準則主義，例如公司依公司法所定之條件，即可設立是。又對於非公益非營利之中間社團，自亦採此主義，惟所謂採取準則主義者係專對其設立而言，若其業務須經政府特許者，則於領得特許證件後方得申請公司登記（公司法一七條），乃另一問題也。

⑶對於特殊之法人，亦有採取特許主義者，如為中央再保險公司之設立，即專制定中央再保險公司條例是；又有採取強制主義者，如商業同業公會之設立（參照商業團體法六條）是也。

（二）須有法律依據　依我民法第二五條規定：「法人非依本法或其他法律之規定，不得成立」㉗，可見在我國無論何種法人之成立，概須有法律之依據，絕不能自由成立也。例如一般社團財團須依據民法，另有財團法人法規範財團法人之許可設立、組織、運作及監督管理，公司則須依據公司法，合作社則須依據合作社法，至其他法人如工會、農會、漁會等亦均須依據各該特別法是。又本條所謂法律，不包括命令在內，自不待言。

（三）須經登記　我民法第三〇條有「法人非經向主管機關登記，不得成立」之規定㉘（公司法第六

㉗ 民法第二五條之立法例：

日民　第三三條　法人非依本法或其他法律之規定，不得成立。

泰民　第七八條　法人非依本法或其他法律之規定，不得成立。

㉘ 民法第三〇條之立法例：

條、合作社法第九條亦有同樣之規定），可見登記乃法人之成立要件（日本民法則以登記為對抗要件，但其商法則以之為成立要件）。所謂登記者乃將法定事項登載於公簿，以為公示者是也。法人應為之登記，大別之有設立登記、補充登記、變更登記、解散登記數種，本條所稱之登記，乃指設立登記而言，因法人雖已設立，但不經登記則仍不得成立也。又本條所稱之主管機關，並非主管其目的事業之機關，乃指該法人事務所所在地之法院而言（民法總則施行法一〇條一項），至法院對於已登記之事項，應速行公布，並許第三人抄錄或閱覽（同條二項），乃公示主義應有之措施也。

第三項　法人之能力

法律既賦與法人以人格，則法人應於如何之範圍內，得享受權利並負擔義務，是為法人之權利能力問題；其次為享權利負義務，究得為如何之行為，並其行為應由何人依何種方式為之，是為法人之行為能力問題；至於法人應對何人之何種侵權行為，始負賠償責任，是為侵權行為能力問題，併此三者則為法人之

德民　第二一條　社團非以經濟事業為目的者，祇須登記於該管轄之初級法院之社團簿，即取得權利能力。

瑞民　第五二條　團體的組織之人的結合，及有特別目的之獨立營造物，因登記於商業登記簿而取得人格。公之團體及營造物，無經濟上目的之社團、宗教財團及家財團，無須為前項之登記。以妨害風俗及違背法律為目的之人的結合，不得取得人格。

日民　第四五條　法人自其設立日起，於主事務所所在地二週間，於其他事務所所在地三週間，應為登記。法人之設立非於主事務所所在地登記，不得以之對抗他人。法人設立後，新設事務所時，應於該事務所所在地，三週間為登記。

能力問題，茲分述如下：

第一、權利能力

（一）權利能力之始終　自然人之權利能力，始於出生，終於死亡，我民法有明文規定，前已言之，法人之權利能力，何時始？何時終？則無明文，解釋上應認為始於成立（參照民法三〇條），而終於解散後清算終結之時（參照民法四〇條二項，詳後述）。

（二）權利能力之範圍　我民法第二六條規定：「法人於法令限制內，有享受權利、負擔義務之能力。但專屬於自然人之權利義務，不在此限。」㉙可見法人之權利能力，有其一定之範圍，亦即應受下列之限制：

（1）**法令上之限制**　法人與自然人之權利能力，皆係法律所賦與，則法律自均得予以限制，自不待言。例如中華民國領域內之礦均為國有（礦業法二條），則私人即不能取得礦之所有權，申言之，無論自然人或法人，均應受此限制也。惟自然人與法人之權利能力雖均受法律之限制，但二者所受之限制，非必盡同，例如公司不得為他公司之無限責任股東或合夥事業之合夥人（公司法一三條），在自然人即無此項限制是。其次，自然人之權利能力僅受法律限制，而法人則並受命令之限制，此亦二者不同之處也。

（2）**性質上之限制**　法人與自然人雖均具有人格，但一則僅為一種組織，一則具有肉體靈魂，二者

㉙ 民法第二六條之立法例：
瑞民　第五三條　法人對於非以自然人之性別、年齡或親屬關係、天然性質為要件之一切權利義務，均得享有。
日民　第四三條　法人依法令規定，於章程或捐助行為所定之目的範圍內，享權利負義務。
泰民　第七九條　法人與自然人享有同一之權利，負擔同一之義務，但性質上專屬於自然人之權利義務，不在此限。

在性質上畢竟差異，因而其得享之權利或負擔之義務，自難完全一致，故我民法第二六條但書乃有「專屬於自然人之權利義務，不在此限」之規定。惟所謂專屬於自然人之權利義務者乃一概括性規定，究竟如何之權利義務始為自然人所專屬？自應就各個權利義務之性質定之，茲將其主要者列表如左：

種類		法人不得享有之權利或負擔之義務（專屬自然人者）	備註
非財產權	人格權	生命權、身體權、健康權、身體的自由權	姓名權應作為名稱權而享有
	身分權	親權、家長權、法定繼承權	得享有包括的受遺權
財產權		以人之身體勞務為給付之債務	除上列之義務外，其他財產上權利之享有，義務之負擔，均與自然人同

第二、行為能力

關於法人之行為能力問題，可分左列各項敘述：

（一）行為能力之有無　法人有無行為能力？此在學者間，因對於法人本質所採見解之不同，而結論亦異，即在擬制說者認為法人無行為能力，良以法人既為法律所擬制，自無意思能力，無意思能力斯無行為能力。因而法人之取得權利或負擔義務，應由其代理人依據代理之法理為之，申言之，即認為法人之董事乃法人之法定代理人，其行為非法人之行為，乃為董事自身之行為，惟其效果直接歸屬於法人而已。在實在說者則認為法人有行為能力，因法人亦有意思（團體意思，或組織意思），其機關依此意思之活動，即可成為法人之行為。申言之，董事為法人之機關，因而董事為實現法人意思所為之行為，即係法人自身之行為（瑞士民法第五四條明定法人有行為能力，參照㉚）。吾人既認為法律之賦與人格於法人，乃因其能擔當社會作用，而有社會價值，故亦應承認法人有行為能力。

（二）**行為能力之方式**　法人既有行為能力，而其行為又須假其機關為之，然則法人之機關應依何種方式為其行為乎？曰應依代表方式為之，而非依代理方式為之，我民法第二七條二項中有「董事就法人一切事務，對外代表法人」㉚之規定，即屬此旨，其詳俟於法人機關項下述之。

㉚　民法第二七條之立法例：

德民　第二六條　社團須設董事團，董事團得以數人組織之。

董事團於裁判上及裁判外，代表社團，有法定代理人之地位。

代理權之範圍，得以章程限制之，此限制對於第三人亦有效力。

瑞民　第五四條　法人因設機關，即有行為能力。

第六九條　董事於章程所賦與之權限內，有處理社團法人之事務及代表社團法人之權利義務。

日民　第五二條　法人須設一人或數人之理事。

理事有數人者，於章程或捐助行為無特別規定時，法人之事務以理事之過半數行之。

第五三條　理事就法人一切事務代表法人，但不得違反章程之規定，或捐助行為之旨趣，又在社團法人，須依總會之決議。

第五四條　對於理事代理權所加之限制，不得以之對抗善意第三人。

泰民　第八八條　董事於設立許可之財團與第三人之關係，代表其財團。

（三）行為能力之範圍

法人行為能力之範圍若何，我民法無明文規定，解釋上應以其權利能力之範圍（參照民法二六條）為標準決定之，即對於其權利能力受限制之事項，自亦無行為能力之可言。

此外法人既能獨立的享受權利負擔義務，在公法上自亦有種種能力，例如訴訟能力（參照民事訴訟法四五條，及日本刑事訴訟法二七條）、訴願能力、行政訴訟能力等，均得享有之；又納稅義務亦應負擔，自不待言。

第三、侵權行為能力

法人有無侵權行為能力，說者不一，但對於法人有賠償責任一點，則多無異議，我民法第二八條規定：「法人對於其董事或其有代表權之人因執行職務，所加於他人之損害，與該行為人連帶負賠償責任。」[31]

董事於其權限內，得為訴訟當事人。

[31] 民法第二八條之立法例：

德民　第三一條　社團對於董事團、董事或依社團章程所選之其他代理人，於執行其權限內之事務，所加於第三者之損害，負其責任。

瑞民　第五五條　機關有表示法人意思之權限，法人因機關之法律行為及其他行為而負擔義務；行為人自身對其過失亦任其責。

日民　第四四條　法人就理事或其他代理人執行職務，對於他人所加之損害，負賠償之責。因不在法人目的範圍內之行為，對於他人所加之損害，由贊成其事項決議之社員、理事及執行其事項之理事或其代理人連帶任賠償之責。

泰民　第八九條　已許可之財團與其董事及董事與第三人之關係，依關於代理之法律。

是我民法已明認法人應負損害賠償責任矣，其詳請參照本章附論（論法人之侵權行為能力及其損害賠償責任），茲不多贅。

此外法人是否有犯罪能力？向分肯定否定兩說，我刑法尚無明文，解釋上應屬否定，但英美刑法則認為法人有犯罪能力。又我國特別刑事法中，亦間有處罰法人之規定（如礦業法六九條以下），惟僅得科以財產刑耳。可見法人在我刑法上雖無犯罪能力，但在特別刑法上則有之。

第四項　法人之機關

法人為一組織體，組織必有其構成組織之各種部分，此各種部分，即為法人之機關。一般言之，法人有社員總會為其意思機關，有董事為其代表及執行機關，有監察人為其監察機關，然斯三者非必各種法人均須必備，易言之，社員總會僅為社團法人所獨具，而監察人則為法人得設之機關（民法二七條四項），本書以下就董事與監察人分述之：

第一目　董　事

第一、董事之性質

董事之名稱，除本法與公司法用之以外，其他特別法（如工會法、漁會法、合作社法等）則稱理事（日民亦稱理事），然無論名稱如何，其性質並非有異。性質若何？簡而言之，董事者法人所必設之代表執行機關也，析述之如左：

（一）**董事者法人之必設機關也**　法人須有機關，始能活動，而機關不止一種，前已言之，惟斯等機關中有必設者，有非必設者（如監察機關），董事乃其必設之機關，我民法第二七條一項規定：「法人應設董事。董事有數人者，法人事務之執行，除章程另有規定外，取決於全體董事過半數之同意」（立法例見前項㉚），即屬此意。故無論社團財團，對於董事皆必須設置，否則該法人即不得成立，可見董事亦為法人成立要件之一（但特別法中法人亦有無須設置董事者，例如無限公司是）。

（二）**董事者法人之代表機關也**　法人對外活動之機關，謂之代表機關，我民法第二七條二項規定：「董事就法人一切事務，對外代表法人。董事有數人者，除章程另有規定外，各董事均得代表法人。」可見董事乃法人之代表機關，至如何代表，俟後段詳述之。

（三）**董事者法人之執行機關也**　法人對內活動之機關有意思機關與執行機關，亦得有監察機關，董事乃執行機關也，此點我民法第二七條一項已有概括之明文如上述（瑞民六九條亦有規定，參照前項㉚），此外如民法第三五條、第三七條、第四八條二項、第五一條、第六一條二項，亦均有個別規定，則董事為執行機關無疑，至於如何執行，亦俟後段詳述之。

第二、董事之任免

董事之任免，指董事之選任、罷免及辭職而言，其有關問題如下：

（一）**董事之人數**　董事之人數我民法無限制（公司法一九二條規定至少應有三人），一人或數人均無不可；不過須於章程內訂定之（民法四七條三款）。

（二）**董事之資格**　董事之資格我民法亦無限制，解釋上應以自然人為限，又董事是否應為社員，亦無限制（如公司法一九二條一項規定股份有限公司董事須就有行為能力之人選任之；但公司法一〇八條一項則規定有限公司董事須就股東中選任之）。

（三）**任免程序**　董事任免程序，在社團應於章程內訂定（民法四七條三款），至其實際任免，則應經社員總會之決議（民法五〇條二項二款）。至於財團，其董事之任免多由捐助人以捐助章程選定，倘漏未選定，則法院得因主管機關、檢察官或利害關係人之聲請為必要之處分（民法六二條）。

董事之姓名及住所，無論社團財團均為設立登記事項之一（民法四八條一項四款、六一條一項六款），又董事因罷免、辭職而有變更，應為變更之登記，否則不得以之對抗第三人（民法三一條）。

（四）**選任行為之性質**　選任董事之行為有單獨行為說及契約說兩者，前者主張法人於章程或捐助章程中規定何人為董事時，其人即當然為董事，雖通常亦須為就職之承諾，但斯種承諾，乃單獨行為發生效力之要件，與對於契約所為之承諾不同，故選任行為乃單獨行為。後者主張，選定何人為董事，固屬於社員總會之決議，但被選定之人，並不因之即負有擔任董事之義務，必須更向之要約，俟其承諾後，始發生擔任董事地位之權利義務，其行為既須經雙方合意，自屬契約。此種契約與債編所定之委任契約相類似，故可準用委任之規定。後說為通說，本書從之。

（五）**董事之任期**　董事之任期得以章程定之（民法四七條三款），例如任期三年是。

第三、董事之職權

董事之職務權限可分對外的（法人代表）與對內的（事務執行）兩種，董事就此兩種事項有處理之權限，同時亦有妥當的處理之義務，從而其執行職務，如有違誤，應對法人負其責任，此乃準用委任契約應有之結果也（參照民法五三五條、五四四條）。茲將上開對外對內兩種職權，分述如左：

（一）**法人代表**　董事對外為法人之代表，亦即董事有代表權，至代表之性質如何？代表權之範圍如何？分別說明如下：

（1）**代表之性質**　代表云者代表人所為之行為，即視為被代表人之行為者是也，代表與代理之觀念類似，但有下列之不同：

⑴代表與被代表者混為一個人格，其與第三者之關係，即為被代表者與第三者之關係；而代理人則與本人（被代理人）仍為兩個人格，其與第三人之行為，仍屬代理人之行為，僅其效果直接對於本人發生而已。

⑵代表除得為法律行為外，並得為事實行為；而代理則僅得為法律行為或準法律行為。

代表與代理雖不相同，但畢竟類似，因而關於法人機關之代表行為究應如何，民法未設特別規定，就其法律行為言，解釋上得準用關於代理之規定。（德民二六條二項已明定及此，參照前項㉚，我民法自可為同一之解釋。）

（2）**代表權之範圍**　得為代表之權限，斯為代表權，依我民法第二七條二項規定，法人一切對外事務，均由董事代表，董事有數人者，除章程另有規定外，各董事均得代表法人。可見董事之代表權，其範圍頗為廣泛，原則上並無限制；但例外亦得受限制如下：

⑴依章程或社員總會決議之限制：對於董事之代表權，依章程或社員總會之決議，得加以限制，如關於一定之行為須經總會之同意，或董事有數人者對外須共同代表，皆係限制董事代表權之適例。惟此項限制依我民法第二七條三項規定：「對於董事代表權所加之限制，不得對抗善意第三人。」（立法例見前項㉚）至於董事代表權之限制，何以須特為規定，蓋董事代表權原則上本無限制，今竟加以限制，是為例外，法律為保護交易之安全計，故不得不然也。

⑵利益相反時之限制：董事固無論何時，均可代表法人，但遇有法人與董事本身利益相反之事項，例如董事自己與法人有交涉或訴訟時，則如何？此在日本民法第五七條（現已刪除）有規定，法院得因利害關係人或檢察官之聲請，選定特別代理人（我公司法第二一三條及二二三條規定由監察人為公司之代表），我民法雖無明文，但在社團自可於章程中訂定，而在財團自可依第六二條之規定處理。

（二）**事務執行**　董事對內之職權，則為事務之執行，所謂事務執行，指法人一般事務之處理，及內部組織之維持而言，此等事項巨細繁多，且社團與財團亦不盡相同，自無法一一列舉，茲僅將其重要者列表如左：

事項別＼法人別	社團	財團	備註
聲請登記	依民法四八條二項為之	依民法六一條二項為之	登記種類詳後述
編製財產目錄	參照民法總則施行法八條	同上	
編製社員名簿	參照民法總則施行法八條		
聲請破產	依民法三五條規定為之	同上	董事怠於聲請致法人之債權人受損害時，有過失之董事應負賠償責任，其有二人以上時，應連帶負責
執行清算	法人解散後之清算原則上由董事為之（三七條）	同上	
召集總會	依民法五一條規定應由董事召集		

以上係董事之職權，其行使，如董事有數人者，除章程另有規定外，取決於全體董事過半數之同意（民法二七條一項）。此外關於董事尚有一問題，即董事有缺額時，應如何補充？此在德國民法第二九條有：「董事團之構成員有缺額時，如有緊急之必要，法院得因利害關係人之聲請，於缺額補充前，選任臨時董事」，而在日本民法第五六條（現已刪除）有：「理事缺額，如因補充遲緩致有損害之虞者，法院因利害關係人或檢察官之請求，選任假理事」之規定，我民法因無明文，在社團似可召集社員總會，從速選補，或依章程訂其補充辦法；在財團可依第六二條規定，由利害關係人聲請法院為必要之處分。㉜

㉜ 民法第三一條之立法例：

德民　第六七條　董事團對於董事團之變更及董事之改任，應呈請登記。

申請時並應附具關於變更或改任書類之謄本。

第六八條　舊董事與第三人為法律行為，其時董事團之變更，已經登記，或第三人已知悉，則得以董事之變更，對抗第三人，但第三人不知其變更，且其不知係無過失者，則不得以其變更對抗之。

第七一條（一項）　章程之變更，因登記於社團登記簿而生效力，此項變更登記應由董事呈報，並應附具關於變更之決議之原本及謄本。

日民　第四六條　應登記之事項如左：

一、目的；

二、名稱；

三、事務所；

四、設立許可之年月日；

第二目　監察人

第一、監察人之性質

我民法原無監察人之規定，此次（民國七一年）修正民法總則，始增列之。然則監察人為何？曰：監察人者乃法人得設之監察機關也。分述之如下：

（一）監察人者乃法人得設之機關也　監察人非法人必設之機關，乃得設（得不設）之機關，民法第二七條四項規定：「法人得設監察人」，此點與董事係必設之機關，有所不同。

（二）監察人者乃法人之監察機關也　監察人乃法人之監察機關。所謂監察即監督察核是。監察人對於法人之業務暨財產狀況應有監督察核之權。

第二、監察人之任免

監察人之任免，指其選任、罷免及辭職而言，其有關問題如下：

（一）監察人之人數　監察人之人數，民法無限制，一人或數人均無不可，應於章程內定之（民法四

五、定有存立時者其時期；
六、資產總額；
七、定有出資方法者其方法；
八、理事之姓名住所。
前項所揭事項中，有變更者，於主事務所所在地二週間，於其他事務所所在地三週間，應為登記；在登記前不得以其變更對抗他人。

七條三款）。

（二）**監察人之資格**　監察人須具備何種資格？民法無規定，解釋上除董事不得兼任監察人外，別無限制。

（三）**任免程序**　監察人之任免，在社團應於章程內訂定之（民法四七條三款），至其實際任免，應經社員總會之決議（民法五〇條二項二款）。至於財團，其監察人之任免，得由捐助人以捐助章程訂定之，如未訂定，則法院得因主管機關、檢察官或利害關係人之聲請，為必要之處分（民法六二條）。

監察人之姓名及住所，無論社團或財團均為設立登記事項之一（民法四八條一項四款、六一條一項六款）。又監察人因罷免、辭職而有變更，應為變更之登記，否則不得以之對抗第三人（民法三一條）。

（四）**選任行為之性質**　選任監察人之行為，其性質應與選任董事之行為同，請參照前述，於茲不贅。

（五）**監察人之任期**　監察人之任期，應於章程內定之（民法四七條三款），例如定為任期一年是。

第三、監察人之職權

監察人之職權應分下列兩項：

（一）**事務監察**　監察人對於法人事務之執行及財產狀況應有監察之權。監察人有數人者，除章程另有規定外，各監察人均得單獨行使監察權（民法二七條四項）。

（二）**法人代表**　監察人原則上非為法人之代表，但例外亦得代表法人，例如董事自己與法人有交涉或訴訟時，則應由監察人代表法人是（參照我公司法二一三條二二三條）。

此外監察人有時得召集總會（民法五一條一項）。

第五項　法人之住所

法人之法律關係，自應與自然人同樣須以一定之地域為其中心，即亦須有其住所是也。法人之住所依我民法第二九條規定：「法人以其主事務所之所在地為住所。」㉝（公司法三條：公司以其本公司所在地為住所）所謂主事務所者指該法人之事務所如非止一處時，其中樞之事務所而言（公司法所稱之本公司，依該法第三條規定為依法首先設立，以管轄全部組織之總機構），其與分事務所形式上之區別，自可依所登記者定之（參照民法四八條一項三款，六一條一項三款）。至法人之事務所如僅有一處時，當然即以該事務所為住所，而不待言。

其次，關於住所在法律上之效果，前曾於自然人節分別列舉，除其性質為自然人所專屬（如失蹤、歸化），與法人無關者外，餘均可參照，玆不多贅。

第六項　法人之消滅

法人之消滅者乃法人人格終止之謂，與自然人之死亡等，惟法人究與自然人之性質不同，自然人一死

㉝ 民法第二九條之立法例：

德民　第二四條　無特別規定時，以事務執行地為社團之住所。

第八〇條（二項）　無特別規定時，以事務執行地為財團之住所。

瑞民　第五六條　以章程無特別規定者為限，以執行其事務之處所為法人之住所。

日民　第五〇條　法人之住所，在其主事務所之所在地。

泰民　第八〇條　法人之住所，為其主事務所之所在地，但其分事務所之所在地，亦得視為住所。

了事，餘則為繼承問題，而法人則無所謂死亡，亦無所謂繼承，然則法人究如何消滅乎？曰應經兩種程序，即「解散」與「清算」是也。茲分述之：

第一、解　散

（一）解散之意義　法人之解散者乃消滅法人人格之程序，亦即開始清算之前提也。茲依此而析述之如左：

（1）法人解散者消滅法人人格之程序也　法人人格之消滅，須經解散，然一經解散，法人人格是否立即消滅？說者不一，茲列舉如下：

(1)清算法人說：謂法人一經解散，即喪失其原有人格，但為清算計，則清算時，應屬於一獨立之「清算法人」，因而法人本身所專屬之權利義務（例如法人存續期間為一定給付之義務），因解散而消滅，不移轉於清算法人。

(2)同一法人說：謂法人解散，其人格並不消滅。必至清算終結，其人格始歸消滅，雖於解散後不能繼續為新事業，然於清算目的之範圍內，仍不失為同一之法人。

(3)擬制存續說：謂法人解散，其人格雖應消滅，然法律於清算目的範圍內，迄清算終結為止，擬制其存續。

以上三說，(1)說不合實際，其不足採，不待多言，至(2)(3)兩說，就我民法言之，學者有主張係採(3)說者，其理由，以我民法第四〇條二項有：「法人至清算終結止，在清算之必要範圍內，視為存續」之規定（公司法二五條亦有：解散之公司於清算範圍內，視為尚未解散），其中「視為」二字即表示擬制者也；有主張係採(2)說者，其理由，以法人人格為法律擬制之說，既為現代一般學說所不採，則獨於法人解散後之存續，謂為擬制，實未免前後矛盾，故仍應認為係同一法人繼續存在，祇其權利能力因解散而受限制而已。二說各言之成理，莫衷一是，但實不過為存續性質之爭，對於解散後，清算終結前，法人人格並未消滅之一點，則尚無不首肯也。

（2）**法人解散者乃開始清算之前提也**　法人解散後須經清算，前已言之，然清算自何始？曰始於解散，故解散乃清算之前提，不解散則無所謂清算也。

（二）**解散之原因**　法人何以解散？必有其原因，而構成此原因之具體事項，是為解散之事由，解散之事由甚多，為一般法人所共同者有之，為社團或財團法人所獨具者亦有之，除後者俟於各該款中敘述外，茲先將前者，分述如下：

（1）**許可或登記之撤銷**　指主管機關撤銷其設立許可或登記而言，前者在公益法人（公益社團或財團），因其設立須經主管機關之許可，則於一定情形下，如撤銷其許可時，法人當然解散，我民法第三四條：「法人違反設立許可之條件者，主管機關得撤銷其許可」之規定㉞，一方固在表示對法人之一種制裁，一

㉞ 民法第三四條之立法例：

德民　第四三條　社團因總會之違法決議或董事之違法行為，危及公安時，得剝奪其權利能力。
社團章程定為不以經營經濟事業為目的者，若經營此項事業時，得剝奪其權利能力。
社團章程定為無政治上社會政策上或宗教上之目的者，若進行此目的時，得剝奪其權利能力。
社團之權利能力，由於賦與而取得者，若行章程所定目的以外之目的時，得剝奪其權利能力。

方亦正構成法人解散之事由；惟撤銷許可僅限於受設立許可之法人，即公益法人，始有其適用，若為營利法人時，則應屬撤銷登記，例如我公司法第九條所規定者是也。

（2）**破產之宣告**　我民法第三五條一項有：「法人之財產不能清償債務時，董事應即向法院聲請破產」之規定❸❺（並參照公司法八九條一項），此規定固在直接明示董事之責任，但亦在間接表示法人解散之

日民　第七一條　法人為其目的以外之事業，或違反設立許可之條件，或為其他妨害公益之行為者，主務官廳得撤銷其許可。

第六八條（一項）　法人因左列事由而解散：

四、設立許可之撤銷。

❸❺ 民法第三五條之立法例：

德民　第四二條　社團因破產開始，喪失權利能力。

董事團於債務超過時，應為破產程序或裁判上和解程序開始之聲請。聲請遲延者，有過失之董事，對於債權人因其過失而生之損害，應負賠償責任。此責任為連帶責任。

瑞民　第七七條　社團法人支付不能，或不能依章程所定設置董事時，法律上當然解散。

日民　第七〇條　法人至不能清償其債務時，法院因理事或債權人之聲請，或以職權為破產之宣告。

前項情形董事應即為破產宣告之聲請。

第八一條　清算中法人之財產，不足清償其債務已分明者，清算人應即為破產宣告之請求，並將其旨公告之。

第八四條　法人之理事監事或清算人於左列情形，處以五圓以上二百圓以下之罰鍰：

五、違反第七〇條或八一條之規定，怠於為破產宣告之請求者。

事由，蓋一經宣告破產，則法人當然解散也（公司法已明定破產為公司之解散事由，見該法二四條、七一條一項六款及三一五條一項六款）。所謂不能清償債務者，乃指債務人不能為清償之客觀狀態而言，惟我破產法第一條及第五七條均規定「債務人」不能清償債務時，始可構成宣告破產之原因，而民法第三五條則規定法人之「財產」，不能清償債務時，即足構成宣告破產之原因，後者較前者多加「財產」兩字，則其意義顯不相同，申言之，前者之規定乃「支付不能」之意，而後者之規定乃「債務超過」之意（即消極財產超過積極財產）。前者乃一般性規定，後者乃特別規定，即法人之破產，不必達於支付不能之狀態，一有債務超過之狀態，即應聲請（參照日民七〇條，日破產法一二六條、一二七條），以免有害第三人。倘董事不為聲請，致法人之債權人受損害時，其有過失之董事，應負賠償之責任，其有二人以上時，應連帶負責（民法三五條二項）。

（3）**解散之宣告**　「法人之目的或其行為，有違反法律、公共秩序或善良風俗者，法院得因主管機關、檢察官或利害關係人之請求，宣告解散。」此為我民法第三六條所明定㊱，惟所謂目的之違反法律或

第六八條（一項）　法人因左列事由而解散：

三、破產。

㊱ 民法第三六條之立法例：

德民　第四三條　（見前㉞）

瑞民　第七八條　社團法人之目的違法，或違背善良風俗者，審判官因主管官署或利害關係人之請求，宣告解散。

泰民　第九三條　左列情形法院因檢察官或利害關係人之請求，解散財團，選任一人或數人之清算人。

公序良俗者，並非指其設立時之情形而言，蓋法人目的為應登記事項之一，倘設立時即屬違反法律或公序良俗，則不可能獲准登記，亦即無由成立，故此之所謂目的違反法律或公序良俗，當不外下列情形：①成立後因法律或公序良俗觀念之變更，而有所違反者；②聲請設立登記時，隱蔽真正目的，矇混成立，嗣後被發見其目的係違反法律或公序良俗者是也。至於行為之違反法律或公序良俗，其情形自亦不一而足（上述目的違法情形中之②項，亦可解為行為之違法），無法列舉。惟法人雖有上述之情形，並不當然解散，必須經過有請求權人（主管機關，即管轄目的事業之機關、檢察官、利害關係人，如社員）之請求，而後由法院宣告，始歸解散，良以宣告解散，無殊於宣告自然人之死刑，不可不極端慎重也。

(4)**章程所定解散事由之發生**　無論何種法人，其章程中如有訂定解散事由者，其事由發生時，則法人即可解散，例如訂有存立時期者，其時期屆滿是（民法四八條一項九款、六一條一項八款）。

第二、清　算

(一)清算之意義　清算者清理已解散的法人之法律關係，使之歸於消滅之程序也。茲依此析述之如下：

(1)**清算者使法人歸於消滅之程序也**　法人於解散時，並不即刻消滅，必須更經清算程序始歸消滅，故法人無論因何種事由而解散，除破產外（因破產而解散，另依破產程序辦理，見破產法第六四條以下；

一、反於本節之規定而設立或為違反法律、公共秩序身體財產安全之行為時。
二、不問事由如何，財團之經營為不能時。
三、為違反財團設立章程之規定，或政府與以許可之條件之行為時。

又公司因合併而解散者亦可不經清算，見公司法第二四條），概須經此程序。

（2）清算者清理已解散的法人之法律關係之程序也　清算須於法人解散後為之，至所為何事？乃清理其法律關係，亦即辦理善後工作是也。故清算僅能了結其殘務，而不得有所興創。又清算程序有任意清算（參照日商一一七條）與法定清算之別，我民法所定之清算，即屬後者。惟清算程序頗不簡單，我民法未能悉予包括無遺，故於第四一條明定：「清算之程序，除本通則有規定外，準用股份有限公司清算之規定」[37]，一則避免立法上之重複，一則謀取用法者之有所準據。至股份有限公司清算之規定，可參照公司法第三二二條至三五六條，茲不贅述。惟我民法制定在前，公司法制定在後，民法為普通法，而公司法為特別法，因之此種準用規定之當否，學者間不無疵議。

（二）清算人　我民法將法人之清算程序，除明定準用股份有限公司清算之規定者外，並將清算人之任免及其職務等加以規定，茲分述之：

（1）清算人之任免　清算人如何產生，不外左列四種方式：

⑴董事充任：法人解散後，其財產之清算由董事為之（民法三七條本文）[38]。

---

[37] 民法第四一條之立法例：
瑞民　第八五條　法人財產之清算程序，適用關於合夥之規定。
泰民　第九四條　關於合夥及法人清算之法律，準用股份有限公司之規定。

[38] 民法第三七條之立法例：
德民　第四八條　清算由董事團為之，但亦得選任他人為之；其選任依董事團選任之規定。

(2)章程規定：清算人原則上固由董事充任，但章程如有特別規定時，亦可以董事以外之人充之（同條但書）。

(3)總會決議：此專在社團法人有其適用，即社團法人之清算人，亦可由社員總會決議選任之（同條但書）。

(4)法院選任：清算人如不能依上列辦法產生時，法院得因主管機關、檢察官或因利害關係人之聲請，或依職權，選任清算人（民法三八條）㊴。

其次，清算人之解任，依我民法第三九條規定：「清算人，法院認為有必要時，得解除其任務。」㊵可見無論依前述何種方式所產生之清算人，法院遇有必要時（例如有不法或不當之行為），均得將其解任。

清算之目的上，無特別情事為限，清算人具有董事在法律上之地位。

清算有數人者，其決議如無特別規定，應以全體清算人之同意為之。

日民　第七四條　法人解散時，除破產之情形外，理事為其清算人，但章程或捐助行為有特別規定，或由總會選任他人者，不在此限。

㊴ 民法第三八條之立法例：

日民　第七五條　無依前條規定而為清算之人，或因清算人缺額有生損害之虞時，法院得因利害關係人或檢察官之聲請或以職權選任清算人。

㊵ 民法第三九條之立法例：

日民　第七六條　有重要事由時，法院得依利害關係人或檢察官之聲請或以職權解任清算人。

又除法院所選任之清算人外，餘均得由社員總會決議將其解任，至無論何種清算人均得自行辭職，自不待言。

（2）**清算人之職務**　清算人應為何事？依我民法第四〇條一項之規定如左㊶：

⑴了結現務：現務係已著手而未完成者，清算人應了結之（一款）。

⑵收取債權：對於已屆期之債權，應予收取；其尚未屆期或條件尚未成就者，得轉讓與他人，或以換價之方法收取之；否則應劃入賸餘財產（二款上段）。

⑶清償債務：法人對於他人所負之債務，清算人應予清償，如未到期，得拋棄期限利益，而提前清

㊶ 民法第四〇條之立法例：

德民　第四九條　清算人應了結現務，收取債權，以其他財產換算金錢，清償債務，移交餘額於歸屬權利人。

清算人因了結未了之法律行為，得更為新法律行為，若因清償債務，分配餘額於歸屬權利人，無須收取債權，或以其他財產換算金錢之必要時，則不必行之。

社團於清算目的之必要限度內，至清算終結止，視為存續。

日民　第七三條　已解散之法人於清算目的之範圍內，至其清算終止，視為存續。

第七八條　清算人之職務如左：

一、了結現務。

二、收取債權，清償債務。

三、移交賸餘財產。

清算人因執行前項職務，得為必要之一切行為。

償；如債權人不能受領，得提存之（二款下段）。

⑷移交賸餘財產：賸餘財產者，即清償債務後所餘之財產也。此種財產，清算人應負責移交於其應得者（三款），至何人始為應得者？依我民法第四四條一項規定：「法人解散後，除法律另有規定外，於清償債務後，其賸餘財產之歸屬，應依其章程之規定，或總會之決議；但以公益為目的之法人解散時，其賸餘財產不得歸屬於自然人或以營利為目的之團體。」同條二項規定，「如無前項法律或章程之規定，或總會之決議時，其賸餘財產，歸屬於法人住所所在地之地方自治團體」㊷（營利法人關於此種財產之歸屬，則

㊷ 民法第四四條之立法例：

德民　第四五條　社團之解散或權利能力被剝奪之際，其財產當即時歸屬於章程中所指定之人。

章程得定為以總會或其他社團機關之決議，指定財產歸屬人。社團之目的，若不在經濟事業，則章程雖無所定，總會亦得以其財產捐助公共團體或公營造物。

社團之章程，若專為社員之利益，則其財產，於社團解散或剝奪能力之時，當以同一之成數，分屬於現存之社員，其他情形，則歸屬於社團所在地各聯邦之國庫。

第四六條　社團之財產，歸屬於國庫時，則準用法定繼承人之繼承財產歸屬國庫之規定；此項財產，國庫須依適合於社團之目的方法使用之。

瑞民　第五七條　於法人解散時，其財產歸屬於性質所屬之公共團體（聯邦、州、市鎮鄉）；但法律、章程、捐助行為或監督官署有特別規定者，不在此限。

其財產應依原來之目的而為使用。

法人因違背善良風俗或有違法之目的，裁判上被解散時，縱有特別規定，其財產亦歸屬公共團體。

另依特別法之規定辦理，如公司法第九一條、三三〇條是）。

以上四種任務達成，則為清算終結（法人至清算終結止，在清算之必要範圍內，視為存續，前已言之），清算人應為清算終結之登記，於是法人人格遂完全消滅矣。

第七項　法人之監督

法人之監督，國家機關對於法人所施之監察督導是也，依其監督對象之不同，可分為左列兩類：

第一、業務監督

我民法第三二條規定：「受設立許可之法人，其業務屬於主管機關監督，主管機關得檢查其財產狀況及其有無違反許可條件與其他法律之規定。」㊸茲依此析述之如左：

日民　第七二條　已解散之法人，其財產歸屬於章程或捐助行為所指定之人。

未以章程或捐助行為指定歸屬權利人，或未定指定之方法者，理事得主務官廳之許可，得為類似於其法人之目的處分其財產，但在社團法人須經總會之決議。

不能依前二項之規定而處分之財產，歸屬於國庫。

泰民　第九五條　已消滅之財團，其財產歸屬於財團設立章程所指定之法人。

無前項法人時，法院因檢察官或利害關係人之請求，將其財產歸屬於與其財團目的最類似之其他法人。

不能為前項之歸屬，及財團因違反法律或公共秩序而被解散時，法院命其將財產歸屬於國庫。

㊸ 民法第三二條之立法例：

瑞民　第八四條　財團法人，服從其目的上所屬之公共團體（聯邦、州、市、鎮、鄉）之監督。

監督官署，應監視財團法人之財產依其目的而使用。

⑴受業務監督之法人，以受設立許可者為限。依民法規定，受設立許可之法人有二，一為以公益為目的之社團，一為財團，此等法人其業務動輒關乎公益，故國家不能不加以監督，至不以公益為目的之社團，如營利法人之公司，則僅於每屆營業年度告終，將一定之書表呈報主管機關查核為已足（公司法二〇條），初無所謂業務監督也。

⑵業務監督之機關為主管機關，此之主管機關，指主管法人目的事業之機關而言，如私立學校屬於教育部，慈善事業則屬於內政部是。

⑶監督權行使之方法，有下述三端：

A.檢查其財產狀況，俾得明瞭其能否發展目的的事業或維持現狀，且亦得查知其有無弊竇，以便予以糾正。

B.檢查其有無違反許可條件，以便決定應否撤銷其許可（參照民法三四條）。

C.檢查其有無違反其他法律之規定，以便決定應否依民法第三六條之規定，請求法院為解散之宣告。

⑷妨礙監督權行使之制裁，此依我民法第三三條一項規定：「受設立許可法人之董事或監察人，不遵主管機關監督之命令，或妨礙其檢查者，得處以五千元以下之罰鍰。」[44]所謂不遵命令者，如對於主管

日民　第六七條　法人業務屬於主務官廳之監督。
主務官廳，得隨時以職權檢查法人之業務及其財產狀況。

泰民　第九一條　財團屬於政府監督，主管官署，得隨時檢查財團之書類及會計賬簿。
主管官署得就關於財團之一切事件，詢問其董事及代理人或受僱人。

機關特加糾正之事項，則陽奉陰違，所謂妨礙其檢查者，如對於主管機關欲行調閱之賬簿，則拒絕交出是也。一有此等情形，則可處以罰鍰，罰鍰與罰金不同，前者為行政罰，後者則為刑罰。二者在處罰之程序上，大不相同，其詳非本書範圍，故從略述。又我民法同條二項規定：「前項董事或監察人違反法令或章程，足以危害公益或法人之利益者，主管機關得請求法院解除其職務，並為其他必要之處置」，期能確保公益或法人之利益。

第二、清算監督

我民法第四二條一項規定：「法人之清算，屬於法院監督。法院得隨時為監督上必要之檢查及處分。」㊺

㊹ 民法第三三條之立法例：

日民　第八四條　法人之理事、監事或清算人，於左之情形，處以五圓以上二百圓以下之罰鍰：

一、怠於本章所定之登記者。

二、違反第五一條規定或於財產目錄、社員名簿，為不正之記載者。

三、於第六七條或第八二條之情形妨害主管官廳或裁判所之檢查者。

四、對於官廳或總會為不實之陳述，或隱蔽事實者。

五、違反第七〇條或第八一條之規定，怠於為破產宣告之請求者。

六、怠於為第七九條或第八一條所定之公告或為不正之公告者。

㊺ 民法第四二條之立法例：

日民　第八二條　法人之解散及清算，屬於法院之監督。

依此可析述如下：

(1)受此項監督之法人，不問其種類如何，均包括在內，但須於清算之時，始受此項監督。因法人之清算，係結束法人解散後之一切事務，以消滅解散法人之所有法律關係為目的，其重要性不言可喻，對此若不加以適當之監督，勢難免流弊叢生，此清算監督之所以必要也。

(2)監督之機關為法院，此與前述業務監督以主管機關為監督機關者不同。

(3)監督權行使之方法，法律並無具體規定，祇規定得隨時為必要之檢查及處分，所謂隨時乃無論何時均得為之之意，但以有必要之情形為限。至如之何始謂必要，自可由法院依其主觀之見解定之。又檢查方法，法律並無限制，清查財產狀況，或調閱賬簿，均無不可。至於處分指監督之必要處分而言。又民法同條二項明定：「法人經主管機關撤銷許可或命令解散者，主管機關應同時通知法院。」而第三項又定：「法人經依章程規定或總會決議解散者，董事應於十五日內報告法院。」俾法院得及時行使監督權。

(4)妨礙監督權行使之制裁，我民法第四三條規定：「清算人不遵法院監督命令，或妨礙檢查者，得處以五千元以下之罰鍰。董事違反前條第三項之規定者亦同。」㊻此之規定，與前述妨礙業務監督權行使之制裁，除處罰機關（前者由主管機關行之，後者由法院行之）及受處罰人（前者為董事，後者為清算人）不同外，餘均無異，自毋庸贅述，惟法院對於清算人認為有必要時，得解除其職務（民法三九條），前已言

法院得臨時以職權為前項監督上必要之檢查。

㊻ 民法第四三條之立法例：

日民　第八四條（第三款）（見㊹）

之，倘清算人妨礙檢查者，法院即得解除其職務，此亦係一種制裁方法也。又董事不為第四二條三項之報告者，亦同此處罰，斯應注意。

以上兩種監督係對於法人之一般監督，此外對於財團法人，尚有特殊之監督，斯乃屬於財團之管理問題，俟後述之。茲為明瞭計，將業務監督與清算監督列一比較表如下：

監督之種類	監督之機關	受監督之法人	監督之方法	制裁
業務監督	主管機關	受設立許可之法人	檢查財產狀況及其有無違反許可條件與其他法律之規定	①董事不遵命令或妨礙檢查者處五千元以下罰鍰 ②違反設立條件者得撤銷許可
清算監督	法院	一切法人	得隨時為監督必要上之檢查	①清算人有右欄①之情事亦同樣處罰 ②有必要時並得解除其任務

第八項　法人之登記

法人之登記，乃將法定事項，登載於公簿，以為公示者是也。蓋法人既為社會之一員，而營社會活動，自與社會公益，息息相關，因而為使一般人明瞭其組織內容及動態計，法律上不能不設登記制度，以為公示。我國關於法人登記，除民法有規定外，「非訟事件法」暨「法人及夫妻財產制契約登記規則」（以下簡稱法登規則），均有規定，茲簡述之如下：

（一）登記之主管機關　法人登記之主管機關為法人事務所所在地之法院（民法總則施行法一〇條一

項、非訟事件法八二條）。此法院指地方法院而言。

（二）**登記之種類**　依法登規則第一五條規定：「本規則所稱法人登記，為設立登記、變更登記、解散登記、清算人任免或變更登記及清算終結登記。」茲就此五者分述之：

（1）**設立登記**　設立登記乃法人設立時應為之登記（民法四八條一項、六一條一項）。此種登記乃法人之成立要件（民法三〇條）。

（2）**變更登記**　法人登記後有應登記之事項而不登記，或已登記之事項有變更而不為變更之登記者，不得以其事項對抗第三人（民法三一條），故此種登記乃對抗要件。

（3）**解散登記**　法人解散時，應為解散之登記（非訟事件法八八條）。此種登記，解釋上亦屬對抗要件。

（4）**清算人任免或變更登記**　清算人之任免或變更，均應登記（非訟事件法九〇條）。此種登記，解釋上亦屬對抗要件。

（5）**清算終結登記**　清算終結應為登記，法人自為清算終結之登記後，即行銷結（非訟事件法九一條、九九條）。

（三）**登記之聲請人**　前述五種登記，其中（1）、（2）兩者，由董事聲請（民法四八條二項、六一條二項，法登規則二一條，非訟事件法八五條）；（3）、（4）、（5）三者，由清算人聲請（非訟事件法八八條、九〇條、九一條）。

（四）**登記之程式**　關於登記之程式，見法登規則第二一條至第二五條之規定，茲不詳敘。

關於法人登記之問題，以上大致列出，茲尚須附述者如下：

(1)法院對於登記之措施，依民法總則施行法第一〇條二項規定：「法院對於已登記之事項，應速行公告，並許第三人抄錄或閱覽」，而非訟事件法第九三條亦規定：「法人已登記之事項，登記處應於登記後三日內於公告處公告七日以上。除前項規定外，登記處應命將公告之繕本或節本，登載於公報或當地之新聞紙。公告與登記不符者，以登記為準。」凡此皆公示主義應有程序也㊼。又登記處於登記後，應發給專

㊼ 公示主義乃保護動的安全之制度，然則何謂動的安全？又何謂靜的安全？茲述之如下：

一、動的安全與靜的安全之意義

吾人之社會生活賴法律之保障，始得安全，是謂「法的安全」(Sécurité Juridique)。法的安全分而為二：曰靜的安全(Sécurité Statique)，曰動的安全(Sécurité dynamique)。前者乃對於吾人本來享有之利益，法律上加以保護，不使他人任意奪取，俾得安全之謂，此種安全之保護，係著眼於利益之享有，故亦稱「享有的安全」或「所有的安全」，例如物權法上之各種物權，及債法上之不當得利、侵權行為等制度，其主要作用，即均在乎保護靜的安全是也。後者乃吾人依自己之活動，取得新利益時，法律上對於該項取得行為加以保護，不使其歸於無效，俾得安全之謂。此種安全之保護，係著眼於利益之取得，故亦稱「交易的安全」。例如債法上之買賣、互易及其他契約制度，以及物權法上之善意受讓制度，其主要作用，即均在保護動的安全是也。

動的安全與靜的安全乃法學上之兩大重要概念，所有法律制度之立法精神，無不縈迴於是。故吾人於研究法律時，若不將此兩大概念置諸腦際，而資為嚮導，即難免問津無由，治絲益棼。

其次應注意者，保護吾人社會生活之安全者，不止於民事法一種，他如憲法、刑法、訴訟法等亦莫不如是，甚至法學上有所謂「法律不溯既往」原則，「既得權不可侵」原則等等，亦無非針對保護社會生活之安全而立論，但以下

所述者，則以民事法之規定為限，餘者從略。

二、動的安全與靜的安全之牴觸

法律之目的，既在乎保護吾人社會生活之安全，則無論動的安全與靜的安全，一律在被保護之列，自不待言。惟此兩種安全並行不悖之時，固比比皆是；然而彼此牴觸，兩不相容之情形，亦往往有之。於此情形，法律祇能存其一，而去其他，申言之，若保護動的安全，必犧牲靜的安全；若保護靜的安全，必犧牲動的安全，玆舉數例如下：

①甲之動產，寄存乙家，乙竟以之為己有，而出賣於丙。此時法律上若認為丙之買受有效（保護動的安全）；勢必使甲喪失其所有權（犧牲靜的安全）；反之，如維持甲之所有權，使得本於所有物返還請求權，向丙請求返還（保護靜的安全），則非否定乙丙間買賣行為之效力不可（犧牲動的安全）。可見此種情形，甲之靜的安全與丙之動的安全，即發生牴觸矣。

②甲之代理人乙，與丙為代理權限外之交易，致生損害於甲。此時法律上若保護甲之利益（靜的安全），必須否認乙丙間交易行為之效力（動的安全），反之若承認乙丙間交易行為之效力，則勢必損害甲之利益。可見甲之靜的安全與丙之動的安全，於此亦不能併存矣。

③甲無出賣之意思，而故意表示出賣某物，丙信而買受之，甲事後否認該項買賣之效力。此時法律上如保護甲之利益，認為該項意思表示無效，勢必犧牲丙之利益；反之，若保護丙之利益，又必犧牲甲之利益。可見此種情形，甲之靜的安全與丙之動的安全，亦勢難兩全矣。

以上各例，靜的安全與動的安全既互相牴觸，而勢不兩立，則法律究應如何取捨於其間乎？於是調節之問題生焉。

三、動的安全與靜的安全之調節

動的安全與靜的安全發生牴觸時，法律上既須加以調節，然則何謂調節？如何調節？所謂調節，乃損害分配之意，亦即因動的安全與靜的安全發生牴觸，勢必造成一方損害時，法律上究應使何方負擔其損害之謂。至於如何調節，法用於辦理法人取得財產登記之登記簿謄本，並限期命聲請人繳驗法人已取得財產目錄所載財產之證明文件，逾期撤銷其設立登記，並通知主管機關。聲請人繳驗上開財產證明文件後，登記處應發給法人登記證書，並通知其主管機關及稅捐機關（非訟事件法八六條）。

(2)關於登記之效力，分為兩種：①為成立要件，設立登記屬之，即法人如未經登記，縱其設施內容，極臻完備，但亦祇能認為事實上成立，屬於一種團體，而不得成為團體人，亦即不能取得法人資格是。②為對抗要件，即僅發生對抗力，設立登記以外之登記屬之。所謂對抗力者即得以其事項對抗第三人之效力是也。此等登記如不為之，則法人就有關該應登記事項之行為，不得對於第三人主張有效（就法人有利方面言）或無效（就法人不利方面言），但法人之內部關係，則不受影響。

律上並無一成不變之原則，乃因時代之變遷，及交易之種類，而不相同。大體言之，在昔農業社會，交易無多，法律則側重靜的安全，羅馬法上有「予發見予物時，予即回收」原則，又有「任何人不得以大於其自己所有之權利讓與他人」原則，均屬側重保護靜的安全思想之表現。時至今日，社會工業化，交易頻繁，法律乃趨向尊重動的安全之一途。所謂「由靜到動」者是也。茲將我民事法上關於調節動的安全與靜的安全之重要措施，列舉如下：①無行為能力制度、②登記制度、③表示主義原則、④除斥期間、⑤表見代理、⑥債權之表見讓與、⑦向準占有人清償、⑧善意受讓、⑨債權人撤銷權之限制等等均是。

第二款　社　團

第一項　社團之成立

社團之意義，已於「法人分類」中言之，至社團如何成立？則可分述如下：

第一、須經設立

（一）設立人　法人不能自行成立，必須由自然人設立之而後可，設立人須有幾人，我民法無規定，解釋上應有二人以上，蓋一人不足成為團體也（股份有限公司之發起人須有二人以上，公司法一二八條；合作社非有七人以上不得設立，合作社法八條）。

（二）設立行為　有設立人後，須有設立行為，即須「訂立章程」是也。何謂章程？乃法人之組織法也，私法人之有章程，一如國家之有憲法然，故章程為法人設立要件之一，設立人必須訂定之，且必須以書面為之始可。至設立人之訂定章程（設立行為），其性質若何？因章程係由當事人之意思表示，而發生一定之法律效果，故為法律行為；且須以書面為之，而有一定之記載事項，故為要式行為，然此種行為，究屬契約乎？單獨行為乎？抑合同行為乎？學者間之主張不一，但合同行為（或協定行為）說，係屬通說，本書從之。

其次章程應記載之事項，依我民法第四七條規定㊽，有如左列：

㊽ 民法第四七條之立法例：

德民　第五七條　章程應記載社團之目的、名稱、及住所，並載明該社團應為登記之旨。

（1）**目的**　亦稱宗旨，係設立社團之根本理由。例如：以法學之研究及法治之宏揚為宗旨是。

（2）**名稱**　係別於他種社團之對外表示，與自然人之姓名相當。例如：社團法人臺灣法學會是。

（3）**董事之人數、任期及任免**　董事為法人之機關，其去就應有準則，故董事之人數任期，任免程序，均應記載之。

名稱應與同一地域或同一市鎮鄉已經登記之社團名稱區別之。

第五八條　章程應記載左列事項：

一、社員之入社及退社；

二、社員有無出資及出資之種類；

三、董事團之組織；

四、總會召集之要件，方法及決議錄之作成。

瑞民　第六〇條（二項）　章程應以文書作成，且須具備社團之目的、資產及組織上之必要規定。（一項見51）

日民　第三七條　社團法人之設立人，應即訂立章程，記載左列事項：

一、目的；

二、名稱；

三、事務所；

四、關於資產之規定；

五、關於董事任免之規定；

六、關於社員資格得喪之規定。

（4）**總會召集之條件、程序及其決議證明之方法**　總會指社員總會而言（股份有限公司為股東會），為社團之最高機關（民法五〇條）；其召集之條件，如每年終召集一次；召集程序，如由董事於若干日前以書面通知；決議證明之方法，如應作成決議錄，由主席簽名是。

（5）**社員之出資**　社團雖以「人」為組織之基礎，但亦不能無有財產，財產之來源，當為社員之出資，故社員有出資義務，因而其出資數額、方法等，亦均應記載。

（6）**社員資格之取得與喪失**　社員資格之取得，如入社之條件、程序；社員資格之喪失，如退社或開除之條件、程序等，均須記載之。

（7）**訂定章程之年、月、日**　訂定章程之日期，關係社員之權職，故應記載之。

以上七款係章程中「必要記載」事項，然章程中得記載之事項，非必以此七款為限，此外依我民法第四七條三款下段有：「設有監察人者，其人數、任期及任免」亦應於章程中記載之。又民法第四九條之規定：「社團之組織，及社團與社員之關係，以不違反第五十條至第五十八條之規定為限，得以章程定之。」㊾

㊾ 民法第四九條之立法例：

德民　第二五條　有權利能力之社團，其組織法，除基於次條以下之規定者外，以章程定之。

第四〇條　第二七條第一項、第三項、第二八條第一項及第三二條、第三三條、第三八條之規定，如章程另有訂定時，則不適用之。

瑞民　第六三條　關於社團法人之組織，及社團法人與其社員之關係，於章程無規定時，依次條以下之規定。法律命其適用之規定，不得以章程變更之。

可知與上述法條不相牴觸之事項，均得記載之，是為「任意記載」事項，例如事務所之所在地，社員表決權行使之方式及限制等均屬之。此種事項，記載與否，雖屬自由，但一旦記載，則不得任意違反，或變更之。

第二、須依據法律，公益社團並須取得許可

我民法第四五條規定：「以營利為目的之社團，其取得法人資格，依特別法之規定。」[50]如公司應依公司法組織，合作社應依合作社法組織，銀行應依銀行法及公司法組織之（至非營利非公益之社團，須依據民法，自不待言），而不須先得主管機關之許可，僅辦理下述之登記為已足，斯蓋採取準則主義者也。但在公益社團則不然，依我民法第四六條規定：「以公益為目的之社團，於登記前，應得主管機關之許可。」[51]

---

[50] 民法第四五條之立法例：

德民　第二二條　以經濟的事業為目的之社團，如國法無特別規定，其權利能力因州之賦與而取得；賦與權屬於社團住所地之州。

瑞民　第五九條　關於公共或宗教上之團體及營造物，依聯邦及各州法律之規定。有經濟目的之人的結合，依關於公司及合夥之規定。土地公用合夥及類似之團體，依各州法律之規定。

日民　第三五條　以營利為目的之社團，依商事公司設立之條件，得為法人。前項之社團法人，準用關於商事公司之一切規定。

[51] 民法第四六條之立法例：

瑞民　第六〇條（一項）　政治、宗教、學術、技藝、慈善、社交或其他不以經濟為目的之社團，於其以章程表示組

可見其成立不僅須依據法律（民法二五條參照），且須於登記前，取得主管機關之許可。所謂許可乃主管機關之行政行為，於此構成公益社團法人成立要件之一，亦即登記之前提，必取得許可後始得登記，所以如此慎重者，以此種社團對於社會公益影響甚大，國家不能不預加干涉也。

第三、須經登記

無論何種法人非經登記不得成立，前已言之，惟應登記之事項，則因法人之種類而異，關於社團應登記之事項，依我民法第四八條一項之規定如左[52]：

織團體之意思時，取得人格。

日民　第三四條　祭祀、宗教、慈善、學術、技藝或其他關於公益之社團或財團，不以營利為目的者，經主務官廳之許可，得為法人。

[52] 民法第四八條之立法例：

德民　第五五條　第二一條所揭之社團，登記於社團登記簿，應於其所在地之初級法院為之。

第五九條　董事團應為社團登記之聲請。

聲請應具備左列書類：

一、章程之原本及謄本。

二、關於任命董事之書類之謄本。

章程至少應有社員七人以上之簽名，且應記載訂立之日期。

瑞民　第六一條　社團之章程已決定，且其董事已設置時，社團得登記於商業登記簿。

為達社團之目的，而為商業類似之營業行為時，有為前項登記之義務。

(1) **目的** 目的既應訂入章程，復應登記。

(2) **名稱** 名稱亦屬登記事項之一。

(3) **主事務所及分事務所** 事務所為法人執行事務之處所，主事務所並為法人之住所。即如有二以上之事務所者，須有一處為主事務所，餘者為分事務所，其主、分之區別，一以所登記者為準，不以其大小而定，此項雖不必訂入章程，但必須登記。

(4) **董事及監察人之姓名及住所** 章程僅須記載董事之任免等，而登記則須記載董事之姓名及住所，其所以如此者，因章程訂立時，董事尚未產生，至登記時則非有特定之董事為之聲請不可，且董事為法人之代表及執行機關，頗關重要，故列為登記事項之一。又設有監察人者，其姓名及住所，亦應登記。

(5) **財產之總額** 表示法人資力之厚薄，故須登記。

(6) **應受設立許可者，其許可之年月日** 此專指公益社團而言，若無須受許可之社團，則不必登記此項。於此即可看出我民法上除公益社團外，並非不承認非營利非公益之社團之存在也。

(7) **定有出資方法者，其方法** 此係指社員之出資方法而言，但不以此為限，例如過去中國大陸災胞救濟總會，除接受社會及國際救助外，別無所謂出資方法是。

(8) **定有代表法人之董事者，其姓名** 董事原則均得代表，但亦得限於某一董事代表，此種情形，應予登記。

(9) **定有存立之時期者，其時期** 例如法人自成立起，存立十年；或特定於某年某月某日解散是。

登記之聲請，應附具章程及董事名簿。

以上所列雖均為必要登記事項，但（4）之監察人及（6）至（9）四者，有則登記，無則不必登記，故為「相對必要登記事項」，餘則為「絕對必要登記事項」，缺之則登記不能獲准。至於登記手續，除依非訟事件法、法人及夫妻財產制契約登記規則辦理外，我民法第四八條二項規定：「社團之登記，由董事向其主事務所及分事務所所在地之主管機關行之，並應附具章程備案。」詳請參照前述，茲不贅列。

第二項　社團之社員

第一、社員之資格（社員權）

（一）社員資格之意義　社員之資格者乃指社員之地位而言。社員本身雖非社團法人之機關，然卻為社團法人成立之基礎，且為其最高機關（總會）之構成份子，因而社員對於法人，自有其種種權利與義務（詳後述），此等權利與義務，皆因取得社員之資格而發生，故社員資格實係一種包括的權利，學者因稱之為「社員權」。

社員權之性質若何？學者間意義不一，但通說則認為社員權既非單純之財產權，又非單純之非財產權，實乃一種特殊性權利，我國學者黃右昌名之曰「資格權」，至於社員權有無移轉性，則應以法人之性質定之，在營利社團原則上可以移轉，但在公益社團則解釋上不得移轉，蓋參與公益者，多以其能力志趣為前提也[53]。

又上述之社員資格，與欲為社員時應具備之資格不可混為一談，蓋後者乃指社員本身應具備之條件而言。社員本身應具備何種條件，我民法無規定，解釋上自然人與法人均無不可（但公司法一三條規定：公

---

[53] 關於此點有立法例如下：
德民　第三八條　社員之資格不得讓與或繼承，並不得委任他人行使。

司不得為他公司之無限責任股東）。又自然人之性別，資歷如何，當亦非所問，然有必要，亦得於章程中限定之，固不待言。

（二）**社員資格之取得**　取得社員資格，不外下列兩種方法：

（1）**參與設立**　社團之設立人，於社團成立時，即當然取得社員之資格，故參與設立乃取得社員資格之方法。

（2）**入社**　入社指社團成立後加入社團，而取得社員資格之情形而言，尚可分為原始的入社與承繼的入社兩種。前者即新開始取得社員資格之謂，後者乃承繼他人原有之社員資格（如受讓或繼承）之謂，但社員資格之不許移轉者，則不發生此種情形。至原始的入社一事，性質如何，說者不一，但通說則認為社團法人與新社員間之一種契約。

（三）**社員資格之喪失**　社員之資格，除隨社團之消滅而當然喪失，及因社員本人之死亡而原則上喪失之外，尚有喪失之原因如下：

（1）**退社**　退社指社員自動的退出社團而言，依我民法第五四條一項本文規定：「社員得隨時退社。」[54]蓋社員個人如因志趣或其他情事，有退社之必要時，自無強留之理（羅馬法有：「無論何人不負

---

[54] 民法第五四條之立法例：

德民　第三九條　社員得由社團脫退。

退社得以章程限定祇能於業務年度終，或經過預告期間後為之。預告期間不得超過二年。

瑞民　第七〇條（二項）　退社得於每年末六個月前，以聲請為之。定有業務年度者，得於年度終六個月前，以聲請

違反其個人之意思留於團體中之義務」之原則），但法人為避免影響其事業計，於章程中限定須於事務年度終，或須經過預告期間後，始准退社者，自應從其限定（同條一項但書），惟上述之預告期間不得超過六個月（同條二項），蓋社員之利益，與法人之利益，應相提並重也。

（2）**開除**　開除指社員被動的退出社團而言，此在社員方面觀之，亦屬於退社之一種；若在社團方面觀之，則係開除。社員之開除應經社員總會之決議。惟開除應以有正當理由（如吸食鴉片，或有其他不法情事）為限（民法五〇條二項四款），否則被開除者得依民法第五六條之規定，請求法院撤銷其決議，以資救濟。

已退社或被開除而喪失資格之社員，依我民法第五五條一項規定：「對於社團之財產，無請求權」[55]，蓋所以維持法人之存立，免受個人變動之影響也。然此乃僅就公益法人言之耳，若非公益法人自得於章程中另行訂定，不受此限制（同條一項，並參閱公司法六九條）。至對於其退社或開除以前應分擔之出資，仍負清償之義務（同條二項），蓋已成立之債務，不得因其退社而不履行也。

第二、社員與社團之關係

取得社員資格，即享有社員權，但社員權乃社員所有一切權利義務之總稱，至其具體的各項權利與義

為之。

[55] 民法第五五條之立法例：

瑞民　第七三條　已退社或開除之社員，對於社團法人之財產，無何種權利。關於出資應按照其曾為社員之期間，負其責任。

務，亦即與社團之法律關係如何，則可分下列兩項敘述：

（一）**社員之權利**　社員之權利可分為「共益權」與「自益權」兩種，前者乃以完成法人所擔當之社會作用為目的，而參與其事業之權利也；後者乃專為社員個人之利益，所享有之權利也。共益權在我民法中有規定者如：①表決權（民法五二條二項），②請求或自行召集總會之權，亦即「少數社員權」（民法五一條二項），及③請求撤銷總會決議之權（民法五六條）等是；自益權如：①利益分配請求權，②賸餘財產分配請求權，及③社團設備之利用權等是。惟自益權多於營利法人見之，而共益權則不然。

（二）**社員之義務**　社員之義務主要者為出資義務，如繳納會費或股款等是。

第三項　社團之總會

第一、總會之意義

總會者乃由社員所組織，而為社團所必備之最高意思機關也，玆分述之如下：

（1）**總會者社團之機關也**　法人不能自行活動，必賴其機關始能活動，總會即係法人之一種機關，但僅社團有之，財團則無有，故曰總會乃社團之機關也。

（2）**總會者社團之意思機關也**　社團之機關非一，通常有意思機關，執行機關（董事），監察機關（如監察人或監事等），總會乃其意思機關也。

（3）**總會者社團之最高機關也**　法人之機關雖不止一種，但依我民法第五〇條一項規定：「社團以總會為最高機關」[56]，因之其權限亦最大，惟對外不得代表法人耳，故非代表機關，自不待言。

---

[56] 民法第五〇條之立法例：

（4）**總會者社團之必備機關也**　法人之機關有必備者，有得不備者，總會則為其所必備之機關，不得任意廢除（民法五一條參照）或不設置（四七條四款參照）。

（5）**總會者乃社員所組織之機關也**　總會之構成份子為社員，故亦稱社員總會（公司法則稱股東會），凡社員均有出席總會之權利及義務，不得以章程限制之。

第二、總會之權限

總會為最高機關，其權限亦最大，前已言之，至其實際上究有若何之權限，依我民法第五〇條二項規定有左列四種：

（一）**變更章程**　章程為社團之組織法，非經總會決議，不得變更。且必須經特別決議（後詳）始可。

（二）**任免董事及監察人**　董事為社團之代表機關及執行機關，甚關重要，其任免應經總會之決議。

德民　第二七條（一項）　董事團之選任，以社員總會之決議行之。

瑞民　第六四條（一項）　社員總會，為社團法人之最高機關。（二項見57）

第六五條　總會決議社員之入社及開除，選任董事及未委任於社團法人其他機關之一切事務。

總會監督機關之行為，且得隨時解除其任務，但不妨礙被解任人本於既存契約所有之請求權。

於有重大事由時，法律上發生前項之解任。

第六六條　社團法人之決議，以總會之決議為之。

對於一議案全體社員書面上之同意，與總會之決議有同一之效力。

日民　第六三條　社團法人之事務，除以章程委任於董事或其他職員者外，一切以總會之決議為之。

惟此之所謂任免與章程中所記載之任免（四七條三款）不同，章程中所規定者乃董事之任免程序，而此則指實際任某某人為董事，或免某某董事之職而言。又設有監察人者，其任免亦須經總會之決議。

（三）**監督董事及監察人職務之執行**　總會之決議應由董事執行，故總會得監督之。又監察人職務之執行，總會亦得監督之。

（四）**開除社員**　開除社員須經總會決議，但以有正當理由為限（五〇條四款但書）。

以上四者為總會之專屬權限，亦為其重要權限，此外凡董事或其他機關所不能處理之事項，例如社團之任意解散（民法五七條），總會均得決議之。

第三、總會之召集

總會雖為社團之必備機關，但並非如其他機關之經常活動，必須開會始能活動，而開會須經召集，召集云者乃由有召集權人向出席人員所發之開會通知是也，至何人有權召集？召集程序如何？茲分述如左：

（一）**召集人**　總會之召集人依我民法第五一條一項之規定[57]應由董事為之，故董事為有召集權人，

---

[57] 民法第五一條之立法例：

德民　第三六條　總會於章程規定應召集，及為社團利益應召集時，召集之。

第三七條　由章程所定之定數社員，或章程未定，而由社員十分之一。以記載目的及理由之文書請求召集總會時，應召集之。

不為前項召集時，社團所在地之初級法院得將總會召集權授與為此請求之社員，且得為關於在總會時行使主席職務之規定，此授與權於召集總會之際，應記載之。

惟此乃原則，董事不為召集時，監察人亦得召集（同項後段），又依同條三項之規定，社員亦得召集之（詳下述），是為例外（股份有限公司之監察人亦得召集股東會，見公司法第二二〇條；日本民法規定監事亦得召集總會，見該法第五九條）。

（二）**召集程序**　總會因召集之是否定期，分為通常總會與臨時總會兩種，前者應定期召集，我民法同項規定每年至少召集一次。後者依我民法第五一條二項規定：「如有全體社員十分之一以上之請求，表明會議目的及召集理由，請求召集時，董事應召集之」；但依同條三項規定：「董事受前項之請求後，一個月內不為召集者，得由請求之社員，經法院之許可召集之。」

無論通常總會與臨時總會，其召集均須發送通知，民法第五一條四項規定：「總會之召集，除章程另有規定外，應於三十日前對各社員發出通知。通知內應載明會議目的事項」，俾社員與會前得預加研究。

第四、總會之決議

（一）**決議之意義**　決議者乃會議席上由一定數之表決權人所為之意思表示，而趨於一致之共同行為也。決議為一種行為，惟並非一人之行為，乃多數人之行為，而此多數人之行為，既非彼此不相關，又非

瑞民　第六四條（二項）　總會由董事召集之。

召集依章程之所定為之，有社員五分之一以上之請求時，法律上應為召集。

日民　第六〇條　社團法人之理事，至少每年應召開社員通常總會一次。

第六一條　社團法人之理事，認為必要時，得隨時召集臨時總會。

由全體社員五分之一以上之請求，表明會議目的後，董事應即召集臨時總會；但此定數，得以章程增減之。

彼此相對立，乃彼此一致（平行的一致）之行為也。決議之前提，必須有合法之會議，即須有合法之召集，而出席社員又須達法定人數（後述），其決議始為有效是。

其次，決議須由有表決權人為之，且表決權必須達一定數目（後述）而後可。至何人有表決權？依我民法第五二條二項規定：「社員有平等之表決權。」可見社員均有表決權，且其表決權係平等的，但在營利法人亦得以章程限制之（參照公司法一七九條）。又表決權行使之方式，原則上固應於會議席上依一般之表決方式為之，但例外亦有得以書面行使者（民法五三條一項下段）。又我民法第五二條四項規定：「社員對於總會決議事項，因自身利害關係而有損害社團利益之虞時，該社員不得加入表決，亦不得代理他人行使表決權。」（德民三四條、日民六六條亦有同樣規定），乃表決權行使上之一種限制，例如關於開除社員之決議，則將被開除之社員，自不得加入表決是也。

（二）**決議之種類**　決議依出席人數及表決同意人數之不同，可分為下列兩類：

（1）**普通決議**　此種決議依我民法第五二條一項規定：「總會決議，除本法有特別規定外，以出席社員過半數決之。」[58]所謂本法之特別規定，即指下述之特別決議而言，除該特別決議外，普通決議有出

---

[58] 民法第五二條之立法例：

德民　第三二條　社團事務為董事或其社團機關所不得管理者，則依總會之決議定之。為使決議有效，其事項應於召集時表明之。決議以出席社員之多數決之。

全體社員對於決議以書面表示同意者，縱不開總會，其決議亦為有效。

第三四條　決議事項，若係社團與社員締結法律行為，或社員與社團間提起訴訟，或訴訟終結，該社員無表決

席社員過半數之同意即可，至於應出席若干人，始得開會，我民法無明文規定，應依章程之所定，如章程亦無規定時，應依社會上一般會議之習慣定之，倘無習慣者，除該社團社員祇剩二人外，解釋上至少須有三人以上之社員出席，始得開會。蓋不足三人，則不得謂之會議也（參照民權初步卷一第一章一節）。

（2）**特別決議**　特別決議依我民法之規定，於下列兩種情形見之：

(1)變更章程：我民法第五三條一項規定：「社團變更章程之決議，應有全體社員過半數之出席，出席社員四分之三以上之同意，或有全體社員三分之二以上書面之同意。」59是為特別決議，其限定出席人權。

瑞民　第六七條　各社員於總會有平等之決議權。
決議以出席社員決議權之過半數為之。
關於未經通知之事項，以章程所明許者為限，得為決議。

日民　第六五條　各社員之表決權為平等。
不出席總會之社員，得以書面為表決，或委任代理人。
前二項之規定，於章程有特別規定時，不適用之。
第六六條　對於社團法人與其社員之關係所為之議決，該社員無表決權。

59 民法第五三條之立法例：
瑞民　第三三條　關於變更章程之決議，應以出席社員四分之三之多數決定之。變更社團之目的，應有全體社員之同意，未出席社員之同意，應以書面為之。
社團之權利能力，因賦與而取得者，其變更章程，應得各邦之許可，由聯邦參議院（德國內政部長）賦與者，數，並提高表決同意人數者，因變更章程，極關重要，不能不特加慎重也。又本決議得以書面為之，是其特色（其他決議學者間有認為亦可以書面為之者，亦有認為不可者）。又變更章程除經上述之決議外，在受設立許可之社團並應得主管機關之許可（同條二項）。

⑵解散社團：我民法第五七條規定：「社團得隨時以全體社員三分之二以上之可決，解散之。」[60]是亦為特別決議。

（三）**決議之效力**　總會之決議，有拘束全體社員、董事及職員等之效力，但總會之召集程序或決議之方法如有違反法令或章程者則如何？此依我民法規定，社員得於決議後三個月內請求法院宣告撤銷決

應得內政部長之許可。

第七四條　社團法人目的之變更，不得強制各社員。

日民　第三八條　社團法人之章程，以有全體社員四分之三以上之同意為限，得變更之；但章程有特別規定者，不在此限。章程之變更，非經主務官廳之許可，不生效力。

[60] 民法第五七條之立法例：

德民　第四一條　社團得依總會之決議解散，此項決議，於章程無特別規定時，須有出席社員四分之三以上之可決。

瑞民　第七六條　總會得隨時決議社團法人之解散。

日民　第六八條（二項）　社團法人於前揭之情形外，依左列事由而解散：

一、總會之決議。

二、社員之缺亡。

第六九條　社團法人非有全體社員四分之三以上之同意，不得為解散之決議，但章程有特別規定者，不在此限。

議；但出席社員對召集程序或決議方法，未當場表示異議者不在此限（五六條一項）(61)。又總會之內容違反法令或章程者，無效（同條二項），不必經撤銷程序。

第四項　社團之解散

社團為法人之一，除對於法人之一般解散原因，均得適用外，尚有其特殊之解散原因如下：

（一）社員之可決　社團得隨時以全體社員三分之二以上之可決解散之（民法五七條），是為任意解散。

（二）事務無從進行　社團事務，無從依章程所定進行時，法院得因主管機關、檢察官或利害關係人之聲請解散之（民法五八條）(62)，是為宣告解散。

---

(61) 民法第五六條之立法例：

瑞民　第七五條　對於違背法律或章程所作之決議，未同意於其決議之各社員，得於知悉其決議後一個月內，提起撤銷之訴。

(62) 民法第五八條之立法例：

德民　第七三條　社員之數減至三人以下時，地方法院須因董事團之聲請，剝奪社團之權利能力，若三個月不行聲請，則地方法院以其職權詢問董事團後，即當剝奪社團之權利能力，而剝奪之決定，當送達於社團。對此決定，得依民事訴訟法為即時抗告。

社團因前項決定之確定，失其權利能力。

日民　第六八條（一項）　法人因左列事由而解散（二項見(60)）：

一、章程或捐助行為所定之解散事由發生。

二、法人目的事業已成就，或不能成就。

他國民法有規定社員缺亡亦為社團解散原因之一者（如德民七三條、日民六八條二項是，請參照[60]及[62]），我民法無明文規定，但社團既以社員為其存在之基礎，則社員全體缺亡時，自不得不解散也。

第三款　財　團

第一項　財團之成立

財團如何成立？言之亦有三端，如下：

第一、須經設立

（一）設立人　社團之設立人，須有二人以上，但財團則不必如是，即僅有一人亦無不可。蓋財團並非以人為基礎，乃以財產為基礎故也。因而凡能捐助一定財產者，無論誰何，更無論人數若干，均得設立財團。

（二）設立行為　財團法人之設立行為，係指捐助財產及訂立章程兩步驟而言，茲分述如下：

（1）捐助財產　捐助云者，以設立財團為目的，而無償的提供一定財產之行為也。此種行為必須提供一定之財產，但財產之種類如何，則在所不問。至捐助之目的必須為設立財團，否則對於已成立之法人無償的提供財產，則為贈與或遺贈，非此之所謂捐助也。所捐助之財產，於法人成立同時，歸屬於法人；如將來法人不能成立，其捐助行為當然失效。又捐助行為不限於生前行為，即以遺囑捐助，亦無不可。

三、破產。

四、設立許可之撤銷。

其次捐助行為與贈與或遺贈雖不相同，但在無償的提供一點上觀之，究無大異，因之關於贈與及遺贈之規定（如瑕疵擔保，參照民法第四一一條；及關於特留分之規定，參照第一二二三～一二二五條），皆得準用之，此在日本民法已有明文（日民四一條參閱[63]），我民法雖無規定，解釋上亦應從同。

（2）訂立章程　設立人於捐助一定財產之外，更須訂立捐助章程（民法六〇條一項）[63]，章程為財

---

63 民法第六〇條之立法例：

德民　第八一條　生前之捐助行為，應以書面為之。

捐助人於未受許可以前有撤銷權，向主管官署為許可之請求者，則撤銷祇須對此官署表示之。但捐助人提出請求書於主管官署，法院或公證人已記載其捐助行為，或捐助人其後委託法院或公證人為文書之提出時，捐助人之繼承人無撤銷權。

第八三條　以遺囑為捐助行為者，繼承人或遺囑執行人如不為許可之請求，應由遺產法院為之。

第八五條　財團之組織，除依據國法或州法外，以捐助行為定之。

瑞民　第八〇條　設立財團法人，應提供關於特別目的之財產。

第八一條（一項）　設立依公正證書或死後處分之方式為之。（二項見[66]）

第八三條（一項）　財團法人之機關及管理方式依捐助行為定之。（二、三項見[64]）

日民　第三九條　財團法人之設立人，應以其設立為目的之捐助行為訂明第三七條第一款至第五款所揭之事項。

第四一條　以生前處分為捐助行為者，準用關於贈與之規定。

以遺囑為捐助行為者，準用關於遺贈之規定。

泰民　第八六條　財團設立章程，應記載左列事項：

團之根本規則，必須以書面為之，其應記載之事項如下：

(1)法人之目的（民法六〇條二項）。

(2)所捐之財產（同上）。

(3)財團之組織（如設董事若干人，職員若干人）及其管理方法（如財產用途如何支配），但捐助章程所定之組織不完全，或重要之管理方法不具備者，法院得因主管機關、檢察官或利害關係人（如財團之受益人，捐助人之繼承人）之聲請，為必要之處分（民法六二條）[64]。所謂必要處分，指章程之補充而言。例如董事有缺額，應如何處理，倘章程無規定時，則法院得為必要之處分是。

一、財團之名稱，
二、目的，
三、有事務所者其所在地，
四、關於財團管理之規定，
五、財團董事之選任。

[64] 民法第六二條之立法例：

瑞民　第八三條（二、三項）　已定之組織不完全者，監督官署，應為必要之處分。不能為適於其目的之處分時，管轄官署應將其財產歸屬於同種目的之其他財團法人；但捐助人聲明異議或捐助行為顯有反對之訂定者，不在此限。

日民　第四〇條　財團法人之設立人，未定其名稱、事務所、或理事任免之方法，而死亡者，法院得因利害關係人或檢察官之聲請定之。

捐助章程固為設立財團法人之要件，但以遺囑捐助者，則無庸另訂章程（民法六〇條一項但書），蓋遺囑亦一要式行為也。不過以遺囑捐助設立之財團法人者，如無遺囑執行人時，法院得依主管機關、檢察官或利害關係人之聲請，指定遺囑執行人（民法六〇條三項）。

以上所述之「捐助財產」及「訂立章程」兩者，是為設立行為。此之設立行為乃單獨行為，由設立人一方之意思表示，即可生效；雖有時亦有二人以上共同設立財團者，但此不過為單獨行為之偶然的競合而已，仍非共同行為也。

第二、須受許可

我民法第五九條規定：「財團於登記前，應得主管機關之許可」(65)，此項許可為財團成立要件之一，並為應登記事項之一（民法六一條一項五款）。

---

(65) 民法第五九條之立法例：

德民　第八〇條（一項）　有權利能力之財團，其成立除捐助行為外，應得財團住所所在地之州之許可；財團於州無住所者，應得德國內政部長之許可。

泰民　第八五條　財團之設立，應訂立章程。財團經政府之許可及登記後，始得為法人。

第八七條　財團之許可，屬於政府之裁量，政府得附加適當條件而為認可，於為許可後，應公示財團內容之要旨於公報。

第九六條　本節範圍內，關於財團之許可，登記及監督規則，由管轄地方行政之長官定之。

第三、須經登記

財團亦須登記，始得成立，其應登記事項，依我民法第六一條規定[66]為：（一）目的，（二）名稱，（三）主事務所及分事務所，（四）財產之總額，（五）受許可之年月日，（六）董事之姓名及住所，設有監察人者其姓名及住所，（七）定有代表法人之董事者，其姓名，（八）定有存立時期者，其時期，大致與社團應登記之事項同，茲不詳釋。

財團之登記由董事向其主事務所及分事務所所在地之主管機關行之，並附具捐助章程或遺囑備案（同條二項），此點亦與社團相同。

第二項　財團之管理

財團攸關公益，而其本身之機關，又不如社團之完備，例如社團最高機關之總會，在財團即付闕如，因而其管理上，難期周密，若不加以公力干預，而聽其自生自滅，於社會公益不無影響，故財團受公力干預之處，輒較社團為多，學者間有謂財團為「他律的法人」者，良有以也（社團為自律法人）。至公力對於財團之管理上，所得加之干預（亦可謂為對財團之一種特別監督）若何？依我民法之規定，有如左列：

第一、董事行為無效之宣告

我民法第六四條規定：「財團董事，有違反捐助章程之行為時，法院得因主管機關、檢察官或利害關

[66] 民法第六一條之立法例：

瑞民　第八一條（二項）　商業登記簿之登記，本於捐助行為有必要時，從監督官署之命令為之，登記應記載董事之姓名。

係人之聲請，宣告其行為為無效。」❻❼（財團法人法二八條一項亦設相同規定）良以財團並無社員總會之設置，對於董事職務執行之監督，不能不假乎公力，以防其恣濫專橫，且謀補救。惟宣告無效之行為，以違反捐助章程者為已足，若竟違反法律時，則屬於當然無效，固不勞再事宣告也。又所謂捐助章程，不以捐助人原定者為限，即法院依前述第六二條規定予以補充之部分亦包括在內。

第二、財團組織之變更

我民法第六三條規定：「為維持財團之目的，或保存其財產，法院得因捐助人、董事、主管機關、檢察官或利害關係人之聲請，變更其組織。」❻❽蓋財團必有一定之目的，其組織乃達成其目的之手段，財團必有一定之財產，其組織亦為保存其財產之方法，若其組織不良，致影響其目的之維持或財產之保存時，法院得因上述利害關係人之聲請，予以變更。例如董事員額之增減，或其他管理方法之改善等均屬之。

第三、財團目的之變更

我民法第六五條規定：「因情事變更，致財團之目的不能達到時，主管機關得斟酌捐助人之意思，變更其目的及其必要之組織，或解散之。」❻❾依本條規定主管機關所得採取之手段有二：一為變更其財團之

❻❼ 民法第六四條無類似之立法例。

❻❽ 民法第六三條之立法例：

瑞民　第八五條　管轄官署或財團法人，在聯邦監督之下者，聯邦參議院得依監督官署之聲請，於徵詢財團法人之最高機關後，變更財團法人之組織；但以財團法人之財產或目的之維持上，其變更極為必要者為限。

❻❾ 民法第六五條之立法例：

目的及其必要之組織；一為解散財團，後者另述於下項，茲就前者述之，所謂變更其目的及其必要之組織者須合乎下列條件：

（1）須因情事變更，致財團目的不能達到　例如財團原有之目的，因法令變更，無法繼續貫徹，或受益人全無，其目的已消失等情形是。

德民　第八七條　財團之目的，不能達到，或有妨害公安之虞者，主管官署得為財團另定他種目的或廢止財團。
變更目的務求適合於捐助人之本意，就中應使財團財產之收入，依捐助人之意思，歸屬於其所希望之收入享受人。主管官署於變更目的之必要程度，得修改捐助章程。
變更目的及修改章程，須先徵求財團董事團之意見。

瑞民　第八六條　管轄官署或財團法人，在聯邦監督之下者，聯邦參議院得依監督官署之聲請，於徵詢財團法人之最高機關後，變更法人之目的，但以其財團法人之本來目的有他種意義或效果，而財團法人之現狀顯與捐助人之本意相反者為限。
第八八條　財團法人不能達其目的時，法律上當然解散，財團法人之目的違法或違背善良風俗時，由審判官解散之。

泰民　第九二條　財團因左列情形而解散：
一、依財團設立章程之規定之解散，
二、財團目的事業已成就或不能成就，
三、財團之破產，
四、次條所定法院之命令。

(2)須由主管機關為之　前述之組織變更係由法院為之，此則由主管其目的事業之行政機關為之。

(3)須斟酌捐助人之意思　此為主管機關變更權之一種限制，例如捐助人於捐助章程中曾預定其他之目的者，自應從其預定，否則其變更亦應於類似於原來目的之前提下為之，以期接近捐助人之意思。

合乎上述要件，主管機關即得自動的變更其目的，而無須任何人之聲請。又目的既已變更，則必要之組織，亦應隨之變更，俾資適應，自不待言。

第三項　財團之解散

財團之解散，除適用法人一般之解散事由外，其特殊之解散事由，即上述第六五條所規定者是也。依第六五條規定，因情事變更致財團目的不能達到時，主管機關固得變更其目的，然此應以變更目的後，尚能繼續維持其存在者為限，若其情事變更，係出於財產之全部喪失者，則唯有予以解散；否則其基礎（財產）既已崩潰，則皮之不存，毛將焉附？又依同條規定捐助人之意思既須斟酌，因而苟捐助人於捐助章程中曾有「不達目的即須解散」之記載時，則其財產縱未全部喪失，亦應予以解散也。

第四款　外國法人

自然人有本國人與外國人之分，法人亦然，惟何謂本國法人？何謂外國法人？我民法無直接規定，僅能依民法第二五、二九、三〇、四八及六一條等規定，間接推知本國法人須具備：（甲）依據我國法律成立；（乙）在我國有住所，至其設立人是否為我國人則在所不問（關於法人之國籍，有設立人國籍說、設立地說、準據法及住所地說等數種主義，其詳當讓諸國際私法）。

本國法人既如上述，則外國法人之意義自明，蓋本國法人以外之法人即可謂為外國法人也。關於外國法人，我民法總則編無規定，僅於同編施行法中，設有規定五條（一一條至一五條），玆分述其內容如左：

第一、外國法人之認許

我民法總則施行法第一一條規定：「外國法人，除依法律規定外，不認許其成立。」可見外國法人欲在我國內，享有人格，則非經我國主管機關依據我國法律加以認許不可，否則雖在其本國內具有法人資格，並不當然在我國內亦得享受權利，負擔義務。惟所得認許者當然以在外國已成立之法人為限，是又不待言者也。至我機關認許外國法人所應依據之法律，在公司，即依照公司法之規定為之（但公司法四條已刪除外國公司認許制度，直接規定外國公司於法令限制內，與我國公司有同一之權利能力）。但在其他社團及財團法人則尚無單行法規。又此之所謂外國法人之認許，乃指私法人而言，若外國公法人（國家），則係依條約承認其人格，是乃別一問題。

第二、外國法人之權利能力

我民法總則施行法第一二條一項規定：「經認許之外國法人，於法令限制內與同種類之我國法人有同一之權利能力。」可見外國法人一經認許其成立，則其權利能力與我本國法人原則上並無不同，不過依法律或條約外國人不得享有之權利，外國法人亦不得享有耳。又同條二項規定：「前項外國法人，其服從我國法律之義務，與我國法人同。」事屬當然，不待多贅。

依據上述，則外國法人如未經認許，即不承認其權利能力，然該法人如以其名義與他人為法律行為時，則如何？此依同施行法第一五條規定：「未經認許其成立之外國法人，以其名義與他人為法律行為者，其行為人就該法律行為應與該外國法人負連帶責任。」蓋所以保護交易之安全也。

第三、外國法人之登記、許可及撤銷

外國法人不在我國設事務所者僅經上述之認許為已足，若欲設事務所於我國，則更發生下列各問題：

（一）**登記**　外國法人在我國設事務所時，須向主管機關登記，與我國法人應辦之手續同（民法總則施行法第一三條規定準用民法第三〇、三一、四八及六一條）。

（二）**許可**　外國法人如為營利法人，在我國設事務所時，自亦應與我本國之營利法人同，依特別法之規定，而僅辦理登記，但如為公益社團或財團法人時，則尚應於登記前，取得主管機關之許可（同施行法第一三條規定準用民法第四五、四六及五九條）。

（三）**撤銷**　外國法人在我國之事務所，如其目的或行為，有違反法律或公序良俗時，法院得因主管機關，檢察官或利害關係人之請求撤銷之（同施行法一四條、民法三六條）。此種情形，在本國法人法院本得宣告解散，但外國法人並非依據我國法律而成立，固無從宣告其解散，祇得撤銷其事務所以示制裁。惟以此為由，不妨撤銷其認許，使該外國法人在我國喪失其資格（參照公司法三七三條、三七九條）。

附論：論法人之侵權行為能力及其損害賠償責任

壹、法人之侵權行為能力

第一、侵權行為能力之意義

（一）**侵權行為**　侵權行為者因故意或過失，不法侵害他人權利之行為也（民法一八四條一項前段）。在法民法稱為犯罪及準犯罪（des délits et quasi-délits），德民法則稱為不許行為（unerlaubte Handlungen），日民法則稱為不法行為。蓋吾人之行為，在私法上發生法律效果者，大別有二，即適法行為與違法行為是也。前者因適合法律，故賦與法律效果，例如法律行為是；後者因違反法律，故亦賦與法律效果，例如債務不履行及侵權行為是。由此可知侵權行為係違法行為之一，其成立要件，一般言之有：①行為人須有侵權行為能力；②行為人須有故意或過失；③行為須違法；④須因違法行為而發生損害等四種，前二者為主觀要件，後二者為客觀要件，具備此四種要件，則侵權行為即可成立。惟近因無過失責任主義（後詳）之倡行，則雖不具備上述之主觀要件仍不妨成立侵權行為者，亦有之。

（二）**侵權行為能力**　侵權行為能力者堪使負擔侵權行為上賠償責任之意思能力也，故亦稱責任能力。此種能力為一般侵權行為成立要件之一，已如上述。此種能力以有意思能力（我民法稱識別力）為前提，而法律行為能力（簡稱行為能力）亦以意思能力為前提，因而某人之有無侵權行為能力或行為能力，一唯意思能力之有無是視。不過後者法律上設有行為能力制度（即無能力者制度），對於某人之有無行為能力，無需就個個行為審查或舉證，而前者則否，斯乃二者之不同處也。

第二、法人之侵權行為能力

法人有無侵權行為能力？因對於法人本質之觀點之不同，而主張亦異，大別之有左列兩說：

（一）否定說　謂法人無侵權行為能力，此係擬制說者之主張，但其所持之理不盡相同。有謂侵權行為能力，既以意思能力為前提，法人無意思能力，斯無侵權行為能力者；有謂法人於法律所認許之目的內，始能存在，越此目的之行為（侵權行為），即非法人之行為，故法人無侵權行為能力者；有謂董事等乃法人之代理人，代理則限於法律行為，侵權行為自無代理之可言者，要之皆不承認法人有侵權行為能力也。

（二）肯定說　謂法人有侵權行為能力，此係實在說者所主張，但其所持之理由，亦不盡同。有謂法人原有意思能力，自有侵權行為能力者；有謂法人代表機關之行為，即係法人之行為，法律行為如此，侵權行為亦如此，故法人有侵權行為能力者；有謂法人有侵權行為能力乃法律所明定者（如我民法第二八條，德民第三一條，瑞民第五五條，日民第四四條）。總之皆認為法人有侵權能力也。

依拙見，上述兩派對於法人侵權行為能力之有無，所以斤斤計較者，蓋均囿於侵權行為能力乃侵權行為之成立要件。有之則侵權行為成立，侵權行為成立，斯負損害賠償責任；無之則侵權行為不成立，不成立亦無賠償責任之可言之一點。抑知時至今日，無過失責任盛行，侵權行為能力一項，已非侵權行為成立之絕對要件，因而吾人祇問法人有無損害賠償責任可也，至侵權行為能力之有無，已非問題關鍵之所在矣。

貳、法人之損害賠償責任

第一、損害賠償責任之意義

（一）損害賠償責任　損害賠償責任者乃侵權行為人所負對於被害人填補其損害之民事責任也。所謂民事責任係對刑事責任而言，蓋吾人之違法行為，輒同時發生雙重責任，即一面認為刑法上之犯罪，應受刑事之制裁（刑罰），謂之刑事責任；一面認為民法上之侵權行為，應受民事之制裁（損害賠償），謂之民事責任。前者係個人（犯人）與國家間之法律關係，乃公法上之責任，後者係個人（行為人）與個人（被害人）間之法律關係，乃私法上之責任。前者之目的，重在防衛社會，維持將來之安寧；後者之目的，重在保護被害人，填補其過去之損害，故民事責任之構成，以損害發生為絕對要件，而其責任之輕重，亦一以損害之多寡為衡量標準。又損害賠償責任，不僅在侵權行為上發生，在債務不履行上亦可發生，斯二者雖為各別獨立之制度，但債務不履行亦可解為侵害債權，與侵權行為在性質上並無二致。惟本文所論者，則以由侵權行為所發生之損害賠償責任為限。

（二）**過失責任與無過失責任**　過失責任者以故意或過失為構成要件之責任也，申言之，即於原因事實及損害發生以外，尚須行為人有故意過失，始生損害賠償責任之謂；無過失責任者乃不以故意或過失為構成要件之責任也，申言之，倘因原因事實，而生損害之結果，縱行為人無故意或過失，亦生損害賠償責任，故亦稱結果責任。過失責任主義肇端於羅馬法，無過失責任主義起源於日耳曼法，但因羅馬法為各國所繼受之關係，致無過失責任主義乃沒而不彰，而過失責任主義幾獨步天下，惟近代因大企業之勃興，交通機關之發達，危險事業，比比皆是，致一般人遭受損害之機會，亦日日激增，倘仍固執過失責任主義，使被害人非證明加害人有故意過失，則不得請求賠償，勢必十九落空，蓋故意過失之有無，乃行為人之主觀情形，證明之殊屬不易也。況大企業每因其規模之擴大，其利潤率亦比例增加，揆諸損益兼歸之原則，享有優厚之利者，允宜負較重之責任；加以危險之負擔，早已預計於經營費用之中，尤其因保險制度之發達，企業經營者對於其損害賠償責任，又可依「責任保險」之方式而轉嫁之，故應使負無過失責任也。因之近世各國學者盛倡無過失責任主義，而各國民法亦多參酌（我民法以過失責任為原則，以無過失責任為例外，但我工廠法四五條，民用航空法八九條，則採無過失責任），致無過失責任主義，不僅東山再起，且竟有與過失主義並駕齊驅，構成雙軌之趨勢，學者所謂「刑事責任日益主觀化，民事責任日益客觀化」者此也。

其次無過失責任，雖不以故意過失為要件，然仍以行為人之責任能力為要件否？說者不一，但本書則認為無過失責任既係結果責任，即應純客觀化，對於侵權行為之一切主觀要件，均不應予以考慮，易言之，在無過失責任主義之下，侵權行為之成立，應不以有責任能力為前提，否則即不足以貫澈無過失責任主義之本旨。

第二、法人之損害賠償責任

法人有無損害賠償責任？此則不論學說如何，各國民法在實際制度上莫不肯定之，例如：德國民法第三一條規定：「社團對於董事團，董事或依社團章程所選之其他代理人，於執行其權限內之事務，所加於第三者之損害，負其責任。」瑞士民法第五五條規定：「法人因機關之法律行為及其他行為而負擔義務，行為人自身對其過失亦任其責。」日本民法第四四條一項規定：「法人就理事或其他代理人執行職務，對於他人所加之損害，負賠償之責。」我民法第二八條規定：「法人對於其董事或其他有代表權之人因執行職務所加於他人之損害，與該行為人連帶負賠償之責任。」我公司法第二三條第二項亦規定：「公司負責人對於公司業務之執行，如有違反法令致他人受有損害時，對他人應與公司負連帶賠償之責。」於此可見各國法律所規定之內容，雖不盡一致，但對於承認法人有損害賠償責任之一點，則無不相同。

其次我民法第二八條，通說均認為係關於法人侵權行為能力之規定，但本書則認為與其認該條為法人侵權行為能力之規定，不若逕認為係法人損害賠償責任之規定，蓋本條規定之責任，應屬於一種無過失責任，與法人有無侵權行為能力無關也。茲析述其成立要件，即可知之：

（1）**須為董事或其他有代表權之人之行為**　法人對於董事之行為，何以負責？因董事係法人之代表機關，代表人之行為即係被代表人（法人）之行為，法律行為如此，侵權行為亦然，故法人應負其責至所謂其他有代表權人，例如清算人是。又監察人有時亦得代表法人，斯種情形，亦有本條之適用。

（2）**須為職務上之行為**　董事或其他有代表權人對他人之加害行為，須因執行職務所為，法人始負責任，若為執行職務範圍以外之行為，則純屬於董事或其他代表權人之個人行為，法人當無負責之理。惟執行職務之範圍若何？學者亦不一其說：有謂應以法人之意思為標準而決定之者，即法人命辦或委辦事件之執行行為，及其執行所必要之行為，始屬於因執行職務所為之行為；有謂應以執行職務之外表為標準而決定之者，即凡外表上以執行職務之形式而為者，均屬於因執行職務之行為；有謂應以行為人之意思為標準而決定之者，即行為人如係圖法人命辦或委辦事件之利益者，亦可謂為因執行職務所為之行為。但通說則謂凡執行職務之執行行為及與有外表的牽連或內部的牽連之行為，均可謂為因執行職務所為之行為。為保護被害人計，宜採此廣義之解釋。

（3）**須其行為具備一般侵權行為之要件**　董事或其他有代表權人之執行職務之行為，須具備一般侵權行為之要件，而後法人之損害賠償責任，始能成立，所謂一般侵權行為要件，即前述之①行為人須有侵權行為能力；②行為人須有故意或過失；③行為須違法；④須因違法行為而發生損害是也。此四種要件是否全須具備？通說均作肯定。依理本條既已解作法人之無過失責任，則行為人之行為，祇具備上述之③④兩要件足矣，是否具備①②兩要件，似可不問。但本條規定不僅法人負責（德、日民法規定僅由法人單獨負責，瑞民則行為人亦須負責，條文均見前），行為人個人亦須連帶負責，倘均解為無過失責任，則不惟對於行為人過苛，對於法人亦屬過苛，故應解為法人雖負無過失責任，但行為人個人仍負過失責任，易言之，即於行為人個人應負過失責任時，法人始能負無過失責任也。

（4）**須負連帶賠償責任**　我民法第二八條規定法人與該行為人負連帶賠償責任，已見前述，所謂連帶賠償責任者，即法人及行為人，應為連帶債務人，被害人得向其分別或共同，先後或同時請求全部或一部之損害賠償之謂（參照民法二七二條及二七三條），所以如此者，一面優遇被害人，一面使行為人亦知所警惕也。惟上述賠償責任，乃就對外關係而言，至法人與其董事或其他代表權人間之內部關係，自可準用委任契約之規定，如認為後者有違反善良管理人之注意義務時，法人自可於賠償被害人之損害後，向其求償，是又不待言者也。

以上所述，係私法人之賠償責任，至公法人之賠償責任若何？亦即公務員之侵權行為，國家或其他公共團體，所負之責任若何？此可分左列各點述之：

（1）**私法上之行為**　公務員所執行之職務，如係出於為國家或其他公共團體，為買賣、租賃、運送、借貸等私法上之行為，致他人之權利，受有損害時，自應適用民法第二八條之規定，由國家或其他公共團體與公務員（行為人）連帶負賠償責任，蓋此時國家或其他公共團體所立之地位與私人並無不同，所謂「準私人地位之國家」是也。

（2）**公法上之行為**　國家或其他公共團體，以其固有之團體資格，行使公權力時，則其地位與私法人自不相同。故公務員之行為，如係代表國家或其他公共團體，行使公權力時，則須依憲法第二四條：「凡公務員違法侵害人民之自由或權利者，除依法律受懲戒外，應負刑事及民事責任。被害人民就其所受損害，並得依法律向國家請求賠償。」之規定，以為解決，惟本條雖規定國家應負賠償之責，但須依據「法律」請求之，因而倘無其他法律特別規定時，則人民仍無法請求，現國家賠償法業已公布施行（民國七〇年七月一日施行），則人民因所受之損害，自得依該法請求國家賠償，自不待言。

第三章　物——權利之客體

第一節　總　說

第一、權利客體

權利客體乃權利主體之對稱，有主斯有客，權利有其主體，亦必有其客體，前者立於支配之地位，以人（自然人、法人）為限；後者處於受支配之地位，其種類不一而足，亦即依權利種類之不同，而其客體亦異。例如人格權之客體，則權利人自己之人格是也；身分權之客體，則一定身分關係之他人之人格是也；繼承權之客體，則被繼承人之全體財產是也；而債權則以債務人之行為（作為或不作為）為其客體；物權則以各種之物為其客體；準物權則以一定之權利為其客體；無體財產權則以精神智能的產物為其客體。可見權利之客體，其種類實不勝枚舉。

關於權利客體，我民法未設一般性之規定，僅將債權之客體，規定於債編（第一章第二節債之標的），而將物權之客體（物）規定於總則編。夫權利之客體本不以「物」為限，而民法獨以之列入總則編權利主體（人）之次者，蓋以物雖僅為物權之客體，但與吾人一切法律關係，莫不有直接間接之關係，例如給與債務之給付，除債務人之行為外，尚以物為必要，而其他親屬關係、繼承關係，乃至於刑事法之財產刑及竊盜、搶奪、強盜、侵占及毀棄損壞等罪，亦在在與物有密切之關聯也。可見「物」在法律上之地位，實極端重要，故我民法仿多數國家（德、日、泰）之立法例，於總則編加以規定焉。

其次，權利之客體有稱為權利之對象者；有稱為權利之標的者（日本學者稱目的）；亦有稱為權利之內容者，用語雖殊，意義則無大異，故不可互訓，否則即發生以問答問之結果。然則權利之客體云者，究應如何解釋？曰：權利人依其權利所得支配之社會利益之本體，斯即權利之客體也。

第二、物之意義

物之意義若何？我民法無明文規定，學者間解釋紛歧，莫衷一是，姑參考一般通說，下一定義曰：「物者，乃人力所能支配之有體物，而堪充權利之客體者也。」茲依此析述之如下：

（一）**物，須堪充權利客體**　權利之客體雖不以物為限，但物乃權利客體之最重要者。物之意義，原有廣狹，廣義之物乃指物理上之物而言，尚可分為最廣義與廣義二種，前者乃泛指世間一切之物，即所謂動物、植物、礦物等是，人亦包括在內；後者則指人以外之物而言。至狹義之物，即法律上所稱之物是也。法律上之物與物理上之物，其不同處，即在能否充權利客體之一點。質言之，法律上之物，必須堪充權利之客體者始可，而物理上之物，則不以此為限也。

（二）**物，須有體物**　法律上之物須為有體物，德、日民法有規定❶，我民法雖無明文，但可作同一之解釋。有體物與無體物原為羅馬法上物之分類，有體物指吾人感官得能觸覺之物而言，如土地、衣服是；

❶ 茲錄其規定如左：
德民　第九〇條　本法所稱之物，謂有體的標的。
日民　第八五條　本法所稱之物，謂有體物。

無體物則指不能觸覺之物而言，如役權、債權等權利是（所有權不包括在內，因羅馬法所有物與所有權尚混為一談也）。近世法國法系仍沿襲此種概念，但德、日民法則僅採取有體物，對於無體物（權利），則排出於物之概念以外，我民法關於物與權利，其用語截然劃分（例如動產質權與權利質權並立），並非同一概念，故我民法上所稱之物，當以有體物為限，而無體物（權利）自不包括在內。所謂「有體」者，據日本學者解釋本條係指物質上占有一定之空間，而有形的存在者而言，例如固體、液體、氣體是，惟時至今日，科學發達，物之範圍擴張，如自然力（水力、電力），亦應列入物之範疇（瑞士民法第七一三條認自然力為動產，而我刑法第三二三條亦規定竊盜電氣，以竊盜動產論），因而吾人對於「有體」二字之解釋，固不必再斤斤於「有形」矣。

其次，人身雖亦屬於「有體」，但仍非法律上之物，蓋法律上所謂物乃屬於狹義之物，人不包括在內。又人身並不以生理上所生成之部分為限，即義手、金齒等，一旦成為人身之一部，即不得再以物視之。然雖於生理上屬於人身一部，如毛髮、血等，若一旦自人身分離，反得視為物矣。

至於屍體是否為物？學說不一，有謂屍體為物，但非民法上之物者；有謂屍體為物，屬於繼承人所有者；有謂屍體不能為物，僅為人格之殘餘者。要之此一問題，不能純依理論判斷，而應根據其國社會上一般之心理解決之。

（三）**物，須為人力所能支配**　法律上所謂物不僅須為有體物，且更須為人力所能支配之物，否則縱屬有體（如日、月、星辰等），然非人力所能支配，故雖得為物理上之物，而不得為法律上之物也。

第三、物之分類

物依種種不同之標準，區分為左列各類：

（一）**動產與不動產**　此乃我民法上之分類，其詳另節專述。

（二）**主物與從物**　同前。

（三）**原物與孳息**　同前。

（四）**單一物、結合物與集合物**　此為一般學者所舉之分類（羅馬法上亦有之），其區別係以物之形態為標準，即：

（1）**單一物**　乃形態上獨立成一體之物是也，至係自然的一體歟，抑係人為的一體歟，則非所問，祇其構成部分，已失其個性者，即謂之單一物。例如牛、馬、布帛是。

（2）**結合物**　由數個物結合而成之物是也。其構成部分，雖未失其個性，但形體上已成為單一體，故屬於廣義的單一物之一，在法律上與上述之單一物同樣處理。例如手錶、鑽戒、舟車是。

（3）**集合物**　多數之單一物或結合物所集合之物是也。例如羊群、圖書館、一商店之全部商品、一工場之全部機器等是。此外，凡構成包括的財產，而具有特殊經濟價值者均屬之。

以上各物，其區別之實益，即單一物或結合物以權利應存在於物之全部，其一部不得獨立為權利客體為原則（例外，如民法七九九條之區分所有），而集合物則以權利應存在於物之各部，而不得將其做為一個權利客體為原則（例外，如舊財團抵押即以集合物為一個抵押權之標的是）。

此外，依物之性質，非集合一定數量，即不具有經濟價值者，則其一定量之集合物，始得做為一個權利客體，而其個個之物，反不得單獨的成為權利客體。例如一粒米、一塊煤、一滴酒，雖不失為一物，但不能成為權利客體，若一斗米、一噸煤、一斤酒，是乃集合一定之數量，即得成為權利之客體矣。此亦上述「集合物之權利存在於物之各部原則」之例外也。

（五）**融通物與不融通物**　此亦學理上之分類（羅馬法亦有之），其區別標準，係以物之能否為交易之標的而分，即：

（1）**融通物**　凡能為交易之標的者，皆為融通物，一般之物，均屬之。

（2）**不融通物**　凡不能為交易之標的者，皆為不融通物，大別之有三：

⑴公有物：公有物乃公法人所有物之總稱，惟公有物應分兩種，一為供公的目的所使用之行政財產，如官廳之建築物、軍用飛機、軍艦等是；一為供財政上目的所使用之物，如公有山林、礦產及有價證券等之收益財產是。前者雖不得為交易之標的，但後者則否。又前者之使用目的一旦廢止，即同時變為融通物，而得交易之標的矣。

⑵公用物：公用物乃供一般公眾使用之物，例如河川、道路、公園等是。

⑶禁制物：法令上禁止交易之物，是謂禁制物，例如鴉片、猥褻書畫及過去之黃金外幣是。

以上各物區別之實益，即不融通物不得為交易之標的，而禁制物在刑法上不問屬於犯人與否沒收之（刑法三八條二項）。

（六）**消費物與非消費物**　此種分類，係以物經同一人使用一次後，能否再以同一目的使用為其區別標準，即：

（1）**消費物**　消費物乃同一人不能再以同一目的使用之物，例如金錢、米、酒等是。

（2）**非消費物** 非消費物乃同一人得以同一目的反復使用之物，例如衣服、家屋、書籍等是。

上述區別之實益，於借貸、租賃及寄託見之，即就消費物可成立消費借貸（民法四七四條）及消費寄託（民法六〇二條），而非消費物通常則僅得為租賃（民法四二一條）、使用借貸（民法四六四條）及通常寄託（民法五八九條）之標的物。

（七）代替物與不代替物 此種分類，係以物之得否以同種同量之物相互代用為其區別標準，即：

（1）**代替物** 得以同種同量之物相互代用者是也，例如金錢、米穀均屬之。前述之消費物通常固皆為代替物，但亦不盡然，如陳年葡萄酒，雖為消費物，但有時則為下述之不代替物是。

（2）**不代替物** 不得以同種同量之物代用之物，亦即於一般交易上注重其個性之物是也。例如土地、家屋、寶石等屬之。前述之非消費物固多為不代替物，然亦不盡如此，如出版品雖為非消費物，但非為不代替物是。

上述區別之實益，亦於借貸及寄託見之，即消費借貸（民法四七四條）及消費寄託（民法六〇二條）之標的物，應以代替物為限。

（八）特定物與不特定物 此種分類，係以於交易之際已否由當事人主觀意思具體指定，為其區別標準，即：

（1）**特定物** 係由當事人具體的指定之物，如云：此米五包是。

（2）**不特定物** 乃當事人僅以抽象的種類、品質、數量所定之物，如云：上等米五包是。

代替物與不特定物，不代替物與特定物，實際上常屬一致，但並不盡然。例如以馬言之，普通情形，應為不代替物，但僅約購蒙古馬百匹，則為不特定物矣。又以金錢言之，一般情形應為代替物，但寄存封金，則為特定物矣。可見代替物與不代替物乃就物之性質，客觀上所為之區別，而特定物與不特定物，乃就交易關係，當事人主觀上所為之區別，故二者有時未必一致。

特定物與不特定物區別之實益，與債之關係最大，如種類之債，應以不特定物為標的，而特定之債則以特定物為標的是。又物權須以特定物為標的，而不特定物因無直接支配之可能，故不得以之為物權之客體也。

（九）可分物與不可分物　此種分類，係以物之性質及價值是否因分割而變更減少，為其區別標準，即：

（1）**可分物**　其性質不因分割而變更，其價值不因分割而減少，例如金錢、米油是。

（2）**不可分物**　恰與可分物情形相反，例如牛、馬、建築物及鐘錶等是。

上述區別之實益，於多數當事人之債及共有上見之，即多數當事人之債，其標的物為可分物時，則為可分之債；反之則為不可分之債（民法二七一條、二九二條）；而共有物當分割時，如為可分物，則以現物分割為原則，反之則以變價分配為原則（民法八二四條）。

第二節　動產與不動產

第一、動產與不動產之意義

動產與不動產之區別，由來已久，但迄無一抽象的區別標準，如僅以字面之「動」與「不動」為標準而區分之，則居今之日，幾無不動產之可言，蓋地球亦在運行，土地亦不可謂之動產乎？可見動產與不動產之區別，決不能固執字面以繩之。我民法關於此二者之區別標準，亦無明文規定，僅就其意義設有規定如下：

（一）**動產**　我民法對於動產之意義，並無積極性規定，僅於第六七條消極的規定：「稱動產者，為前條所稱不動產以外之物。」❷此種定義方法謂之除外方法，有如吾人之解釋「精神」，輒曰：「物質以外

---

❷ 民法第六七條之立法例：

法民　第五二〇條（二、三項）　已刈之收穫物，及已摘之果實，縱未運往他處，亦為動產。若收穫物只刈其一部，則惟此一部為動產。

第五二一條　對於得採伐之小樹林及得定期採伐之大樹林，為通常之採伐時，隨其樹木之伐倒，即成為動產。

第五二二條（二項）　土地所有人對於前項所載以外之人貸與動物，其動物為動產。

第五二七條　財產有依其性質為動產者，有依法律之所定為動產者。

第五二八條　凡能由此地移於彼地之物，不問其如動物之自能運行，抑如無生物之不依他力則不能運行，依其性質皆為動產。

第五二九條　可得請求償還之金額，以動產為目的之債權及訴權，金融、商業、產業等公司之股份或持分，依法律之規定為動產；縱公司有屬於其企業之不動產時亦同。但此之股份或持分，對於各股東惟於公司存續間，視為動產。國家或個人之無期年金或終身年金，亦依法律之規定為動產。

第五三一條　小船、渡船、船舶及船舶中之水車浴場，及一切非附著於柱而為家屋一部之器具，皆為動產；但此等物品中因其為重要之物，如訴訟法載明債權人以之為抵償而扣押者，則依特別之方式。

者」然。動產既為不動產以外之物，則不動產之意義明瞭後，動產之意義，自亦迎刃而解矣。

（二）不動產　何謂不動產？我民法第六六條❸之規定如左：

第五三二條　因毀損建築物而得之材料，及因新造建築物而集之材料，於職工未因營造而使用其物以前，以之為動產。

瑞民　第七一三條　性質上可動之有體物，及能受法律上支配之自然力，不屬於土地者，為動產所有權之標的。

日民　第八六條（二、三項）　此外之物皆為動產。無記名債權視為動產。

泰民　第九八條（二項）　前項以外之物，概稱為動產。

第一〇四條（二項）　限於一定期間生長之樹木，及每年中收穫一次或數次之農產物而非土地之成分者，視為動產。

❸ 民法第六六條之立法例：

法民　第五一七條　財產有依其性質為不動產者，有依其用法為不動產者，有依權利中所含之目的視為不動產者。

第五一八條　土地及建築物，依其性質為不動產。

第五一九條　附著於柱，而為建築物之一部之風車、水車，亦依其性質為不動產。

第五二〇條（一項）　生根於地上之收穫物及未摘取之果實，亦同為不動產。

第五二二條（一項）　土地所有人對於出租金租借土地之人或出收穫物之一部租借土地之人，因耕作其土地而貸與之獸類，不問其有無評價，於依其契約留置獸類於土地之間，視為不動產。

第五二三條　導水於家屋及其他不動產之水管，為不動產之一部，亦以其為不動產。

第五二四條　土地所有人因耕作土地，或供土地之用，備置於其土地之物，依其用法為不動產。

左列各物，如係所有人因耕作土地或供土地之用而備置者，依其用法為不動產。

一、因耕作土地所用之獸類。

二、農業之器具。

三、對於租借土地耕作而出租金或其收穫物之一部者所與之種籽。

四、鳩巢之鳩。

五、兔窟之兔。

六、蜜巢之蜂。

七、池沼之魚。

八、榨木釜蒸餾器具及桶樽之類。

九、鑄造之器具，幣之製造及其他之製造之器具。

一〇、藁及肥料。

縱屬動產如其所有人以永不能分離之方法，附著於不動產者，亦依其用法為不動產。

第五二五條　以石膏石灰或水門汀將動產附著於不動產，或以如分離其動產，必破壞或毀損其動產或不動產之方法而為附著者，視為動產所有人以永不能分離之方法，附著於不動產。

附著於房屋玻璃版之木框，而與房屋成為一體者，視為以永不能分離之方法而為附著。畫額及其他裝飾之物亦同。

立像縱不破壞或毀損，亦可移動，然如壁上特作凹孔安置之者，則為不動產。

第五二六條　左列權利，依其目的視為不動產：

一、不動產之用益權。

二、地役權。

三、取回不動產所有權之訴權。

德民　第九三條　物之成分，非毀損其一部，或變更其本質，則不能分離者（重要成分），不得以之為特別權利之標的。

第九四條　定著於土地之物，如建築物及附著於土地之生產物，屬於土地之重要成分；種子從播種後，植物從種植後，為土地之重要成分。

因保存建築物而附置之物，屬於建築物之重要成分。

第九五條　以暫時目的結合於土地之物，非土地之成分，因在他人土地上行使權利，權利人結合於土地之建築物，及其他工作物亦同。以暫時目的與建築物結合之物，非建築物之成分。

第九六條　與土地所有權結合之權利，視為土地之成分。

瑞民　第六四二條（二項）　物之成分乃在地方慣行見解上認為組成其物，非對於其物加以破壞損害或變更，不能分離者之謂。

第六四三條（三項）　天然孳息，尚未分離者，為其物之成分。

第六五五條（二項）　本法稱土地者，謂左列各物：

一、不動產。

二、登記於土地登記簿之獨立繼續的權利。

三、礦業。

日民　第八六條（一項）　土地及其定著物為不動產。

（1）**土地**　土地乃不動產之主要者，所謂土地，當然指人力所能支配之地表及其上下而言，亦即其範圍不僅為平面的，且為立體的。惟上達之高度如何？及下達之深度如何？則輒因時代及科學之進步而不同，未可以尺度具體的測量也。

（2）**定著物**　土地上之定著物，在德國民法本視為土地之重要成分，不認其為獨立之不動產（德民九四條），蓋沿襲羅馬法「地上物屬於土地」之思想也。我民法基於固有習慣，仿日、泰兩國立法例（日民八六條、泰民九八條），認為土地及其定著物為各別之不動產，即定著物亦得獨立的為權利之標的，出賣土地者不當然失其定著物之所有權。至於定著云者，其涵義究如何？此可分為兩方面言之，即「固定」與「附著」是也。既曰固定，則非臨時性可知，如童子軍露營之帳棚，及演戲所搭之戲臺，雖附著於土地，但以係臨時性之故，非此之所謂定著物也；既曰附著，則可知尚未至於與土地不能分離之程度，即尚為獨立之物，否則如假山雖固定不移，但已與土地合為一體，而非附著，應屬土地之一部，故亦非此之所謂定著物，必也繼續附著於土地，且依社會經濟觀念，而認為有與土地相獨立之價值者，始得謂之定著物，如房屋及其他建築物是也。

其次，不動產（主要指土地而言）之出產物（如樹木稻粱），在其未與不動產分離前，亦為固定的附著於不動產之物，是否亦如建築物之得獨立的為不動產？此依我民法第六六條二項規定：「不動產之出產物，尚未分離者，為該不動產之部分。」可見上述之出產物，於分離前，僅得為不動產之部分，而不得單獨成

泰民　第九八條（一項）　稱不動產者，謂土地及其定著物。

第一〇四條（一項）　永久栽植之樹木，視為土地之成分。

為一物，易言之，即不得單獨成為權利之標的也。

至於何謂「部分」？與我民法物權編第八一一條所稱之「重要成分」有無不同？說者不一。有認為部分與成分顯有區別者，略謂：不動產之部分（即物理的從物）雖合主物為一體，得於主物以外而成一物，例如種子樹木，雖為土地之部分，但非其成分，反之如土地之土砂以及鹿之茸、雞之毛，則為物之成分（或稱重要成分）而非部分，本法於總則編稱部分，於物權編稱成分，二者自不相同也。有認為部分即是成分，成分即係構成部分之簡稱，二者並無區別者，本書從後說。按此等用語似由德國民法第九三及九四條襲譯而來，德國民法將物之成分，分為二種，即①重要成分（wesentliche Bestandteile，日本學者譯為本質的構成部分）：謂物之各部分，互相結合，非經毀損，或變更其物之性質，則不能分離者，則各該部分，均屬重要成分，如房屋之棟樑是。②非重要成分（nicht wesentliche Bestandteile，日本學者譯為非本質的構成部分）：凡不屬於重要成分者均是，如一筆土地中之一段，及其他可分物之一部，皆其適例。重要成分雖不得獨立的為權利之客體，但非重要成分則否。惟無論如何，成分與部分尚非兩事。

第二、動產與不動產區別之實益

動產與不動產之區別，最關重要，其實益隨處可見，不勝枚舉，茲列舉其重要者如左：

（一）**見於物權編者**　整個物權規定之關鍵，即在於動產與不動產之隨處不同，例如同屬所有權，但動產與不動產之得喪變更要件，即多不相同，又典權、地上權、農育權、不動產役權、抵押權則僅限於不動產；而質權、留置權則僅限於動產，始得成立是。

（二）**見於債編者**　債權人受領遲延時，如給付物為不動產，債務人始得拋棄其占有（民法二四一條），租賃物為不動產者，因價值之昇降，當事人始得請法院增減其租金（民法四四二條），皆其適例。

（三）**見於親屬編者**　監護人對於受監護人財產之處分，如為不動產時，應先經法院許可（民法一一〇一條二項一款），即其適例。

（四）**見於其他法律者**　民事訴訟法關於裁判之管轄（民訴一〇條），強制執行法關於執行方法（該法四五條以下及七五條以下），皆因動產與不動產之不同，而亦差異。又刑法上之沒收，原則上應以動產為限，亦其適例也。

動產與不動產區別之實益，所以多不勝數者，其主要原因在於不動產之經濟價值，輒較動產為大，故處理上必須慎重也。唯時至今日，情形自又不同，動產之中具有重大價值者亦復不少，例如船舶、航空器等雖為動產，但其價值甚大，故在法律上之處理，則同於不動產（海商法三三條、三六條及民用航空法一九條、二〇條參照）。

第三節　主物與從物

第一、主物與從物之意義

（一）主物　基於兩物在效用上彼此之關係，則可分為主物與從物兩者。故主物乃從物之對待名詞，申言之，主物者乃具有獨立效用之物是。我民法關於主物之意義無直接規定，僅能於從物之規定上間接見之，蓋從物以外之物均屬主物也。

（二）**從物**　依我民法第六八條一項規定：「非主物之成分，常助主物之效用，而同屬於一人者，為從物。」❹以此可知從物須具備下列要件：

---

❹ 民法第六八條之立法例：

德民　第九七條　動產中不為主物之成分，而有供為主物經濟上之目的，且對於主物，有與此性質相當之表見關係者，則為從物。但交易上不視為從物者，則非從物。

因他物經濟上之目的，暫時利用之物，不發生從物之性質，由主物暫時分離之物，仍不失從物之性質。

第九八條　左列各物有供主物經濟上目的之性質：

一、營業上永久建設之建築物，例如製粉所、鍛鍊所、製造所、釀造所，為其事業而使用之機械及其他器具。

二、於農業地為農業而使用之器具及家畜，在未能預見收穫同種或類似之產物之時期以前，則因農業經營所必要之農產物，及農業地現時獲得之肥料。

瑞民　第六四四條　物之處分，及於其從物，但有特別規定者，不在此限。

從物謂在地方慣行見解上，或依主物所有人明示之意思，繼續為其物之利用或保存而使用，且依連結適合或其他方法，對於主物置諸供其利用關係之動產。

物為從物者，其物雖暫時與主物分離，仍不失其性質。

第六四五條　以暫時使用或消費之目的，供主物占有人之用，或與主物之特質無何種關係，或專為保管出賣或租賃與主物結合之動產，非從物。

日民　第八七條　物之所有人，為供其物之常用，以屬於自己所有之他物，使之附屬之者，其附屬之物為從物。

從物隨主物之處分。

泰民　第一〇二條　稱從物者謂非物之成分，而供其常用，附屬於物之動產。

（1）**須非主物之成分**　物之成分，乃物之構成部分，不能獨立為一物，前已言之。從物須非主物之成分，質言之，即與主物相獨立之物始得謂之從物。例如棟樑之於房屋，則棟樑為房屋之成分不得謂之從物；而鑰之與鎖，則鑰為鎖之從物，不得謂之成分矣。至於從物是否僅得以動產充之，我民法無此限制（德民九七條，從物以動產為限，參照❹）。故不動產亦得為從物，例如馬廄之於正房是。

（2）**須常助主物之效用**　此點最為重要，蓋依上述，從物既非主物之成分，乃與主物為各別之物，倘彼此間不發生關係，自無主從之可言，因而兩物之有主從，端在彼此間之關係上著眼，關係若何？於其效用上見之，即從物須常助主物之效用是也。例如鑰之於鎖，則常助鎖之效用，故為從物。惟所謂「常」者乃經常之意，既非暫時，亦不限於無間斷。又所謂「助」者乃一方補助他方之意，亦即二物必須一物為主要，一物為從屬而後可。若兩者雖相依為用，但無補助之關係者，如碗之於箸，則無主從之可言也。

（3）**須與主物同屬於一人**　從物與主物雖屬二物，而有二個所有權，但該兩個所有權須同屬一人所有，否則雖已合上述之二條件，亦不得謂之從物。例如承租人自設之紗窗，雖常助房屋之效用，但並不與房屋同屬一人，故不得謂之從物。蓋法律所以為主物與從物之區分者，乃在使從物須服從主物之命運，易言之，即主物之處分，其效力應及於從物，因之倘不以同屬一人為其要件，則其效力何由及之，豈不與設此區分之本旨相悖？

從物雖暫時與主物分離，仍為從物。

從物隨主物而處分。

第一〇三條　非主物之所有人，使從物附加於主物者，其人得除去之；但須將主物回復原狀，或對之賠償。

具備上述三種要件，固為從物，但此非強行規定，倘交易上有特別習慣者，依其習慣（同條同項但書），例如麵粉之袋、在交易上為從物，而裝米之袋、跨馬之鞍，則不視為從物，又手錶之帶亦不視為從物，蓋購錶者仍須另購錶帶也。

第二、主物與從物區別之實益

我民法第六八條二項規定：「主物之處分，及於從物」，是即二者區別之實益也。所謂處分者當指法律上之處分而言，如讓與、租賃、提供擔保等均屬之，惟此非強行規定，當事人得不適用之。

第四節　原物與孳息

第一、原物與孳息之意義

（一）**原物**　基於原物之關係，可分為原物與孳息兩者，我民法對於原物之定義及孳息之概括的定義，均無明文，在解釋上孳息乃由原物所生之收益，而產生此收益之物謂之原物，易言之，原物乃孳息所從出之物，而孳息乃原物所出之物。原物是否以物為限，立法例不一，有以物為限者，如日、泰等國民法是（日民八八條、泰民一〇五條），有不以物為限，即權利所生之收益，亦為孳息，因而權利亦可為原物者，如德國民法是（德民九九條），我民法仿之。

（二）**孳息**　孳息（日民稱果實）我民法無概括的定義，僅對天然孳息與法定孳息分別有所規定，茲分述之：

（1）**天然孳息**　我民法第六九條一項規定：「稱天然孳息者，謂果實、動物之產物，及其他依物之

用法所收穫之出產物。」❺依此則天然孳息之意義，不難明瞭，但學者間對本條之解釋，向有兩種不同之

---

❺民法第六九條之立法例：

法民　第五八三條　天然孳息謂由土地自然而生之孳息。
動物之出產物，及其蕃殖物，亦為天然孳息。
土地人工之孳息，謂依人工之耕作所得之孳息。
第五八四條　法定孳息，謂家屋之租金、貸款之利息，及年金之金額等。
土地之租金亦算入法定孳息中。

德民　第九九條　物之孳息謂物之出產物及依物之用法所取得之其他收穫物。
權利之孳息謂依權利之用法所產之收穫，尤其以取得土地之成分為標的之權利，則以其所取得之成分為權利之孳息。
第一〇〇條　所稱收益，謂物或權利之孳息，及依物或權利之使用而生之利益。
物或權利因法律關係而生之收穫亦為孳息。

瑞民　第六四三條（二項）　天然孳息謂定期出產物，及普通見解上依其物之用法所收取者。（一項見❻）

日民　第八八條　依物之用法所收取之出產物，為天然果實。
以其為物之使用之對價所受之金錢或其他之物，為法定果實。

泰民　第一〇五條　稱物之孳息者如左：
一、天然孳息，即為樹木之果實、動物之乳毛及產兒，依本來之用法所收穫之一切天然孳息，於其與原物分離時取得之。

見解，即：

甲說：謂本條中「果實」及「動物之產物」兩語係例示規定，而「其他依物之用法所收穫之出產物」一語乃概括規定，因之不論果實、動物之產物，乃至其他之出產物，莫不均須依物之用法所收穫者始可。所謂依物之用法所收穫者乃指按照原物之經濟效用所收穫者而言。就果實言之，同一果也，果園之果，則謂之孳息；庭樹之果，則不得謂之孳息，何也？前者之經濟效用在乎產果；後者則否也。就動物之產物言之，同一乳也，若係牧牛所產，則謂之孳息，若係耕牛所產，則不得謂之孳息，何也？前者係依其經濟效用所收穫，後者則否也；就其他之出產物言之亦然，如採礦得金，固謂之孳息，而偶然於田地中掘得砂金，則不得謂之孳息也。

乙說：謂本條之「其他依物之用法所收穫之出產物」一語，雖為概括規定，但「果實」及「動物之產物」二者，則非例示之規定，乃列舉之規定，亦即斯二者係與其他之出產物相對列，詳言之，在其他之出產物，如石材礦產等無機物，固須依原物之用法所收穫者，始可謂之孳息，但在果實及動物之產物，則不須具此條件也。因之果園之果，固為孳息，而庭樹之果，亦非不為孳息；牧牛之乳，固為孳息，而耕牛之乳，又何嘗不得謂之孳息乎？

以上兩說對於「其他依物之用法所收穫之出產物」一語均認係概括規定，已無問題，惟對於「果實」及「動物之產物」兩語，一係認為例示，一係認為列舉，故對於庭樹之果或耕牛之乳，遂有承認或否認其

二、法定孳息，即如利息、利益、租金、紅利及其他之收益，對於物之使用，其所有人由他人定期收取之法定孳息，以按日計算而取得之。

為孳息之歧見發生。本書認為此問題之癥結，乃在乎甲乙兩說對於「依物之用法」一語，過於拘泥解釋為「依原物之經濟效用」之意所致，若將此語解釋為「依原物之種種使用方法」，而不必拘泥其是否合乎經濟效用，則無論例示規定，抑列舉規定，其結果將無不同。所謂種種使用方法者指一物之各種使用方法而言，如牛既可耕田，又可擠乳，固不必拘泥於耕牛之乳不得謂之孳息也。惟此之所謂方法僅以「使用」為限，若以處分方法，例如宰牛賣肉，則牛肉不得謂之孳息。其次，天然孳息必須與原物分離後始得構成（但未分離前用孳息名稱固亦無妨，如民法四六一條），否則猶為原物之部分（參照民法六六條二項），尚不得獨立為物也。

（2）**法定孳息**　我民法第六九條二項規定：「稱法定孳息者，謂利息、租金及其他因法律關係所得之收益。」依此可知法定孳息者乃依法律關係（指一切之法律關係而言，契約、單獨行為、法律規定均屬之）所得之收益也。所謂利息乃指使用原本之報償而言，租金乃指使用原物（如房、地、傢俱）之對價而言，至其他因法律關係所得之收益云者，乃指斯二者以外一切因法律關係所得者而言，例如因權利所生之收益是。此點與日、泰民法原物必須為物者不同。惟法定孳息之原本或原物，必須供他人利用始可，若由自己運營或利用，雖有收益（如利潤），亦不得謂之法定孳息；又由勞力所得之報酬（如工資），因其非從原物所得，亦非法定孳息。

第二、原物與孳息區別之實益

原物與孳息區別之實益，主要在乎孳息之歸屬問題，茲分述之：

（一）**天然孳息之歸屬**　我民法第七〇條一項規定：「有收取天然孳息權利之人，其權利存續期間內，取得與原物分離之孳息。」❻依此關於天然孳息之歸屬（在所歸屬者方面言則謂之取得），可分下列兩點敘述：

---

❻ 民法第七〇條之立法例：

法民　第五八五條　於用益權開始時，附著於草木枝根之天然及人工之孳息，屬於用益權人。用益權消滅時，附著於草木枝根之天然及人工之孳息，屬於所有權人；用益權人及所有權人任何一方均不得請求關於勞務或種子之補償；但於用益權之發生或消滅之時，如有應取得收產物一部之佃權人者，該佃權人不妨取得其孳息之部分。

第五八六條　法定孳息，視為每日取得，用益權人按其權利存續之期間，取得其孳息。前項規定，於家屋之租金、土地之租金，及其他法定孳息適用之。

德民　第一〇一條　物或權利之孳息，至一定之時止或自一定之時起，有收取之權利者，以無特別規定為限，依左列取得之：

一、於第九九條第一項所揭之出產物及成分，雖作為權利之孳息而取得，但亦限於其權利存續中由物所分離之部分。

二、其他孳息，則於收取權存續中已滿期之部分；但孳息為對於使用或收益之報酬、利息、利益分配，或其他通常定期之收入，則取得其權利存續期間相當之部份。

瑞民　第六四三條（一項）　物之所有人，對於其物之天然孳息，亦有所有權。

日民　第八九條　天然果實由其原物分離者，屬於有收取權利之人。法定果實，依收取果實之權利存續期間，按日取得之。

泰民　第一〇五條　（見❺）

（1）**收取權人**　亦即應由何人收取之謂，此點我民法總則編僅列「有收取天然孳息權利之人」一語，究竟何人有此權利？須於其他各編見之，例如在債編則承租人（民法四二一條），物權編則所有權人（七六六條）、鄰地人（七九八條）乃至善意占有人（九五二及九五四條），親屬編則父母（一〇八八條），繼承編則受遺贈人（一二〇四條）等均是。

（2）**收取時期**　本條有「其權利存續期間內，取得與原物分離之孳息」一語，可知上述之各種收取權人，其對於孳息之取得，須在其權利存續期間內，且孳息須已與原物分離者始可。申言之，其權利消滅後固不能再收取孳息，即消滅前，而孳息尚未與原物分離者，亦不能收取也。

關於取得孳息之立法例有二：①生產主義：即對於原物施以生產手段者，始有取得其孳息之權利，日耳曼法採之；②原物主義：即對於原物有所有權或其他權利者，孳息始歸其取得，羅馬法及近世之法、德、瑞、日、泰等國民法採之。我民法依上述，則原則上採原物主義無疑，至民法第七九八條「果實自落於鄰地者，視為屬於鄰地」之規定，既非原物主義，又非生產主義，乃一特殊規定也。

（二）**法定孳息之歸屬**　我民法第七〇條二項規定：「有收取法定孳息權利之人，按其權利存續期間內之日數，取得其孳息。」此亦可分下列兩點敘述：

（1）**收取權人**　法定孳息之收取權人，在利息為出借原本之人，在租金為出租人，在其他法律關係所得之收益為各該債權人，總之，因各該孳息所由發生之法律關係之不同，而收取權人亦異。

（2）**收取期間**　收取權人按其權利存續期間之日數，取得其孳息，一則計算便利，一則可以表明法定孳息係隨時按原本比例發生，不能與天然孳息特有分離之時期者，相提並論也。

第四章　法律行為——權利之變動（一）

第一節　總　說

第一、權利之變動

法律關係之構成，不外為權利之主體、權利之客體、權利之變動等項，前已言之（參照本論第二章第一節第二），關於權利之主體（人）及權利之客體（主要者為物），均已於前兩章分別敘明，茲所欲述者乃權利之變動問題。惟此問題之範圍雖廣，但法律行為乃其中之最重要者，故應先加論述，本章標題為「法律行為」，並以「權利之變動（一）」為其副題者，即所以說明法律行為乃權利變動問題之一部，而其餘者應於次章以下論之。

權利之變動云者，其意義若何？內容若何？茲分述如下：

（一）權利之變動之意義　權利之變動（即權利義務之變動）者，乃法律事實適用法規所生之一種法律現象也，依此析述之如左：

（1）**權利之變動者，法律現象也**　何謂法律現象？即法律效果是也，夫人之生活關係，複雜多端，受宗教支配者有之，受道德支配者有之，受法律支配者亦有之。其受法律支配者，則謂之法律關係。法律關係既為法律所支配之關係，則法律究如何支配？不外保護之、制裁之，使生一定法律上之效果而已。例如滿十八歲為成年（民法一二條），成年則有行為能力，此即法律為保護滿十八歲之人起見，而賦與之一定效果也；又如殺人者處死刑、無期徒刑或十年以上有期徒刑（刑法二七一條），此即法律為制裁殺人者起見，而賦與之一定效果也。凡此種種效果（成年、處刑），總稱之為法律現象，權利之變動，屬於法律現象之一種，且為其最主要者。

（2）**權利之變動者，乃法律事實適用法規所生之法律現象也**　何謂法律事實？乃法律現象所由發生之原因也，即法律事實為因，法律現象為果，二者具有因果關係。所謂事實，即宇宙間之種種具體的現象之謂（理則學稱之為殊相），有由於人者，有由於物者，有由於時者，有由於地者，亦有由於人、物、時、地所交織者，例如男婚女嫁，月落烏啼，寒來暑往，地震山崩，乃至世界大戰之開端，人造衛星之發射等等，無一而非事實也。唯此等事實，未必悉能發生法律上之效果，其足能發生法律效果者，始得謂之法律事實。法律事實不一而足，茲列表以明之：

- 法律事實
  - 行為
    - 適法行為
      - 表示行為
        - 知的表示 …… 準法律行為
        - 情的表示 …… 準法律行為
        - 意的表示
          - 意思通知 …… 準法律行為
          - 意思表示 —— 法律行為
      - 非表示行為（事實行為）
    - 違法行為
      - 侵權行為
      - 債務不履行
  - 其他
    - 自然事件
    - 自然狀態

根據上表可知法律事實大別為人之「行為」，及人之行為以外之「其他」事實兩種。人之行為乃人類有意識的身體動靜也，動則謂之作為，靜則謂之不作為，總稱行為。人類有意識的身體動靜，雖未必盡能發生法律效果（如約友春遊，即不能發生法律效果），但發生法律效果之行為，必以有意識的動靜為限，無意識的動靜，如瘋人之行為，嬰兒之行為，即不生法律效果。行為可分為適法行為與違法行為兩種，前者乃法律所容許之行為，應受法律之保護者也；後者乃法律所不容許之行為，須受法律之制裁者也。適法行為又可分為表示行為與非表示行為二者，前者乃人之心理狀態之發於外部者，有所謂「知」的表示（如總會召集之通知，民法五一條）、「情」的表示（如被繼承人之宥恕，民法一一四五條）及「意」的表示三種。意的表示尚可分意思通知（如要約之拒絕，民法一五五條）與意思表示（後詳）兩項，其中意思通知及上述之知的表示、情的表示三者，合稱為準法律行為，而意思表示則屬於「法律行為」，可見法律行為乃法律事實之一（亦即本章之中心問題，故表中特加外框以示注意）。其次，適法行為中之非表示行為者，乃無關於心理狀態之行為也，故亦稱事實行為，如無主物之先占（民法八〇二條）是。至於違法行為之重要者有侵權行為及債務不履行二者，其詳應讓諸債編述之，此外尚有失權行為（例如夫同意妻之通姦，則失其請求離婚之權，民法一〇五三條）及無過失賠償責任行為等，亦係違法行為也。

其他事實則可分為自然事件與自然狀態兩者，前者如人之生死、天然孳息之分離；後者如人之成年、時之經過是也。

上述之各種法律事實，必經法規之適用始生法律效果。所謂法規適用者乃將抽象的法律規定，適用於具體的事實，以判斷其在法律上應得之價值之謂，恰如以天秤稱金然，天秤者法律也，金者具體事實也，而所得之分量，即法律上之效果也。法規適用，普通依理則學上之三段論法為之，即以法律為大前提，事實為小前提，而推得結論，如民法第一五條規定受監護宣告之人無行為能力（大前提），某甲已被宣告為受監護之人（小前提），則某甲應無行為能力（結論，即法律上之效果），即其適例。

（二）權利之變動之內容　權利之變動，其內容不外權利之發生、變更及消滅三者，茲亦列表以明之：

- 權利之變動
  - 權利之發生（取得）：
    - 絕對的發生（原始取得）
    - 相對的發生（繼受取得）
      - 移轉繼受與創設繼受
      - 概括繼受與特定繼受
  - 權利之變更：
    - 主體變更
    - 客體變更
      - 數量變更
      - 性質變更
    - 作用變更
  - 權利之消滅（喪失）：
    - 絕對的消滅（喪失）
    - 相對的消滅（喪失）

依據上表則可知權利之發生（單在權利人方面觀察則謂之取得）、變更及消滅（單在權利人方面觀察則謂之喪失）三者總稱為權利之變動。所謂權利之發生者，乃權利開始與其主體相結合之謂，可分為絕對的發生（原始取得）與相對的發生（繼受取得）兩種，前者乃非基於前主之權利，而獨立的、原始的發生一種新權利之謂，如無主物之先占、時效取得是。後者乃基於前主權利而發生權利之謂，亦即由前主繼受其權利是也，依其繼受方法之不同，尚可分為移轉繼受（如買受、繼承）與創設繼受（如所有權以外物權之設定及因租賃而取得使用權），又依其繼受形態之不同，尚可分為概括繼受（亦稱包括繼受，如繼承及公司合併）與特定繼受（如買賣、贈與）兩種，無論何者其取得權利均係由前主傳來，故亦稱傳來取得。

其次，權利之變更者，乃權利存在之形態有所改易或增減是也。可分為主體變更、客體變更與作用變更三者，所謂主體變更在另一方面觀之，即前述之相對的發生是也。所謂客體之變更者乃其客體有所增減改易是也，尚可分為數量變更（如債權因一部之清償而減少、債權存續期間之延長或縮短）與性質變更（如無息債權變為有息債權、原債權變為損害賠償債權）兩種。所謂作用變更即權利效力上之變更是也，如不得對抗第三人之權利，變為得對抗第三人之權利；第二次序抵押權，變為第一次序抵押權，皆其適例。

至權利之消滅（喪失）者，乃權利與其主體相分離之謂也。可分為絕對的消滅與相對的消滅兩種，前者乃權利本質之消滅，即客體喪失是也，如書籍燒燬，則書主喪失其所有權；債務清償，則債權消滅等屬之。後者乃權利本質並不消滅，僅與原主體分離，而另就新主體是，此在另一方面觀察，即前述之主體變更，故權利之相對的發生、權利之主體變更與權利之相對的消滅三者，實一問題之三面也。

第二、法律行為之意義

法律行為乃有關權利之變動之重要問題，前已言之，然則究竟何謂法律行為？我民法上未予明文規定，茲依一般通說下一定義曰：「法律行為者，乃以欲發生私法上效果之意思表示為要素之一種法律事實也」，分述之如左：

（一）**法律行為者法律事實也**　法律行為乃法律事實，何謂法律事實，前已言之，茲不復贅。

（二）**法律行為者以意思表示為要素之法律事實也**　意思表示云者，乃將期望發生法律效果之意思，表現於外部之謂（後詳），法律行為須以此為其構成之要素，易言之，法律事實既不止一種，則在此多種多樣之法律事實中，法律行為之特徵，即在乎以意思表示為要素之一點。惟所謂要素者，當然指其重要之因素而言，並非謂法律行為之構成，除意思表示外，已別無其他因素，例如要物行為，除意思表示外，尚以物之交付為因素，要式行為除意思表示外，尚以方式之踐行為因素，可見法律行為並不即等於意思表示也（昔學者有逕以意思表示概法律行為之說，已為今所不取），況法律行為基於一個意思表示而成立者有之，基於兩個意思表示（如契約之要約與承諾）或多數之意思表示之一致（如合同行為）而成立者亦有之，則法律行為與意思表示之非相等也明矣（學者間為期法律行為與意思表示之有所區別起見，乃另稱法律行為為「法律要件」，而僅認意思表示為法律事實者有之）。

（三）**法律行為者乃發生私法上效果之法律事實也**　意思表示之本質在乎期望發生法律上之效果，惟法律有公私之分，因而意思表示期望發生公法上之效果者有之（如本於政權行使之選舉），期望發生私法上之效果者亦有之。構成法律行為要素之意思表示，則指後者而言，即法律行為須以期望發生私法上效果（私權之變動）之意思表示為其要素，故曰法律行為者乃發生私法上效果之法律事實也。

第三、法律行為之分類

法律行為，依各種不同之區別標準，可分類如左表：

法律行為

- （一）
  - 財產行為
    - ①債權行為
    - ②物權行為
    - ③準物權行為
  - 身分行為
    - ①親屬行為
    - ②繼承行為
- （二）
  - 一方行為（單獨行為）
    - ①有相對人之一方行為
    - ②無相對人之一方行為
  - 多方行為
    - ①雙方行為（契約）
    - ②共同行為（合同行為或協定行為）
- （三）
  - 要式行為
  - 不要式行為
- （四）
  - 要物行為（現實行為或踐成行為）
  - 不要物行為（非現實行為或諾成行為）
- （五）
  - 要因行為（有因行為）
  - 不要因行為（無因行為）
- （六）
  - 有償行為
  - 無償行為
- （七）
  - 主行為
  - 從行為
- （八）
  - 獨立行為
  - 補助行為（附屬行為或補足行為）
- （九）
  - 生存行為（生前行為或生時行為）
  - 死因行為（死後行為或終意行為）

（一）**財產行為與身分行為**　法律行為以「其效果之種類」為標準，可分為財產行為與身分行為兩種，前者乃發生財產上效果之行為，後者乃發生身分上效果之行為。

財產行為可再分為：①債權行為，如買賣、租賃是；②物權行為，如典權、質權之設定，所有權之拋棄是；③準物權行為，如債務免除、債權讓與、無體財產權之讓與是，此等行為雖不以物權關係為其效果，然直接發生法律效果之後，不復有履行之問題，頗與物權行為相似，故學者以準物權行為稱之。

身分行為可再分為：①親屬行為，如結婚、收養是；②繼承行為，如繼承人之指定、繼承之拋棄是。

以上各種行為區別之實益，在於其所生效果之不同，而其中尤以債權行為與物權行為之區別最關重要，蓋斯二者關係密切，通常多併存，亦即物權行為常為債權行為履行之手段，而債權行為常為物權行為發生之原因，例如買賣契約，一債權行為也，而一方交付價金，一方移轉財產權，則為物權行為也，物權行為是否因債權行為之無效而亦無效，乃要因與不要因問題之所在，詳見後述（並請參照拙著《民法物權》第二編第一章第四節第二款第二）。

（二）**一方行為與多方行為**　法律行為以「是否由當事人一方之意思表示即可成立」為標準，可分為一方行為與多方行為兩種，前者乃依當事人一方之意思表示，即可成立之行為也；後者乃由多方意思表示之合致，始可成立之行為也。

一方行為雖亦可稱為單獨行為，但此並非謂此行為之意思表示，祇限於一個，例如限制行為能力人之意思表示，通常須得法定代理人之允許，因而此種人之單獨行為通常須有兩個意思表示，始能成立，然而亦不失為單獨行為也。其次，一方行為以其「是否須向相對人表示」為標準，尚可分為：①有相對人之一方行為，如撤銷、承認、契約之解除及債務之免除等是；②無相對人之一方行為，如遺囑及捐助行為等是。惟有相對人之一方行為，亦僅向相對人表示為已足，固不必得其承諾，而法律行為始能成立，但仍以相對人之受領為必要，亦即非向相對人表示，則仍不能成立，至無相對人之一方行為，則不必如此。

多方行為以「其意思表示之合致，係錯綜的抑係平行的」為標準，尚可分為①雙方行為與②共同行為兩種，前者即契約，乃由雙方內容互異而相對應之意思表示之合致（錯綜的合致）而成立之法律行為也。契約在法律行為中最為重要，廣義言之，則有債權契約、物權契約、身分契約等等，我民法將契約規定於債編通則中，是為狹義的契約，然卻不可以此遽謂我民法不承認物權契約及身分契約等廣義契約之存在也。又債權契約中尚可分為有名、無名、片務、雙務等契約，其詳當讓諸債編。後者亦稱合同行為或協定行為，即由同一內容之多數意思表示之合致（平行的合致）所成立之法律行為也，如社團之設立行為、總會之決議、親屬會議之決議等是。

上述一方行為與多方行為區別之實益，即在多方行為必須其意思表示趨於一致，始可成立，而一方行為則不生此問題，又限制行為人未得法定代理人允許之行為，其效力每因其為單獨行為抑為契約而不相同（詳後述）。

（三）**要式行為與不要式行為**　法律行為以「是否須依一定方式為之」為標準，可分為要式行為與不要式行為兩種，前者其意思表示須依一定方式，或於意思表示外尚須履行一定方式；後者則不拘任何方式也。在古代，法律行為以要式為常；在近世，法律行為以不要式為原則，以要式為例外，所謂方式自由者是。至方式有法定方式與約定方式之分，如不動產物權，依法律行為而取得、設定、喪失及變更者，非經登記，不生效力。前項行為，應以書面為之（民法七五八條），結婚應以書面為之，有二人以上之證人之簽名，並應由雙方當事人向戶政機關為結婚之登記（民法九八二條）皆法定方式之適例；而當事人為保存證據起見，對於本非要式行為，而特約依一定方式（如訂立書面）為之者，即後者適例也。

要式行為與不要式行為區別之實益，即在不要式行為得自由為之，而要式行為則否，我民法第七三條規定：「法律行為，不依法定方式者，無效。但法律另有規定者，不在此限。」❶可知要式行為如不依法定方式為之，則原則上無效；但法律另有規定（如民法四二二條）其非無效者，乃例外也。惟此乃指法定方式而言，如約定方式則如何？我民法無概括規定，僅於債編第一六六條規定：「契約當事人約定其契約須用一定方式者，在該方式未完成前，推定其契約不成立。」

（四）要物行為與不要物行為　法律行為以「於意思表示外，要否其他現實成分」為標準，可分為要物行為與不要物行為兩種。前者於意思表示外，尚需其他現實成分（如標的物之交付），故亦稱「現實行為」或「踐成行為」，如借貸契約須將借貸物交付，始能成立是。後者僅有意思表示即可成立，不需現實成分，故稱「非現實行為」或「諾成行為」，如一般之法律行為是。

---

❶ 民法第七三條之立法例：

德民　第一二五條　欠缺法定方式之法律行為無效。欠缺法律行為所定之方式，致當事人之意思不明者，則其不明之部分為無效。

瑞債　第一一條　以本法有特別規定者為限，為使契約有效以有方式為必要。關於法定方式之效力及意義，如無特別規定，為使契約有效應遵守方式。

上述兩種行為，其區別之實益，即在乎不要物行為，祇有當事人之意思表示即可成立，而要物行為則否。

（五）要因行為與不要因行為　法律行為以「得否與其原因相分離，亦即是否以其原因為要素」為標準，可分為要因行為（亦稱有因行為）與不要因行為（亦稱無因行為）兩種。惟何謂法律行為之原因？即其目的是也，例如買賣之原因，在買方係以取得一物之所有權為目的；在賣方則以取得價金為目的，似此兩方之目的，即買賣行為之原因也。按依法律行為給與一定之財產者，其目的要不外：①清償目的：即以使既存債務消滅為目的；②與信目的：即以使相對人負擔債務為目的；③贈與目的：即以使相對人無償取得利益為目的；④其他目的：如定金目的、條件履行目的等等。凡法律行為之成立，以上述之目的（原因）為要素者（即不得與其原因分離，亦即法律行為之效力，受其原因所左右），則謂之要因行為；否則謂之不要因行為。債權行為原則上為要因行為，但票據行為乃其例外，物權行為原則上為不要因行為，但亦得依當事人意思，使之為要因行為。

法律所以區別法律行為為要因與不要因者，旨在保護交易之安全，易言之，即不要因行為對於該行為原因之有效存在否，並無關係，例如甲發一支票與乙，以代現金而交買賣貨款（原因），其後縱甲乙兩者間之買賣無效（原因不存在），該支票亦不因之而無效（即仍須付款），蓋票據貴在流通，斯時該支票或已輾轉入於多人之手，若因甲乙間買賣之無效而亦無效，豈不連累多人，而影響交易之安全乎？故法律特認票據行為為不要因行為。物權行為（物權行為多以債權行為為原因）亦復如此。

至二者區別之實益，在乎不要因行為，如其原因不存在，其行為仍有效，僅生不當得利問題；而要因行為，如其原因不存在，其行為即歸於無效矣。又要因與不要因之問題，祇於財產行為上發生，身分行為則否，此不可不注意者也。

（六）**有償行為與無償行為**　法律行為以「其有無對價」為標準，可分為有償行為與無償行為兩種，前者即因當事人一方之給付，他方亦須對之給付者是，買賣、附利息之消費借貸，即其適例（有償行為與雙務契約不盡相同，詳於債編述之）；後者則祇當事人一方給付，他方無須對之給付者是也，贈與、無償的消費借貸，即其適例。

以上兩者區別之實益，即關於債編買賣之規定，僅有償行為得準用之（民法三四七條），又在債之保全上關於債權人撤銷權之行使，其要件亦因該債務人行為之有償無償而不同（民法二四四條）。至行為之有償無償問題，亦限於財產行為上發生，自不待言。

（七）**主行為與從行為**　法律行為以「行為與行為之關係」為標準，可分為主行為與從行為兩種，前者乃獨自存在，而不以其他法律行為之存在為其前提者也，後者則否，例如一般債權契約為主行為，而保證契約則為從行為。

斯二區別之實益，在乎從行為係附隨主行為之命運，如主行為無效或消滅，則從行為亦隨之無效或消滅。

（八）**獨立行為與補助行為**　法律行為以「其具否獨立的實質之內容」為標準，可分為獨立行為與補助行為兩種，前者具有獨立的實質之內容，一般之法律行為屬之；後者則否，如成年人對其在限制行為能力時期所訂契約之承認（民法八一條），法定代理人對於限制行為能力人處分財產之允許（民法第八四條），皆其適例。此等行為無獨立的實質之內容，僅為其他獨立行為之補充而已，故亦稱附屬行為或補足行為。

二者區別之實益，即在乎補助行為僅為獨立行為效力之條件，其自身並無獨立的內容，而受其補充之獨立行為，在未有補助行為前不能生效（民法七九條參照）。

（九）生存行為與死因行為　法律行為以「其效力係發生於行為人之生前，抑死後」為標準，可分為生存行為與死因行為兩種，前者之效力係發生於行為人之生前，故亦稱「生前行為」或「生時行為」；後者之效力乃因行為人之死亡而發生，亦即發生於行為人之死後，故亦稱「死後行為」或「終意行為」。一般之行為屬於前者，遺囑遺贈等屬於後者。惟人壽保險契約，雖非於被保險人死亡後，不能支付賠償金，但該契約仍非死因行為，蓋於生時已發生效力，並於保險期滿，被保險人未死亡者，亦能取得一定金額，故仍屬生存行為也。

上述區別之實益，一則死因行為非於行為人死後，不生效力，一則死因行為法律上多設有特別規定，以確保行為人之真意，俾免於行為人死後，利害關係人藉端爭執，凡此皆與生存行為不同之處。

關於法律行為之分類，其重要者已如上述，此外尚有完全行為與不完全行為及處分行為與負擔行為等區別，因篇幅所限，姑從略述。

第四、法律行為之要件

法律行為之要件者，法律行為之成立或生效，所必不可缺之法律事實也。玆分述之：

（一）成立要件　成立要件即法律行為之成立，所應具備之要件，可分為二，即：

（1）一般成立要件　即一般法律行為所共通之成立要件也，此要件依通說凡三，即：（甲）當事人，（乙）標的，及（丙）意思表示是，三者缺一，則法律行為不能成立。惟關於此種要件，學者間意見不一，有謂法律行為之一般的成立要件，祇有「意思表示」為已足，餘二者並非必要，蓋一有意思表示，則其他二者賅括於其中矣；有謂法律行為之一般的成立要件，僅以意思表示及標的為限，至於當事人一項乃意思表示之要件也。兩說雖各言之成理，但吾人為避免法律行為與意思表示兩概念之混淆起見，仍從通說。

（2）**特別成立要件**　乃各個法律行為所特有之成立要件也。例如要式行為或要物行為，除應具備上述之一般的成立要件外，尚須具備一定方式或交付標的物始能成立，此一定方式之履行，或標的物之交付，即特別成立要件是也。

（二）**生效要件**　法律行為雖已合法成立，但有時未必生效，故欲其生效，則尚須具備生效要件，此要件亦分為二，即：

（1）**一般生效要件**　即一般法律行為之生效要件也。此要件亦分為三，即：（甲）當事人須有行為能力，（乙）標的須適當，及（丙）意思表示須健全是也。三者乃一切法律行為所應具備之生效要件，關係重要，後當分別專節述之。

（2）**特別生效要件**　即各個法律行為所特有之生效要件也。例如遺囑行為（死因行為），須自遺囑人死亡時生效（民法一一九九條），故遺囑人之死亡，即為該行為之特別生效要件。特別生效要件，須就各個法律行為個別觀察，不能一概而論。

第二節　法律行為之標的

標的二字之意義，學者在解釋上，微有出入，但一般則指「內容」而言。法律行為之標的云者，即法律行為內容之謂，易言之，行為人於行為時所欲發生之法律效果是也。「標的須適當」乃法律行為生效要件之一，前已言之，至如之何始得謂之適當?言之有左列三端：

第一、合　法

合法二字，從廣義言之，即須：不違反強行法規，不違背公序良俗是也，分述如下：

(一)須不違反強行法規　依我民法第七一條規定：「法律行為，違反強制或禁止之規定者，無效。但其規定並不以之為無效者，不在此限。」❷所謂強制或禁止之規定即指強行法規而言。蓋法規以其是否

---

❷ 民法第七一條之立法例：

德民　第一三四條　違反法律上禁止之法律行為無效；但依其法律發生其他效果者不在此限。

瑞債　第一九條　契約之內容，得於法律規定之範圍內自由定之。

相異於法律規定之合意，以法律並無不許當事人變更之規定，或不背於公共秩序善良風俗，及關於身分之法律行為為限，許可之。

日民　第九一條　法律行為之當事人，表示有異於法令中無關公共秩序規定之意思者，從其意思。

泰民　第一五一條　契約之標的有左列情形之一者，無效：

一、不能。

二、違反法律。

三、違反公共秩序或身體財產之安全。

第一五二條　依前條規定無效之契約，縱其無效原因於契約成立後消滅，亦非有效。

第一五三條　有效之契約，若其標的於契約成立後，違反法律公共秩序或身體財產之安全之法律規定者，無效。

絕對適用為標準，可分為強行法與任意法兩種，前者尚可細分為強制（命令）規定與禁止規定，後者尚可細分為解釋規定與補充規定（詳請參照拙著《法學緒論》），法律行為如違反強行法規則無效。例如典權之內容依民法第九一一條規定為支付典價，占有他人之不動產，而為使用收益。倘設定典權，而不以此為內容（違反強制規定），即屬無效；又如過去黃金外幣，法律禁止流通，倘買賣黃金（違反禁止規定），則其行為不生效力是。

惟法律行為違反強行法規之無效，乃原則性規定，例外縱對於強行規定有所違反，但法律並不以之為無效者亦有之。如民法第九一二條上段規定「典權約定期限不得逾三十年」是乃強行規定，但違反之，其法律行為並非無效，蓋同條下段另有：「逾三十年者，縮短為三十年」之規定也。

此外學說上尚有所謂脫法行為者（亦稱避法行為），即規避禁止規定，而以迂迴的手段達其目的之行為也。此等行為是否有效？說者輒謂不能一概論，但本書則認為此種行為應以「用合法的手段，達成違法的目的」為其特點，例如巧取高利（民法二〇六條）是，若目的本不違法，祇以手段違法，而改取合法手段，則已成另一種合法的法律行為，而非此之所謂脫法行為矣。故既稱脫法行為，則應屬於無效。

（二）**須不違背公序良俗**　依我民法第七二條規定：「法律行為，有背於公共秩序或善良風俗者，無效。」❸所謂「公共秩序」及「善良風俗」，乃兩種極抽象之名詞，其涵義至為廣泛，且輒隨時代而轉移，

---

❸ 民法第七二條之立法例：

法民　第六條　關於公共秩序及善良風俗之法律，不得以私定之契約違反之。

德民　第一三八條（一項）　反於善良風俗之法律行為無效。

例如離婚一事，在昔日認為有背善良風俗，而極為可恥（古人詠崔氏墓詩有「千年埋骨不埋羞」之句），但在今日則不以為然。故吾人對於公序良俗涵義之解釋，應以舊瓶裝新酒之態度出之，而不可拘泥故舊，致不能適應時代也。詳請參照本章附論（論公序良俗），茲不多贅。惟須說明者，實務上認為法律行為有背於公共秩序者，例如：①甲種活期存款戶與金融機關之關係，為消費寄託與委任之混合契約，第三人偽造存款戶在金融機關留存印鑑之印章蓋於支票持向金融機關支領款項，金融機關如已盡其善良管理人之注意義務，仍不能辨認蓋於支票上之印章係偽造時，即不能認其處理委任事務有過失，金融機關亦不負損害賠償責任，然金融機關如以定型化契約約定其不負善良管理人注意之義務，免除其抽象的輕過失責任，則應認此項特約違背公共秩序，應解為無效（最高法院七三年第一〇次民事庭會議決議），②乙種活期存款戶與金融機關之間為消費寄託關係，第三人持真正存摺而蓋用偽造之印章於取款條上提取存款，縱令金融機關以定式契約與存款戶訂有特約，約明存款戶事前承認，如金融機關已盡善良管理人之注意義務，以肉眼辨認，不能發現蓋於取款條上之印章係屬偽造而照數付款時，對存款戶即發生清償之效力，亦因此項定式契約之特約，有違公共秩序，應解為無效（最高法院七三年第一一次民事庭會議決議）；認為有背於善良風俗者，例如：①有婦之夫，涎他女之色，誘使同居，而將某土地之所有權移轉登記與該女，復約定一旦終止同居關係，仍須將該地返還，以資箝制，而達其久佔私慾，則其約定即係有背善良風俗，應屬無效（最高法院

瑞債　第二〇條（一項）　反於善良風俗之契約無效。

日民　第九〇條　以反於公共秩序或善良風俗之事項為目的之法律行為無效。

泰民　第一一二條　契約或其契約之條款，除外或變更關於公共秩序或身體財產之安全之法律規定者無效。

六五年臺上字第二四三六號判例），②夫妻間為恐一方於日後或有虐待或侮辱他方情事，而預立離婚契約者，其契約即與善良風俗有背，應在無效之列（最高法院五〇年臺上字第二五九六號判例），③子與丑均為某甲之養子，於養父母健在時預立分管合約為財產之瓜分，載明該約俟父百年後始生效力，是該子、丑對於其父之財產不待其父自行贈與，或於壽終後再行協議分析，乃急不暇擇，於父生前預行訂約剝奪母之應繼分，此項矇父欺母而訂立之契約，衡諸我國崇尚孝悌之善良風俗，既屬有違，該契約即在無效之列（最高法院四六年臺上字第一〇六八號判例）。不過，所謂法律行為有背於公共秩序或善良風俗者無效，乃指法律行為本身違反國家社會一般利益及道德觀念而言，如僅係違反與某公司所訂煤氣承銷權合約規定，以收取權利金方式頂讓與第三人，究與國家社會一般利益無關，亦與一般道德觀念無涉，尚不生是否違背公序良俗問題（最高法院六九年臺上字第二六〇三號判例）。

又此之所謂違背公序良俗而無效者，僅指法律行為之標的而言，若行為之「動機」則如何？欲解決此問題，首應說明何謂動機，與目的、標的有何不同。按動機亦稱緣由，即法律行為之間接原因也；而目的乃法律行為之直接原因，至於標的則為法律行為之內容。斯三者雖不無關聯，但究不可混為一談，茲舉例以明之，如買賣房屋契約，則房屋之買賣，為法律行為之標的，而當事人一方欲取得房屋之所有權，一方欲取得價金，斯乃目的是也，標的則一致，目的則彼此不同。目的與法律行為要因不要因之問題有關，前已言之。至欲取得房屋所有權之一方，係擬在利用該房屋開店歟，居住歟，抑設賭場歟；如在於居住者，則何以必到此居住，為外出之便利歟，環境之清靜歟，抑接近菜市歟，凡此均屬動機。動機複雜多端，而且層出不窮；但與法律行為通常不生影響。蓋動機係存於內部，非他人所得窺知，為謀交易之安全，故不應使於法律行為有所影響，然若已表現於外，且已構成標的之一部時，則該項法律行為無效。例如租房明明約定為開設賭場，購刀明明約定為殺人，則此種租賃及買賣行為即不生效力。

此外尚有所謂「暴利行為」者，即我民法第七四條所規定之「乘他人之急迫、輕率或無經驗，使其為財產上之給付，或為給付之約定，依當時情形顯失公平」❹之法律行為是也。此等行為亦屬違背公序良俗行為之一種（因係違背我國社會上公平交易童叟無欺之道德觀念），似應認其為無效（德民一三八條二項認為無效），但我民法第七四條則規定：「法院得因利害關係人之聲請，撤銷其法律行為，或減輕其給付。」蓋仍尊重當事人之意思也。又此種行為既得聲請撤銷，則一日不聲請，即一日不確定，如長此以往，必有害於交易之安全，故同條二項復規定：「前項聲請，應於法律行為後一年內為之。」此一年之期間為除斥

---

❹ 民法第七四條之立法例：

法民　第一六七四條　賣主就其不動產之通常市價，受十二分之七以上之損失時，賣主有撤銷買賣契約之訴之權。雖於買賣契約中記載賣主拋棄其撤銷訴權，或記載契約所定之價之超額應歸買主者，亦不因此而妨害其撤銷之訴。

第一六七五條　欲判斷賣主有無十二分之七以上之損失者，應從買賣當時之情狀及價格而評價其不動產。

第一六七六條（一項）　由買賣之日起，經二年後，不許以賣主有損失而為撤銷買賣契約之訴。

德民　第一三八條（二項）　乘他人之急迫、輕率或無經驗，使其對於自己或第三人，給付或約定給付財產上利益之法律行為，依當時情形，顯失公平者，其法律行為無效。

瑞債　第二一條　給付及反對給付，係因顯著誤解之契約而成立，且其契約之訂立，當事人之一方係乘他方之急迫、無經驗或無知識而為之者，被害人於一年之期間內，得表示不服該契約，請求其給付物之返還。

期間（除斥期間者法律對於某種權利之存續，所預定之期間也，故亦稱「預定期間」，與時效期間不同，俟於第六章詳述之），此項期間經過後，則聲請撤銷之權消滅，不得再行聲請，而該項行為即確定矣。

第二、可 能

可能指標的可能實現而言，標的如不可能實現，則法律行為不生效力，事屬當然，惟所謂不能者依其情形，可分下列數種：

（1）**事實不能與法律不能** 前者亦稱自然不能或物理不能，如挾泰山以超北海是；後者乃由於法律之規定而不能，如過去黃金之不能為交易之標的是。

（2）**自始不能與嗣後不能** 前者亦稱當初不能或原始不能，即法律行為成立時已不可能實現者之謂，如房屋已焚毀，仍訂立租約是；後者亦稱後發不能，即法律行為成立後，始不能者之謂，如昨日甫訂租約，今日房屋焚毀是。

（3）**客觀不能與主觀不能** 前者乃非存於當事人一身上之事情而不能，即任何人均屬不能是；後者乃僅因存於當事人本身之理由而不能者是。

（4）**永久不能與一時不能** 前者亦稱繼續不能，即其不能之情形永久繼續，無除去之時之謂；後者乃指初雖不能，但其不能之情形，嗣後可以除去者而言。

（5）**全部不能與一部不能** 前者即標的之全部不能者是也；後者乃一部可能，一部不可能者是也。不能雖有上述種種，但能致法律行為於無效之不能，則指事實不能、自始不能、客觀不能、永久不能及全部不能而言，因其他不能，或構成法律行為內容違法之問題（法律不能），或構成履行不能之問題（嗣後不能），或構成其他問題（主觀不能、一時不能、一部不能），均不在此討論範圍之內也。關於標的須可能之規定，我民法僅於債編（二四六條）見之，對於一般法律行為之標的，雖無斯項明文規定，但解釋上應為肯定。

第三、確　定

確定者乃法律行為之標的，須自始確定，或可得而確定之謂也。法律行為之標的如自始不確定，則法律行為無效，例如泛言購物而不言何物，或任憑債務人給付，或聽由債權人請求而不確定其內容者，均屬之。惟自始雖非完全確定，但處於可得確定之狀態者，則法律行為亦可有效，例如買物未言明價金，僅聽憑市價時，則該法律行為並非無效，因有市價可資確定也。至於可資確定之方法，或依法律規定（參照民法四、五條、二〇〇條一項），或由當事人另行確定（如選擇之債），或依習慣確定，均無不可。我民法關於標的不確定之法律行為，並無明文規定其效力，但解釋上應認為無效也。

第三節　行為能力

第一款　總　說

當事人須有行為能力，亦法律行為生效要件之一，故本節就行為能力，加以論述。惟關於行為能力之意義，及何人始有行為能力，何人無行為能力，何人有限制行為能力，均已詳述如前（本論第二章第二節第二款），茲所欲述者，僅行為能力與法律行為之關係之問題而已。

惟此之所謂行為能力，指一般的行為能力而言，至特別的行為能力，如訂婚能力（民法九七三條）、結婚能力（九八〇條）、收養能力（一〇七四條）、被收養能力（一〇七六條）及遺囑能力（一一八六條二項）等法律上既別有規定，自應於各該編中述之。

有行為能力之當事人，則其法律行為有效，此乃當然之問題，法律並未特予規定，於此當亦無論述之必要，但無行為能力人及限制行為能力人之法律行為則如何？茲於以下分二款述之，惟此問題以自然人為限，法人則不發生，此應注意。

第二款　無行為能力人之法律行為

第一、法律行為之無效

無行為能力人（未滿七歲之未成年人、受監護宣告之人）所為之法律行為，其效力如何？我民法第七五條上段有：「無行為能力人之意思表示，無效」❺之規定，據此可知無行為能力人所為之法律行為無效。

❺ 民法第七五條之立法例：

法民　第一一二四條　不得訂立契約者如左：（一九三八年二月一八日法）

一、未成年人。

二、禁治產人。

三、其他受法律上不得訂立某種契約之禁止者。

德民　第一〇五條　無行為能力人之意思表示無效。

蓋意思表示雖不能概括法律行為，但法律行為畢竟以意思表示為要素，故意思表示無效時，則法律行為即不能有效也。惟此僅以法律行為為限，若屬於事實行為，例如遺失物之拾得、埋藏物之發見等，倘該無行為能力人事實上有此行為，即不能不發生其所應發生之效果，因此等行為並不以意思表示為其構成要素故也。

其次，法律對於無行為能力人之意思表示所以認為無效者，乃因其意思能力欠缺，故特予以保護，因而基於同一理由對於雖非無行為能力人，但其意思表示，係在無意識或精神錯亂（如夢囈或醉語）中所為者，亦不能不認其為無效（同條下段），良以此等情形亦均屬意思欠缺，故亦應加保護也。

第二、法律行為之代理

無行為能力人自為之法律行為既屬無效，然則此等人即不得享權利、負義務乎？是又不然，蓋此等人

於意識喪失，或暫時精神喪失之狀態，所為之意思表示亦無效。

瑞民　第一八條　無判斷能力人之行為，不發生法律上之效力，但法律有特別規定者，不在此限。

日民　第四條（二項）　違反前項規定之行為（按即未成年人未得法定代理人同意之行為），得撤銷之。

第九條　禁治產人之行為，得撤銷之。

泰民　第四六條　……未成年人，所為之一切行為，非得其法定代理人之同意，得撤銷之。

第五五條　宣告其為精神喪失人者，未得法定代理人之同意所為之行為，得撤銷之。

第五六條　未受宣告其為精神喪失人者所為之一切行為，有效。但在精神喪失中所為之行為，且能證明相對人已明知者，其行為得撤銷之。

亦為社會之一份子，不能超然於社會生活關係之外，因而法律對此等人之法律行為乃設有代理之辦法，即我民法第七六條：「無行為能力人，由法定代理人代為意思表示，並代受意思表示」❻之規定是也。所謂法定代理人者，即依法律規定而有代理權之人是（與意定代理人相對稱）。何人為無行為能力人之法定代理人，在未成年人為其父母（民法一〇八六條）或監護人（一〇九八條），在受監護宣告之人則為監護人（一一一三條）。無行為能力人之法律行為須由此等人代理之，始能生效，所謂「代理」可分積極與消極兩面，即代為或代受是也。惟代理應以財產上之行為為限，若身分上之行為（如結婚、遺囑等），則不得由法定代理人代理之。

第三款　限制行為能力人之法律行為

限制行為能力人（滿七歲以上之未成年人），既非絕對無行為能力，亦非絕對有行為能力，乃處於斯二者之間，而有不完全之行為能力。所謂不完全行為能力者，即其所為之行為原則上須待法定代理人之補充，始能生效是，但例外亦有不須補充而能獨立生效者，茲就此原則與例外分述如下：

第一、須經允許之法律行為（原則）

我民法第七七條本文規定：「限制行為能力人為意思表示及受意思表示，應得法定代理人之允許。」❼

❻ 民法第七六條無類似之立法例。

❼ 民法第七七條之立法例：

德民　第一〇七條　未成年人之意思表示，除純獲法律上利益者外，應得法定代理人之允許。

可見限制行為能力人雖得自為或自受意思表示，然原則上應得其法定代理人之允許。至何謂允許？如何允許？未得允許則效力如何？分述如左：

（一）**允許之意義**　允許者事前同意之謂。凡對於他人之行為加以首肯者謂之同意，同意有事前與事後之別，前者謂之允許，後者謂之承認，二者之作用，均在乎補充限制行為能力人所為法律行為之效力，故謂為法定代理人之補充權。不過法定代理人對於限制行為能力人將為之行為，逕行代理之亦無不可，故限制行為能力人之法定代理人，既有補充權，又有代理權，與無行為能力人之法定代理人僅有代理權者不同。

（二）**允許之方式**　允許既為一種補充權，則此權如何行使？當然須以意思表示為之，並須向限制行為能力人或其相對人為之（參照民法一一七條），固不待言，惟允許須就各個行為一一為之歟？抑亦可限定為之歟？詳言之如下：

瑞民　第一九條　有判斷能力之未成年人或禁治產人，以已得法定代理人之允許者為限，依自己之行為而負義務。未成年人或禁治產人取得無償之利益，或行使專屬於一身之權利者，無須前項之允許。

日民　第四條　未成年人為法律行為，應得法定代理人之允許，但純獲權利或免義務之行為，不在此限。違反前項規定之行為得撤銷之。

泰民　第四七條　未成年人所為之行為，以無負擔某種條件，而於未成年人有利益者為限，為有效。

第四八條　為婚姻或宣誓，性質上不得由他人代為之行為，於法律所定之範圍內，未成年人，得單獨為之。

第四九條　未成年人，視其年齡、資力及社會上之地位，得單獨為日常生活上慣行之一切行為。

（1）個別允許　允許不得概括為之(即不准籠統的對於限制行為能力人之一切行為，一次全部允許)，必須就各個行為個別允許，否則無異排除第七七條之適用，法所不許，因該條係強行規定故也。

（2）限定允許　允許雖不准概括一次為之，但就某種行為或某類事業之範圍內，加以限定的允許，則尚無不可，依我民法規定，此種情形有左列兩端：

⑴特定財產之處分：依第八四條規定：「法定代理人，允許限制行為能力人處分之財產，限制行為能力人，就該財產有處分之能力。」❽例如父母以一定金錢交與未成年子女零用，則該子女就該金錢，即得隨意處分，而能生法律上之效果是。所謂處分者即就該財產上之權利為喪失變更或限制之法律行為是也。

⑵特定營業行為：依第八五條一項規定：「法定代理人允許限制行為能力人獨立營業者，限制行為為能力人，關於其營業，有行為能力。」❾例如法定代理人允許限制行為能力人開設書店，則關於書籍之批

---

❽ 民法第八四條之立法例：

瑞民　第四一四條　對於受監護人，許其自由處分之財物，或經監護人同意，依自己勞務取得之財物，受監護人得自由處理。

日民　第五條　法定代理人預定目的，許其處分之財產，未成年人於其目的範圍內，即得隨意處分，未預定目的，許其處分之財產亦同。

❾ 民法第八五條之立法例：

法民　第四八七條　免除監護之未成年人，於為營業時，關於營業視為成年人。

第一三〇八條　為商業、銀行業或為手工業之未成年人，因其職業訂立之契約，不得撤銷。

發或零售，該限制行為能力人皆得有效為之，而不必就個個買書或賣書等行為再受允許是。惟營業一事並不簡單，倘於允許後，限制行為能力人有不能勝任之情形時，則法定代理人得將允許撤銷或限制之。不過此種撤銷及限制，不得對抗善意第三人（同條二項），藉以保護交易之安全也。

（三）**允許之效力**　允許之效力如何，我民法無正面規定，僅有反面（即未經允許時）規定如下：

（1）**單獨行為須經允許始能生效**　依第七八條規定：「限制行為能力人未得法定代理人之允許，所為之單獨行為，無效。」⑩可見其單獨行為不經允許，則不生效力，亦即欲生效力，須經允許，然則允許

德民　第一一二條　法定代理人經監護法院之許可，允許未成年人獨立營業者，未成年人關於營業之法律行為，有行為能力。

但代理人對於須監護法院許可之法律行為，不在此限。

代理人非經監護法院之許可，不得撤銷前項之允許。

瑞民　第四一二條　依監護主管官署之明示或默示，許其獨立為某種職業之受監護人，得為通常屬於其職業之一切事務，並對於其職業，以其全部財產負其責任。

日民　第六條　被許為一種或數種營業之未成年人，於其營業，與成年人有同一能力。

前項情形，未成年人有不勝任其營業之情形時，法定代理人得依親屬編之規定，撤銷其許可，或限制之。

泰民　第五〇條　未成年人得法定代理人之同意，或法定代理人拒絕同意時得法院之許可，得經營工商業或其他之事業，於此情形，未成年人於其營業範圍內與成年人有同一之能力。

前項情形，其法定代理人或法院，於未成年人顯然不能適當經營營業時，得撤銷其同意或許可。

⑩　民法第七八條之立法例：

實有補充單獨行為效力之效力也。

（2）**雙方行為如經承認亦生效力**　單獨行為非於事前同意（允許），絕不生效，但雙方行為（契約）則不然，依第七九條規定：「限制行為能力人未得法定代理人之允許，所訂立之契約，須經法定代理人之承認，始生效力。」⓫可見雙方行為雖未得允許，並非絕對無效，僅處於不確定之狀態而已，倘法定代理人事後同意（承認），亦可生效。其所以如此者，蓋顧全契約相對人之利益也。又此種承認並不以法定代理人為限，依我民法第八一條一項規定：「限制行為能力人於限制原因消滅後，承認其所訂立之契約者，其承認與法定代理人之承認，有同一效力。」⓬可知其本人如已非限制行為能力人時，亦可自行承認之，使

德民　第一一一條（一項）　未成年人，未得法定代理人之事前同意，所為之單獨行為，無效。

⓫ 民法第七九條之立法例：

德民　第一〇八條（一項）　未成年人，未得法定代理人之事前同意，訂立契約者，其契約之效力，繫於代理人之追認。

⓬ 民法第八〇、八一條之立法例：

德民　第一〇八條（二、三項）　相對人催告代理人為追認之表示者，追認之表示惟對於相對人為之。其未經催告前，對於未成年人表示之追認或拒絕失其效力；追認於其受催告後以二星期內為限，得為表示，不表示追認時，視為拒絕。

未成年人成為行為能力人時，其追認即可代替代理人之追認。

日民　第一九條（一、二項）　無能力人之相對人，於無能力人成為能力人後，得對之催告於一個月以上之期間內，確答其追認得撤銷之行為與否，若無能力人於其期間內不為確答者，即視為追認其行為。

該契約之效力確定的發生也。

上述契約，於限制行為人之法定代理人或其本人（限制原因消滅後）承認前，其效力非有非無，而處於不確定之狀態，若長此以往，有礙交易之安全，對於相對人尤為不利，故民法特予相對人以兩種權利，以資保護，茲分述如下：

(1)催告權：依第八〇條一項規定：「前條契約相對人，得定一個月以上期限，催告法定代理人，確答是否承認。」（立法例見⓬）是為相對人之催告權。催告為意思通知，屬於準法律行為之一（亦有主張為單獨行為者），催告權係一種形成權。至催告之要件則為：①須定一個月以上之期限，倘不定期限，或所定期限不在一個月以上，則不生催告效力；②須向法定代理人為之，否則亦不生效；③須表明確答是否承認之旨，否則受催告人無法了解係催告權之行使。合乎上述要件，則催告生效，惟其效力如何，依同條二項規定：「於前項期限內，法定代理人不為確答者，視為拒絕承認。」蓋法定代理人如於期限內確答承認或不承認，則該契約之效力，均可確定（生效，或無效），別無問題，惟法定代理人根本不答，或答而不確，或確而不遵期時，則如何？各國民法對此之態度不同，日本民法（一九條）視為承認，德國民法（一〇八條）則視為拒絕，我民法從之（我民法關於效力不確定之行為，經催告而不為確答者，多視為拒絕，參照第一七〇條，但第三八七條及我公司法第九二條之規定則恰相反）。此種規定為擬制規定，即不論當事人之

於無能力人尚未成為能力人時，對於法定代理人就其權限內之行為為前項之催告，於其期間不為確答者亦同。

泰民　第五二條　未成年人所為得撤銷之行為，以左列之人為限，得撤銷或追認之：

一、法定代理人，二、本人自身，但須在已成年後，三、本人之繼承人。

真意如何，祇其無合法之表示時，法律上概予以此種效果也。

其次，限制行為能力人於限制原因消滅後，既亦可自行承認，則上述之催告權自亦可向其本人行使，其行使方法，可準用向法定代理人催告之規定（民法八一條二項）。

(2)撤回權：依民法第八二條規定：「限制行為能力人所訂立之契約，未經承認前，相對人得撤回之。但訂立契約時，知其未得有允許者，不在此限。」⓭是為相對人之撤回權。所謂撤回者乃對於尚未生效之行為，防止其效力發生之法律行為也（與撤銷不同，撤銷乃對於業已生效之行為，使溯及的失其效力之謂），自得為撤回者方面言之，則為撤回權。撤回權係形成權之一種，即因權利人一方之意思表示，即可發生效力者也。其行使之要件為：①須在未承認以前，如已經承認，則撤回權無從行使矣；②須於訂立契約之當時，不知其未得允許，否則既明知未得允許，而仍與之訂約，則屬惡意，法律無畀予撤回權之必要。易言之，相對人如屬善意，則催告權與撤回權兼而有之，如屬惡意，則僅有催告權而無撤回權也。

第二、勿須允許之法律行為（例外）

限制行為能力人所為之法律行為，須經法定代理人之允許始生效力，前已言之。然此乃原則，例外亦有不經允許，亦可生效者，如左：

⓭ 民法第八二條之立法例：

德民　第一〇九條　相對人於契約未經追認前，有撤回權。撤回亦得對於未成年人表示之。相對人知其未成年之事實者，以未成年人反於真實，主張已得代理人之同意者為限，得撤回之；但訂立契約當時，未經同意，為相對人所明知者，不在此限。

(一)獨立生效之法律行為　所謂獨立生效者，即事前既勿須允許，事後亦不必承認，而亦能有效者是也，依我民法第七七條但書規定，應有左列兩種：

(1)純獲法律上利益之法律行為　所謂純獲法律上利益者乃指單純享受利益，而毫不負擔義務者而言，若雖一面享利益，一面負義務者，縱其義務較輕，亦不在此限。例如單純贈與之允受，即不必得法定代理人之允許或承認，但稍有負擔，則仍應由法定代理人同意，其允受始能生效是。他如利他契約受益之表示(民法二六九條)亦屬於純獲法律上利益之行為，得逕為之也。

(2)依其年齡及身分日常生活所必需之法律行為　限制行為能力人日常生活所必需之法律行為極多，若須一一允許或承認，則法定代理人將不勝其繁，而限制行為能力人亦深感其窘，況日常衣、食、住、行等之瑣碎細事，每無關重要，法定代理人自無不同意之理，法律何必徒拘形式，非令履行同意程序不可，故規定凡此等法律行為，限制行為能力人得逕為之。惟日常生活所必需之法律行為，輒因人之年齡及身分而異，不可漫無標準，故法律明定須依其年齡及身分所必需者始可，否則仍不得為之。例如同為九歲之人，一為學生，一為牧童，則其日常生活所必需者，即不相同。又同為學生，一在小學，一在大學，則其日常生活所必需者亦不相同。故是否必需，當就具體事實，斟酌其年齡及身分兩方面決之。

(二)強制有效之法律行為　我民法第八三條規定：「限制行為能力人，用詐術使人相信其為有行為能力人，或已得法定代理人之允許者，其法律行為為有效。」⓮此即法律強制有效之行為是也。蓋法律對

⓮ 民法第八三條之立法例：

德民　第一三〇七條　未成年人於訂立契約時，僅宣稱其為成年人者，亦無礙於其契約之撤銷。

於限制行為能力人之法律行為，原則上規定須其法定代理人之補充者，乃以其既未成年，智慮薄弱，難能熟權利害，應特予保護故也。茲如上所述，限制行為能力人已能使用詐術，則不僅智力不薄，且竟能玩弄手段，殊無再予保護之必要，故法律遂強制使其有效，以示制裁，並保護相對人，惟本條之適用，須具備左列要件：

（1）**須限制行為能力人使用詐術**　所謂詐術乃以使人誤信為目的，而施之一種欺罔手段也，限制行為能力人須已使用詐術，始有本條之適用。

（2）**所使用之詐術須在使人誤信其為有行為能力人或已得法定代理人允許**　限制行為能力人，使用詐術，其目的須在使人誤信其為有行為能力人（如偽造結婚證書或已成年之戶籍謄本），或已得法定代理人之允許（如偽造法定代理人允許之函件）始可，否則如為其他目的，則不在此限，惟詐術須以積極的手段為之，若僅消極的、未自動的告知其為限制行為能力人於相對人時，則無本條之適用。

（3）**須相對人因其詐術而陷於誤信**　亦即詐術與誤信二者須有因果關係始可，否則限制行為能力人雖用詐術，但相對人並未因之而誤信，則亦無本條之適用。惟相對人誤信後，是否即與之為法律行為，須視限制行為能力人之行為，係單獨行為，抑係契約而定，不能一概而論也。

第一三二〇條　未成年人因侵權行為或準侵權行為所生之債務，不許撤銷。

日民　第二〇條　無能力人，因使人信其為能力人而用詐術者，不得撤銷其行為。

泰民　第五一條　以法定代理人之同意為必要之未成年人，以詐術使人信其為成年人者，其因詐術成立之行為，不得以無能力而撤銷之。

具備上述之要件後，則限制行為能力人之法律行為有效，無論何人均不得主張其無效也。

第四節　意思表示

第一款　總　說

第一、意思表示之意義

意思表示乃法律行為構成之要素，其是否健全，影響法律行為之效力者頗大，故意思表示與法律行為之關係，可謂極其密切，然則究竟何謂意思表示？曰：意思表示者，乃表意人將欲成立法律行為之意思，表示於外部之行為也。茲依此析述之如下：

（一）**意思表示者行為也**　行為乃吾人有意識的身體上之動靜，前已言之，意思表示即係一種行為。

（二）**意思表示者表示行為也**　人之行為有表示者，有非表示者，非表示行為乃事實行為，如遺失物之拾得是；表示行為乃將心理狀態發表於外部者也，意思表示即係一種表示行為。

（三）**意思表示者表意人表示欲成立法律行為之意思之行為也**　表示行為既係將心理狀態發表於外部之行為，則每因心理狀態之不同，而其在法律上之效果亦異，適法者有之，違法者有之（如誹謗）。適法者之中，又有欲成立法律行為者與非欲成立法律行為者之分，前者即意思表示，後者則否，蓋後者有所謂知的表示（如承認他人權利之存在）、情的表示（如宥恕）與意思通知（如催告）之別，此等表示，法律上不問當事人之意欲如何，而逕使之發生一定之效力，與法律行為之須基於當事人之意欲而發生效力者不同；

但除此一點外，餘均與法律行為無異，故應準用法律行為之規定，而稱為準法律行為，因之此等表示，並非意思表示。其次為意思表示之人，謂之表意人，表意人將其欲成立法律行為之意思，表示於外部之行為，斯為意思表示。

基於上述則可知意思表示之成立，可分兩大階段，一為意思（內部的，主觀的），一為表示（外部的，客觀的），意思尚可分為：①效力（果）意思，即意欲一定法律效果之意思，亦即上述之欲成立法律行為之意思；②表示意思，即表意人有使存於內部之「效力意思」表示於外部之意思是，至於「表示」，乃意思表示之最後階段，與意思相配合始能成立意思表示。茲將上述之階段，詳細分述如左：

（1）**意思**　意思分效力意思與表示意思兩段，其詳如下：

⑴效力意思：效力意思者欲引起法律上一定效力之欲望也，故亦稱目的意思、基礎意思或效果意思。效力意思實際上必由一定之動機而生，動機無關於意思表示之成立，亦即原則上不影響法律行為之效力，前已言之，但動機錯誤或不自由，則往往為效力意思之瑕疵，有瑕疵之意思表示，不得成立完全有效之法律行為（後詳），故意思表示之第一要件，須有無瑕疵之效力意思始可。惟法律行為效力之內容，有要素、常素與偶素之別。所謂要素，即在該法律行為之性質上不得不發生者，如由買賣契約所生之移轉財產權與給付價金（民法三四五條）之效力是。此之效力在當事人之效力意思上必須含有，否則（要素欠缺）其法律行為不成立。所謂常素，乃與行為人之意思無關，僅由法律依通常情形所賦與者，如法律對買賣契約定有瑕疵擔保責任（民法三四九、三五四條）是。此之效力，在當事人之效力意思中，雖不含有，法律上亦當然發生，但有反對之效力意思時，則不發生（前大理院四年上字第二二七號判例：法律行為之常素，苟

非特行除去，有拘束力）。至於所謂偶素，乃非該法律行為性質上所必需，而係由行為人特別作為其內容者，如買賣氣化油爐契約，所定之免費修理十年之部分是。此之效力非當事人於法律行為時，特別附加約款，則效力意思即不含有之也。

⑵表示意思：表示意思即表意人為意思表示時，有使存於內部之效力意思，與其表現於外部之行為相聯絡之意思。此之意思，亦稱為表意人之自信，無此自信，則不能謂之意思表示，例如魚市場以舉手為買魚要約之標誌，而某人不知是例，於市場向友招手，此一招手不得認為要約，蓋此時不僅無效力意思，且亦無表示意思也。惟所謂自信，其所信者是否正當，在非所問，縱有誤信，亦不失為意思表示也。

（2）**表示**　表示係外部的行為，即表示行為是也。表示行為須本於意識作用，故在無意識（夢話）或精神錯亂（重病中之讕語）中之動作，不能認為表示行為；又表示行為須由其行為足以推知內部之效力意思始可，故不能由其行為推知內部存在之效力意思者，亦不能認為表示行為，例如事實行為，即非表示行為也。

上述各階段具備後，則意思表示成立，惟近來學者間對於「意思」一階段中之「表示意思」一項，多認為不必要，蓋效力意思與表示行為，間不容髮，無此表示意思存在之餘地也。

第二、意思表示之分類

意思表示依種種不同之標準，可分類如左表：

（一）明示的意思表示與默示的意思表示　意思表示依其表示之方法，可分為明示的意思表示（簡稱明示）與默示的意思表示（簡稱默示）兩種，前者係以言語文字或其他習用之表意方法，直接表示意思之謂，後者乃以使人推知之方法，間接表示意思之謂，例如旅館主人，對於面定房間，開始清掃，則可認為承諾之默示是。

兩者區別之實益，在乎連帶債務須基於明示（民法二七二條），始得成立。此外兩者在效力上尚無不同（民法一五三條、四八五條）。至於單純之緘默是否等於默示？依通說除法律另有規定其效力外（如經催告而不確答，則視為拒絕承認，民法八〇條二項；租賃期滿後，承租人仍為租賃物之使用收益，而出租人不即表示反對之意思者，視為以不定期繼續契約，民法四五一條），不發生默示之效力。

（二）有相對人之意思表示與無相對人之意思表示　意思表示依其表示有無對象，可分為有相對人之意思表示與無相對人之意思表示兩種，前者如債務之免除，須向債務人為之，而契約之要約或承諾亦均須向其對方為之是；後者如社團總會之決議，即不須有相對人是。惟相對人有特定者，有不特定者，因而有相對人之意思表示，尚有對特定人之意思表示與對不特定人之意思表示之別，前者如撤銷、解除；後者如懸賞廣告是。

上述區別之實益，在乎有相對人之意思表示須向相對人為之始能生效，無相對人之意思表示，則不必如此。又對特定人之意思表示，非對該特定人為之，則不生效力，而對不特定人之意思表示則否。

（三）**對話的意思表示與非對話的意思表示**　此為有相對人意思表示之再分類，對話與非對話（我民法二草稱當面與非當面；日民稱非隔地與隔地）係以當事人之意思得否直接交換為標準而分，前者例如以口頭、電話、旗語等方法，使意思表示直接入於當事人了解之範圍者屬之；後者例如以書信或使者等傳達方法，使意思表示間接入於當事人了解之範圍者屬之。

兩者區別之實益，在乎生效時期之不同，後專款述之。

（四）**健全的意思表示與不健全的意思表示**　意思表示依其有無瑕疵，則可分為健全的意思表示與不健全的意思表示兩種，後者具有瑕疵，前者則否，所謂瑕疵乃意思與表示不一致，及意思表示不自由之謂也。

兩者區別之實益，即構成法律行為生效要件之意思表示，須為健全的意思表示，因而不健全的意思表示，對於法律行為之效力大有影響，其詳乃本節討論之中心，以下即分款述之。

第二款　意思表示不一致

意思表示不一致者，表意人內部之意思與外部之表示，不合致之謂。可分兩種情形：①故意之不一致，即表意人明知而有意使其不一致者，如真意保留及虛偽表示（民法八六及八七條）是；②無意之不一致，即表意人不知其不一致者，如錯誤及誤傳（民法八八至九一條）是也。

關於意思與表示不一致，其效力如何？向有左列三說：

（一）**意思主義**　即以內部之意思為準，倘無內部之效力意思，則其表示無所依據，因而應使之無效，所以保護表意人也。

（二）**表示主義**　即以外部之表示為準，因內部意思如何，非外人所得窺知，故應以其所表示於外者為準，即認為此種表示應有效，所以保護相對人也。

（三）**折衷主義**　意思與表示不一致時，如採取極端之意思主義，或極端之表示主義，則均難免顧此失彼，發生弊害，故應採取折衷主義，即或以意思主義為原則，而以表示主義為例外；或以表示主義為原則，而以意思主義為例外，如此始能對於表意人及相對人之利益，兼籌並顧，而無害於交易之安全。我民法採取折衷主義之後者，即以表示主義為原則，而以意思主義為例外。

第一項　故意之不一致

第一、真意保留

（一）**真意保留之意義**　真意保留者，即表意人故意隱匿其心中之真意，而表示與其真意不同意義之意思表示也，故亦稱「心中保留」或「單獨虛偽表示」。例如表意人本欲賣雞，而故意表示賣鴨是。我民法第八六條所謂「表意人無欲為其意思表示所拘束之意，而為意思表示者」⑮，即指此而言。依此則真意保

⑮ 民法第八六條之立法例：

德民　第一一六條　意思表示，雖表意人心中保留不欲之意，亦非無效；但對於他人為表示時，他人知此保留者，無

留應具備下列各要件：

(1)須有意思表示之存在；

(2)須表示與真意不符；

(3)須表意人明知其表示與真意不符，而故為表示。

有此三要件，則構成真意保留，至於表意人之動機如何，則非所問。

（二）真意保留之效力　真意保留，依我民法第八六條之規定，其意思表示，不因之而無效，即應認其意思表示為有效，前例表意人故意表示賣鴨，其表示雖非真意，但不因之而無效是。惟此等表示，既與內部之效力意思不符，依理意思表示應不得成立，於此何竟認為有效？其所以如此者，旨在保護相對人也。惟此乃原則，若其表示之非真意為相對人所明知時則無效，是乃例外（同條但書）。例如觀賞友人心愛之古畫，友人客氣表示願相贈，此種表示之非出真意也，為人所明知，故不得遽認其有效，而冒然領受也。惟此但書之規定，僅限於有相對人之意思表示，始得適用，若無相對人之單獨行為，仍應適用前段規定，而效。

第一一八條　預期自己真意之欠缺，當不致被人誤認，而行非真意之意思表示時為無效。

瑞債　第一八條（一項）　判斷契約，應就其方式及內容，注意當事人一致之真意，不得注意當事人誤解或隱蔽真意所用之不當之文字或辭句。

日民　第九三條　意思表示，不因表意人知非其真意而為之，妨礙其效力；但相對人知表意人之真意，或可得而知者，其意思表示無效。

不得主張無效。

第二、虛偽表示

（一）虛偽表示之意義　虛偽表示者表意人與相對人通謀而為之虛偽的意思表示也（民法八七條一項）⑯，亦稱「通謀虛偽表示」。例如債務人因欲免其財產之扣押，而與相對人通謀，偽為出賣其財產者是。其應具備之要件如左：

⑴須有意思表示之存在；

⑵須表示與真意不符；

⑶須其非真意之表示與相對人通謀。此點即與前述之真意保留不同處，蓋真意保留不必有相對人，即有相對人，亦不必知悉表意人之非真意，而此則必有相對人，且不僅相對人知表意人之非真意，且更與之通謀而後可，至通謀之動機如何，亦可不問。具備上述要件後，則構成虛偽表示。

---

⑯ 民法第八七條之立法例：

德民　第一一七條　對於相對人所為之意思表示，若與相對人通謀而故為虛偽之表示者，無效。虛偽表示，隱藏他項法律行為者，適用該隱藏行為所應適用之法規。

瑞債　第一八條（二項）　債務人與相對人所為之虛偽意思表示，不得對抗信賴因書面之債務承認而取得債權之第三人。

日民　第九四條　與相對人通謀所為之虛偽意思表示，無效。前項意思表示之無效，不得以之對抗善意之第三人。

（二）虛偽表示之效力　此種表示之效力，依我民法第八七條一項規定，因當事人間之關係與其對於第三人之關係而有不同，茲分述之：

（1）及於當事人間之效力　依我民法第八七條一項規定：「表意人與相對人通謀而為虛偽意思表示者，其意思表示無效。」例如虛偽買賣、虛偽設定抵押權乃雙方通謀而為虛偽意思表示，其買賣、設定抵押權當然無效（最高法院五〇年臺上字第五四七號、五二年臺上字第七二二號判決），所謂無效，即雙方當事人皆得主張其不生效力也。

（2）及於第三人之效力　虛偽表示原則上屬於無效，已如上述，惟同條但書規定：「不得以其無效對抗善意第三人」，申言之，善意第三人固得主張其無效，但亦得主張其有效，若主張有效時，則表意人不得以無效對抗之，蓋所以保護交易之安全也。惟第三人僅以善意者為限，若屬惡意，則不適用之。

（三）虛偽表示與類似行為之區別　虛偽表示應與下列各種行為在效力上有所區別，茲分述之：

（1）隱藏行為　虛偽之意思表示，其表意人之真意，本不欲成立何種法律行為，但非盡如此，其欲成立他種法律行為者，亦非烏有，例如表示買賣，而實欲贈與，此之贈與即隱藏行為是也。隱藏行為，依我民法第八七條二項規定：「虛偽意思表示，隱藏他項法律行為者，適用關於該項法律行為之規定。」則上例之通謀買賣雖無效，但贈與則應適用贈與之規定，而生效力也。

（2）信託行為　與虛偽表示相類似，而實不同者，乃信託行為是也。所謂信託行為乃指當事人欲達成一定之經濟目的，而設定超過其目的之法律關係之法律行為也。例如當事人之目的，本在乎債權之擔保，擔保則僅設定擔保物權（抵押權，質權）為已足，但為加強擔保之效力計，而將其物之所有權移轉於債權人（亦稱讓與擔保或信託讓與）是。惟此之讓與，僅係對外之關係，其內部關係，仍須於信託之經濟目的內，受其拘束，例如被信託人仍須依約交還信託物是。此種行為外表上係移轉所有權，而內容上卻屬擔保，外表與內容不符，故頗與虛偽表示相類似，然因其具有效力意思，且有表示行為，而斯二者並非不一致，故仍與虛偽表示有別，且信託亦係法律上之一種制度，自與虛偽表示不可同日而語。

（3）**詐害行為**　詐害行為者，債務人所為之有害債權人之無償或有償的法律行為也。此種行為得由債權人訴請撤銷，是為撤銷之訴（民法二四四條），在未撤銷前，其行為尚非無效，此點與虛偽表示之當然無效者不同。又虛偽表示須有相對人與之通謀，而詐害行為則無此限制；虛偽表示原則上不限於財產行為⓱，而詐害行為則非以財產為標的者不適用之（民法二四四條二項），凡此皆兩者之相異處。

第二項　無意之不一致

第一、錯　誤

（一）**錯誤之意義**　錯誤者表意人之表示，因誤認或不知，致與其意思偶然的不一致之謂也。析述之如左：

（1）**錯誤者表意人之表示與其意思不一致之謂也**　健全的意思表示，必須表示與意思，表裏一致始可，若表意人之表示與其所意欲者，不相一致時，則屬於不健全的意思表示，錯誤即係不健全意思表示之一，其效力當與健全的意思表示有所不同（詳後述）。

⓱ 通謀虛偽表示，適用於身分上行為時，有認為應受限制者，例如假裝之自願離婚，對於第三人絕對無效，即第三人亦不得主張其有效是（日本大審院判例昭和十一年二月二五日民集六九頁）。

（2）錯誤者因誤認或不知，致表示與意思偶然的不一致之謂也　表示與意思之不一致，有由於表意人之故意者，亦有非由於表意人之故意者，前者如前述之真意保留與虛偽表示是，後者即此所述之錯誤與後述之誤傳是也。錯誤既非由於表意人之故意，而係事出偶然，故應謂為無意之不一致，或偶然的不一致。至造成此種不一致之原因有二：一為「誤認」，例如誤銅為金，誤騾為馬是，我民法第八八條一項有「意思表示之內容有錯誤」一語⑱，即指此種誤認之情形而言；一為「不知」，例如應書一萬元者，誤書為二萬元；

---

⑱ 民法第八八條之立法例：

法民　第一一〇九條　因錯誤而為承諾者，或因脅迫不得已而為承諾者，或受詐欺而為承諾者，非有效之承諾。

第一一一〇條　非屬訂立契約目的之事物有錯誤者，不得以其錯誤為撤銷契約之原因。僅於訂立契約之人有錯誤者，不得以其錯誤為撤銷契約之原因，但契約之主要在其人者，不在此限。

第一一一七條　因錯誤脅迫詐欺訂立之契約，法律上並非當然無效，惟得依本章第五節第七款之所載之情事與方法，提起撤銷之訴。

德民　第一一九條　意思表示之際，誤解其內容，或不欲為此內容之表示者，於能推定如知此情事，且充分考慮，即不為意思表示時，得撤銷其表示。

關於人或物性質之錯誤，交易上認為重要者，亦視為意思表示內容之錯誤。

瑞債　第二三條　契約，於其訂立之際，因陷於重要錯誤者，無拘束力。

第二四條　錯誤，於左列情形為重要：

一、為錯誤者，欲訂立與同意之契約以外之契約時；

二、為錯誤者之意思，以其所表示之物以外之物為目的時；又契約以特定人為目的而訂立者，以其所表示以外應言租賃者，誤言借貸，所謂筆誤、語誤者是。我民法第八八條一項復有「表意人若知其事情即不為意思表示」一語，即指此種不知之情形而言。誤認與不知之不同處，在乎前者並非全無認識，乃認識不正確；後者則係毫無認識也，二者就認識之一點言，雖有程度上之差別，但就其結果言，則均為偶然的不一致，因而在法律上之效力，並無差異。

其次，關於意思表示內容之錯誤，原有多種多樣，但歸納之，不外為：

(1)關於當事人本身之錯誤：關於當事人本身之錯誤，如誤甲為乙而與之成立法律行為是，此種錯誤，有時無足輕重，如現物之買賣，無記名證券之讓與，當事人本身縱有錯誤，亦不成為意思表示內容之錯誤，

之他人為目的時；

三、為錯誤者約定，非其意思之非常多額之給付，或非常少額之給付時；

四、錯誤依交易慣行之信義為錯誤者，關於認為重要契約基礎之一定事實關係時。

錯誤惟關係於契約訂立之動機者，不得以之為重要。

單純計算之誤謬，不妨礙契約之拘束力，但應訂正之。

第二五條　以錯誤為對抗，於反於信義時，不許之。

為錯誤者，於相對人已為同意時，應從其理解，以契約為有效。

日民　第九五條　意思表示於法律行為之要素有錯誤者，無效；但表意人有重大過失時，表意人不得自行主張其無效。

泰民　第一三四條　就契約要素有錯誤之同意，為有瑕疵。

第一三五條　前條情形，若同意人以普通人之注意，即可避免其錯誤者，其同意為無瑕疵。

單純文字上之誤謬，得訂正之。

即不影響法律行為之效力，但如贈與、委任、雇傭等之無償行為或信任關係，而注重當事人其人者，則倘該當事人本身有錯誤，即構成意思表示內容之錯誤。

(2)關於標的物本身之錯誤：關於標的物本身之錯誤，如誤以英華辭典為華英辭典是，此種錯誤，當然為意思表示內容之錯誤。

(3)關於當事人之資格或物之性質之錯誤：所謂當事人之資格之錯誤，與上述當事人本身之錯誤不同，當事人本身之錯誤係指誤以甲為乙之情形而言，而當事人資格之錯誤，乃係誤認甲有某種資格（如誤以某人懂英文而實際不懂是），而與之成立法律行為（如聘為英文秘書）者是。所謂物之性質之錯誤，與物之本身之錯誤亦不相同，後者乃誤以甲物為乙物，前者乃以該甲物具有某種性質，而實則並不具有之情形是，如以某畫（贗品）誤為吳道子之真蹟，以某字（摹寫）誤為王羲之之親筆，皆其適例。以上兩種錯誤，是否構成意思表示內容之錯誤，則視其在交易上是否重要為斷。我民法第八八條二項規定：「當事人之資格，或物之性質，若交易上認為重要者，其錯誤，視為意思表示內容之錯誤。」可見斯二者縱有錯誤，若在交易上不認為重要者（如以甲書局出版之資治通鑑，誤認為乙書局出版者，而購買之，在交易上即不認為重要），則不能視為意思表示內容之錯誤。

(4)關於法律行為性質之錯誤：法律行為性質之錯誤，應為意思表示內容之錯誤，例如誤以連帶債務為保證，誤以設定典權為租賃是。

(5)動機之錯誤：動機乃法律行為間接之原因，前已言之，動機之錯誤，通常對於法律行為之效力，不生影響，例如誤信某地將修公路而購買土地，或誤認某物行將跌價而急售其物，雖事實上公路未修，物價未跌，但對於其買地賣物之意思表示，原則上不及影響。蓋動機存於內部，非他人所得窺知，若許以動機之錯誤為由，而左右意思表示之效力，則對於交易之安全，為害莫大也。惟其動機倘已表示於外，而構成意思表示內容之一部時（如明言為設立學校，而購僻靜之地，實則左右俱為通衢大道，汽車喇叭異常喧囂），其錯誤，自亦得視為意思表示內容之錯誤。

(6)標的物價格數量履行地履行期之錯誤：此等錯誤如交易上認為重要者，自亦可成為意思表示內容之錯誤也。

（二）**錯誤之效力**　錯誤在法律上之效力如何？各國立法例頗不一致，有認為無效者，如日本民法及德國民法第一次草案是，斯蓋偏於意思主義之結果，亦即由於羅馬法「錯誤者無意思」(errantis nulla voluntas est）之法諺脫胎而來；有認為得撤銷者，如德、奧民法是，斯蓋較側重於表示主義者也；又有認為無效兼得撤銷者，如法國民法是，斯蓋採取折衷主義也。我民法則從德、奧立法例，採取撤銷主義，因而錯誤之意思表示，在我民法上即發生下述之效力：

（1）**表意人之撤銷權**　依我民法第八八條一項之規定：「意思表示之內容有錯誤，或表意人若知其事情即不為意思表示者，表意人得將其意思表示撤銷之。但以其錯誤或不知事情，非由表意人自己之過失者為限。」可知對於錯誤之意思表示，表意人有撤銷之權，但此撤銷權之行使，須受下列之限制：

(1)須錯誤非由表意人之過失所致：何謂過失？我民法無明文規定，我刑法第一四條規定：「行為人雖非故意，但按其情節應注意，並能注意，而不注意者，為過失。」可知過失者乃欠缺注意之謂。惟注意之程度既有高有低，而過失之種類自亦有輕有重，茲表列如左：

過失 ┌ 重過失：顯然欠缺一般人之注意…………………………┐
　　 └ 輕過失：┌ 抽象的輕過失：欠缺善良管理人之注意……………┘ 客觀的
　　　　　　　 └ 具體的輕過失：欠缺與處理自己事務為同一之注意…………主觀的

重過失亦稱重大過失，其對當事人所要求之注意程度甚低，而其標準係客觀的，即須顯然欠缺一般人之注意時，始認為有過失。否則稍加注意，即不致有過失，故謂之重大過失。其次抽象的輕過失乃不問當事人本身之注意能力如何，而以一想像的善良管理人之注意程度為標準（即想像一誠實勤勉而且有相當經驗之人，而以其注意力為標準。羅馬法稱良家父之注意），以定過失之有無，故此標準亦係客觀的，但較重大過失所要求之注意程度為高，當事人非特別注意則易有過失，故屬於輕過失。至具體的輕過失，係以當事人自己之注意能力為標準，所謂欠缺與處理自己事務為同一之注意是也，此之注意程度因人而異，易言之，其所取之標準，係主觀的、具體的，故稱具體過失。由此可見過失之輕重，與注意程度之高低恰成反比。本條但書僅列過失，究係何種過失？並無明文（日民九五條則明定為重大過失），說者不一，解為重大過失者有之（王伯琦：《民法總則》一六二頁）；解為抽象的輕過失者有之（史尚寬：《民法原論總則》一六六頁）；解為具體的輕過失者亦有之（黃右昌：《民法詮解總則編》下三九四頁），本書則贊同後說，蓋錯誤之發生，鮮有不由於過失者，如解為抽象的輕過失，則表意人幾無行使撤銷權之機會，對於表意人未免過苛；若解為重大過失，則表意人行使撤銷權之機會過多，又於交易之安全有礙矣，故應調和於斯二者之間，而對本條所稱「自己之過失」一語解為具體的輕過失，申言之，即表意人之錯誤，倘係由於欠缺與處理自己事務同一之注意所致者，則不得撤銷。

(2)須其錯誤在交易上認為重要：表意人之錯誤須在交易上認為重要，始得撤銷其意思表示，我民法雖僅就當事人之資格與物之性質之錯誤，附有「若交易上認為重要者」等字樣，而於其他錯誤，則未附有此項限制，但吾人在解釋上應予擴張，即認為其他之錯誤，亦須在交易上認為重要者始可（我妻榮：《中華民國民法總則》一二四頁參照），否則其錯誤若無足輕重，亦許表意人藉口撤銷其意思表示，則殊有害於交易之安全，而反乎以表示主義為原則之本旨矣，例如就表示行為之錯誤言，在一宗大批之交易上，僅誤記寥寥數元之金額，則加以訂正為已足，自不宜遽行撤銷其意思表示也。惟所謂交易上認為重要者，非指表意人主觀上認為重要者而言，乃必須在一般交易上客觀的認為重要者始可。

(3)須未逾越除斥期間：撤銷權係形成權之一種，由權利人一方之意思表示即可生效，但應向相對人為之。此權利一經行使，則可使已生效之法律行為溯及的失其效力，因而若使其永久存在，則對於社會秩序，影響甚大，故法律特規定其除斥期間（除斥期間之詳細，俟於消滅時效章述之），限於該期間內行使，逾期則使之消滅。其除斥期間我民法第九〇條規定：「……自意思表示後，經過一年而消滅」⑲，因之表

⑲ 民法第九〇條之立法例：

法民　第一三〇四條　撤銷契約之期間，以法律無特別規定者為限，應於十年內為之。

此期間於脅迫之情形，應自其終止之日起算，於錯誤或詐欺之情形應自發見之日起算。

此期間對於禁治產人所為之行為，自禁治產撤銷之日起算，對於未成年人之行為自達於成年之日起算。

德民　第一二一條　於第一一九條、第一二〇條之情形，撤銷權人應於知有撤銷原因後即為撤銷，不得遲延；而非對

意人之行使撤銷權，須在意思表示後，一年以內為之，逾期則撤銷權消滅，不得再行使矣。

（2）**表意人之賠償責任**　表意人以錯誤為理由而撤銷其意思表示後，即不須受其意思表示之拘束，固屬悠悠自得，然其相對人或第三人苟因信其意思表示為有效，而受損害時，則如何？我民法第九一條規定：「表意人應對之負賠償責任。」⑳蓋不能使人無辜受損也。惟此受害之相對人或第三人，須對於得撤

話人所為之撤銷，未遲延發送者，視為適時為之。

意思表示後經過三十年，不得撤銷。

瑞債　第三一條　因錯誤或詐欺或恐怖而為契約之當事人，於一年內未對相對人表示不遵守契約，或請求給付物之返還者，視為承認其契約。

前項期間，於錯誤詐欺，以發見錯誤詐欺時起；於恐怖，以恐怖終止時起。

因詐欺或恐怖無拘束力之契約，其承認，不妨礙損害賠償之請求。

泰民　第一四二條　因錯誤詐欺脅迫而同意於契約之當事人，自知其錯誤詐欺時，或脅迫終止時起，一年內得向法院請求撤銷其契約。

第一四四條　因錯誤詐欺脅迫而撤銷契約之訴，自訂立契約之日起，已逾十年者，不得為之。

⑳ 民法第九一條之立法例：

德民　第一二二條　意思表示依一八〇條而至無效，或依第一一九條、第一二〇條而被撤銷者，如相對人或第三人，因信其意思表示為有效而受損害時，表意人對於相對人或第三人，應賠償其損害；但賠償額不得超過於意思表示有效時，相對人或第三人可取得利益之數額。

受害人明知無效或撤銷之原因，或因過失而不知者，無損害賠償義務。

銷之原因非明知（善意）或非可得而知（無過失）而後可，若係明知或可得而知，則表意人不必對之負賠償責任（同條但書），蓋其咎由自取也。至於所謂「損害」乃「利益」之反對語，即不利益之謂。利益原有積極的利益與消極的利益之別，前者亦稱履行利益，其反面即為消極的損害，消極的損害者，即由於損害原因事實之發生致妨害現存財產增加之謂；後者亦稱信任利益，其反面則為積極的損害，積極的損害者，即由於損害原因事實之發生，致現存財產減少之謂。表意人對於相對人或第三人之賠償，以信任利益，亦即積極的損害為限，因本條已明定「信其意思表示為有效而受之損害」，此即指積極的損害而言，故消極的損害（履行利益）則不必賠償也。例如甲以設定典權之意思，誤簽名於賣契，價一萬元，乙信而受之，隨又轉賣於丙，價一萬二千元，此多賣之二千元，即為履行利益，嗣後甲以錯誤為由，撤銷其意思表示，而使該賣契無效，在乙即損失二千元，此即消極的損害，不得請求賠償；若乙為購該地而借款付息時，其所付之利息，即為積極的損害，甲應賠償之。又第三人信其意思表示為有效，而受損害時亦同。

第二、誤　傳

（一）誤傳之意義　誤傳者意思表示之內容，由傳達人或傳達機關傳達錯誤之謂也。夫表意人假傳達人（例如使者）或傳達機關（例如電報局）傳達其意思者，事所恆有，而此等傳達人或傳達機關，未必悉能傳達無誤，故誤傳之問題生焉。誤傳從廣義言之，本有兩種情形：①形式的誤傳：即對於已成立之意思表示，予以誤遞者是，例如甲以書信兩封，派人分送，一信致乙，一信致丙，結果其送信人竟張冠李戴，

瑞債　第二六條　契約應不使對於自己之主張發生錯誤，其錯誤基因於自己之過失時，有賠償因契約消滅而生損害之責任；但相對人明知其錯誤，或可得而知者，不在此限。於適於公平之觀念時，審判官得宣告其他之損害賠償。

送達顛倒。此種誤傳，應適用意思表示尚未到達之規定，與茲擬討論之誤傳無關，蓋此種情形在書信交付於送信人時，其意思表示，即已成立，不過因誤遞而未到達而已。②實質的誤傳：即將意思表示之內容傳達錯誤者是，例如使者口傳，誤買為賣；或電報局譯電，誤三為二之類，此等誤傳，即我民法第八九條所規定之誤傳是也。

（二）**誤傳之效力**　誤傳係因傳達人或傳達機關傳達錯誤所致，與表意人自己所造成之錯誤，似不相同，但就其結果言之，則並無二致，因傳達人或傳達機關實等於表意人之喉舌也。故誤傳在法律上之效力，應與錯誤同，我民法第八九條有：「意思表示，因傳達人或傳達機關傳達不實者，得比照前條之規定，撤銷之」㉑之規定，旨在斯也。所謂比照前條之規定者，即指應比照表示行為上之錯誤而言，又其誤傳若由於表意人之過失所致者，則不得撤銷（比照前條但書）。至撤銷權之除斥期間以及對於相對人或第三人之賠償責任，亦均與錯誤同樣處理（民法九〇、九一條），茲不贅述。

第三款　意思表示不自由

意思表示不自由者，因他人之不當干涉，而為意思表示之謂也。夫吾人之意思表示，須本於自由意志

㉑ 民法第八九條之立法例：

德民　第一二〇條　意思表示，因傳達人或傳達機關傳達不實者，於與第一一九條因錯誤所為之意思表示同一條件之下，得為撤銷。

瑞債　第二七條　訂立契約之際，要約或承諾，因傳達人或其他方法不能為正當之媒介者，準用關於錯誤之規定。

始可，若已受外力之干涉，則其所表示者，即有瑕疵，故斯種意思表示亦為不健全意思表示之一種，對於法律行為之效力，不能不有所影響。至所謂他人之不當干涉者，乃指詐欺及脅迫兩者而言，茲就此分述之：

第一項　詐　欺

第一、詐欺之意義及要件

詐欺者，詐欺人故意欺罔被詐欺人，使陷於錯誤，並因之而為意思表示之行為也。由此可知詐欺之成立，須具備之要件如左：

（一）存於詐欺人方面者　存於詐欺人方面之要件有二：

（1）須詐欺人有詐欺之故意　詐欺之故意，即詐欺意思是也，此可分為兩段：①須有使被詐欺人陷於錯誤之意思；②須有使被詐欺人因該錯誤而為意思表示之意思。有此兩段意思，即構成詐欺之故意。不必如刑法上之詐欺，須有取得財產上不法利益之意圖（刑法三三九條），亦不必如侵權行為之詐欺，須有侵害相對人權利之故意（民法一八四條），故此詐欺之故意，縱令存心有利於相對人，亦不妨成立，蓋所重者在乎是否能妨害相對人意思表示之自由也。不過如僅有第一段意思，而無第二段意思者（如報紙之虛偽刊載），則仍不能構成詐欺之故意。

（2）須詐欺人有詐欺之行為　詐欺行為者指欺罔被詐欺人之行為而言，亦即以使被詐欺人陷於錯誤、加深錯誤、或保持錯誤，而積極的虛構事實、變更事實、或隱匿事實之行為是也。至於沈默，非於法律上、契約上或交易習慣上有告知事實之義務，而故為沈默時，則不當然成為詐欺。

（二）存於被詐欺人方面者　存於被詐欺人方面之要件，亦有二：

（1）**須被詐欺人因詐欺而陷於錯誤**　詐欺人雖有詐欺之故意及行為，然相對人並未因之而陷於錯誤，或雖陷於錯誤，但其錯誤並非因詐欺所致，則詐欺亦不能成立，易言之，錯誤須與詐欺有因果關係始可。不過錯誤雖非由於詐欺而來，但因詐欺之故，致錯誤之程度加深，或保持（本應發見因詐欺而不得發見）者，則詐欺亦非不可成立。

（2）**須被詐欺人因錯誤而為意思表示**　詐欺之成立，除上述詐欺與錯誤間須有因果關係外，更須錯誤與意思表示間亦有因果關係始可。申言之，被詐欺人觀念上雖已陷於錯誤，但並未因之而為意思表示（此點與刑事上之詐欺，亦不相同，刑事上之詐欺，無論既遂未遂，皆須科刑；民事上之詐欺，則無未遂之可言），或雖有意思表示，但非因錯誤而來，則詐欺均不能成立。

第二、詐欺之效力

詐欺之效力云者，指被詐欺而為意思表示之效力而言，此種意思表示之效力，可分三點述之：

（一）**對於當事人間之效力**　當事人間之效力，視施行詐欺者為何人，而有不同：①施行詐欺者如為當事人之一方時，則表意人不拘何種情形，均得撤銷其意思表示（民法九二條一項本文）㉒；②施行詐欺

㉒ 民法第九二條之立法例：

法民　第一一〇九條　（見民法第八八條之立法例）

第一一一六條　訂立契約，如非當事人之一方對於他方為詐欺，則他方即不訂立契約，此情形如為顯然者，得以其詐欺為撤銷契約之原因。

詐欺不得以推定定之，必須證明。

第一一一七條（見民法第八八條之立法例）

德民　第一二三條　因被詐欺或被不法之脅迫，而為意思表示者得撤銷之。因第三人為詐欺，對於相對人所為之意思表示，以他人明知其詐欺，或可得而知者為限，得撤銷之。

意思表示相對人以外之人，因意思表示而直接取得權利者，以該取得人對於詐欺明知或可得而知為限，得對之撤銷其意思表示。

瑞債　第二八條　契約訂立者因當事人之詐欺，訂立契約時，其契約對於契約人所發生之錯誤，縱非重要，亦無拘束力。

第三人所為之詐欺，以相對人於契約訂立當時明知其詐欺，或可得而知者為限，不拘束被詐欺人。

第二九條　契約訂立者，使相對人或第三人發生不法恐怖之結果，訂立契約時，其契約不拘束被脅迫人。

第三人為脅迫時，於適於公平觀念之情形，不欲遵守契約之被脅迫人於相對人不知脅迫，或不可得而知時，應對相對人賠償其損害。

第三〇條　恐怖依其情形，於以恐怖人或其近親之身體生命名譽或財產，切近而重要之危險相脅迫時亦存在。

主張權利所生之恐怖，於為獲得過分之利益，利用被脅迫人之窮狀時斟酌之。

日民　第九六條　因詐欺或脅迫之意思表示，得撤銷之。

對於某人之意思表示，第三人為詐欺時，以相對人明知其事實者為限，得撤銷其意思表示。

因詐欺之意思表示，其撤銷不得以之對抗善意第三人。

泰民　第一三六條　因相對人之詐欺方法，由當事人之一方所得之同意，若非因其詐欺方法，當事人之一方即不與以同意者，為有瑕疵。

第一三七條　前條規定，適用於因第三人之詐欺方法，由當事人之一方所與之同意；但以契約之相對人於契約者如為當事人以外之第三人時，則又因該意思表示有無相對人而有區別，如有相對人者，則以相對人明知其事實，或可得而知者為限，始得撤銷之（同條同項但書），否則不得撤銷，蓋相對人如無惡意，反較表意人應受保護也；至於無相對人時，則詐欺縱為第三人所施，表意人亦得撤銷其意思表示。

（二）對於第三人之效力　被詐欺而為之意思表示，其撤銷可否對抗第三人（指當事人外，與該意思表示發生利害關係之第三人而言，與上述施詐欺之第三人不同），則視第三人之為善意抑惡意而不同，第三人如屬善意，則不得與之對抗（同條二項）。例如甲因被乙詐欺而讓其房屋於乙，乙受讓後又轉讓於丙，若丙不知甲有被乙詐欺之情事時，即為善意第三人，此時甲行使撤銷權後，甲乙間之買賣契約雖歸無效，但甲不得以其無效，向丙對抗，易言之，即不影響乙丙間買賣之效力，甲祇得向乙請求損害賠償而已。但丙若屬惡意，則不受此保護也。

（三）撤銷權之除斥期間　上述表意人因被詐欺而為意思表示者，原則上有撤銷之權，此撤銷權之行使，依我民法第九三條規定，應於發見詐欺後，一年內為之。但自意思表示後，經過十年，不得撤銷㉓。

當時知其詐欺，或以普通人之注意即可知其詐欺者為限。

第一三八條　因相對人或第三人之脅迫，當事人之一方所與之同意，為有瑕疵。

第一三九條　以強暴、恐嚇，致本人或他人之生命身體自由名譽或財產，有受危害之恐怖，強制本人同意者，其同意為由於脅迫。

第一四〇條　訟訴行為非脅迫。

㉓ 民法第九三條之立法例：

此「一年」與「十年」均係除斥期間，除斥期間係對於撤銷權之行使，在時間上之一種限制，因表意人之撤銷權，倘永久存續，則相對人及其他利害關係人之權利，即永不確定，實屬不妥，故法律上設此期間限制之，以救斯弊。此「一年」之期間係自發見詐欺時起算，而不自意思表示時起算（此與錯誤、誤傳等撤銷權之除斥期間之起算點不同），惟詐欺如一日不發見，則該意思表示，即永有撤銷之可能，對於交易之安全，亦屬莫大之威脅，故同條但書又有「十年」之規定，即自意思表示後，已經過十年而未發見，縱令此後再發見，亦不得行使撤銷權矣。

法民　第一一一五條　因脅迫訂立契約後，被脅迫人已為明許或默許，或已經過法律上允許其撤銷契約之期間者，不得以脅迫為原因，撤銷其契約。

第一三〇四條　（見民法第九〇條之立法例）

德民　第一二四條　第一一三條意思表示之撤銷，限於一年以內為之。

前項期間，在詐欺之情形自有撤銷權人發見詐欺時起，在脅迫之情形，自脅迫狀態終止時起進行，關於期間之經過，準用第二〇三條第二項、第二〇六條及第二〇七條關於消滅時效之規定。

意思表示後，經過三十年者，不得撤銷。

瑞債　第三一條　（見民法第九〇條之立法例）

日民　第一二六條　撤銷權自得為追認時起，五年間不行使者，因時效而消滅，自行為時起，經過二十年者亦同。

泰民　第一四二條　（見民法第九〇條之立法例）

第一四四條　（見民法第九〇條之立法例）

第二項　脅　迫

第一、脅迫之意義及要件

脅迫者，故意不當的預告危害，使他人發生恐怖，致為意思表示之行為也。其要件如左：

（一）存於脅迫人方面者　存於脅迫人方面之要件有三：

（1）須脅迫人有脅迫之故意　此之故意稱為脅迫意思，亦可分為兩段：①須有使被脅迫人發生恐怖之意思，②須有使被脅迫人因恐怖而為意思表示之意思，有此二種意思，即構成脅迫之故意。

（2）須脅迫人有脅迫之行為　此之行為即對於被脅迫人預告危害之行為也。危害之種類如何，法無限制，惟須達於使被脅迫人發生恐怖之程度始可。又受危害之主體，不限被脅迫人自身，即其戚友亦無不可；至危害之客體，亦不問生命、身體、自由、名譽、財產，凡有受危害可能者均包括之。而預告之方法，得以言語或容態為之。

（3）須其脅迫係屬不當　脅迫之目的或手段有一違法，即足構成（如不贈賄賂則告發汝罪，為目的之違法；不訂此約則暗殺汝，為手段之違法），但其目的與手段皆非違法（如不訂此約則告發汝罪），而衹係不當時，則如何？此時自亦應認為構成脅迫也。惟對於欠債者，聲明如再不清償，則將起訴（泰民一四〇條參照），或告以以後將斷絕往來，則既非不法，亦非不當，蓋一則為權利之實行，一則為交易上之自由也。

（二）存於被脅迫人方面者　存於被脅迫方面之要件有二：

（1）須被脅迫人因脅迫而生恐怖　脅迫人縱有脅迫，但被脅迫人並未因之而生恐怖；或雖生恐怖，但其恐怖並非由於脅迫而生，則脅迫仍不能成立。易言之，恐怖與脅迫間，須有因果關係始可。

（2）**須被脅迫人因生恐怖而為意思表示**　被脅迫人雖因脅迫而生恐怖，但未因之而為意思表示，或雖有意思表示，但與恐怖並無因果關係，則脅迫亦不能成立。

第二、脅迫之效力

（一）**意思表示之撤銷**　因被脅迫而為之意思表示，依我民法第九二條規定，表意人得撤銷之。惟此之撤銷與因被詐欺而為之撤銷，有所不同：①因被脅迫而為之撤銷，不論脅迫係何人（對方抑第三人）所為，均得撤銷；因被詐欺之撤銷，則不然（參照前述）；②因被脅迫之撤銷，得以之對抗善意第三人，因被詐欺之撤銷則不然（參照前述）。所以如此者，蓋脅迫較詐欺之情形嚴重，對於表意人有特加保護之必要也。

（二）**撤銷權之除斥期間**　依我民法第九三條之規定，因被脅迫而為意思表示之撤銷權，其除斥期間與詐欺同，即有「一年」與「十年」兩種期間，惟其「一年」之期間係自脅迫終止時起算，而在詐欺之情形，則自發見詐欺時起算，斯乃二者微異之處耳（王伯琦：《民法總則》一六八、一七〇頁意見不同，認為：在詐欺，應自發見詐欺終止時起算；在脅迫，應自發見脅迫終止時起算）。

以上係脅迫及於意思表示之效力，此外在刑法上脅迫每構成恐嚇罪（刑法三四六條），在民法上或構成侵權行為之問題，此等效力不必相排斥，亦不必相關連也。又被脅迫而為意思表示者，倘有左列情形，則不適用本條：

(1)因脅迫之意思表示，如屬違背公序良俗時，則當然無效，不待撤銷（民法七二條參照）。

(2)因脅迫之意思表示，如有真意保留之情形，而其情形又為脅迫人所明知者，則應適用真意保留之規定，認為無效，不待撤銷（民法八六條參照）。

(3)因脅迫之意思表示，如其脅迫係出於不能抗拒之暴力行為，致表意人全無效力意思者，則應認為意思表示要件之欠缺，其意思表示不能成立，當然無效力之可言，更不待撤銷。

第四款　意思表示之生效

意思表示之生效者，即當事人開始受意思表示所拘束之謂也。夫意思表示必先成立，然後始生效力，但二者不必同時，蓋意思表示，無相對人者有之（如遺囑，法人章程之訂立），有相對人者有之（如契約之要約、承諾，意思表示之撤銷，債務之免除），而有相對人之意思表示中，就其相對人言之，有受領能力者有之，無受領能力者亦有之；就其表示方式言之，對話者有之，非對話者亦有之，以此其意思表示之成立與生效，在時期上，勢難盡同，本款就意思表示之生效問題，分項敘述之：

第一項　無相對人之意思表示

無相對人之意思表示何時生效，我民法無規定，說者均認為於其成立同時即發生效力，但此乃原則，例外亦有使其生效溯及於意思表示成立之前者，如繼承之拋棄是（民法一一七五條），亦有於意思表示成立後，異日發生效力者，如遺囑是（民法一一九九條）。

第二項　有相對人之意思表示

有相對人之意思表示，其生效輒因相對人有無受領能力而有差別。所謂受領能力者即得獨立有效的接受意思表示之謂。依我民法規定，凡有行為能力人，得獨立為意思表示，無行為能力人不得自為意思表示，而限制行為能力人則有時得獨立為意思表示，有時不得獨立為意思表示，此均就為意思表示方面言，若就被動的接受意思表示方面言之亦然，即有行為能力人得獨立接受意思表示，無行為能力人不得自行接受意思表示，而限制行為能力人則有時得接受（如民法七七條但書、八四條及八五條一項之情形），有時不得接受；凡得接受者則有受領能力，否則無受領能力，此二者對於意思表示之生效，即各異其時，加以意思表示之方式，又有對話與非對話之別，因之其情形又彼此不同，茲分述如下：

第一、相對人有受領能力者

（一）**對話之意思表示**　依我民法第九四條規定：「對話人為意思表示者，其意思表示，以相對人了解時發生效力。」㉔所謂了解者即相對人已明瞭其意義之謂，至相對人是否已了解，則應依一般情形定之，若相對人故意掩耳不聞，亦不因此而阻礙其效力之發生，但確具有客觀的障礙，不能了解時，則亦應斟酌其實際情形定之，例如對聾者以口頭表示，對盲者以文字表示，或對不通國語者以國語表示，則均不能發生意思表示之效力。至於何謂對話，何謂非對話，其意義前已敘明，茲不贅述。

（二）**非對話之意思表示**　非對話之意思表示常須經過四個階段，即首須表意人表示其意思（如信已寫完），次則發送（如信已投郵），又次則達到於相對人（如信已送到），最後則為相對人所了解（如信已讀悉），因此關於非對話意思表示之生效時期，立法例亦分左列四種：

（1）**表示主義**　亦稱表意主義或表白主義，即以意思表示外形具備之時，為其生效之時，亦即認為

㉔ 民法第九四條在法、德、瑞、日、泰國民法中無相當之立法例，僅蘇俄民法第一三一條有：「向對話人之意思表示，在未定答復期間者，非經對話人立時承諾，不得拘束要約人」，其第二項有：「以電話表示意思，即認為與對話人表示意思。」之規定，與我民法相仿。

意思表示一經成立，應即生效是。

（2）**發信主義**　認為表意人已將其意思表示置於其自己實力支配範圍以外時，應即生效是。

（3）**達到主義**　亦稱受信主義或受領主義，即以意思表示達到於相對人之時，為其生效之時是。

（4）**了解主義**　亦稱了知主義，即認為意思表示已為相對人所了解時，始發生效力是。

上列四種主義，在（1）與（4）二者，其生效時期，一則過早，一則過遲，且表示與了解兩種事實，亦不易由外部查知，其證明不無困難，若以之為意思表示生效時期之標準，頗不適當，是以立法例多採取（2）與（3）兩種主義（德民一三〇條採達到主義，日民九七條亦同，但其五二六條關於契約之承諾則採發信主義），而此兩種主義，又以達到主義為優，故我民法採之（我民事特別法上亦有採發信主義者，如票據法九一條），即於第九五條一項本文規定為：「非對話而為意思表示者，其意思表示，以通知達到相對人時，發生效力。」㉕所謂達到者即書信已送達於相對人，使其居於可以了解地位之謂，至其實際上，是

㉕ 民法第九五條之立法例：

德民　第一三〇條　向非對話人之意思表示，以達到相對人時，發生效力，但撤回之通知，於達到前或與達到同時達到相對人者，意思表示，不生效力。

意思表示人，縱於表示後死亡或無行為能力，對於意思表示之效力，亦無影響。

本條規定對於官署之意思表示，亦適用之。

瑞債　第三條（一項）　對他人為締結契約之要約，且其承諾定有期間者，其期間經過後，不受其要約之拘束。

第九條（一項）　撤回要約，在要約前或同時達到於相對人，或相對人在要約以前知有撤回者，視為未要約。

否已經閱讀，則非所問。惟何種情形始得謂為居於可以了解之地位？應從社會上一般觀念決之，如送達於相對人所備之受信箱，即為達到，不必限於非交與相對人本人或其代理人不可，惟夜間投入信箱，須至通常開箱取信之時，始得謂之達到。又相對人拒絕接收者，如有正當理由則不能認為達到，否則應以達到論。至於意思表示依客觀情形不能了解者（如字跡模糊已極，普通人皆無法辨認；或拍致彼此未曾會訂之密碼電報，相對人無從譯出），則亦不得謂之達到也。

其次，關於達到主義之效果，尚有左列可述：

⑴意思表示一經達到，即發生效力，表意人自應受其拘束，不得撤回，但撤回之通知，同時或先時到達者，則不在此限（民法九五條一項但書），例如表意人，以普通信郵寄其意思表示之通知後，復以「限時專送」信郵寄其撤回之通知，則後者可能與前者同時到達，又後者若以電報或電話為之，則更能先時到達矣。此時撤回之通知，即可阻止其意思表示效力之發生，而有撤回之效力，否則若其撤回之通知後到者，則不生撤回之效力。此乃到達主義應有之結果，若採發信主義，則信一發出，即不得撤回矣。

⑵意思表示既以通知達到相對人時生效，則通知發出以後，祇須有達到之事實，與無撤回之事實，其效力自應發生，不能因表意人一方情事之變遷而受影響，故我民法第九五條二項規定：「表意人於發出通知後死亡或喪失行為能力，或其行為能力受限制者，其意思表示，不因之失其效力。」所謂死亡，似僅指真實死亡而言（何孝元：《民法總則》一二二頁認為死亡宣告亦包括之）。所謂喪失行為能力，指受禁治

日民　第九七條　對於隔地人之意思表示，自其通知達到相對人，發生效力。表意人縱於發出通知後死亡，或喪失能力，意思表示亦不因之妨礙其效力。

產宣告之情形而言。所謂行為能力受限制者，指民法第八五條二項之情形而言，即已受法定代理人許可營業之未成年人，發出通知（關於該營業者）後，其營業許可被撤銷者，亦不影響其通知之效力是。又未成年人已結婚者，倘其婚姻關係消滅，原則上其行為能力雖不再受限制，但該未成年人之結婚，如因未達法定結婚年齡而經撤銷時，則其行為能力仍受限制，此種情形，自亦有本項之適用（梅仲協：《民法要義》七五頁認為本項「或其行為能力受限制」一語，係屬贅設）。

(3)意思表示既以通知達到相對人時生效，則相對人之姓名或其居所不明者（如對於債務人之繼承人不知為誰，或不知其所在），則如何？此依我民法第九七條規定：「表意人非因自己之過失，不知相對人之姓名、居所者，得依民事訴訟法公示送達之規定，以公示送達為意思表示之通知。」㉖所謂公示送達者乃

㉖ 民法第九七條之立法例：

德民　第一三二條　意思表示，雖依執達吏以為送達，亦視為送達。送達依民事訴訟法之規定為之。

表意人非因自己之過失，不知受意思表示之人，或其人之居所不明者，得依民事訴訟法關於傳喚之公示送達規定而為送達。

在不知相對人之姓名之情形，為表意人住所所在地之第一審法院，如於國內無住所，為其居所地之第一審法院，在相對人之居所不明之情形，為其最後住所所在地之第一審法院，如於國內無住所者，為其最後居所所在地之第一審法院，管轄之。

日民　第九七條之二　意思表示，如表意人不知相對人或不知其所在者，得依公示送達之方法為之。

前項之公示依民事訴訟法關於公示送達之規定，應於法院之揭示場上揭示之，且將其揭示之事項於公報或報紙上至少為一次之登載；但法院認為相當時，得命於市鎮村公所或其他準此施設之揭示場上揭示，以代公報或報

將應送達之文書，公示於一定處所，經過一定期間，即與實際遞交有同一效力之送達是也。公示送達須依民事訴訟法第一四九至一五三條之規定聲請法院為之。此種送達自一定之日起經二十日即生效力，相對人縱屬尚未知曉，亦莫可奈何，故對於相對人頗為不利，因而法律特規定關於相對人姓名居所之不知，須非由於表意人之過失而後可。否則相對人已明明留記通訊處，而表意人因自己不慎遺失，即不得援用此公示送達之方法也。

(4)因戰亂火災及其他事故，或郵送機關之過失，致達到遲延或不能達到時，則其不利益應歸表意人負擔，此點在採取發信主義者恰與之相反。

第二、相對人無受領能力者

（一）對話之意思表示　向無受領能力之相對人本人為對話之意思表示時，應不生效力，我民法雖無明文規定，但依第七六條及第七七條之規定，作反面解釋，應屬如是，故對於無受領能力人本人無對話表示之可能。但對其法定代理人，無妨以對話為之，在此情形則法定代理人了解時，即發生效力，自不待言。

紙之登載。

依公示之意思表示，自最後登載於公報或報紙之日或代此登載而揭示開始之日起，經過兩週時間，視為達到於相對人；但表意人對於相對人之不知，或其所在地之不知，係由於過失者，則不生達到之效力。

公示之程序，在不知相對人之情形，屬於表意人住所地；在不知相對人所在之情形，屬於相對人最後住所地之簡易裁判所管轄。

裁判所關於公示之費用，須令表意人預先繳納之。

（二）非對話之意思表示　依我民法第九六條規定：「向無行為能力人或限制行為能力人為意思表示者，以其通知達到其法定代理人時，發生效力。」㉗無行為能力人無受領能力，限制行為能力人有時有受領能力，有時無受領能力，本條所謂限制行為能力人專指其無受領能力時而言（德民一三一條但書參照），向此等人為非對話之意思表示，其通知應送達於其法定代理人，否則無由生效也。

第五款　意思表示之解釋

第一、意思表示解釋之意義

何謂意思表示之解釋，即闡明意思表示之涵義之謂也。夫當事人之意思表示，究應發生何種法律上之效力，非先確定其涵義不可，而意思表示之涵義，明顯確定者固屬尋常，然而曖昧不明者，亦非烏有，此種情形，即有待乎解釋也。

第二、意思表示解釋之方法

㉗ 民法第九六條之立法例：

德民　第一三一條　向無行為能力人為意思表示者，於未達到法定代理人以前，不生效力。向限制行為能力人為意思表示時，亦同；但意思表示在使限制行為能力人純獲法律上之利益，或法定代理人已表同意者，於意思表示達到限制行為能力人時，發生效力。

日民　第九八條　意思表示之相對人，受意思表示時為未成年人或禁治產人者，不得以其意思表示對抗之；但於其法定代理人知悉以後，不在此限。

意思表示既有時需要解釋，則解釋之方法如何？我民法第九八條規定：「解釋意思表示，應探求當事人之真意，不得拘泥於所用之辭句。」依此可分下列兩點：

（一）**應探求當事人之真意**　所謂真意者乃指表示之真正意思而言，並非當事人內心之真意之謂。蓋表意人內心之真意，若與所表示者不符時，乃構成意思與表示不一致之問題，並非此之解釋問題也。故此之所謂探求真意者，重在探求當事人所為意思表示自身之真意，至其內部所保留之真意如何，則非所問。

（二）**不得拘泥於所用之辭句**　解釋意思表示在積極方面應探求當事人之真意，在消極方面則不得拘泥於所用之辭句，蓋探求真意應注重其內容，不可徒拘形式。但此祇謂勿過於固執拘泥辭句之意，並非必須全捨辭句而他求也。因之解釋之際仍應先就辭句加以斟酌，良以言為心聲，二者原則上輒一致故也，如辭句模糊，或模稜兩可時，始可參考周圍情事，或交易上之習慣，以及誠信原則等而為合理之解釋也。㉘

㉘ 民法第九八條之立法例：

法民　第一一五六條　解釋契約與其僅就文辭為之，毋寧討論契約雙方當事人之意圖。

第一一五七條　契約文辭得解為二種意義時，與其自可使契約無效之意義解釋之，毋寧自可使其契約有效之意義解釋之。

第一一五八條　得解為二種意義之文辭，應為最適於契約事項之解釋。

第一一五九條　意思有疑義之文辭，應從其結約地之事實上之習慣而解釋之。

第一一六〇條　契約中習慣常不記特種必要之文辭時，應視為有此記載而解釋之。

第一一六一條　契約之各文辭，應從全文大旨所可生之意義，對照解釋。

第五節　條件與期限

依據私法自治原則，當事人得使其法律行為發生其所欲發生之效果，因而當事人對其行為效果之發生或消滅，倘欲加以限制，自無不可，此即法律行為之附款是也。我民法總則規定法律行為之附款有二：一為「條件」，一為「期限」，二者均為當事人對其法律行為效力上所附加之限制，惟此種限制係構成意思表示內容之一部，並非有一無條件或無期限之法律行為，先行存在，然後附加一種可以限制其效力之別個法律事實，故有此限制之法律行為，則稱為「附條件的法律行為」或「附期限的法律行為」，茲將條件與期限兩者，分款述之：

第一一六二條　契約之文意有疑義時，應為債務人之利益解釋之。

第一一六三條　契約之文意，雖如何廣泛，應依當事人之意思限制解釋之。

德民　第一三三條　意思表示之解釋，應探求真意，不得拘泥於文辭。

第一五七條　契約應顧及交易上之慣例及依誠實信義原則解釋之。

瑞債　第一八條（一項）　判斷契約，應就其方式及內容，注意當事人一致之真意，不得注意當事人誤解或隱蔽真意所用之不當之文字或辭句。

日民　第九二條　有異於不關法令中公共秩序之習慣，而可認為法律行為之當事人，有依其習慣之意思者，從其習慣。

泰民　第二三條　文書之意義有疑義者，法院與其依文字或文理，毋寧依實際之意思。

第二四條　文書中有二或二以上矛盾之規定時，法院不能確定其真意者，從最後之規定

第二六條　文書或文書之規定，有效之解釋，優於無效之解釋。

第一款　條　件

第一、條件之意義

條件者，乃當事人以將來客觀上不確定事實之成否，決定其法律行為效力之一種法律行為附款也。分述之如左：

（一）**條件者法律行為之附款也**　附款乃附加條款之意，其本身並非獨立的意思表示，仍為法律行為之意思表示內容之一部。附款通常分為三種，即「條件」、「期限」及「負擔」是也，前二者我民法規定於總則編，而負擔則於債編第四一二、四一三條及繼承編第一二〇五條見之。條件係附款之一種，乃由當事人任意所加之法律行為效力上之限制，與法律規定上之限制並不相同，蓋後者為法定條件，例如公益社團之登記，以應先得主管機關之許可為條件（民法四六條），此條件係出於法律之規定，非當事人意思所可左右，故非此之所謂條件也。

（二）**條件者乃決定法律行為效力之附款也**　決定法律行為效力云者，即決定其效力之發生或消滅之謂，條件有決定法律行為效力之發生者，如云：「汝將來高考及格，則贈汝金筆一枝」，此「高考及格」之一事實（條件），即決定金筆贈與（法律行為）效力之發生者也；有決定法律行為效力之消滅者，如云：「現以金筆贈汝，將來汝高考如不及格，則應還我」，此「高考不及格」之一事實（條件），即決定金筆贈與（法律行為）效力之消滅者也。

（三）**條件者乃以將來客觀上不確定事實之成否為內容之附款也**　條件須以事實為內容，此事實不論天時人事均可充之，惟必須為將來之事實；過去之事實，則不能做為條件；又必須為不確定之事實，否則其事實雖屬將來，但已確定必來者，則應為期限，而不得以之為條件，因條件之作用，端在依其事實之成就（實現）與否（不實現），而決定法律行為之效力，若以已確定之事實充之，則無不成就之可言，與條件之本質不合矣。至不確定事實須為客觀上不確定者始可，若其事實已定，僅當事人主觀上尚認為未確定者，亦不得為條件也。

第二、條件之分類

（一）停止條件與解除條件　條件以其作用係限制法律行為效力之發生或消滅為標準，可分為停止條件與解除條件兩種，前者當其成就時法律行為發生效力（民法九九條一項），於其成就前法律行為雖已成立，但尚不生效，即其效力處於停止狀態，故謂之停止條件。如云：「汝高考及格則贈與金筆」，此一贈與契約雖已成立，但其生效（贈與金筆），非待高考及格不可。惟此條件若不成就（高考未能及格），則該法律行為即確定的不生效力矣。後者當其成就時法律行為失其效力（同條二項），申言之，法律行為之效力本已發生，但因條件之成就，使其失效，故謂之解除條件。如云：「現贈金筆與汝，將來高考不及格，則還我」，此贈與契約不僅成立，且已生效，惟一旦高考不及格（條件成就），則贈與之效力即失，筆歸原主。但果高考及格（條件不成就），則該法律行為即確定的不失效力，亦即其效力繼續下去，等於無條件矣。

二者區別之實益，即在乎其效力之不同，而我民法有明文規定之條件，亦僅以此二者為限，關於二者之效力，後詳述之。

（二）積極條件與消極條件　此為學理上之分類（以下各分類同此），即以做為條件之事實之性質係屬積極的抑屬消極的為標準，可分為積極條件與消極條件兩種，前者係以某事實之發生（積極的），為條件之成就，如云：「汝本年內出國，則贈與川資」是；後者係以某事實之不發生（消極的），為條件之成就，如云：「汝本年內不出國，則贈汝生活費」是。此種分類與上述之停止條件及解除條件，並非同一，即在停止條件亦因其做為條件事實性質之不同，而有積極與消極之分，如上舉例雖均為停止條件，但一則為積極的停止條件（出國），一則為消極的停止條件（不出國）。至解除條件亦然。故積極條件、消極條件與停止條件、解除條件，在觀念上不可混為一談。

二者區別之實益，乃在乎其成就與不成就上有所區別，即積極條件，以事實之發生為成就，不發生為不成就；反之消極條件，以事實之不發生為成就，發生為不成就。

（三）**隨意條件、偶成條件與混合條件**　以條件之成就是否受當事人意思所左右為標準，可分為隨意條件、偶成條件與混合條件三種，其詳如下：

（1）**隨意條件**　依當事人一方之意思，可決定其成就與否之條件謂之隨意條件，尚分為非純粹隨意條件與純粹隨意條件兩種，前者其成否雖本於當事人之意思，然尚須於當事人意思之外，有某種積極的事實，始可成立，如「余如遷居臺北」或「君如渡美」等是；後者其成否純任由當事人意思決定，別無其他因素，例如「吾欲時則如何如何」，是純由債務人之一方意思之純粹隨意條件也；又如「汝欲時則如何如何」，是純由債權人一方意思之純粹隨意條件也。

（2）**偶成條件**　條件之成否不關乎當事人之意思，而取決於其他事實（自然界之事實，或第三人之意思）者，謂之偶成條件。例如「本年豐收，則如何如何」，或「父如許可，則如何如何」均屬之。

（3）**混合條件**　混合條件乃其成否係取決於當事人及第三人之意思者也，如「君與某女結婚，則贈以千圓」是。惟此種條件與非純粹隨意條件，頗不易區別也。

以上數者區別之實益，即非純粹隨意條件，偶成條件及混合條件，均屬有效，蓋均具有「客觀的不確定性」故也，但在純粹隨意條件，則不能一概而論矣，即此種條件若繫於債務人一方之意思，而為停止條件時，則其法律行為無效，如云：「我欲時則贈汝」，是乃毫無受法律上拘束之意思表示，故不生效也（日民一三四條規定：「附停止條件之法律行為如其條件僅繫於債務人之意思者無效」，可資參考），但如為解除條件則有效，如云：「此筆贈汝，我欲用時仍得取回」，此時法律行為自可發生效力，倘其永遠不用（如已死亡）則其效力更確定的不消滅矣。至於此種條件，若繫於債權人一方之意思，則不論為停止條件抑為解除條件，均屬有效，如云：「汝如高興，隨時來取」（停止條件），或云：「此錶贈汝，嫌棄時則還我」（解除條件），此等純粹隨意條件，直等於無條件，故其法律行為應有效。

（四）**假裝條件**　亦稱非真正條件，或表見條件，因其徒有條件之外觀，而不具條件之實質故也，可分左列數種：

（1）**法定條件**　即法律所規定之法律行為效力發生或消滅之要件是。此之要件既為法所規定，則無關於當事人意思之如何，若仍以之為條件而附加之，則等於畫蛇添足，故法定條件，非真正條件也。

（2）**不法條件**　即以違法或有背公序良俗之事項為內容之條件是也。計有三種情形：①條件內容為不法者，如以殺人為贈與之條件是；②條件之內容違背公序良俗者，如「汝終身不結婚，則贈與新臺幣萬元是」，不結婚本不為不法，但以此為贈與之條件，則與公序良俗有背矣；③以不為不法行為為條件，如「汝不殺人，則贈與若干」是，此種條件表面上似屬獎勵守法，但實際上不為不法行為乃吾人在法律上當然應有之義務，以之為條件反足助長不法，故亦為不法條件。附有上述之任何一種不法條件之法律行為，均屬無效，我民法雖無規定（日民一三二條規定：「附不法條件之法律行為無效，以不為不法行為為條件者，亦同」），解釋上屬於當然。

（3）**已定條件**　條件之內容，須以不確定之事實充之，若於法律行為成立當時，充其條件之事實已確定者，則不能做為條件。惟「已確定」云者，在羅馬法採主觀主義，即現在或過去之事實，雖已確定，若當事人不知，仍可做為條件，但日本民法則採客觀主義，現在或過去之事實，祇客觀上既已確定，無論當事人知與不知，均不得做為條件。因而如附有此種條件時，則其法律行為之效力，應依下列方法決之：①其條件已確定成就者，若以之為停止條件，則法律行為為無條件，以之為解除條件，則法律行為為無效。②其條件已確定不成就者，若以之為停止條件，則法律行為為無效，以之為解除條件，則為無條件（參照日民一三一條一項、二項），我民法對此無明文規定，解釋上應從同。

（4）**必至條件**　亦稱「必成條件」，即以勢必發生之事實為條件，如云：「太陽自東出，則如何如何」是。此一條件，如為停止條件，則法律行為為無條件，如為解除條件，則法律行為為無效。

（5）**不能條件**　即以客觀上不能成就之事實為內容之條件也，如云：「太陽從西出，則如何如何」是。此條件如為停止條件，則法律行為為無效；如為解除條件，則與未附條件同（參照日民一三三條）。

（6）**矛盾條件**　即因附此條件致法律行為之內容自相矛盾者是也。如云：「此物之所有權讓與他人時，則以之贈汝。」此乃矛盾的停止條件也；又如：「此物贈汝，但汝請求交付時，則應還我。」此乃矛盾的解除條件也。此等條件無論如何，其法律行為均不生效。

第三、條件之效力

（一）條件之成就與不成就　附條件之法律行為其效力是否發生或消滅，厥惟條件之成就與不成就是視，因而斯二者乃條件效力關鍵之所在，茲分述之：

（1）條件之成就　條件之成就者其內容事實已實現之謂也。此點積極條件與消極條件兩不相同，即在前者其事實已發生者，謂之成就，如云下月發射人造衛星，果及期發射是；在後者其事實不發生者，始謂之成就，如云明日不外出，屆時果在家是。惟依我民法第一〇一條一項規定：「因條件成就而受不利益之當事人，如以不正當行為阻其條件之成就者，視為條件已成就。」㉙是為條件之擬制的成就，蓋當事人所處之地位不同，有因條件之成就而受不利益者，亦有因之而受利益者，其受不利益者，每多希望條件不成就，此亦人情之常，無足怪者，但應止於希望而已，若更進一步，以不正當之手段，阻礙條件之成就時，則法律為保護相對人之利益計，遂視為其條件已成就。例如甲託乙介紹出賣房屋，言明成功時，給與報酬

㉙ 民法第一〇一條之立法例：

法民　第一一七八條　附條件之債務，債務人妨礙其條件之成就者，視為已成就。

德民　第一六二條　因條件成就而受不利益之當事人，違背信義妨害其成就者，視為條件已成就。
因條件成就而受利益之當事人，違背信義促其成就者，視為條件不成就。

瑞債　第一五六條　當事人之一方違背信義妨害其到來者，視為條件已成就。

日民　第一三〇條　因條件成就而受不利益之當事人，故意妨害其條件之成就者，相對人得視為其條件已成就。

若干，乙遂介紹丙與甲訂立契約，但甲悔前言，而竟以怠於移交房屋之手段出之，結果買賣不成功，此際應視為買賣成功（條件已成就），乙得向甲請求報酬是。至其成就之時期，應為阻止行為完成之時。又此種擬制之成就，在以自然界事實為內容之偶成條件，甚少適用，蓋斯等事實輒非人力所能左右也。

（2）**條件之不成就**　條件之不成就者，其內容事實確定的不實現之謂也。此亦因條件之為積極抑為消極而有不同，即前者以其事實之不發生為不成就，如以明日降雨為條件，則屆時晴天為不成就是；在後者以其事實之發生為不成就，如以明日不降雨為條件，則屆時雨天為不成就是。惟依我民法第一〇一條二項規定：「因條件成就而受利益之當事人，如以不正當行為促其條件之成就者，視為條件不成就。」例如甲與乙約，若甲之房屋燒損時，乙應付甲一萬元，其後甲故意放火燒毀自己之房屋，此時應視為條件不成就，甲不得向乙請求該款是。此種不成就係擬制的不成就，其立法理由與上述者同，即成就與否本應順乎自然，若以不正當手段促其成就，則法律反視為不成就，以示制裁，而資保護。

（二）**條件成否已定後之效力**　此可分左列兩點敘述之：

（1）**條件成就之效力**　依我民法第九九條一項規定：「附停止條件之法律行為，於條件成就時，發生效力。」其第二項規定：「附解除條件之法律行為，於條件成就時，失其效力。」㉚即條件一旦成就，

㉚ 民法第九九條之立法例：

法民　第一一七九條　條件成就時，其效力溯及於締結契約之日。若因條件成就而受利益之人，於條件成就前死亡者，歸其遺產繼承人繼承。

第一一八一條　附停止條件之債務謂繫於將來未定之事件，或繫於既已發生，而為契約雙方當事人所不及知之

事件之債務。

前項第一段之情形，非其事件既已發生，不履行其債務。

第一項第二段之情形，自訂立發生債務之契約之日，有債務之效力。

第一一八三條　解除條件者謂其條件成就，應解除其義務而回復其自始全無義務之同一狀態之條件。

解除條件，無停止其義務執行之效力，惟其條件成就時，則權利人應返還其既收受之物於義務人。

德民　第一五八條　法律行為附有停止條件者，法律行為之效力依條件之成就而發生。

法律行為附有解除條件者，法律行為之效力，於條件成就時終了，回復成就前之權利狀態。

第一五九條　依法律行為之內容，使條件成就之效果，溯及於既往者，於條件成就時，當事人應於其效力如於以前發生時其各自應享受之程度，互負給與之義務。

瑞債　第一五一條　義務繫於不確定之事實到來之契約，視為附條件，其效力之始期，以當事人無相反之目的者為限，為其條件成就之時。

第一五四條　解除繫於一定條件到來之契約，於條件成就時，失其效力。

效力原則上不溯及。

日民　第一二七條　附停止條件之法律行為，自條件成就時，發生效力。

附解除條件之法律行為，自條件成就時失其效力。

當事人表示條件成就之效果，溯及於條件成就以前之意思者，從其意思。

泰民　第二〇四條　債務之履行或消滅，繫於某種確定事實之發生或不發生者，為條件附債務。

某種事實有不發生之可能性者，為不確定事實。

則法律行為之效力當然發生（在停止條件），或當然消滅（在解除條件），亦即條件成就之效力，應自條件成就時發生，並不溯及既往，惟斯乃原則，若當事人以特約，使條件成就之效果，不於條件成就之時發生者，自應從其約定（民法九九條三項），所謂不於條件成就之時發生者，例如特約溯及於法律行為成立之時發生，或去條件成就後若干日發生是（日本民法第一二七條三項規定，與此稍有不同，請參照㉚）。

（2）**條件不成就之效力**　條件不成就之效力，我民法無明文規定，解釋上應認為在停止條件如不成就時，則該法律行為即確定的不生效力；在解除條件如不成就時，則該法律行為即確定的不失其效力。

（三）**條件成否未定前之效力**　條件成否未定者，其成就未定，其不成就亦未定之謂也，條件之成否既未定，則附條件法律行為之效力，是否發生或消滅，自亦未臻確定，因而遂發生下列之問題：

（1）**期待權**　期待權亦稱希望權或復歸權。即條件成否未定前，法律行為之當事人可能取得權利之希望是也。蓋附條件之法律行為，其條件雖成否未定，但機會究屬參半，即不無成就之可能，如一旦成就，則當事人一方必因之而取得權利，而另一方亦必因之而負擔義務，此種將來可能取得之權利謂之附條件的權利，義務謂之附條件的義務，學者從權利一方面立論，遂將附條件的權利稱為期待權。例如購買愛國獎券，在未開獎前，是否中獎，雖屬未定，但總有中獎希望，此希望即屬期待權，是乃就停止條件言之也；又如岳父贈女婿以財產，言明：倘與女兒離婚，則財產應返還，此種情形，離婚固非人之所願，然不無離婚之可能，因之該財產在其岳父方面言，亦不無返還之希望，有希望斯有期待權（復歸權），此係就解除條件言之也。總之無論何種條件，當其成否未定前，當事人一方必具有此種期待權。

（2）**期待權之保護**　期待權法律上既認為一種權利（此種權利與開始繼承前，法定繼承人所有之繼承權相類似），自當加以保護，故我民法第一〇〇條規定：「附條件之法律行為當事人，於條件成否未定前，若有損害相對人因條件成就所應得利益之行為者，負賠償損害之責任。」㉛例如乙與甲約，如能於法學院畢業，則贈與房屋，而於甲能否畢業未定間，乙將房屋破壞，則甲得向乙請求損害賠償，惟甲若未能畢業

㉛ 民法第一〇〇條之立法例：

法民　第一一八〇條　應得權利之人，於其條件成就以前，得為保全其權利之處置。

德民　第一六〇條　在停止條件附權利人，於條件成否未定前，因相對人之過失，致條件附權利無效或毀損者，得於條件成就時，對之請求損害賠償。

在解除條件附法律行為，因回復成就前權利狀態而受利益者，亦得以前項同一要件，為同一請求。

第一六一條　停止條件於條件未成就前，關於其物之處分，於減損附條件法律行為之效力之限度內，在條件到來之時，失其效力。條件未確定前，因扣押、假扣押而為之處分，或破產管財人所為之處分亦同。

關於解除條件，對於其因條件之到來可至消滅之權利之處分，亦適用前項之規定。

為由無權利人取得權利之人之利益所設之規定，於本條準用之。

瑞債　第一五二條　條件附義務人，於條件成否未定前，不得為妨害其義務正當履行之行為。

條件附權利人，於其權利有被侵害之虞時，得請求其債權與無條件之債權為同一之保護。

因條件成否未定中之處分，而條件到來者，於妨害其效力之範圍內為無效。

日民　第一二八條　條件附法律行為之各當事人，於條件成否未定前，不得侵害相對人因條件成就，由其行為所應生之利益。

第一二九條　於條件成否未定前，當事人之權利義務，得依一般規定為處分、繼承、保存或提供擔保。

時，則不得請求之，自不待言。至於所謂損害行為，如為事實行為（如損毀），自應負責賠償，固無問題，若係法律行為時（如出賣），則是否止於賠償而已？抑該行為應歸無效，我民法無明文規定（德民一六一條規定應無效，參照㉛），解釋上附條件之法律行為如已依公示方法，而具備對於第三人得主張之要件時，則有害此行為之其他處分行為，應為無效。如買賣土地附有條件，並已為預告登記者（參照土地登記規則一三六條二項、一三七條），則於登記後土地權利人對於其土地即不得復行出售，如另行出售亦屬無效，即其適例；反之若未行登記，則其另售行為即不歸無效，而僅生損害賠償問題。

至於此種權利，若由第三人加以侵害，是否亦可構成民法第一八四條之侵權行為？民法雖無明文，解釋上應屬肯定，蓋期待權既係一種權利，自亦應與其他權利受同等之保護，而不得任人侵害也。

第四、不許附條件之法律行為

法律行為以得附條件為原則，不許附條件為例外，此不許附條件之法律行為，學者稱為忌避條件之法律行為，或不親條件之法律行為。法律行為何以有不許附條件者在？其理由如左：

A.一附條件則有背公序良俗者，即不許附之。例如：婚姻、收養、離婚、終止收養關係、繼承之承認及拋棄、非婚生子女之否認身分行為，即不許附條件是也。

B.一附條件則與該行為之性質不合者，亦不許附之。例如：票據行為因重在票據之流通，故應單純，而不得附條件（參照票據法二四條一項五款、三六條、一二〇條一項四款及一二三條一項五款），又如撤銷、承認、解除、選擇權之行使等單獨行為，本為確定法律關係而為，若更許附條件，則使法律關係愈不確定矣，不僅與該行為之本質不合，且易陷對方地位於不安定，故不許附加條件。惟此等行為如經相對人之同意，自亦許附條件，蓋財產行為係以尊重當事人之意思為原則也。

不許附條件之法律行為，如竟附之則如何？學者之主張不一，有認為法律行為無效者，有認為僅該條件無效，而法律行為仍有效，亦即等於無條件者，本書認為此問題不能一概而論，應先根據法律之規定，法律無規定時，則視其行為之性質如何以定。例如匯票之發票應為無條件支付之委託，若竟附以條件，則匯票無效；但背書附條件時，則應依票據法第三六條之規定，其條件視為無記載，亦即無效者僅為該條件，其背書行為，並不因之而無效，可見法律對於不許附條件而附之條件，在規定上其效果亦不一致。故吾人遇有此種情形，首應根據法規決定，不能一概認為其法律行為全部無效，若法律無規定時，則應視該行為之性質，並參酌民法第一一一條但書之規定以決之。

第二款 期限

第一、期限之意義

期限者，以將來確定事實之到來為內容，藉以限制法律行為效力之發生或消滅，而由當事人任意所加之一種法律行為之附款也。析述之如下：

（一）**期限者法律行為之附款也**　期限乃法律行為之附款，此點與條件同。

（二）**期限者乃以將來確定事實之到來為內容之附款也**　此點與條件不同，條件以將來不確定之事實為內容，而期限則反是。例如「明日降雨，則如何如何」，是為條件，若云「來月一日，則如何如何」，即為期限。惟期限非必以時間表示，即以其他事實表示者亦無不可，例如僅云「降雨則如何如何」，是亦為期限，蓋終有降雨之日也。又以時間表示者，亦非必盡屬期限，如云「某人結婚之時，則如何如何」，是乃條件，而非期限，蓋某人之結婚，乃不確定之事實也。

（三）**期限者乃限制法律行為效力之發生或消滅之附款也**　期限之作用，有在乎限制法律行為效力之發生者，謂之始期，與停止條件相當，即在其到來之前，法律行為之效力處於停止狀態，待其到來時，法律行為之效力始告發生。期限之作用，又有在乎限制法律行為效力之消滅者，謂之終期，與解除條件相當，即在其未到來時，法律行為之效力照常存續，待其到來時，法律行為之效力即應消滅者是也。

第二、期限之分類

（一）**始期與終期**　始期與終期之意義，已如上述，我民法對此兩種期限有明文規定（民法一〇二條）其效力，當於次段詳述之。

（二）**確定期限與不確定期限**　以期限內容之事實之發生及其發生之時期是否確定為標準，可分為確定期限與不確定期限。前者乃發生之事及發生之時均可確定者也（若均不確定則為條件），如約以「民國四十七年四月十九日，日環蝕時，則如何如何」或約定「今後一年則如何如何」是。後者乃事確定而時不確定，如以某人死亡之日為期限是；或時確定而事不確定，如以某女達於結婚年齡是。

（三）**假裝期限**　假裝期限者具有期限之外貌，而未具有期限之實質者也，有左列兩種：

（1）**不能期限**　不能期限者乃以甚遠將來之時期為期限之期限也，如云「千年後如何如何」，此期限雖非不可能到來，但人生上壽不過百年，如此久遠，誰復計及？況法律乃以人之現實生活為標準，注重一般交易之觀念，因而此種期限即為不可能，如以之為始期而附之，則法律行為無效；如以之為終期而附之，則等於無期限。

（2）**猶豫期限**　法院為體恤債務人，所許之分期給付或緩期清償之期限（民法三一八條一項但書），是為猶豫期限。此種期限係由於裁判而來，並非當事人任意附加，故與法律行為附款之期限不同，又法定期限（民法三八〇條）亦然，凡此皆非真正之期限也。

第三、期限之效力

（一）**期限之到來**　期限之到來者其內容之事實業已發生之謂也，我民法對於始期之到來，稱為「屆至」，對於終期之到來，稱為「屆滿」，期限只有到來，而無不到來者，此點與條件之有成就者，有不成就者不同。

（二）**期限到來前之效力**　在期限到來前當事人雖尚未取得權利（始期）或回復權利（終期），但總有一種取得或回復權利之希望，學者謂之期待權，此點不僅與條件相同，且期限只有到來，而無不到來者，因而其期待權亦較條件之期待權為確實，故法律更不能不予以保護，我民法第一〇二條三項有：「第一百條之規定，於前二項情形準用之」之規定，用意在此。申言之，即附期限法律行為之當事人，在期限到來前，倘有損害相對人因期限到來所應得利益之行為者，負損害賠償之責任。又此種期待權亦得為侵權行為之標的，自不待言。惟附期限之法律行為，對於期待權不感必要之情形，常不在少，例如約定贈與房屋，下月交付，此時贈與人之債務業已成立，倘自行破壞其房屋，則構成債務不履行之問題，而不必以侵害受贈人之期待權處理之是也。又如租賃房屋，為期五年，倘承租人破壞房屋，則為租約之違反問題，或為侵害出租人之所有權問題，亦不必以侵害出租人之期待權處理之也。

(三) 期限到來後之效力　依我民法第一〇二條一項規定：「附始期之法律行為，於期限屆至時，發生效力」，又同條二項規定：「附終期之法律行為，於期限屆滿時，失其效力。」㉜可見期限之到來，對於法律行為效力之發生或消滅，實具有決定性作用。惟期限屆滿之效力，係自屆滿時發生，絕對不能溯及，此點與條件不同，蓋期限屆滿如許發生溯及效力，則與附該期限之本質不合也。

第四、不許附期限之法律行為

法律行為以許附期限為原則，但例外亦有不許附期限者，如結婚、認領等身分上之行為，及撤銷、承認等之債權行為均是。此點與條件大致相同，所不同者不許附條件之行為，未必亦不許附期限，如票據行為雖不許附條件，但並非不許附期限也。

㉜ 民法第一〇二條之立法例：

法民　第一一八五條　附期限之義務並非停止履行，惟延展其履行至預定之日止，此點與附停止條件之契約不同。

第一一八六條　至預定期限應為之義務，於其期限屆至前，不得請求；但於其期限前既已交付之物，不得收回。

德民　第一六三條　於為法律行為時，就其效力之發生，附有始期或終期者，於附始期時準用關於停止條件，於附終期時，準用關於解除條件之第一五八條、第一六〇條、第一六一條之規定。

日民　第一三五條　法律行為附有始期者，其法律行為之履行於期限屆至前，不得請求。

法律行為附有終期者，其法律行為之效力，於期限屆滿時消滅。

泰民　第二〇九條　關於債務之履行或消滅，定有期限者，為期限附債務。

第六節 代理

第一款 總說

第一、代理制度之社會作用

代理乃一種依他人（代理人）之獨立行為（意思表示），而本人（被代理人）直接取得其法律效果之制度，在古昔惟家長始有權利能力，對於家子及奴隸之活動，並不承認其為獨立的法律行為，而祇認其係家長手足之延長，故斯時對於代理之觀念，尚未發生，以其無此必要也。不寧唯是，古代法律崇尚簡明，依他人之獨立行為，而承認自己法律關係之變動，亦非當事人之所願，古代羅馬法一般的代理制度之所以未能形成者，厥因在此。其後社會進步，人之活動範圍漸廣，而社會關係亦日趨複雜，如仍似昔日之事事躬親，實感力有未逮，於是代理之制度乃應運而生，羅馬在後期亦有代理之類似制度出現，迨為德國繼受之後，自十七世紀開始，代理遂成一獨立之制度矣。在近代法上代理之作用可分左列兩點述之：

（一）**私法自治之擴張**　個人依其自己的自由意思，而處理其社會生活關係，是為近代法之理想，惟一個人之精力有限，時間有限，當此事紛繁，分身乏術之今日，若仍固執上述之理想，遇事毫不假手他人，則其活動之範圍自亦有限矣。是以吾人甘欲固步自封則已，否則如欲化有限為無限，則何妨以己之所信任者為代理人，而依其行為，以坐享其法律效果乎？況以自己之經濟信用為背景，利用他人之才能從事活動，其效果亦未必不較自己親自為之者為優，又何樂而不出於此乎？今日之大資本家，其事業輒遍及全球，而猶高枕從容者，胥此代理制度之所賜，故曰：代理之作用，在乎私法自治之擴張也。

（二）**私法自治之補充**　在近代法上一切自然人莫不具有權利能力，然而無意思能力者，卻不得自為法律行為，因之為使此等人不徒擁有社會關係一份子之虛名，而亦得實際參加社會活動，俾收權利能力之實效起見，則唯代理制度是賴，未成年人及受監護宣告人等之有法定代理人，其作用在此，故曰：代理之作用，又在乎私法自治之補充也。

根據上述兩點，可知代理係以擴張及補充私法的自治為目的，而依他人之行為以取得權利或負擔義務之制度，然而卻不得以私法的自治之例外目之，不過此制度仍非直接基於自己意思之行為，而承認權利義務之變動，究屬對於個人意思絕對思想之一種限制，此點吾人亦難否認。

第二、代理制度之立法例

代理制度之立法例，各國不同，言之約如左列：

⑴代理與委任混而不分者，如法國民法（第三編第十三章）及泰國民法（第三編第十五章）是。

⑵將代理與委任分為兩事，以委任為各個契約關係，而以代理規定於債之發生，契約中者，如瑞士債務法（第一章第一節債之發生第一款契約及第二章第十三節）是。

⑶將代理與委任析而為二，列委任於債務，列代理於總則者，如德國民法（委任見債務編第七章第十節，代理見總則編第三章第五節）及日本民法（委任見債權編第二章第十節，代理見總則編第四章第三節）是。

我民法將委任（債編第二章第十節）與代理分別規定，固可表示代理與委任不可混同，原無不妥，然而又將代理制度分列兩處（代理之一般法則，規定於總則編一〇三條～一一〇條；代理權之授與、共同代理及無權代理之一部份，則規定於債編一六七條～一七一條），頗為學者所非議。因而民法總則之著作，依民法典之次序，僅列代理之一般法則者有之；為說明便利，而將債編之規定，一併敘述者亦有之。本書為配合法典之次序，於此雖僅列總則之規定，餘則讓諸債編，但仍虛列其項目，以示完整，而資對照。

第三、代理之意義

代理者代理人於代理權限內，以本人（被代理人）名義，向第三人為意思表示，或由第三人受意思表示，而直接對本人發生效力之行為也（民法一〇三條）㉝，析言之如左：

㉝ 民法第一〇三條之立法例：

法民　第一九九八條　本人授與受任人以權利者，受任人與他人所生契約之義務，應歸本人負擔。受任人為本人授權以外之行為，本人除明認或默認外，不必負擔。

德民　第一六四條　代理人於其代理權範圍內，以本人名義所為之意思表示，直接為本人之利益或不利益，發生效力。其意思表示係明示以本人名義，或依其情事，可知其所為係以本人之名義，並不因之而有區別。以他人名義所為之意思不明者，則法律亦不認其欠缺以自己名義而為之意思。（按即視為代理人自己之行為）第一項之規定，於應向他人為意思表示，而向其代理人為之者準用之。

瑞債　第三二條　有代理他人之權限者，以他人名義訂立契約時，本人因此取得權利，負擔義務。代理人非為其權利人或義務人。

代理人於訂立契約時，不表明其為代理人者，本人以相對人依其代理關係所生之情事不能不訂立契約，或相對人與任何人訂立契約亦無關係時為限，直接取得權利，負擔義務。否則應各從其規定，以債權之讓與或債務之

（一）代理者代為意思表示或代受意思表示之行為也　代理係一種行為，此種行為以代為意思表示或代受意思表示為限，易言之，祇對於法律行為始有代理之可言，他如事實行為乃至侵權行為則不得代理。又法律行為之得代理者亦僅限於財產上之行為，若身分上之行為（如結婚、遺囑）則不得代理也。

（二）代理者代理人於代理權限內所為之行為也　財產上之行為，原則上固均得代理，但代理人須有代理權，並須於代理權之範圍內為之始可。何謂代理權？其範圍若何？分述如下：

（1）代理權之意義　代理權者乃基於法律規定或本人之授與，而生之一種資格權也。代理權雖亦名為「權」，但與其他權利不同，蓋其他權利皆以利益為依歸，而代理權對於代理人並無利益可言（效果直接歸屬於本人），故代理權僅為一種資格或地位，其發生有基於法律規定者（法定代理），有基於本人之授與者（意定代理）。代理人必須有此代理權，始得有效的為代理行為，然而雖無代理權，其代理之行為，於某種情形下（如無權代理經本人之承認，及表見代理等是），亦有有效者，乃例外也。

（2）代理權之範圍　所謂代理權限，即係代理權範圍之意，在法定代理，其範圍當依照法之所定（如

承受為必要。

第三三條　以他人名義為法律行為之權限，由公法關係而生者，其代理權限，依聯邦或各州法律之規定定之。
權限由法律行為授與者，其範圍依其法律行為之內容定之。
授權人以授與權限之意思通知第三人者，其範圍依對於第三人之通知定之。

日民　第九九條　代理人於權限內，明示為本人而為之意思表示，直接對本人發生效力。
前項規定，於第三人向代理人所為之意思表示，準用之。

民法一〇八八條、一一〇一條），在意定代理，自應依本人之授權行為定之。如其範圍不明時則若何，我民法並無明文，日本民法（一〇三條）則設有補充規定，可供參考，其範圍如左：

(1)保存行為：即維持財產現狀之行為，如房屋修繕契約之訂立，消滅時效之中斷，乃至期限到來債務之清償等是。

(2)利用行為：即就財產所為之收益行為，如房地之出租或貸款取利是。

(3)改良行為：即增加使用價值或交換價值之行為，但須於不變更客體性質之範圍內為之，如變不毛地為良田是。至於何謂變更客體之性質，其標準應依社會上一般交易觀念決之，如變耕地為宅地，以儲金易股票，則應解為變更客體之性質，而不得為之也。

上述三行為，總稱為管理行為，以與處分行為相對稱，若授權時未定範圍者，代理人即得於此範圍內為之，惟管理行為中之保存、利用、改良各行為，均有法律行為與事實行為之分，此處僅指其法律行為而言，至事實行為則不包括在內。

（三）代理者代理人以本人名義所為之行為也　代理人代為意思表示或代受意思表示時，須以本人之名義為之，學者稱此為「顯名代理」，所謂以本人名義為之者，即須有為本人之意思，且將其意思，表示於外者是也。表示此項意思之方法，以用本人名義為最適宜，故法律即以之為代理之要件。此意思稱為「代理意思」，即欲使該代理行為直接對本人發生效力之意思是。因之倘不以本人名義，而以代理人自己名義所為，縱令其效力直接對於本人發生，亦不能稱為代理，故抵押權人處分其抵押物時，雖亦直接對本人（抵押物之所有人）發生效力，然究難謂為代理。惟代理人雖未用本人名義，但其有代理意思，已為相對人所明知，或可得而知者，能否成立代理？此在日本民法第一〇〇條已有明文規定，承認有代理之效力（德民一六四條亦有類似規定），我民法雖無明文，但判例則有之（前大理院七年上字第三五一號判例：代理人未明示本人名義而為意思表示者，應視為該代理人所自為，惟相對人明知其代理權，或可得而知者，不在此限），學者稱此為「隱名代理」。

（四）**代理者代理人所為直接對本人發生效力之行為也**　代理人為本人所為之行為，是為代理行為，代理行為何以直接對本人發生效力？有三說：

（1）**本人行為說**　謂法律以代理人之行為，擬制為本人行為。

（2）**共同行為說**　謂本人對於代理人之意思，及代理人對於相對人之意思，互相結合始生效力，故該行為屬於本人與代理人之共同行為。

（3）**代理行為說**　即該行為純粹屬於代理人之行為，僅其效果依代理制度直接歸屬於本人而已，易言之，即動的行為與靜的效果，彼此分離，此乃代理之特色。此說較前二說係拘泥於非基於本人之行為或意思，則對本人不生效果之舊觀念者，實為進步，故能適應現代之需要，而為近時學說所採。

第四、代理之類似制度

（一）**代表**　代理與代表輒相混同，一似毫無區別者，惟實際言之，二者並不相同，蓋代理人之行為，僅其效果直接歸於本人，而代表則代表人之行為，視為本人之行為，此其一，代理僅得就法律行為或準法律行為為之，而代表則就法律行為以外之事實行為亦得為之，此其二，有此二端，可知代理與代表應有區別也。

（二）**使者**　代理人與使者不同，代理人自為意思表示，使者則傳達他人之意思表示（傳達已完成之意思表示者，如遞送書信，將他人已決定之意思，表示於相對人，以完成其意思表示者，如口頭傳言），故使者僅為一種表示機關，而以他人有行為能力為必要，且關於錯誤、詐欺、脅迫、善意、惡意等問題，應就該他人決之，而代理則關於此等問題，應就代理人決之。

（三）**代位權**　代位權係民法債編第二四二條所規定，乃債之保全方法之一，其與代理權不同者，即代位權為固有權，其債權人之行使此項權利，全為自己之利益，且應以債權人之自己名義行之，代理則不如是也。

（四）**代理占有**　占有為事實行為，代理占有即代為事實行為，因而與代理自不相同，蓋代理乃有關法律行為之制度，非關乎事實行為也。

第五、代理之分類

代理依種種不同之標準，可分類如左表：

- 代理
  - （一）民法上代理，特別法上代理，訴訟法上代理
  - （二）
    - 有權代理
      - ①法定代理，意定代理
      - ②直接代理，間接代理
      - ③一般代理，特別代理
      - ④單獨代理，共同代理
      - ⑤積極代理，消極代理
      - ⑥雙方代理，復代理
    - 無權代理（表見代理，狹義的無權代理）

茲依照上表分別說明如下：

（一）民法上代理、特別法上代理及訴訟法上代理　代理以其所依據法律之不同，可分為民法上代理、特別法上代理及訴訟法上代理三種：

（1）民法上代理　即總則編與債編通則中所規定之代理是也，此種代理關於一切法律行為，除該行為之本質（如結婚、收養等），僅限於本人自為者外，均得代理之，又債編各種之債中之經理權及代辦權（民法五五三條、五五八條），本為商法上之代理，但在我民商統一制度之下，自亦為民法上之代理，惟與民法上之普通代理不同者有下列兩點：

⑴民法上普通代理權之授與，以意思表示為之（民法一六七條），其為口頭抑為書面，在所不問；但經理權或代辦權之授與，其關於特定行為者（民法五五四條二項、五五八條三項），則非用書面不可。

⑵民法上普通代理權，原則上因本人之死亡、破產或喪失能力而消滅（民法五五〇條參照），但經理權及代辦權則否（民法五六四條）。

（2）特別法上代理　此指民事特別法上之代理而言，此種代理與民法上之代理，多有不同之處。例如就票據法上之代理言之，依該法第九條規定，代理人未載明為本人代理之旨而簽名於票據者，應自負票據之責任，即不成為代理，但民法上縱未用本人名義，若其具有代理權為相對人所明知或可得而知者仍得成為代理，此其不同之點一。又依票據法第一〇條規定，無代理權而以代理人名義簽名於票據者（無權代理）應自負票據上之責任，但在民法上無權代理人以代理人之名義所為之行為，如經本人承認亦可生效（民法一七〇條一項），此其不同之點二。此外如海商法上之代理，依該法第一九條一項規定，共有船舶經理人，非經共有人依第一一條規定之書面委任，不得出賣或抵押其船舶，此種授權行為限於要式（書面），此亦與民法上之代理有所不同也。

（3）**訴訟法上代理**　在訴訟法上刑事被告，原則上不准代理（但刑事訴訟法第三六條規定，最重本刑為拘役或專科罰金之案件，被告得委任代理人，是為例外），自以民訴法上之代理為限，所謂訴訟代理人是也。此之代理須由當事人或其法定代理人委任有訴訟能力之人為之，與民法上代理不同之點甚多，其重要者如左：

⑴民法上之代理係代為法律行為，訴訟法上之代理係代為訴訟行為。

⑵民法上之代理人，不必有完全的行為能力，而訴訟法上之代理人，則應有行為能力。

⑶民法上代理權因本人之死亡而消滅，但訴訟代理權則否（民訴七三條）。

⑷民法上之代理，如代理人有數人者，以共同代理為原則（民法一六八條），而訴訟法上之代理則不然（民訴七一條）。

上述之三種代理，本書以民法上之普通代理為主要之論述對象，其他代理不過偶有觸及，藉供參照而已。

（二）**有權代理與無權代理**　代理以其代理權之有無為標準，可分為有權代理與無權代理兩種，真正代理自以有權代理為限，故僅稱「代理」二字，而未標明有權無權者，自指有權代理而言。

有權代理尚可細分下列各種，即：

（1）**法定代理與意定代理**　代理以代理權之發生係依法律規定，抑由當事人授與為標準，可分為法定代理與意定代理兩種，前者之代理權係依法律規定而發生，後者之代理權係由本人之授權行為而發生，兩者自不相同，其詳除於次款述之外，茲應注意者，即代理權雖由法律行為而發生，但其權限卻由法律所規定者，如經理人（民法五五三條）、共有船舶經理人（海商法一八條），究為法定代理，抑為意定代理，不無可議之處，但一般則謂仍屬於意定代理，僅其代理權既由法律為之規定，則有時可準用法定代理之規定而已。

（2）**直接代理與間接代理**　代理以代理行為之效果，是否直接對本人發生為標準，可分為直接代理（亦稱完全代理）與間接代理（亦稱不完全代理）兩種，前者即代理人於代理權限內，以本人名義所為之意思表示或所受之意思表示，直接對本人發生效力之代理也。後者乃以自己之名義為他人為法律行為，而以效果移轉於他人是者也，如行紀（民法五七六條）是，此種代理其效果先對代理人發生，然後依代理人與本人之內部關係，而移轉於本人，與前者並不相同，僅其為他人計算之一點，與前者相似而已。羅馬法原無代理制度，迨查帝後，始有此種間接代理制度出現。我民法上所稱之「代理」，以直接代理為限。至間接代理祇可謂為代理之類似制度，而非真正之代理也。

（3）**一般代理與特別代理**　代理以代理權之範圍係概括的抑係有定限的為標準，可分為一般代理（亦稱概括代理）與特別代理（亦稱部分代理）兩種，前者其代理權之範圍，無特別限制，例如某甲以某乙為代理人經營買賣是；後者則其代理權之範圍，受有特別限制，例如上例某乙雖為某甲之代理人，但甲限制其祇能代買，而不能代賣是。此種限制在法律上之效力如何，輒因代理權之為法定，抑為意定而不相同，詳容後述。

（4）**單獨代理與共同代理**　單獨代理與共同代理有兩種涵義：其一、代理人有數人時，以其代理權行使之方式為標準，可分為單獨代理與共同代理兩者，前者即數代理人各得單獨行使代理權，而不必共同之，故亦稱各自代理；後者即其代理行為應共同為之是，我民法以之規定於債編（一六八條），其詳當讓諸該編述之。其二，以被代理人之人數為標準，亦有單獨代理與共同代理之稱，即前者係一人代理一人，後者乃一人代理多數當事人是也。

（5）**積極代理與消極代理**　代理以代理人係代為意思表示，抑代受意思表示為標準，可分為積極代理與消極代理兩種，前者亦稱主動代理或動方代理；我民法第一〇三條一項所規定者是；後者亦稱被動代理或受方代理，我民法同條二項所規定者是也。二者在效力上並無不同，不過消極代理既僅為消極的受領，則代理人祇有為本人受領意思表示之意思為已足，不必一一表示以本人名義而受領之也。

（6）**雙方代理與復代理**　二者並非對名詞，故無統一的區別標準，祇為列表便利，姑予並陳，仍應分別說明如下：

⑴雙方代理：雙方代理者為本人與自己之法律行為或既為第三人之代理人，而為本人與第三人之法律行為（民法一〇六條）是也。所謂為本人與自己之法律行為者，即代理人代理本人與代理人自己為法律行為，故亦稱自己代理或自己契約；所謂既為第三人之代理人，而為本人與第三人之法律行為者，即某甲既為乙之代理人，同時復代理丙與乙為法律行為，故亦稱重複代理，或狹義的雙方代理。此之代理與前者（自己代理）合稱雙方代理（廣義的），雙方代理易滋弊端，原則上應予禁止，詳於代理之效力中述之。

⑵復代理：復代理者代理人為處理其權限內事務之全部或一部，而另選他人代理之代理也（我國多稱為複代理，本書著者仿日本稱為復代理）。被選任者稱為復代理人或次代理人。關於復代理人之選任是否

禁止？亦即代理人有無復任權？立法例不同：①有未設明文規定者，如德民及瑞債是，因而該國學者之解釋多主張不許選任復代理人，以代理關係，乃以信任為基礎故也，惟因代理權之內容，雖非代理人親為代理行為，亦無利害關係者，則亦許可選任之。②有設明文規定者，如法、日民法是，日本民法對於法定代理，以得選任復代理人為原則（日民一〇六條），意定代理則以得選任復代理人為例外（日民一〇四條）。我民法從德、瑞立法例，未設規定，且於委任及僱傭，設有禁止之明文（民法五三七條及四八四條一項，德民六四四條、瑞債三九八條三項亦同），因而解釋上以不許選任復代理人為原則，但民法第一〇九二條規定，父母對其未成年之子女得因特定事項，於一定期限內，以書面委託他人行使監護之職務，是為例外。此外於事實上之便利，代理人為處理其權限內之事務，經本人之許諾，或有不得已之事故，自亦得委任補助人以佐理之，此補助人之行為，對於代理人發生效力，亦非法之所禁（前大理院五年上字第二四三號判例：認復代理制度之存在，即代理人經本人之許諾，或因有不得已之事由，而選任復代理人者，除其復代理人，係由本人自行指定者外，該代理人須就復代理人之選任及監督，對本人負責）。

以上各項係有權代理之細分類，至於無權代理亦可分兩種，即：

（1）**表見代理**　表見代理者無代理權人，而有相當理由，足令人信其有代理權時，法律遂使本人負授權責任之代理也。我民法第一六九條規定：「由自己之行為表示以代理權授與他人，或知他人表示為其代理人而不為反對之表示者，對於第三人應負授權人之責任」，即指此而言，其詳當讓諸債編述之。此外我民法第一〇七條所規定之情形，有時亦可發生表見代理之問題，詳容後述。

（2）**狹義的無權代理**　無權代理有廣義與狹義之分，廣義的無權代理，包括上述之表見代理在內，而狹義的無權代理則指表見代理以外之無權代理而言。在無代理權之一點上，二者固屬相同，但表見代理雖無代理權，尚有足以令人信有代理權之相當理由，狹義無權代理，則並此理由亦無之，此二者之不同處。狹義無權代理之情形有四：①根本無代理權，且不具備表見代理之要件者，②授權行為無效者，③逾越代理權之範圍者，及④代理權消滅者是也。

第二款　代理之發生

民法上若僅稱代理，則指有權代理而言，代理之發生，亦即代理權發生之謂。代理權如何發生？則法定代理與意定代理有所不同，茲分述之：

第一、法定代理之發生

（一）**祇須具有法定身分，或居於法定地位，則於法律上當然成為代理者**　如行親權人之於未成年人、監護人之於受監護宣告之人是也。

（二）**由於國家機關之處分而發生者**　如法院選定之法人清算人、指定之遺囑執行人等是也。

（三）**由於本人以外之私人行為而發生者**　如由親屬會議選定之遺產管理人、遺囑執行人等是也。

第二、意定代理之發生

意定代理之發生，係基於本人之授權行為，我民法第一六七條規定：「代理權係以法律行為授與者，其授與應向代理人或向代理人對之為代理行為之第三人，以意思表示為之。」即係關於授權方式之規定，至授權行為之本質如何？約有左列兩說：

（一）**契約說**　認為代理係本人與代理人間之一種契約，更分二說：

（1）**委任契約說**　法國法系民法認為代理權係由委任契約而發生，委任以外，並無代理權發生之可言（法民一九八四條），亦即認為委任契約與代理權之發生，具有因果關係，委任契約即係代理權之授與，是為委任契約說。

（2）**無名契約說**　日本民法學者多主張代理非委任契約，乃一種無名契約（無名契約對有名契約而言，後者乃法律賦與一定名稱，並設有特種規定，故又稱典型契約，如債編第二章各種之債是，前者則反是），蓋因日本民法無關於代理權授與之規定，始有此無名契約說之倡行。

（二）**單獨行為說**　此說謂代理權之授與，並非契約，乃純係單獨行為，其授權也，不必待代理人之承諾，即可成立。故謂之單獨行為說，乃德國民法所創，我民法採之，惟代理權之授與，多與委任、雇傭、承攬及合夥等之法律關係同時為之，此等法律關係，對於授權行為言，則為基本法律關係。基本法律關係與授權行為是否可以分離，有左列兩說：

（1）**有因說**　此說主張授權行為與其基本法律關係不可分離，即其基本法律關係如歸於無效或撤銷，則授權行為亦因之而消滅是。

（2）**無因說**　此說主張授權行為與其基本法律關係可以分離，縱其基本法律關係，歸於無效或撤銷，授權行為亦不受影響是。

以上二說，依我民法第一〇八條一項：「代理權之消滅，依其所由授與之法律關係定之」之規定，顯採有因說無疑。不過此僅指其存續而言，若授權行為之成立，伴有委任等之基本法律關係者固多，而不伴有斯等基本法律關係者，亦非烏有，加以雖有委任等之基本法律關係，但未必盡行授與代理權，故二者在成立上，實非必然的發生牽連關係，此不可不注意者也。

第三款　代理之效力

代為意思表示或代受意思表示之人，稱為代理人，其相對人稱為第三人，受該意思表示效力之人稱為本人（即被代理人，但表見代理則稱本人為自己，稱代理人為他人；而無權代理又稱本人為他人），由此三種人可構成一個三面關係，茲圖示如下：

上圖所示之關係為代理關係，亦即代理之效力問題，茲分述之：

第一、本人與代理人之關係

（一）代理權之存在　本人與代理人之關係，係建築於代理權之上，亦即必須有代理權存在，兩者間始有關係可言，代理權之存在者乃代理權業已發生，尚未消滅之謂。如何發生已專述於前，如何消滅當詳敘於後，茲均不贅。惟意定代理其代理權之發生，係基於授權行為，而此授權行為雖為不要式行為（參照民法一六七條），然而慣例卻多授與委任狀（授權書），以證明代理權之存在。委任狀中有所謂白紙（空白）委任狀者，即不記載特定代理人而輾轉流通，使最後取得者，填入自己姓名以為代理人之一種變態的授權行為也。例如記名股票，即有附此白紙委任狀而流通者（記名股票之無記名化），此種白紙委任狀，旨在促進交易之敏活，但易釀流弊（如乘人之急迫使授與大而不當的權限）亦不可不注意也。

（二）代理權之範圍　代理權之範圍如何，及其範圍不明時，應如何解決，前已言之，代理人之代理行為，須在此範圍內為之，如超出代理權範圍之外，則就該事項不得謂有代理權也。

（三）共同代理　共同代理者數代理人共同行使代理權之謂也。我民法第一六八條本文規定：「代理人有數人者，其代理行為應共同為之。」即指此而言，其詳除於債編述之外，於此應注意者，即共同代理人之一人如竟單獨代理時，即屬越權，而成為無權代理問題，但在消極代理之情形，則應解為縱代理人之一人亦有單獨受領之權限，否則必感不便。

（四）雙方代理　何謂雙方代理前已言之，其效力如何？依我民法第一〇六條規定：「代理人，非經本人之許諾，不得為本人與自己之法律行為，亦不得既為第三人之代理人，而為本人與第三人之法律行為。但其法律行為，係專履行債務者，不在此限。」㉞可見雙方代理我民法在原則上係加以禁止。禁止之理由，

㉞ 民法第一〇六條之立法例：

法民　第一五九六條　左列諸人，不得自己買受，或以他人之介入，而為買受左列之財產。違反之者其行為無效。

一、監護人對於受監護人之財產。

二、受任人對於受託出賣之財產。

其說不一，約如左列：

（1）**當然說**　此說謂契約乃以有當事人二人以上為必要，此雙方代理係一人而兼雙方當事人之資格，於契約之性質不合，當然不得為之。

（2）**便宜說**　此說謂雙方代理，理論上雖非不可能，但因契約當事人雙方利害互異，在雙方代理則代理人之公正者甚難自處，而代理人之狡黠者，又不免厚己薄人，故法律為保護本人之利益計，為謀代理人之便宜計，遂設有此種禁止之規定。

後說為通說，我民法之規定，蓋亦根據此種理由，惟此雙方代理之禁止僅屬原則，尚有例外如左：

（1）**經本人許諾者**　雙方代理之禁止，並非強行規定，自不妨尊重當事人之意思，苟本人許諾為雙方代理時，則其代理行為，即屬完全有效。惟所謂本人許諾者，乃專指意定代理而言，在法定代理，自不適用。

（2）**其法律行為係專履行債務者**　雖未經本人許諾，但其所代為之法律行為，如係專履行債務時，則雙方代理亦不在禁止之列。蓋債務已屆清償期，雖一面代理給付，一面代理受領，亦不致有利害衝突，因此種情形並非新創造利害關係，僅係完成已成立之利害關係而已，故法律對此特例外的不加禁止。惟所謂履行債務者乃專指單純之清償而言，若代物清償既仍須重新權衡其利害，則解釋上自仍不許雙方代理。

德民　第一八一條　代理人無特別許可，不得以本人名義與自己為法律行為，亦不得為第三人之代理人與本人為法律行為；但法律行為係專以履行義務為目的者，不在此限。

日民　第一〇八條　無論何人，不得就同一法律行為，為其相對人之代理人或為雙方當事人之代理人，但債務之履行，不在此限。

又抵銷倘無利害衝突者，則與專履行債務並無不同，自亦不妨准許雙方代理也。

雙方代理之禁止，既非強行規定，則違反之者，自非當然無效，僅成為無權代理之問題，如經本人事後之承認，自仍有效。

第二、代理人與第三人之關係

（一）代理人意思之表示　代理人與第三人（相對人）乃代理行為之當事人，其關係係由於代理意思之表示而發生，代理意思之表示依我民法第一〇三條規定，應以本人名義為之，是為顯名代理，前已言之。所謂以本人名義為之者，通常多記載為「甲某代理人乙某」等字樣，然代理人不表示自己之名，僅表示本人之名而為行為者亦有之，例如本人與以印章，使代理人蓋用，自亦無妨。

（二）代理人之能力　代理人之能力問題，可分三項敘述如下：

（1）權利能力　代理人因非其本身享受權利負擔義務，故不以具有權利能力為必要。外國人在我國其權利能力縱依法不無限制，但我國人如以外國人為代理人，取得該受限制之權利，亦無不可；反之本人則須有權利能力，故依法外國人在我國不得享有之權利，則該外國人縱以我國人為代理人，亦不能取得之。

（2）行為能力　依我民法第一〇四條規定：「代理人所為或所受意思表示之效力，不因其為限制行為能力人而受影響。」㉟可知代理人不以具有完全行為能力為必要，換言之，即限制行為能力人亦得為他

㉟ 民法第一〇四條之立法例：

法民　第一九九〇條　得委任婦女及免除監護之未成年人為受任人；但本人對於為其受任人之未成年人，應依關於未成年人之義務之一般規定而為訴訟，對於未經其夫承諾而為受任人之婦女，應依「夫婦財產契約及夫婦相互間

人之代理人也。惟應注意者有三點：依上開條文之文義觀之，所謂不因之而受影響者，僅以限制行為能力人為限，若無行為能力人（未滿七歲之未成年人及受監護宣告之人），又當別論，亦即不得為代理人，此其一；其次本條之適用應僅限於意定代理，若法定代理則民法多設特別規定予以限制，例如民法第一〇九六條規定：「有下列情形之一者，不得為監護人：一、未成年。二、受監護或輔助宣告尚未撤銷。三、受破產宣告尚未復權。四、失蹤」，監護人者法定代理人也（參照民法一〇九八條），非完全行為能力人，則不得為之，此其二；至於限制行為能力人得為代理人，不過謂其對外之代理行為，不因其能力之有限制而受影響而已，至其與本人間之對內關係，則應分別論之，即授權行為單獨存在時，此乃對於代理人惟予以資格，代理人並不因之而有何等義務，依民法第七七條但書之規定，自可發生效力；若授權行為與他種契約結合（如與委任契約結合），而使受任人負有義務者，則非得其法定代理人之允許或承認，不生效力，換言之，在此種情形之下本人欲授權與限制行為能力人，而使之為代理人時，尚應得其法定代理人之同意始可，此其三也。

（3）**意思能力**　代理人雖不必具有權利能力及完全行為能力，但卻不可無意思能力，因代理人應為意思表示，故受監護宣告之人不得為代理人。

（三）**代理行為之瑕疵**　我民法第一〇五條規定：「代理人之意思表示，因其意思欠缺、被詐欺、被

之權利」章之規定而為訴訟。

德民　第一六五條　代理人所為或代理人所受意思表示之效力，不因代理人之為限制行為能力人而受影響。

日民　第一〇二條　代理人無須為能力人。

脅迫或明知其事情，或可得而知其事情，致其效力受影響時，其事實之有無，應就代理人決之。但代理人之代理權係以法律行為授與者，其意思表示，如依照本人所指示之意思而為時，其事實之有無，應就本人決之。」❸⑥是為代理行為之瑕疵問題。蓋代理行為，非本人之行為，仍為代理人之行為，故代理人之意思表示，如因有瑕疵（意思欠缺及被詐欺、被脅迫等情形），致其效力受影響時，其事實之有無，應就代理人決之。所謂意思欠缺者，即指真意保留（民法八六條）、虛偽表示（八七條）、錯誤（八八條）及誤傳（八九條）等之意思不一致之情形而言，所謂被詐欺及被脅迫，即指意思表示不自由之情形而言，所謂明知其事情或可得而知其事情，致其效力受影響者，即指對於上開各項及第九一條所規定之情形，是否明知或可得而知，以致其意思表示之效力，究應無效或得撤銷，或發生其他法律效果者而言。此等事實之有無，均

---

❸⑥ 民法第一〇五條之立法例：

德民　第一六六條　意思表示之法律上效力因意思欠缺，或因知其情事或可得而知其情事而受影響時，其事實之有無應就代理人決之。

由法律行為授與之代理權，代理人依授權人之特定指示而為行為者，授權人就自己所知之情事，不得主張代理人之不知。可得而知與知其情事，應視為同一者，授權人就其可得而知之情事亦同。

日民　第一〇一條　意思表示之效力，因意思欠缺，詐欺、脅迫或知其情事，或因過失不知而受影響時，其事實之有無，就代理人決之。

於委託為特定行為時，代理人係依本人指示而為其行為，本人已知之情事，不得主張代理人之不知。因其過失不知之情事，亦同。

須就代理人決之，而本人有無此等事實，則非所問。例如甲之代理人乙，以甲之名義與相對人丙通謀而為虛偽表示，依第八七條規定，虛偽表示應無效，此時甲即不能以其本人並未與相對人通謀為由，而主張該行為為有效，蓋應就其代理人決之也。其他情形亦然。惟應注意者本條僅指代理人被詐欺或被脅迫之情形，如代理人施詐欺或施脅迫則如何。此時因代理人係代理本人為法律行為，並非當事人以外之第三人，則相對人即可不問本人之知與不知，均得撤銷其意思表示（參照民法九二條）。又上述解決代理行為瑕疵之辦法，在代理人為一人時，固無問題，若代理人有二人以上時，其事實之有無，應就其全體決之歟？抑應祇就其中之一人決之歟？此依通說，代理行為係共同為之者，則應就一人決之，若係各別分擔為之者，則其中一人事實之有無，對於其他代理行為不及影響也。

上述規定，不論法定代理與意定代理，均可適用，但在意定代理，則有例外，即第一〇五條但書之情形是也。依該但書所示，有左列情形者，則其事實之有無，應就本人決之：

(1)代理人之代理權，係以法律行為授與者。

(2)其意思表示係依照本人所指示之意思而為者。

於此情形，即不能就代理人決定其事實之有無，而應就本人決之矣。此時本人明知或可得而知之情事，縱令代理人不知，或因過失而不知，本人亦不得主張之，例如甲授乙以購買丙之房屋之代理權，本人自知該房屋有瑕疵，而仍指示乙代為購買，縱令乙不知而購買之，甲亦不能使丙負瑕疵擔保責任（參照民法三五四條二項及三五五條）。蓋法律行為既係經本人之指示而為，則代理人幾與使者同其地位，已無考慮之自由，故該事實之有無，應就本人決之也。

於委託為特定行為時，代理人係依本人指示而為其行為者，本人已知之情事，不得主張代理人之不知。因其過失不知之情事，亦同。

第三、本人與第三人之關係

（一）法律效果之歸屬　行為雖為代理人所為，但其法律效果則直接歸屬於本人，與本人所自為者無何差異，此不獨具有有效要件之意思表示為然，即有瑕疵之意思表示亦然，因之前述之因代理行為之瑕疵，致其效力受影響者，其事實之有無雖應就代理人決之，但其效果則應為本人所承受，如發生撤銷權，則應屬於本人。惟侵權行為之責任，因非意思表示制度之效果，故代理人之侵權行為，本人不負責任。但本人為僱用人時，則應依民法第一八八條之規定負其責任，自不待言。

（二）本人之能力　代理因非本人自為法律行為，故本人不以具有意思能力及行為能力為必要，但權利能力，則非具有不可，因本人係取得權利，負擔義務之主體也。故未登記之法人，不得依代理人為法律行為，而外國人不得享有之權利，亦不得以中華民國人為代理人而取得之。至於意定代理，本人為授權行為時，須有行為能力，乃係另一問題。

第四款　代理之消滅

代理之消滅者代理關係終了之謂也，法定代理以身分為基礎，意定代理以信任為基礎，倘此等基礎有所動搖，則代理關係自應隨之消滅，消滅有一部消滅與全部消滅之別，前者即指代理權之限制，及一部之撤回而言，後者則指代理關係之全部終了而言，茲分述之：

第一、代理之一部消滅

（二）代理一部消滅之原因　代理一部消滅，其原因有左列兩端：

（1）**代理權之限制**　代理權之限制者代理人一般應有或已有之代理權限，依法律規定或本人之意思表示，特加限制，使其一部消滅之謂也。在法定代理，代理權係由法律規定而發生，自得由法律規定而限制，在意定代理，代理權係由意思表示而授與，自亦得由意思表示而限制，是均屬於當然，無待深論。惟宜研究者，即意定代理權能否依法律規定以限制？而法定代理權又能否依意思表示而限制？前者在一般之意定代理，自無由以法律規定限制之可言，惟在代理人之資格，係由意思表示發生，而代理權卻由法律規定者，自亦得依法律規定而限制，例如經理權之限制（參照民法五五三條三項）是。後者則學者間不一其說，有謂我民法第一〇七條本文規定：「代理權之限制及撤回，不得以之對抗善意第三人。」㊲僅曰代理權，則法定意定自

㊲ 民法第一〇七條之立法例：

法民　第二〇〇五條　本人僅向受任人撤回其授權，若他人不知其已撤回，而與受任人訂立契約者，本人不得對抗他人，但本人對受任人有求償權。

德民　第一七三條　第三人於為法律行為之時，若已知代理權之消滅，或可得而知者，不適用第一七〇條、第一七一條二項及第一七二條二項之規定。

瑞債　第三四條　由法律行為授與之代理權，授權人得隨時限制或撤回之，但當事人間因僱傭合夥委任等契約而生之權利，不受影響。

授權人預為拋棄前項權利之意思表示，無效。

均包括在內，因而法定代理權，自應解為在當事人間，得為有效限制，是為肯定說。有謂我民法上有關代理權限制之規定（即上述之一〇七條），係仿瑞士立法例（瑞債三四條三項），亦即以瑞債為母法，瑞債既係專指意定代理而言，我民法自不應為擴張解釋，而認為法定代理亦得由本人之意思，加以限制，是為否定說。本書則認為代理權之限制，必須由授與該權限之人，始得為之。法定代理之代理權，既非本人所授與，則本人焉得而限制之？其理至明。且在法定代理情形下之本人，其為意思表示時，尚須由法定代理人為之代理，又焉能以獨立的意思表示，自行限制代理人之代理權乎？故二說中，應以後者為妥。

（2）代理權之一部撤回　代理權之撤回者，本人對於授與代理人之代理權，予以撤回，使代理關係消滅之謂也。撤回有一部撤回與全部撤回之分，前者可使代理關係一部消滅，後者則可使代理關係全部消滅，茲所述者屬於前者，後者當列於次段之中。惟無論一部撤回，抑全部撤回，均應以意定代理為限。法定代理，既不得由本人之意思而加限制，尤不得由本人之意思，而予撤回也。

（二）代理一部消滅之效果　代理權一經限制，代理人即不得更為已被限制之代理行為；一經一部撤回，代理人即不得再為該部之代理行為，此為本人與代理人間之當然效果，無待明文規定。至於對第三人之效力如何，依我民法第一〇七條本文規定，「不得以之對抗善意第三人」，即本人或代理人不得以代理權限制或撤回之事實，對善意第三人，主張其代理行為之無效也。惟第三人不知其事實，須無過失而後可，

本人顯係與以代理權，或事實上已為公告，其全部或一部之撤回，對於善意之第三人，以通知其撤回時為限，得對抗之。

日民　第一一一條　代理權之消滅不得以之對抗善意第三人；但第三人因過失而不知其情事時，不在此限。

若可得知而竟不知，則該第三人即有過失，仍得與之對抗（同條但書）。至於第三人得主張代理權之限制或撤回與否，則有選擇之自由，如主張其代理行為為有效，即成為表見代理。若第三人因過失而不知代理權之限制或撤回，則代理人與其所為之行為，即構成無權代理矣。

第二、代理之全部消滅

（一）代理全部消滅之原因　代理全部消滅之原因，有法定代理與意定代理所共通者，有法定代理或意定代理所特有者，茲分述之：

（1）共通的消滅原因　法定代理與意定代理共通之消滅原因，有左列各項：

⑴本人之死亡：本人死亡後被代理之對象既失，故無論法定代理或意定代理，其代理關係原則上均應因之而全部消滅。惟在意定代理倘法律另有規定（民法五六四條：經理權或代辦權不因商號所有人之死亡、破產或喪失行為能力而消滅）或本人另有意思表示，而不使其消滅者，乃屬例外。所謂本人之死亡，不限於真實死亡，即死亡宣告亦包括在內。又在本人為法人時，則當其解散清算終了後，其代理人之代理關係亦應消滅，自不待言。

⑵代理人之死亡：代理人係為代理本人為法律行為而設，如代理人已不存在，則其己身且竟不保，又何能兼顧他人，加以代理為法律上之一種資格，而非財產上之權利，自不得由其繼承人繼承，故代理人死亡，代理關係即隨之而消滅。

⑶代理人受監護或輔助之宣告：代理人雖不必有完全行為能力，但絕不能無意思能力，因之代理人一受監護或輔助之宣告，無論為法定代理（民法一〇九六條參照），抑為意定代理，其代理關係均因之而消

滅。至本人受監護之宣告，則在意定代理以消滅代理關係為原則（民法五五〇條參照），在法定代理則不必消滅也。

（2）**法定代理之特別的消滅原因**　法定代理以身分關係為基礎，且其法定代理權係由法律規定而發生，故其消滅之原因，亦有其特具者如左：

⑴當然消滅之原因：法定代理有因某種事由之發生，而當然消滅者，例如未成年已成年，或已結婚而有行為能力時，則其法定代理人之代理關係當然消滅。又如監護宣告之撤銷亦係如此。

⑵法律特定之原因：各種法定代理，法律上多分別規定其消滅之原因，例如父母之喪失親權（民法一〇九〇條），監護人之另行選定（一一〇六條），遺產管理人之職務終了（一一八四條），破產管理人之撤換（破產法八五條）等均屬之。

（3）**意定代理之特別的消滅原因**　意定代理亦有特別的消滅原因如左：

⑴當然消滅之原因：意定代理亦有因某種事由之發生而當然消滅者，例如為特定行為而授與之代理權，當該行為完成時，其代理關係即當然消滅。又如代理權定有存續期間者，其期間之屆滿；授權行為附有解除條件者，其條件之成就；及代理行為於法律上或事實上已不可能時，其代理關係均應消滅是也。

⑵法律規定之原因：意定代理特別之消滅原因，我民法有規定者如下：①授權關係之終了：依我民法第一〇八條一項規定：「代理權之消滅，依其所由授與之法律關係定之。」㊳例如因委任、僱傭、承攬

㊳　民法第一〇八條之立法例：

德民　第一六八條　代理權之消滅，依其所由授與之法律關係定之。以無特別規定者為限，代理權縱於法律關係存續

及合夥等關係，而授與代理權者，則該等關係一旦終了，代理關係自亦隨之消滅。②代理權之全部撤回：依我民法第一〇八條二項本文規定：「代理權，得於其所由授與之法律關係存續中，撤回之。」撤回有一部撤回與全部撤回之分，前者業已敘過，茲所述者乃指全部撤回而言。代理權之伴隨他項法律關係（委任、僱傭等）而授與者，當該他項關係終了時，代理關係固隨之而消滅，然不待他項關係之終了，即於其存續中，如有必要，本人亦得撤回之，惟此種情形，代理關係雖因代理之撤回而消滅，但該他項法律關係並不當然隨之消滅，此不可不注意者也。至於法律所以設有得隨時撤回之規定者，乃因代理之效果係直接對本人發生，與代理人並無利害關係故也。因而倘代理行為之結果，與代理人亦有利害關係時，自不得由本人任意撤回，故我民法第一〇八條二項但書規定：「依該法律關係之性質不得撤回者，不在此限。」例如債

中，亦得撤回。撤回之意思表示準用第一六七條一項之規定。

瑞債　第三五條　由法律行為授與之代理權，以有反對之表示，或行為性質不另生其他結果者為限，因授權人或代理人之死亡，失蹤宣告，行為能力之喪失，或破產而消滅。

法人或曾為商業登記之合夥之解散，亦生同一效力。

各當事人之人的請求權，不因此而受影響。

日民　第一一一條　代理權因左列事由而消滅。

一、本人之死亡。

二、代理人之死亡，禁治產，或破產。

其他由於委任之代理權，因委任之終止而消滅。

務人對其抵押權人，授與收取租金而充利息之代理權者，即不得任意撤回；又如因承攬關係所授與之代理權，依承攬之性質，係以完成一定事務為目的，在承攬關係存續中，即不得撤回。至於代理權之授與，並未伴有他項法律關係者，其撤回當不受此限制也。

以上為意定代理之特別消滅原因，此外本人破產或代理人破產，亦常為意定代理之消滅原因，現在法定代理則否。

（二）**代理全部消滅之效果**　代理關係如已全部消滅，則代理人自不得再為代理行為，如再為之，即成為無權代理，自不待言，惟本人曾授與代理人以授權證書者則如何處置？此依我民法第一〇九條規定：「代理權消滅或撤回時，代理人須將授權書，交還於授權者，不得留置。」㊴蓋此種證書原為證明代理權存在之用，易使第三人信其有代理權，如不返還，則有時依表見代理之理論，使本人仍負責任（瑞債三六條二項參照），故法律特定代理權消滅後，須將授權書，返還於授權者，俾保護本人。所謂不得留置者乃縱對於授權書因費用之墊支或其他事情，有留置權（民法九二八條）者，亦不得留置之意。依此規定則代理

㊴ 民法第一〇九條之立法例：

法民　第二〇〇四條　本人得隨意解除其受任人，並得請求記載委任之私署證書之返還。如以公證證書委任且已交付其正本於受任人者，得請求返還其正本。正本為本人所保留者，得請求返還其副本。

德民　第一七五條　意定代理人於代理權消滅後，應將授權書交還於代理權授與人，意定代理人，無留置權。

瑞債　第三六條　曾交付授權書於代理人者，代理人於代理權消滅後，有返還其證書或提交於法院之義務。授權人或其權利繼承人，不為返還請求時，對於善意第三人，負損害賠償之義務。

人有返還授權書之義務，如有違反，致本人受有損害者，應負賠償責任，自不待言，惟應研究者，代理人倘將授權書遺失，或因其他原因，不能交還時則如何？此時立法例有「由授權人依公示催告程序，聲請宣告授權書為無效」之規定者，本法既無明文，似無法依民事訴訟法第五三五條規定辦理。

第五款　無權代理

前三款所述代理之發生、代理之效力及代理之消滅等，係均就有權代理之情形言之，與此相對立者，尚有無權代理。無權代理之意義及其種類，已於代理之分類中述過，而無權代理之發生、無權代理之效力（三面關係）及無權代理之消滅等項，我民法均列於債編，自應於該債編中詳述，茲均不贅。惟我民法總則中關於無權代理之效力中之「代理人與第三人之關係」一項曾有部分規定，即第一一〇條：「無代理權人，以他人之代理人名義所為之法律行為，對於善意之相對人，負損害賠償之責。」是㊵，蓋在無權代理

㊵ 民法第一一〇條之立法例：

法民　第一一二〇條　當事人之一方代理第三人締結為他方履行義務之承保契約，如第三人不履行義務時，他方對於為其承保之當事人，有賠償請求權。

德民　第一七九條　以代理人名義訂立契約者，若不能證明其代理權，並經本人拒絕追認時，該訂立人依相對人之擇選，負履行或損害賠償之義務。

代理人不知其無代理權者，對於相對人因信其有代理權所受之損害，負賠償之義務，但其數額，不得超過相對人因契約有效所得利益之程度。

（狹義的），其法律行為如經本人之承認則為有效，自別無問題，若本人不予承認時，則其行為對本人即不生效力（民法一七〇條），因之第三人即難免遭受不測之損害，故法律使無權代理人負損害賠償責任。惟僅以對於善意之相對人為限，若相對人屬於惡意，則無本條之適用，因惡意人法律上常不加保護也。

其次上述之賠償責任，其根據若何？說者不一：

（一）**契約責任說**　謂此種責任係契約責任，然無權代理人，並非契約之當事人，與相對人間無契約關係之可言，何來契約責任？

（二）**默示的擔保契約說**　謂無權代理人與相對人間原有默示的擔保契約，無權代理行為倘未被本人承認，則無權代理人基於默示的擔保契約，即須對相對人負責，然默示的擔保契約，純為論者所擬制，其實擔

相對人明知或可得而知無代理權者，代理人無責任。代理人之行為能力被限制時，亦同；但已得法定代理人之同意者，不在此限。

瑞債　第三九條　明示或默示拒絕承認時，以代理人名義為行為者，對於因契約失效而生之損害，如不能證明相對人知其無代理權，或可得而知時，應負賠償之責。

代理人有過失者，審判官認為不太公平時，得命其他之損害賠償。

前二項情形，因不當得利所生之請求權，仍不妨行使之。

日民　第一一七條　以他人之代理人而訂立契約者，不能證明其代理權，且未經本人追認時，依相對人之選擇對之任履行或損害賠償之責。

前項規定，於相對人明知其無代理權，或因過失而不知，或以代理人名義訂立契約者無其能力時，不適用之。

保契約為從契約，從契約以主契約之存在為前提，斯二者間既無主契約之存在，又何有擔保契約之可言。

（三）**侵權行為說**　謂無權代理人對於善意相對人所為之無權代理行為，係屬侵權行為，因而應負過失責任。然而無權代理人之責任，並不以故意過失為要件，或謂無權代理人於契約訂立時有過失，故應負責，但無權代理人，不能因證明無過失而免除責任，故此說仍欠妥。

（四）**無過失責任說**　謂該項責任，係由法律規定直接發生，可謂一種特別責任，此種責任既不以故意過失為要件，自係一種無過失責任（即結果責任）。此說較妥，本書從之。

至於責任之範圍，依德（一七九條）、日（一一七條）民法相對人得依其選擇請求無權代理人履行，或為損害賠償，我民法則從法民（一一二〇條）及瑞債（三九條）之立法例，規定無權代理人負損害賠償之責。其應賠償之範圍，則不獨信任利益，即履行利益，亦應賠償，但信任利益之請求，不得大於履行之利益，是又不待言者也。

第七節　無效及撤銷

第一款　總　說

法律行為，不具備成立要件者，則不能成立；具備成立要件，且具備生效要件者，則完全有效，其情形均單純。惟具備成立要件，而不具備生效要件時，則如何？此可得三種情形，即無效，得撤銷與效力未定是也。茲將上述各點，表列如左：

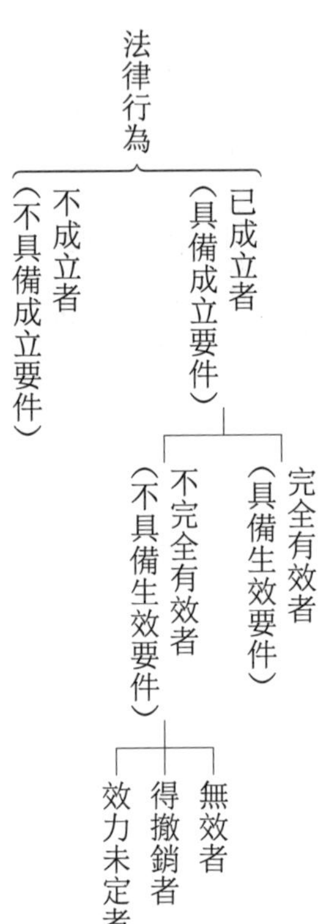

法律行為之不成立者，亦即該法律行為不存在之謂，此種情形，依理論言之，當然尚無「有效」與「無效」之可言，不過其結果則輒與無效之法律行為等，蓋不成立亦當然無效也。例如我民法第七三條規定：「法律行為，不依法定方式者，無效」，而第七五條亦規定：「無行為能力人之意思表示，無效」，此兩條之規定，惟均有「無效」字樣，其情形似無不同，但在理論上言，二者即不能無所差異，蓋前者乃法律行為不成立之問題，因法定方式為法律行為之特別成立要件（參照本章第一節第四（一）（2）），該要件如有欠缺，法律行為即不能成立，但上述條文則用「無效」字樣（嚴格言之，應用「不成立」字樣為妥，參照民法一六六條）；後者乃法律行為無效之問題，因行為能力乃法律行為之生效要件（參照同章節第四（二）（1）），該要件如有欠缺（即當事人如無行為能力），法律行為雖不妨成立，但不能生效，亦即無效，然則二者在結果上又無不同，惟在理論上言之，究不能混為一談也。

法律行為之完全有效者，即發生當事人所欲發生之效力，別無問題，故法律上不須特設何種規定。

法律行為之不完全有效者，本章以前各節雖已將其中之何者為無效，何者得撤銷，何者效力未定，予以揭明，但為醒目起見，茲復列表如左：

原因＼法律行為	欠缺生效之要件		
	行為能力之欠缺	標的之不適當	意思表示之不健全
無效	(1)無行為能力人之行為（七五條） (2)限制行為能力人未得允許之單獨行為（七八條）	(1)違反強行法規之行為（七一條） (2)違背公序良俗之行為（七二條）	(1)真意保留之例外（八六條但書） (2)虛偽表示（八七條）
得撤銷		暴利行為（七四條）	(1)錯誤及誤傳（八八、八九條） (2)被詐欺、脅迫（九二條）
效力未定	(1)限制行為能力人未得允許之契約（七九條） (2)無權處分之行為及無代理權人之代理行為（一一八、一七〇條）		
附註	民法總則以外各編以及民事特別法中有關表中所列各項之規定尚多，請逕參照，茲不枚舉		

法律行為之無效、得撤銷及效力未定者，上表雖已揭明，但此等行為究生何種結果？亦有設一般規定之必要，我民法乃以之規定於第一一一至一一八條，其詳除於以下各款分別敘述外，茲先將斯三者差異之所在，列表比較如下：

異點＼行為	無效	得撤銷	效力未定
一	當然無效，不待特定人之主張，即當然不生效力。	須有特定人（撤銷權人）之主張（撤銷），始歸無效。	法律行為雖已成立，但是否有效尚處於不定狀態。
二	法律行為成立之初，即屬無效。	在撤銷前，已生效力。	須以他行為使之確定，即經承認則有效，拒絕則無效。
三	不因時之經過，而生效力。	因撤銷權之消滅，而不歸無效，但經撤銷者則溯及的無效。	不因時之經過而臻於確定。

不具備生效要件之法律行為，原則上本應一律歸於無效，何以竟有無效者？有得撤銷者？又有效力未定者？要而言之，此乃立法政策之問題，亦即視其所欠缺生效要件之性質如何以為決定。其所欠之要件，如屬有關公益（違反強行法規或違背公序良俗），則使之當然無效；如僅有關私益（錯誤、誤傳、被詐欺脅迫等），則使之得撤銷，如僅屬於程序上之欠缺（限制行為能力人未得允許所訂立之契約），則使之效力未定，俾資補正，總之法律因事制宜，並不固執一端也。

第二款　無　效

第一、無效之意義

無效者法律行為當然的、確定的不發生效力之謂也。析述之如下：

（一）無效者法律行為不生效力之謂也　法律行為之不成立與法律行為之無效，應有區別，前已言之，茲所謂無效者乃指法律行為因不具備生效要件，而不生效力者而言。所謂不生效力，有兩種意義：其一，即不發生法律行為所應發生之效果是。如買賣契約雖已成立，但因一方當事人係無行為能力，致該契約歸於無效，即不發生買賣之效果是。不過其不發生者，僅以該法律行為之效果為限，至其他非法律行為的效果，仍不妨發生，如無效行為具備侵權行為要件時，自不妨發生損害賠償義務，或已履行時，亦不妨發生不當得利返還請求權是也。其二，即自始不生效力是，此點與得撤銷之行為不同，得撤銷者於法律行為成立時，原已生效，祇其後因撤銷權之行使，喪失效力而已，此則根本無效力之可言也。

（二）**無效者法律行為確定的不生效力之謂也**　無效之法律行為不僅於其成立時，不發生效力，即其後亦無再發生效力之可能，縱經補正其生效要件，亦不因之而有效，質言之，即其不生效力，已屬確定，此點與效力未定之法律行為不同。效力未定之法律行為，得因承認而生效力，如限制行為能力人未得法定代理人允許所訂立之契約，倘經其法定代理人之承認，即屬有效是。

（三）**無效者法律行為當然的不生效力之謂也**　無效之法律行為，其無效係當然的，不須經過任何程序，此點與得撤銷之法律行為，須待撤銷權人之撤銷，而始歸無效者不同。故無效之法律行為，當事人間均得互相主張其無效，至於是否得對第三人主張，亦即無效是否絕對的，在原則上言之，應屬肯定，不過有時亦有不得對抗善意第三人者，如虛偽表示雖屬無效，但不得以之對抗善意第三人（民法八七條），亦即第三人得主張其有效，是乃例外也。又無效之法律行為固不必請求法院為無效之宣告，即屬無效；但當事人仍欲提起確認之訴時，自亦無妨，例如婚姻無效之訴是。

第二、無效之分類

（一）全部無效與一部無效　法律行為以其內容是否全部具有無效原因為標準，可分為全部無效與一部無效兩種，前者乃無效之原因存在於法律行為內容之全部，後者乃僅存於一部。全部無效，則法律行為當然全部不生效力，別無問題，惟僅一部無效則如何？依我民法第一一一條規定：「法律行為之一部分無效者，全部皆為無效。但除去該部分亦可成立者，則其他部分，仍為有效。」[41]可見一部分無效時，原則上全部皆歸無效也。惟何謂一部無效？其情形有：

(1)法律行為之內容，雖屬單一，但其量的一部分，超過法律所許可之範圍，因而該超過部分為無效者。如民法第二〇五條規定：「約定利率，超過週年百分之十六者，超過部分之約定，無效」，倘當事人約定年利百分之二十五者，其中百分之九即無效是。

(2)法律行為之內容，其質的部分，由數種不同事項拼合而成，其中一項或數項無效者。例如以一個贈與契約贈與金錢若干及鴉片若干，其鴉片部分無效是。

法律行為一部無效者，依第一一一條規定，應全部均歸無效為原則，例如附有不法停止條件之贈與，

---

[41] 民法第一一一條之立法例：

德民　第一三九條　法律行為之一部無效者，於縱無無效部分，亦不能推定其欲為法律行為時，其法律行為，全部無效。

瑞債　第二〇條（二項）　瑕疵關於契約之一部者，以除去無效之部分，則可認為無訂立契約之意思時為限，始為無效。

因條件部分無效，其贈與亦全部無效是。但除去該部分亦可成立者，如上舉例之贈與金錢及鴉片，其鴉片部分雖無效，但該金錢部分，仍不妨有效成立，是乃例外也。

查本條立法例有三種主義，即：

（1）**羅馬法所採之主義**　羅馬法有「有效之部分，不因無效之部分，而受損傷」之原則，是乃採取一部無效，不致全部無效之主義者也。前大理院四年上字第一二一八號判例：「契約之一部無效，原則上並不使他一部分有效訂立之條款，亦屬無效」，與羅馬法取同一之態度。

（2）**英、美法所採之主義**　英、美法以無效原因為條件時，則全部無效；否則僅生損害賠償問題而已。

（3）**德、瑞民法所採之主義**　德民（一三九條）及瑞債（二〇條二項）均規定一部無效致全部無效為原則（參照㊶）。

以上三種主義，我現行民法係仿自德、瑞之立法例。

（二）**自始無效與嗣後無效**　無效以時間為標準，可分為自始無效與嗣後無效兩種，前者乃於法律行為當時，即欠缺生效要件而無效，如法律行為之標的，有背公序良俗之類是。後者於法律行為當時，尚未有無效之原因，僅於行為成立後，效力發生前，因欠缺生效要件乃至無效，如停止條件成就前，標的物成為不融通物之類是。嗣後無效在法文上多用「失其效力」字樣。

（三）**絕對無效與相對無效**　無效以其效果之範圍為標準，可分為絕對無效與相對無效兩種，前者不惟任何人均得主張，並對於任何人亦得主張，不以當事人之間為限；後者則不得對抗善意第三人者有之（如虛偽表示），法律另行規定其效力者亦有之（如民法九一一條之規定）。法律行為之無效，以絕對無效為原則，前已言之，至得撤銷之行為，經撤銷後，原則上亦係絕對無效，然亦有相對無效者，如因被詐欺而為之意思表示，其撤銷即不得以之對抗善意第三人（民法九二條二項）是也。

第三、無效行為之轉換

無效行為之轉換者，即某法律行為，在甲種法律行為上觀之，應為無效，但因其具備乙種行為之有效要件，遂認其為乙種行為而使之生效之謂也。我民法第一一二條規定：「無效之法律行為，若具備他法律行為之要件，並因其情形，可認當事人若知其無效，即欲為他法律行為者，其他法律行為，仍為有效。」[42]即指此而言。茲將其要件、方式及範圍，分述如左：

（一）**轉換之要件**　無效之法律行為，轉換為其他法律行為時，須具有左列要件：

（1）**須具備他法律行為之要件**　無效之行為若不具備他法律行為之要件，則不能轉換，例如不具備法定方式之結婚，則純然無效，而不能轉換為其他法律行為，蓋其不具有其他法律行為之要件也。但付款人資格不合之支票（以銀錢業及信用合作社以外之人為付款人者），則可轉換為民法上之證券，因後者與前者間除付款人資格有無限制之一點外，其餘之成立要件大都相當也。

（2）**須因其情形，可認為當事人若知其無效，即有欲為他法律行為之意思**　依理論言之，欲為甲法

---

[42] 民法第一一二條之立法例：

德民　第一四〇條　無效之法律行為具備他法律行為之要件者，如可推定若知其無效，即欲為他法律行為時，仍以為他法律行為而有效。

律行為之意思，與欲為乙法律行為之意思，本不相同，因之以欲為甲行為之意思，而使生乙行為之效力，似屬不可。但依當時情形，當事人若知甲行為無效，即有欲為乙行為之意思，自亦不妨使之轉為乙行為而生效，如此則實際上殊多便利，蓋法律行為制度之目的，原在對於意思表示之內容加以合理的解釋，而予行為人以達成其目的之助力，故原則上應採取建設的態度，而不應採取破壞的態度也。

合於上述要件者則無效行為可轉換其他法律行為而生效，此不獨我民法如此，德國民法第一四〇條亦有規定（參照㊷），而其最高法院之判例所認得轉換之行為，更為廣泛，茲列舉數則如下：

(1)保險單之質入雖為無效，可認為收取保險金額之授權。

(2)街道沿線地之讓與，雖為無效，可認為地役權之設定。

(3)不具備票據方式之票據，可認為普通證券。

(4)生前不具備法定方式之法律行為（書面贈與之約束），可認為自書遺囑。

(5)欠缺法定方式之保證，可認為債務之承受。

(6)無效之經理，可認為商業代理。

(7)無效之背書，可認為依請求權之讓與，而為所有權之移轉。

(8)無效的抵押證書之質入，可認為留置權之設定。

(9)無效的用益權之讓與，可認為使用權之委任。

其次日本大審院亦有此種判例，如以妾生子為嫡生子而呈報戶籍之行為，固屬無效，但可轉換為私生子之認領（大判大正一五、一〇、一一民集五卷七〇三頁）是也。

（二）**轉換之方式**　轉換有兩種方式如下：

（1）**解釋上之轉換**　一般之轉換多屬於解釋上之轉換，例如本票之發票行為，雖因法定要件之欠缺而無效，若可作為不要因之債務承擔契約者，其契約仍為有效是。

（2）**法律上之轉換**　依法律特別規定而轉換者乃法律上之轉換，例如民法第一六〇條一項規定：「遲到之承諾，視為新要約」是也。

（三）**轉換之範圍**　無效行為之轉換，雖不妨廣泛行之，但仍不能不有其範圍，其情形如下：

（1）**轉換為不要式之行為時**　轉換為不要式之行為時，無論原無效之行為係為不要式行為，抑為要式行為，均得自己轉換，不受限制。

（2）**轉換為要式行為時**　此種情形，未可一概而論，須視該要式行為之立法精神而定，大體言之，以一定嚴格款式為絕對必要者（例如票據），則不得轉換（即其他行為不得轉換為票據行為）；若僅以確定的意思表現於書面為必要者（如民法一一九三條，密封遺囑轉換為自書遺囑），則可以轉換也。

第四、無效行為之效果

無效行為雖不發生法律行為之效力，但其他效力則不妨發生，前已言之，蓋無效法律行為之當事人，因之而為給付者有之，因之而受損害者亦有之，此種情形，自不能不有適當之處置，以免一方獨蒙不利，而失其平。我民法第一一三條：「無效法律行為之當事人，於行為當時，知其無效或可得而知者，應負回復原狀或損害賠償之責任」之規定㊸，其用意即在乎此。基此規定則對於已為給付者，他方當事人有回復

㊸ 民法第一一三條無相當之立法例。僅我民法第二次草案第一一七條有「無效法律行為之當事人，於為行為當時，知其

原狀之責；而對於受有損害者，他方當事人有賠償之責，但均以行為當時，知其無效（惡意）或可得而知（有過失）者為限，否則不必如此。

第三款 撤銷

第一、撤銷之意義

撤銷一語，在我民法上有種種不同之用例，因而欲明其意義，須先將各種用例，分析如左表：

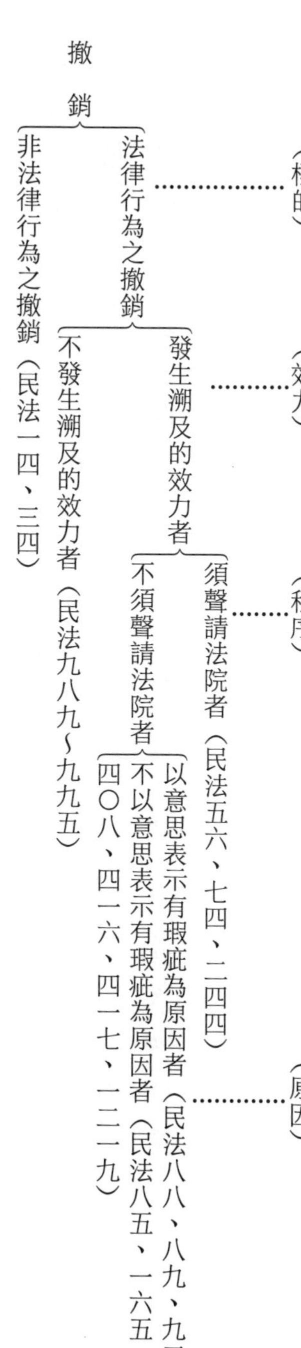

根據上表可知撤銷以其被撤銷之標的為準言之，則有法律行為之撤銷，與非法律行為之撤銷兩類，後者即指受監護之宣告之撤銷（民法一四條二項）及法人許可之撤銷（民法三四條）而言。前者就其效力觀之，復有發生溯及的效力者（即法律行為經撤銷後自始無效），與有不發生溯及的效力者（婚姻之撤銷屬之）

無效，或可得而知者，應負回復其未為法律行為前法律上狀態之義務」規定，本條仿之。

之分。而發生溯及效力者，就其撤銷之程序觀之，更有須聲請法院者與不須聲請法院者（以意思表示為之即可）之別。後者因意思表示有瑕疵而撤銷者有之，其不然者亦有之。茲所欲論述之撤銷，乃係以我民法第一一四及一一六條之規定為依據，亦即以法律行為之撤銷，而能發生溯及的效力，且不須聲請法院者為限，但其他之撤銷除法律有特別規定外，自亦可適用此同一之規定，以為補充。基於上述，吾人可得撤銷之意義為：「撤銷者，撤銷權人溯及的消滅法律行為效力之意思表示也。」

茲依此而析述之如左：

（一）**撤銷者意思表示也**　依我民法第一一六條一項規定，「撤銷應以意思表示為之。」❹❹可見撤銷乃一種意思表示。此種意思表示係單獨行為，一經表示，即生效力。惟此行為要否相對人受領？立法例不一

---

❹❹ 民法第一一六條之立法例：

德民　第一四三條　撤銷對於撤銷之相對人，以意思表示為之。

撤銷之相對人，在契約為他方當事人，在第一二三條第二項第二段之情形時，則為因契約直接取得權利之人。

單獨行為係向他人為之者，他人為相對人。法律行為應對於他人或官署為之，而向官署為之者亦同。

其他單獨行為，以因該法律行為直接取得法律上利益之人為相對人，但對於官署所為意思表示之撤銷，得依對於官署之意思表示為之，於此情形該官署應將其撤銷通知直接有利害關係之人。

日民　第一二三條　得撤銷之行為，如相對人確定者，其撤銷或追認以意思表示為之。

泰民　第一四六條　承認得為明示或默示。

第一四八條　承認無須承諾，但依關於同意之規定。

致，德國民法第一四三條規定，契約或單獨行為，均應向其相對人或取得權利之人為之，日本民法第一二三條規定，得撤銷之行為，如相對人確定者，其撤銷應向相對人以意思表示為之。但如相對人不確定時，及更有由該行為取得權利之第三人時，則如何？因無明文規定，依該國學者通說，均謂前者不須受領，後者亦祇能向最初之相對人為之。我民法第一一六條二項規定：「如相對人確定者，前項意思表示，應向相對人為之」，乃採日本之立法例者，因而該國通說，自亦堪採用。所謂相對人確定者，乃指契約之他方當事人，及有相對人的單獨行為之相對人確定者而言，相對人死亡時以其繼承人為相對人；相對人為未成年人或受監護宣告之人時，應對其法定代理人為之；第三人為詐欺者，撤銷之相對人非詐欺人，而為行為之相對人；在利他契約，取得權利者，雖為第三人，然因其非契約之當事人，仍應以契約之相對人為撤銷之相對人。至於無相對人之行為，其撤銷方法如何？則法律有特別規定者，自應從其規定（如懸賞廣告之撤銷，民法一六五條），否則祇有撤銷之意思表示為已足，不必向任何人為之。

（二）**撤銷者溯及的消滅法律行為效力之意思表示也**　撤銷之作用，在乎消滅法律行為之效力，易言之，撤銷之對象為法律行為，非法律行為雖亦發生撤銷問題（如監護宣告之撤銷），但非此之所謂撤銷。惟法律行為之得撤銷者，原因甚多，大別之有：「以意思表示有瑕疵為原因者」與「不以意思表示有瑕疵為原因」者兩種（參照前表），此之撤銷是否兼括二者在內？學者間意見不一，有謂僅指意思表示有瑕疵之法律行為而言者，有謂一切法律行為除有特別規定（如婚姻之撤銷，效力不溯既往，民法九九八條；而暴利行為之撤銷，須聲請法院，民法七四條）者外，均應包括者，本書則從後說，蓋主張得撤銷之法律行為，應以意思表示有瑕疵為限者，在日本民法上雖應作如此解釋（參照日民一二〇條），但在我民法第一一四條規定，則無如此解釋之必要也。又撤銷係使法律行為已發生之效力，溯及的歸於消滅，此點與法律行為之根本無效者不同。

（三）撤銷者撤銷權人之意思表示也　撤銷雖為意思表示，但並非任何人均得為之，必須由有撤銷權之人為之始可。何謂撤銷權？何謂撤銷權人？茲分述如下：

（1）**撤銷權**　撤銷權者依意思表示溯及的消滅法律行為效力之權利也，屬於形成權之一種（廢棄權），且具有從權利之性質，故不得與基於得撤銷之法律行為所生之權利分離而為讓與。

（2）**撤銷權人**　何人為有撤銷權人？我民法無一般規定，於各條分別定之，茲綜合其情形，可分列如左：

⑴本人：因錯誤、誤傳，被詐欺、被脅迫，而為意思表示之撤銷權人為表意人本人（民法八八、八九、九二各條）。

⑵代理人：撤銷既為一種意思表示，代理人自得代理，固不待言。惟原為代理人所代為之行為，如有得撤銷之原因時，其原因事實之有無，雖應就代理人決之（參照民法一〇五條），然其撤銷權則屬於本人，而不屬於代理人，因而代理人如欲代為撤銷時，非就此更有代理權之授與則不得為之。

⑶承繼人：本人之繼承人及其他包括的繼受人，得繼承撤銷權人行使撤銷權，自不待言，但特定繼受人，則非承繼撤銷權人之法律上之地位，即不能取得撤銷權，自亦無從行使，蓋撤銷權不得與原法律關係分離而單獨承繼也。

此外在暴利行為之撤銷人為利害關係人（民法七四條），在債之保全之撤銷權為債權人（民法二四四條），惟此等撤銷並不僅以意思表示行之，而須聲請法院，不在此之所謂撤銷之內，故不詳述。又撤銷必須由撤銷權人為之，此點與無效行為之得由任何人主張者不同。

第二、撤銷之效力

（一）**撤銷之溯及的效力**　我民法第一一四條規定：「法律行為經撤銷者，視為自始無效。」㊺是即明定撤銷有溯及的消滅法律行為之效力。申言之，法律行為一經撤銷，則溯及既往，自始無效，其已發生效力者，消滅之，使與未發生者同；將發生效力者，否認之，使不再發生，故嚴格言之，撤銷並非撤銷法律行為，而係撤銷意思表示之效力也。撤銷之效力，原則上得對抗任何人，但例外亦有不得對抗善意第三人者（民法九二條二項）；撤銷之效力雖應溯及既往，但斯乃原則，若婚姻之撤銷，則不得溯及既往，是乃例外。

（二）**撤銷行為當事人之責任**　我民法第一一四條二項規定：「當事人知其得撤銷，或可得而知者，其法律行為撤銷時，準用前條之規定。」所謂準用前條之規定，即準用第一一三條關於無效行為當事人責任之規定，其詳請參照本節前款第四，茲不贅述。

第三、撤銷權之消滅

㊺ 民法第一一四條之立法例：

德民　第一四二條　得撤銷之法律行為，被撤銷者，其法律行為視為自始無效。知其可得撤銷或可得而知者，於撤銷時，其效果與知法律行為之無效或可得而知者同。

日民　第一二一條　得撤銷之行為，視為自始無效；但無能力人，於因其行為現受利益之限度，負償還義務。

撤銷權既有溯及的消滅法律行為效力之作用，則其一日存在，法律行為即隨時有被消滅之可能，對於交易之安全，頗為不利，故不能不有使其早日消滅之道。厥途有二：一從時間上設法，即規定其「除斥期間」，二從當事人意思上著想，即設有「承認」之規定是也。茲分述之：

（一）**除斥期間之屆滿**　關於撤銷權法律每規定其除斥期間，使於該期間內行使，逾期則消滅，例如因錯誤、誤傳而為意思表示，其撤銷之除斥期間為一年（民法九〇條）是也。

（二）**承認**　「承認」二字在我民法上用例甚多，如法定代理人對於限制行為能力人未經允許所訂契約之承認（本人限制原因消滅後亦得承認，七九、八一條），本人對於無權代理人所為代理行為之承認（一七〇條），無因管理經本人承認（一七八條），債權人對於第三人與債務人訂立債務承擔契約之承認（三〇一條），向第三人為清償經債權人之承認（三一〇條），以及繼承之承認（一一七八條）等，不一而足，因而其意義自亦有廣狹之不同，茲分述如左：

（1）**狹義的承認**　狹義的承認者，乃撤銷權人拋棄撤銷權之意思表示也。以此可知承認與撤銷適為相反之行為，因而應於撤銷權存在之時期內為之，故不僅對於已經撤銷（撤銷權已行使，當然不存在矣）之行為，不得再為承認，即對於撤銷權除斥期間屆滿後之行為，亦無承認之可能。

（2）**廣義的承認**　廣義的承認者乃承認權人使不確定的法律行為，確定的發生效力之意思表示也。此之承認包括得撤銷行為之承認，及法律行為生效要件補充之承認（如七九條、一七〇條之承認）。至何人有承認權？應就各種法律行為決之，例如得撤銷行為之承認，則撤銷權人即為承認權人；而第七九條之情形，則法定代理人人為承認權人，無權代理人所為之代理行為，須本人或繼承人始有承認權是。

承認雖有廣義狹義之不同，但其均為一種意思表示則一，我民法第一一六條規定：「……承認，應以意思表示為之。如相對人確定者，前項意思表示，應向相對人為之。」斯乃承認之方法也。至我民法第一一五條規定：「經承認之法律行為，如無特別訂定，溯及為法律行為時，發生效力」㊻，乃關於承認效力之規定，且指廣義的承認（即包括此之撤銷權消滅原因之承認及其他之承認）而言。在其他之承認，經承認之法律行為，除當事人有特別訂定外，應溯及於法律行為時發生效力，其意義固甚明顯，惟在得撤銷行

㊻ 民法第一一五條之立法例：

德民　第一八四條　事後同意，如無特別之規定，溯及於法律行為之時發生效力。

於承認前，就法律行為之標的，由承認者自身所為之處分，或因強制執行，或假扣押所為之處分，或破產管財人所為之處分，不因前項溯及而失其效力。

第一四四條　撤銷權人，追認得撤銷之法律行為時，不得再為撤銷。其為追認，無須依關於得撤銷法律行為所定之方式。

日民　第一二二條　得撤銷之法律行為，於第一二〇條所揭之人已為追認時，視為自始有效。但不得妨害第三人之權利。

第一一三條　無代理權人，以他人之代理人名義所為之契約，非經本人追認，不生效力。

追認或拒絕非對於相對人為之，不得對抗相對人，但其事實，為相對人所已知者，不在此限。

泰民　第一一一條　得撤銷之契約，已被承認，或法律所定之撤銷請求期間已屆滿者，其契約自成立之日起為有效。

第一四九條　承認之效力，溯及既往。

第一五〇條　承認之溯及效力，不得對抗善意第三人已有之權利。

為之承認，其法律行為效力原已發生，如經承認，不過確定其效力不消滅而已，似無溯及的發生效力之可言，其實得撤銷之行為經承認後，其效力即再無不確定之虞，亦即自法律行為時所生之效力，得以確定的繼續維持，結果不亦與溯及的發生效力者相等乎。

第四款　效力未定

第一、效力未定法律行為之意義

法律行為中有效力未定者，乃發生效力與否，尚未確定，必待其他行為使之確定者是也。此種行為與無效之行為既不相同，與得撤銷之行為亦復差異。蓋無效之行為，其不發生效力也，自始確定，不因任何行為而再發生效力，亦不須任何行為而再確定其不發生效力；得撤銷之行為，其效力業已發生，不過可因撤銷而消滅，亦可因承認而確定的不消滅而已。至效力未定之行為其效力之發生與否，尚處於懸而未定之狀態，即或發生或不發生皆未之前定是也。效力未定之行為，我民法總則所規定者，有須得第三人同意之行為及無權處分之行為兩種，茲分述之：

第二、須得第三人同意之行為

（一）須得第三人同意之行為之意義　須得第三人同意之行為者，即以第三人之同意為生效要件之法律行為也。例如有配偶者被收養時，應得其配偶之同意（民法一〇七六條）是也。

（二）同意　法律行為既有須得第三人同意始生效力者，則同意與否頗關重要，然則同意之意義若何？方法若何？效力若何？分述之如下：

（1）同意之意義　同意者，同意權人使他人所為法律行為發生效力之補助的法律行為也。同意為一種法律行為，其作用在使他人所為之法律行為發生效力（但民法八一條規定為例外），故為補助的法律行為。又同意雖須向特定人為之，但依一方的意思表示，即可成立，故為有相對人之單獨行為。至同意之表示，不須任何方式，即他人所為之法律行為為要式行為時亦然，故為不要式行為。

其次，我民法上關於同意之語例，有稱「同意」者，如第九七四條；有稱「允許」（事前同意）者，如第七七條；有稱「承認」（事後同意）者，如第七九條，大致與德國民法之用語相同，惟德國民法尚有「承認」與「追認」之區別（日本民法僅有追認之稱），我民法則未為此區別。茲列一對照表如下：

我民法		德民法	
用語	條文	用語	條文
同意	一一七、九七四、一〇〇六、一〇二〇、一〇三三、一〇四九、一〇七六、一一七一條	Zustimmung：同意	一八二條
允許（事前同意）	七七、七八、一一〇一條	Einwilligung：豫諾（事前同意）	一八三條
承認（事後同意）	七九、一一五、一一六、一一八、一七〇、三〇一條	Bestätigung：追認（得撤銷行為之追認） Genehmigung：承認（第三人事後之同意）	一四四條 一七七條 一八四條

由上表可知同意為概括之名稱，允許與承認二者亦各屬於同意之一種，不過前者為事前之同意，後者

為事後之同意，乃略有不同耳。

（2）**同意之方法**　民法第一一七條規定：「法律行為，須得第三人之同意，始生效力者，其同意或拒絕，得向當事人之一方為之。」❹❼即同意向任何一方當事人為之均可，如法定代理人對於限制行為能力人單獨行為之允許，或契約行為之承認，向限制行為人為之固可，向其行為之相對人為之亦無不可。又同意能否撤回，德國民法第一八三條規定事前同意，得以意思表示撤回之，我民法雖無規定，解釋上從同。至於「拒絕」僅為一種知的表示行為，其性質與同意不同，法律為規定便利，乃並列之耳。

（3）**同意之效力**　須得第三人同意之法律行為，若經同意則有效，若經拒絕則無效；惟未經同意，亦未經拒絕則如何？此可有四種情形：

⑴得撤銷者：如未滿十八歲之男女結婚者，當事人或其法定代理人得向法院請求撤銷之（民法九八九條前段）。

---

❹❼ 民法第一一七條之立法例：

德民　第一八二條　契約或對於相對人所為之單獨行為，因第三人之同意始生效力者，其同意之授與或拒絕，得對於當事人之一方，或他方為之。

同意，無須依該法律行為所定之方式。

單獨行為因第三人之同意始生效力者，於已得第三人之同意時，準用第一一一條第二項第三項之規定。

第一八三條　事前同意以同意原因之法律關係，不生他項結果為限，於法律行為成立前得撤回之，撤回得向當事人之一方或他方以意思表示為之。

(2)無效者：如限制行為能力人未得法定代理人之允許所為之單獨行為無效是（民法七八條）。

(3)無效但不得對抗第三人者：如夫妻之一方對於共同財產為處分時，應得他方之同意，否則無效；但此同意之欠缺，不得對抗第三人是（民法一〇三三條）。

(4)效力未定者：如無權代理人之代理行為（民法一七〇條），限制行為能力人未得允許所訂之契約（民法七九條），其行為既非有效，亦非無效，又非得撤銷，亦即其效力是否發生，尚不確定，必須更有其他行為使之確定是。

由於上述各點觀之，茲所論述須得第三人同意之行為，原則上乃指其中之效力未定者而言也。

第三、無權處分之行為

（一）無權處分行為之意義　無權處分行為者乃無權利人，以自己名義，就他人之權利標的物，所為之處分行為也，析言之如左：

（1）無權處分行為者就他人之權利標的物所為之處分行為也　處分行為指直接以權利移轉變更或設定負擔為標的之行為而言，故原則上為物權行為。此行為須就他人之權利標的物為之，若就自己之權利標的物為之，自不成為無權處分，固不待言。

（2）無權處分行為者乃無權利人以自己名義所為之處分行為也　無權利人所為之處分行為，須以其自己名義為之，若以權利人之名義為之，則構成無權代理行為，應適用第一七〇條之規定，以定其效力，非此之所謂無權處分行為也。

（3）無權處分行為者無權利人所為之處分行為也　無權利人者指無處分權者而言。何人有處分權？

原則上應為所有權人，但不以此為限，其法定代理人於一定條件之下，亦有處分權（參照民法一〇八八、一一〇一條），故此之所謂無權利人者乃以處分權之有無，為其決定標準，並不以所有權之有無為決定之依據。

（二）無權處分行為之效力　無權利人所為之處分行為，本為不法，在刑事上往往構成犯罪，在民事上往往構成侵權行為，不能生處分之效力，自屬當然，惟法律為圖實際之便利，特設有左列規定：

（1）經有權利人之承認始生效力　我民法第一一八條一項規定：「無權利人就權利標的物所為之處分，經有權利人之承認始生效力。」[48]所謂始生效力者謂其行為成立時，既非有效，亦非無效，必待有權利人之承認，始依第一一五條規定而溯及的生效是也（黃右昌：《民法詮解總則編》下五一七頁認為始生效力云者，謂自承認時為始，發生效力，並不以生溯及效力為原則，故可視為第一一五條之特別規定）。

（2）處分後取得其權利者其處分自始為有效　我民法第一一八條二項本文規定：「無權利人就權利標的物為處分後，取得其權利者，其處分自始有效。」即處分時尚為無權利人，而於處分後成為有權利人時（如因繼承或買受而取得該標的物之處分權），則其處分行為溯及於處分時發生效力（史尚寬：《民法原

---

[48] 民法第一一八條之立法例：

德民　第一八五條　無權利人經權利人之豫諾，就標的物所為之處分為有效。

無權利人之處分經權利人追認，或為處分人取得標的物，或權利人繼承無權利人而就其遺產債務，負有無限責任時，則其處分為有效。

前項後二種情形如就標的物為互不相容之數個處分時，僅以最初處分為有效。

論總則》二一六頁認為此效力不得溯及既往）。既係溯及生效，則為保護原權利人或第三人之利益，民法於此次修正加設但書：「原權利人或第三人已取得之利益，不因此而受影響。」蓋無權利人就權利標的物為處分後，迄其取得權利之期間，原權利人對該項標的物，未為使用收益者，固不生問題，若仍使用收益，則承認無權利人之處分自始有效，即足以妨害原權利人之利益。又第三人在該期間行使收益權能時，亦將被妨害，故增設但書，以資補救。

（3）**所為數處分相牴觸時以其最初之處分為有效**　我民法第一一八條三項規定：「前項情形，若數處分相牴觸時，以其最初之處分為有效。」無權利人取得權利後，其前所為之處分，固屬自始有效，但其所為者，如不止於一個處分則如何？此時應視該數個處分是否相牴觸而有不同。如相牴觸時，即適用本條之規定，以最初之處分為有效，例如甲將乙之書籍先賣與丙，後賣與丁，而使二人均取得間接占有以代交付，嗣後甲取得該書籍之所有權時，則甲之出賣行為應有效，但前後兩者互相牴觸，不能併存，故以交付丙之行為為有效。至於雖有數個處分行為，但不相牴觸者，則不妨一併有效，而不適用此之規定，例如甲將乙之動產，先向丙設定質權，後因出賣而移轉所有權於丁，此際雖有兩個處分行為，然並不互相牴觸，自不妨一併生效也。

附論：論公序良俗

一

公共秩序（英Public Policy，法Ordre public，德Offentliche Ordnung）、善良風俗（拉丁Bonus mores，英good morals，法Bonnes moeurs，德gut Sitten）兩語之用例，各國民法條文殊不一致，有單用善良風俗者，如羅馬法、德國民法（一三八條一項）及瑞士債務法（二〇條一項）是；有祇用公共秩序者，如泰國民法（一二條）是；有兩語併用者，如法國民法（六條）及日本民法（九〇條）是。我國民法，在第一次草案僅用公共秩序字樣，在二草則改用風化二字，現行民法第七二條則併用公共秩序及善良風俗，蓋從法、日民法之立法例者也。所謂公共秩序（簡稱公序）乃指國家社會之一般利益而言；所謂善良風俗（簡稱良俗）乃指社會的一般道德觀念而言。惟良俗之尊重，自亦符合國家社會之一般利益；而公序之維持，自亦不背乎社會的一般道德之觀念，因而斯二者，不僅在範圍上大致相同，即在理論上，亦無多大差異（例如約定婚外通姦，雖似僅背良俗，而不背公序；約定不移轉財產，雖似僅違公序，而不違良俗，但嚴格言之，前者不能與公序毫無關聯，後者亦非與良俗絕無牽涉也）。不過一則從國家社會秩序方面立論，一則由國民道德觀念方面著眼而已，學者間有主張「以行為之社會的妥當性」一語概括之者（我妻榮：《民法總則》二三一頁），良有以也。

二

公序良俗之內容如何？每因時代觀念而不相同，因而如何之行為，始屬違反公序良俗，當亦未可一概而論，然大體言之，則有如左列：

（一）**法律行為標的本身違背公序良俗者**　此尚可分兩種情形：①以實行公序良俗所禁止之行為為標的者，例如訂立通姦或賭博之契約是；②以阻止公序良俗所要求之行為為標的者，例如訂立使人勿戒煙酒，或勿與其妻或夫同居之契約是。此兩種行為，無論其條件之如何，對價之有無，概歸無效。

與此有關之判例，在我國有：①當事人因一方已實施其犯罪行為，他方遂允為一定之報酬而締結契約者，其契約在法律上當然無效（民國二年大判上字第七七號）；②以人身為抵押標的之契約，根本不生效力，即不得據以責令相對人負交人之義務（民國一八年最高法院判例上字第一七四五號）。在日本則有：①訂立母子不同居之契約者，無效（大判明治三二、三、二五民三卷三七頁）；②訂立投標不出最高價格，而予以報酬之契約，無效（大判昭和一四、一一、六民集一二二四頁）。

（二）**法律行為標的本身，雖非違背公序良俗，然若加以強制，即為違背之者**　例如營業或不營業，乃人之自由，其本身並不違背公序良俗，然若訂立契約以強制之，即不能不謂為與公序良俗有背，而歸無效矣。

與此有關之判例，在我國有：未廢娼以前，娼妓營業，尚非違反公序良俗，然如以為娼為標的，買受良家子女者，依現行律例及禁革買賣人口條例，其買賣契約，當然無效，即或原行為娼，復行轉賣為娼者亦同（民國九年大判上字第八四六號，最高法院院字第二五六號解釋例同旨）。在日本則有：僱用人與受僱人間約定於解僱後不為一定營業之契約，或同業者間為禁止競業而訂立之限制營業之契約，如超過適當之程度者，其契約無效（大判明治四三、三、四民一八五頁，同昭和七、一〇、二九民一九四七頁）。

（三）法律行為標的本身雖非違背公序良俗，然與金錢的利益相結合，即為違背之者　例如要求法官為公平之裁判，證人為真實之證言，並不違背公序良俗，然若給與金錢利益使為之，則為法所不許。與此有關之判例，在我國有：就自己義務之行為，要挾相對人索取報酬，致訂立契約者，其內容實有害於公安公益，不能認為有效（民國三年大判上字第七四二號）。在日本則有：①以支付金錢為對價，約定不為惡事（毀損名譽）之契約，無效（大判明治四五、三、一四刑三三七頁）；②寺廟住持之地位，以金錢為對價而讓與之契約，無效（大判大正四、一〇、一九民錄一六六一頁）。

三

公序良俗之問題，至少公序良俗內容之問題，究為法律問題歟？（如為法律問題，則得為第三審上訴之理由，參照民事訴訟法第四六四及四六五條）抑為事實問題歟？學者間頗多爭議。約分三派如左：

（一）**事實問題說**　此為學者普瀾涅耳（Planiol）所主張，謂：「契約是否違背良俗，即其是否具有反道德的性質，乃法官所應判斷之事實問題。」是為事實問題說。

（二）**折衷說**　認為公序良俗既為事實問題，復為法律問題，乃學者羅特馬氏（Lotmer）所倡，略謂：「契約與道德之關係，得分形式的與實質的兩者，在形式的方面即指契約於如何之點始與道德發生關係之問題而言，申言之，即究係契約之內容上發生此關係歟？抑係契約之緣由上發生此關係歟？此等問題，即屬法律之問題；反之如上述之形式的關係存在時，再進一步問其果真違反道德否，乃為實質的問題，亦即事實問題是也。」與羅氏之說相類似者，則有胥耳德兒氏（Hölder），其說略謂：「當決定善良風俗之觀念時，應將形容詞之善良與名詞之風俗兩者分開，亦即將問題分為風俗之是否存在問題與風俗之是否善良問題，前者為事實確定之問題，故非法律問題，後者乃對於一定存在之事實，而待法律加以判斷之問題，故為法律問題。」胥氏之說雖與羅氏有所出入，但均屬於折衷之說。

（三）**法律問題說**　此為學者史丹木拉（Stammler）所倡，史氏於其「正法論」中認為決定良俗之意義，乃決定法律內容之問題，故為法律問題。宗此說之學者不少，如恩內克茲魯斯（Enneccerus）、海因（Hein）及哈根（Hagen）諸氏均是。

以上三說，當以最後之說為妥，蓋法律之規定，無論其範圍之大小，皆不外為抽象的規定，將此抽象的規定，適用於各個具體的事實時，則須以此抽象的規定為大前提，以各個具體的事實為小前提，而依三段論法以求得結論，此一過程謂為法律之適用。如刑法規定殺人者處死刑（大前提）；今某甲有殺人之事實（小前提），故某甲應處死刑（結論），即其適例。惟吾人於求得結論之先，亦即於法律適用之先，必須有兩個步驟，其一、即對於為大前提之法律規定，須加以解釋，俾確定其真義，如上例則如何之行為，始得謂之殺人，是否以刀砍頭之積極的作為為限？抑乳母故意不哺乳，致嬰兒餓斃之消極的不作為亦包括在內？凡此皆屬於法律之解釋問題；其二、對於為小前提之具體事實，亦須加以究明，俾確定其真相，如上例某甲所為之事實，是否構成殺人，乃至是否有此事實？凡此均屬於事實之確定問題。以上兩個步驟完成後，始能推得其結論，如上例處死刑之宣告，是為法律適用問題。由此可見三段論法中，屬於法律問題者有二，即大前提（法律解釋）與結論（法律適用）是。至於小前提（事實確定），則純為事實問題也。

茲依此就公序良俗加以檢討，則某一法律行為，究係以何種行為為內容（小前提）一節，乃事實確定問題，亦即事實問題，但此一事實，是否可統括於抽象的法規範圍之下，亦即公序良俗之一抽象的觀念之範圍，是否可包括之（法律解釋問題，即大前提）？此問題則為法律問題矣。玆為明瞭起見，更析列如左：

大前提：法律行為有背公共秩序或善良風俗者，無效（民法七二條）……………法律問題
小前提：某甲之行為已背公序或良俗……………………………………………事實問題
結　論：故某甲之行為無效……………………………………………………………法律問題

依上列可知公序良俗內容之問題，屬於大前提問題，其為法律問題也，已不容置疑。或曰：契約是否違背公序良俗，亦即公序良俗之意義如何，並非法律自身可以決定，仍須委諸事實關係之如何以為決定，因而關於公序良俗之法規，不可與普通法規同日而語。曰：不然！近世立法之趨勢，貴在法律與社會相調和，因之法律規定每富有伸縮性，俾能適應社會情勢之變遷。就民法言之，如所謂「正當理由」（民法五〇條二項四款）、「相當期限」（民法一七〇條）及「誠實信用方法」（民法二一九條）（按本條已刪除而另訂於民法一四八條二項）等極端抽象之用語，不一而足，此等用語皆於立法當時，預留適用時解釋之餘地，以期更能配合社會之變遷狀態者也。故此等法規之解釋與適用，與其他一般法規並無不同，而公序良俗意義之解釋，與上述各用語意義之解釋，亦無差異，上述各用語既均為法律問題，而非事實問題，則公序良俗，又何能獨異？故公序良俗之問題，可為第三審上訴之理由。

四

最後應予一言者，即公序良俗之一觀念，在法國民法制定之當時，不過僅為契約自由原則之一種限制而已，但迄於近世，則此觀念已一變而為支配一般私法之大原則矣，故在我民法上，不祇第七二條規定法

律行為有背於公序良俗者無效；他如習慣之適用，及自由之限制，亦均以不背於公序良俗者為限（民法二條、一七條二項），又法人之目的或其行為，有違反公序良俗者，法院得宣告解散之（民法三六條）；而故意以背於善良風俗之方法，加損害於他人者，亦構成侵權行為，應負賠償之責（民法一八四條），諸如此類，可見公序良俗在今日已為私法上之至高原則。我國素稱禮義之邦，而民法上特別重視此一觀念，不僅能迎合世界之新潮流（二十世紀法律與道德破鏡重圓），且對於固有道德之恢復，亦不無助力也（本文曾於《政大青年社大學生雜誌》二卷五期刊載）。

第五章　期日及期間——權利之變動（二）

第一節　總　說

第一、期日及期間之意義

民法總則有「期日及期間」一章，乃有關時間之一般性之規定也。夫宇宙乃時間與空間之交織，一切事物除與空間有不可分離之關係外，更與時間結有不解之緣，所謂「桃花二月放，菊花九月開，一般根在土，各自等時來」，乃時間重要性之最好說明也。吾人之生活，一面固為時間之積累，一面亦為時間之消磨，時間為生活之重要因素也明矣。法律關係既為吾人生活關係之一部，則法律關係中，自不能不含有時間之成分。申言之，時間亦為一種法律事實（應屬於自然狀態，但不承認其為法律事實者亦有之），而對於權利之發生消滅，具有重大影響者也。惟時間在法律上有期日與期間之分，斯二者既對於權利之發生消滅等，具有重大之影響，故主要亦為權利變動問題之一，茲將其意義分述如下：

（一）**期日**　期日者乃一定時期之謂，例如某時、某日、某月、某年之類，祇須其時期特定，不問其時期之長短。所謂一定時期者，即在時間上視為不分者是，易言之即吾人於時間流上，指定一點，其觀念屬於靜態的，學者輒以幾何學上之點喻之。然二者祇可謂差相類似，並非絕對相同，因幾何學上之點，毫無長度可言。期日雖不著眼其長度，但非絕無長度也。

（二）**期間**　期間者乃期日與期日之間之謂，例如某日至某日，某月至某月，某年至某年，或由某日起若干日，若干星期，幾個月，幾個年之類是。期間必有一定之長度，且有始有終，亦即吾人在時間流上所截取之段落，其觀念屬於動態的，學者輒以幾何學上之線喻之。

上述之期日及期間由法令定之者有之（法令謂一切法律與命令），由審判定之者有之（審判包括民事、刑事、行政及軍事審判等），由法律行為定之者亦有之。其所定之期日及期間，如同時亦訂明其計算方法者，自應從其所定，別無問題，否則僅定期日與期間，而未定明其計算方法時，則如何？此依我民法第一一九條規定：「法令、審判或法律行為所定之期日及期間，除有特別訂定外，其計算依本章之規定。」❶可見民法總則編期日與期間之規定，乃有關時間計算之一般性規定也。

第二、期日及期間之作用

期日及期間在法律關係上既扮演重要之角色，然則其作用究若何？具體言之，有如左列：

（一）**定權利能力之始期及終期者**　如自然人之出生日、死亡日以至法人之成立日、解散日是。

（二）**定推定事實及法律上假設之時期者**　如受死亡宣告者，以判決內所確定死亡之「時」，推定其為死亡（民法九條一項），及一人同「時」不得有兩住所（民法二〇條二項）之類是。

---

❶ 民法第一一九條之立法例：

德民　第一八六條　法令裁判上之處分，或法律行為中期間及期日之確定，適用第一八七條至一九三條之解釋規定。

日民　第一三八條　期間之計算法，除法令、裁判上之命令、或法律行為有特別規定之外，依本章之規定。

泰民　第三〇條　本章之規定，於一切期間之計算適用之。

（三）**定權利取得或消滅之時期者**　前者如取得時效之期間（民法七六八至七七二條），後者如消滅時效之期間（民法一二五至一二七條）是。

（四）**定有效為某行為之最終時期者**　如因意思表示有錯誤或誤傳而生之撤銷權，自意思表示後，一年間不行使而消滅（民法九〇條），所謂除斥期間是。

以上所述係期日及期間在民法上之作用，此外在憲法（如總統任期），刑法（如刑期），行政法（如納稅期日）以及其他各種法律上莫不有其重要作用，限於篇幅，玆不枚舉。

第三、期間之分類

（一）**連續期間與非連續期間**　期間依計算之方法分，有連續期間與非連續期間兩種，前者乃自開始至終了，其間所有日數，毫無間斷，悉予計算之謂，例如自三月一日起算，定四個月之期間，則計至六月三十日止為屆滿，其中間所經過月之大小，天之雨晴，概無影響，均連續計算者是也。後者乃期間於起算後，中有間斷，嗣復接續計算之謂。易言之僅將為某種行為事實上實用之時日，予以計算，而對於無用之時日，予以除外者是。例如自元月一日起約定六個月完工，如有雨天而不能工作者，則予以除去，此種期間之計算，即須按實際工作之日數湊足一百八十日為期滿，而非計至六月底是。又此期間既以實用之日數計算，故亦稱「實用期間」或「有用期間」。

（二）**時效期間與除斥期間**　期間依其作用分：有時效期間與除斥期間兩種，其區別俟於下章述之。

此外與期間有一相似之觀念，即「期限」是也，兩者之區別為：期間者乃時期之經過，綜合事之始期與終期言之，即始期與終期之繼續時期也；期限者乃時之計算，分別事之始期與終期言之。期限既到，則法律行為之效力，當發生者發生，當消滅者消滅，而期間則權利之變動，受時之經過之影響者是也。質言之，期限係從一端言之，即時之計算，期間從兩端言之，即時之經過。民法上除第一〇二條規定之期限為法律行為之附款外，其他用期限字樣者不少，例如第八〇條、一七〇條二項、八三五條及一一五七條是。

第二節　期日及期間之計算

第一、計算法之分類

（一）**自然計算法**　即按實際時間精確計算之方法也。例如約定從本日午後一時起經二日而為給付者，即自該時起計足四十八小時為期間之屆滿是。依此計算法則一日為二十四小時之集合，一星期為七日之集合，一月為三十日之集合，一年為三百六十五日之集合，其所包含之時日，常為一致，固屬精確，然而有欠簡便，如以之計算長期間，則頗不適宜。

（二）**曆法計算法**　即依曆（國曆）法所定之日、星期、月、年，以為計算之方法也。例如約定一日者，即係自午前零時迄於午後十二時之謂；約定一星期者，即從星期日至星期六之謂；約定一月者，即從月之一日至月之末日之謂；約定一年者，即從元旦至除夕之謂。此種計算法不論月之大小，年之平閏，悉依曆之所定，固屬簡便，但不甚精確。

以上兩種計算法，在以「日」或「星期」定期間者，則無區別之必要，蓋無論採取何者，其結果均同。惟以「月」或「年」定期間者，在計算上即生差異。例如自二月一日起算，一個月之期間，如採用曆法計算法，則或至二月二十八日（平年）屆滿，或至二十九日（閏年）屆滿；然如採用自然計算法時，則須算足三十日，始能屆滿是。二者計算之結果既有此不同，則何種期間之計算，應採曆法計算法，何種期間之計算，應採自然計算法，我民法第一二三條規定：「稱月或年者，依曆計算。月或年，非連續計算者，每月為三十日。每年為三百六十五日。」❷即在連續期間，以月或年定之者，則依曆法計算法計算；而在非連續期間，若以月或年定之者，則依自然計算法計算，並明定每月為三十日，每年為三百六十五日，以免爭執。至於以日或星期所定之期間，其計算上即無此區別，因其日數固定，不似月之有大小，年之有平閏也。

民法所定期間之計算法，均係由起算點向將來計算（順算），若遇有由起算點回溯計算（逆算）之時（如

---

❷ 民法第一二三條之立法例：

德民　第一九一條　期間以日或年定之，而無須連續計算者，每月為三十日，每年為三百六十五日。

第一九二條　月初謂月之一日；月中謂月之十五日；月終謂月之末日。

瑞債　第七六條　其期日定為月初或月終者，視為其月之第一日，或最終日。

於月之中間定期日者，為其月之第十五日。

日民　第一四三條（一項）　以星期、月或年定期間者，依曆計算。

泰民　第三五條　月及年，依國曆。

月初，為其月之第一日。

月中，為其月之第十五日。

月終，為其月之末日。

（我票據法第六八條三項所定，與此相同，請參照。）

公司法第一七二條規定，股東會之召集，應於一個月前通知，及民法第一四一條規定，於時效期間終止前六個月內，如何如何等情形），自亦應準用之。

第二、期間之起算點

（一）以時定期間者之起算點　我民法第一二〇條一項規定：「以時定期間者，即時起算。」❸例如上午八時買物，約定四小時交付，則自八時起，算至十二時即為期間屆滿是。

（二）以日、星期、月或年定期間者之起算點　我民法第一二〇條二項規定：「以日、星期、月或年定期間者，其始日不算入。」所謂始日不算入，即為法律行為之日不算入，而自翌日開始算起（日民第一四〇條但書規定，期間自午前零時開始者，其始日亦算入，參照本節❸，我民無此區別，一律不算入）。例如在十一日訂立買賣契約，約定五日交貨，則不從十一日起算，而自十二日起算，至十六日為滿期是；此

---

❸　民法第一二〇條之立法例：

法民　第二二六〇條　時效期間，應以日計算之，不可以時計算之。

德民　第一八七條　以事件或某日經過中屆至之時刻為始期者，關於期間之計算，亦算入該事件或該時刻發生之當日。以日之開始為期間之起算者，其始日算入之。計算年齡關於出生之日亦同。

瑞債　第一三二條　關於期間之計算，其時效進行開始之日不算入。

日民　第一三九條　以時定期間者，即時起算。

第一四〇條　以日、星期、月或年定期間者，其期間之始日不算入，但其期間自午前零時開始者，不在此限。

泰民　第三三條　期間，自一定之日開始者，其始日不算入期間。

係以日定期間者，若以星期、月或年定期間者，可依此類推之，茲不舉例。惟此之所謂始日乃指意思表示或法律行為成立之日而言，與民法第一二二條二項所稱之「始日」不同，後者係指星期之開始日（星期日）、月之初日（一日）、年之初日（元旦）而言，與此處所稱之始日切不可混為一談。

第三、期間之終止點

（一）期間終止點之計算法　期間有自始，必有所終，其終止點應如何定之？我民法第一二一條一項規定：「以日、星期、月或年定期間者，以期間末日之終止，為期間之終止。」❹所謂「期間末日之終止」

---

❹ 民法第一二一條之立法例：

德民　第一八八條　以日定期間者，以期間末日之終止為終止。

以星期、月或包含數月之時間（一年、半年、四分之一年）定期間者，於第一八七條第一項之情形，依最後之星期或最後之月內名稱或數，與該事件或時刻發生日之相當日之終止為終止。於第一八七條第二項之情形，依最後之星期或最後之月內名稱或數，與期間起算日相當日之前日之終止為終止。

以月定期間者，如最後之月無相當日者，即以該月末日之終止為期間之終止。

瑞債　第七七條　義務之履行或其他法律上之行為，應於契約訂立後，與一定期間之經過同時為之者，其時期如左：

一、以日定期間者，為期間之最終日；但訂立契約之日不算入。其期間為八日或十五日者，非為一星期或二星期，而為已滿八日或十五日。

二、以星期定期間者，為最後之星期與契約訂立日之相當日。

三、以包含月或數月之時期定期間者，為最後之月與契約訂立日之相當日；但最後之月無相當日者，為其月之最終日。

者，即該期間最後一日之午夜十二時是。該十二時即為期間之終止點（期日之終止點亦同）。但羅馬法則與此不同，羅馬法關於期間之終止，因權利取得與權利喪失而有區別，關於權利之取得，以期間末日之屆至，為期間之終止；關於權利之喪失，則以俟末日之屆滿為必要（請參照拙編《羅馬法要義》三七頁），此種區分，致期間之終止點兩歧，未免不便，近世多數國家立法例不採取之。

（二）**期間末日之算出**　期間之終止點既以期間之「末日」之終止定之，然則何日為期間之末日？其算出方法，不能無規定。所謂期間之末日，當然指期間之最後一日而言，此在以日定期間者，則算足該期間之日，即為末日，固別無問題，若以星期、月或年定期間者，則每因該期間是否恰好自該星期之始日（星期日）、月之始日（一日）、年之始日（元旦）起算而有不同。即在各該始日起算者，則當然以各該期間之

稱半月者，於其期間內一月或數月及半月時，為其最後十五日之期間。

非由契約訂立之日，而由他之期間開始期間之進行者，其期間亦依同一方法計算之。

於一定期間內，應為履行者，須於其期間經過前為之。

日民　第一四一條　前條情形，以期間末日之終止，為期間之終止。

第一四三條（二項）　期間不以星期、月或年之始日起算者，其期間於最後之星期、月或年以相當於其起算日之前日為終止。但以月或年定期間者，如於最後之月無相當日，則以其月之末日為滿期日。

泰民　第三三條　以星期計算期間者，以最後之星期與起算日相當日之終止為終止。

第三四條　以月或年計算期間者，以最後月或年與起算日相當日之終止為終止。

無相當之日或期間之始日為月之末日者，其期間以最後月末日之終止為終止。

末日（星期六、月終、除夕）為末日，若不以各該期間之始日起算者，則依我民法第一二一條二項本文規定：「期間不以星期、月或年之始日起算者，以最後之星期、月或年與起算日相當日之前一日，為期間之末日。」所謂相當日者即指與起算日名稱或數目相同之日而言。例如自星期三起算者，則凡遇星期三均為其相當日，自十二日起算者，則凡遇十二日均為其相當日。相當日雖來者無窮，但必須採取最後之星期、月或年之相當日始可，亦即必須先行算出其最後之星期、最後之月或最後之年，然後再取出該星期中、該月中或該年中與起算日相當之日，即以該日之前一日為期間之末日。例如自四月二十五日起算兩個月，則其最後之月，應為六月，即以該月二十五日（與起算日相當日）之前日（二十四日）為末日是（票據法之規定與此不同，該法第六八條逕以相當日為到期日，不採前一日之辦法）。惟此種計算方法，在以星期定期間者，固已別無問題，若以月或年定期間者，倘遇該最後之月，無與起算日相當之日者則如何？依我民法第一二一條二項但書規定：「以月或年定期間，於最後之月，無相當日，以其月之末日為期間之末日。」例如訂二個月之期間，自十二月三十一日起算，則其最後之月為翌年二月，但二月無論平年閏年均無三十一日，亦即無與起算日相當之日，此時即以二月之末日為期間之末日；又如訂一年半之期間，自民國四十八年五月三十一日起算，則其後最後之月為四十九年十一月，該月無三十一日，即以其末日（三十日）為期間之末日是。

（三）**期日或期間終止點之延縮**　我民法第一二二條規定：「於一定期日或期間內，應為意思表示或給付者，其期日或其期間之末日，為星期日、紀念日或其他休息日時，以其休息日之次日代之。」❺是為

❺ 民法第一二二條之立法例：

終止點之延長，蓋休息日不能強人工作也。惟此種規定僅對於應為意思表示或給付之期日期間有其適用，若年齡之計算，則不得適用此種規定，例如某人恰於某星期日滿二十歲，則自應以該日為成年，而不得展延一日是。其次期日或期間之終止點，雖應終於該末日之午夜十二時，但依法令定有辦公時間，或商業上定有營業時間者（參照票據法二一條），當該時間屆滿時，則該期日或期間自亦應隨之終止，而不必待乎午夜十二時，此乃終止點之縮短也。

第四、年齡之計算法

年齡者測度吾人壽命之單位也，其計算法有兩種，一為曆年計算法，即出生年為一歲，翌年元旦為兩歲，我國舊習採之，二為周年計算法，即自出生日起計滿一年為一歲，我現行法令上採之。故茲所論者，當指後者而言。年齡本亦為一種期間，但其計算法與一般期間之計算法，略有差異，即既不適用始日不算入之規定，亦不適用終止點延長之規定。關於前者我民法第一二四條一項明定：「年齡自出生之日起算。」❻

德民　第一九三條　於一定之期日或期間內應為意思表示或給付者，如其期日或其期間之末日適值星期日或於意思表示地或履行地為公定的一般紀念日時，則以其次之平常日代星期日或紀念日。

瑞債　第七八條　履行之時期或期間之終了，相當於星期日或履行地之休息日者，以其次之業務日視為履行日或期間之最終日。

日民　第一四二條　期間之末日為大祭日星期日或其他休息日者，以其日有不交易之習慣者為限，其期間以翌日為滿了。

泰民　第三七條　期間之末日為休息日，而有不為交易之習慣者，該期間包含其次之營業日。

蓋人既已出生，則其權利能力自應開始，若待次日起算，則影響於將來法律上之效力甚大，故不能不自出生日起算；關於後者我民法雖無明文，在解釋上屬於當然。

其次何日為出生之日，乃一事實問題，應依證據方法確定之。惟該日所隸屬之月或年，為計算年齡起點關鍵之所在，故亦須加以確定，始能據以計算。但人類份子不齊，忘記生辰者，既不乏人；故秘年庚者，亦非烏有，如此則年齡即無從確定矣。因而我民法第一一二四條二項遂有「出生之月、日無從確定時，推定其為七月一日出生。知其出生之月，而不知其出生之日者，推定其為該月十五日出生」之規定，以濟其窮。不過時至今日，我國戶籍制度已臻完備，此種推定之規定，自亦無適用之餘地矣。

至於年齡之適用，不僅在民法上關乎重要，即其他法律上亦莫不有重要之效果，茲列表以明之。

---

❻ 民法第一二四條之立法例：

德民　第一八七條（二項下段）（見❸）

泰民　第四一條　人之出生月日不能確定者，則自出生年之末日起算。

年齡	法律效果
一歲	因出生而取得權利能力（民法六條）。
七歲	㈠未滿七歲，為無行為能力人（民法一三條）。 ㈡七歲以上至十八歲未滿，為限制行為能力人（民法一三條）。
十四歲	㈠未滿十四歲者無刑事責任能力（刑法一八條）。 ㈡十四歲以上，十八歲未滿，得減輕其刑（刑法一八條）。
十六歲	有遺囑能力（民法一一八六條）。
十七歲	有訂婚能力（民法九七三條）。
十八歲	㈠滿十八者為成年（民法一二條）。 ㈡有結婚能力（民法九八〇條）。 ㈢未滿十八歲犯罪者不得處死刑或無期徒刑，本刑為死刑或無期徒刑者減輕其刑（刑法六三條）。
二十歲	年滿二十歲者有選舉權（憲法一三〇條）。
二十三歲	年滿二十三歲者有被選舉權（憲法一三〇條）。
四十歲	年滿四十歲者，得被選為總統或副總統（憲法四五條）。
八十歲	滿八十歲人之行為得減輕其刑（刑法一八條），又不得處死刑或無期徒刑，本刑為死刑或無期徒刑者，減輕其刑（刑法六三條）。

第六章 消滅時效——權利之變動（三）

第一節 總說

第一、時效之意義及分類

時效者一定之事實狀態，繼續達一定之期間，即發生一定法律效果之制度也。所謂一定之事實狀態者，即指占有或權利不行使等情形而言；所謂繼續達一定期間者，即指無所間斷的經過若干歲月（依法之所定）而言；所謂發生一定之法律效果者，乃指或因之而取得權利，或因之而喪失權利而言。時效既可發生此種法律效果，故時效亦為權利變動問題之一種。易言之，時效亦係一種法律事實也。

時效依其成立要件及效果之不同，可分為取得時效與消滅時效兩種，前者乃占有他人之不動產或動產，繼續達一定之期間，即因之而取得其所有權（以外之財產權亦準此）之法律事實也；後者乃因權利不行使所形成之無權利狀態，繼續達一定之期間，致其請求權消滅之法律事實也。二者皆須有一定之事實狀態，達於一定之期間，此期間謂之時效期間。時效雖亦為權利變動之原因，但與前章「期日及期間」不同，即前章純為時間之問題，此則除時間問題外，尚須有一定之事實狀態與之相配合而後可。

第二、時效制度存在之理由

維持社會秩序，保障群眾安寧，乃法律之究極目的，為達此目的，其所採之手段雖不一而足，但「保護個人之權利」乃其重要之一環。所謂保護個人權利者，乃遇有與個人正當的權利關係，不相容之事實狀態發生時，法律必基於正當的權利關係，而將該事實狀態予以推翻，俾恢復原有之社會秩序之謂。但時效制度則恰與此相反，時效制度之作用係在尊重斯種事實狀態，而否定原有之權利關係。如此豈不與法律之目的相背謬耶？曰否！茲陳其理由如左：

（一）**新秩序理宜尊重**　凡一事實狀態，若能繼續達一定期間，則社會上輒信其為正當，即不免以之為基礎，而建立多層之法律關係於其上，亦即成立一種新秩序矣。此際若將該事實狀態推翻，以維持早已破壞之舊有秩序，則已建立之新秩序勢必悉遭覆滅無遺，如此豈不牽累多人，擾亂社會，反於法律之本旨不合矣，故法律為安定社會計，對於一定之事實狀態，如能達於一定之期間者（此時間因素，甚為重要，若不具備此項因素，亦即未經相當長久之時間者，則不可），則照樣加以承認，使成為正當的法律關係，俾所以維持舊秩序者，轉以維持新秩序，而更能符合法律之究極目的，此即時效制度存在之第一理由也（在取得時效上觀之，此理由最為明顯，但消滅時效之根本趣旨，亦不外此）。

由上述理由以觀，則以事實狀態，動搖法律關係之制度，實不止「時效」一種，此外尚有：

（1）**習慣**　習慣乃社會上永續的事實狀態，有變更法律之效力，與時效相較，則時效係以永續的事實狀態，變更主觀的權利，而習慣則係變更客觀的法律，二者雖相對應，但基本趣旨則相通。

（2）**占有**　占有亦為一種事實狀態，有「有權占有」與「無權占有」之分，前者法律固予保護，後者法律亦予保護者何哉？亦無非在乎事實狀態之尊重也。惟其與時效不同者，即在時效則使權利關係終局的變更，而在無權占有之保護，乃於有正當權利人主張其權利前，予以暫時的維持，但二者之究極理由並無不同，故取得時效乃建築於永續的占有之上。

（二）**舊秩序不足維持**　新秩序雖宜尊重，但舊秩序，尤應維持時，則不可厭舊喜新，必也舊秩序已不足維持時，始可從新棄舊，蓋舊秩序既已不足維持，法律又何必勉強維持之，致礙新秩序之安定乎？惟舊秩序達於何種程度，始不足以維持？言之如左：

（1）**舉證之困難**　永續的事實狀態，究竟是否與真實的法律關係相合致，因歲月消逝，實已無法證明，因而欲維持之雖非絕對不可能，但因舉證困難，滋擾必多，故不若將此永續的事實狀態，加以承認，反較妥當，因此種事實狀態，雖未必與真實的法律關係相合致，但亦未必不與真實的法律關係相合致，易言之，總有其蓋然性也。

（2）**權利人之不值保護**　退一步言，永續的事實狀態，縱確與真實法律關係不合致，然真正權利人，既多年不行使其權利，實乃「權利上之睡眠者」，而不值得法律之保護矣。況基於權利不得濫用及所有權社會化之原理，則權利之行使固非絕對自由，其不行使當亦非絕對自由，時效制度對於不行使權利，達一定期間者，即使喪失其權利，實係對於權利不行使上一種消極的限制也。

依據上述，則可知到此地步舊秩序即不足維持矣，不足維持者與其強予維持之，以保護個人權利，曷若尊重新秩序，以保護社會公益？此時效制度存在之第二理由也（在消滅時效上觀之，此理由最為顯著）。

第三、時效制度之沿革及立法例

時效制度係起源於羅馬法，然羅馬法上取得時效與消滅時效乃二種不同之制度，前者始自十二銅表法，後者創於法官之判例，而發達於查帝之時，兩者沿革既不相同，其觀念亦復差異，中世紀註釋法學派竟將其混為一個統一制度，分為兩類，影響所及，法國民法（二二一九條以下），奧國民法（一四五條以下）及日本民法（一四四條以下）均採此種立法主義，德國民法出，始追復羅馬法之舊貫，於總則編祇設消滅時效之規定，而將取得時效規定於物權編，體例得當，學者稱之。詳請參照本章附論（消滅時效制度在羅馬法上之形成），茲不贅述。

我國固有法無時效之制度，尤以消滅時效與我國之「欠債者還錢」，「今生不還來生還」之舊觀念不合，故未建立斯種制度，僅零星的有其蹤跡而已，如唐穆宗長慶四年制：「百姓所經臺府州縣，論理遠年債負，事在三十年以前，而立保經逃亡無證據，空有契書者，一切不須為理」，是債權經過三十年，即有契書，亦不能再行使，乃類似消滅時效之適例；至於取得時效，如清律典賣田宅條附例：「其自乾隆十八年定例以前典賣契載不明之產，如在三十年以內，契無絕賣字樣者，聽其照例，分別找贖，若遠在三十年以外，契內雖無絕賣字樣，但未註明回贖者，即以絕產論，概不許找贖。」係類似取得時效之一例。不過此兩例，亦止於類似而已，此外時效在我國究未普遍適用，亦即未形成一種制度也。

我現行民法係仿德民立法例，將消滅時效規定於總則編，將取得時效設於物權編，除關於後者應讓諸物權編敘述外（請參照拙著《民法物權》本論第二章第一節第六），本書以下單就消滅時效論述之。

第四、消滅時效與除斥期間

消滅時效者乃因權利不行使所造成之無權利狀態，繼續達一定之期間時，致其請求權消滅（嚴格言之在我民法上請求權並非消滅，祇對方發生拒絕履行之抗辯權而已，參照一四四條）之法律事實也。與此相類似者，尚有「除斥期間」之一觀念，除斥期間者乃權利預定存續之期間也，故亦稱「預定期間」，此期間經過後，權利當然消滅，並不得展期，故屬於「不變期間」。其與消滅時效不同之處，有如左列：

（一）**立法精神之不同**　除斥期間與消滅時效之目的，雖均在乎早日確定法律關係，而維持社會之秩序，但二者所維持之秩序，其本質恰屬相反。申言之，除斥期間所維持之秩序，為繼續存在之原秩序，蓋因除斥期間經過而消滅之權利，以其行使為原秩序之變更，以其不行使為原秩序之維持故也；而消滅時效所維持之秩序，乃反於原有秩序之新秩序，蓋因消滅時效完成而消滅之權利，以其行使為原秩序之維持，以其不行使為新秩序之建立故也。

（二）**實際適用之不同**　消滅時效非當事人援用，法院不得依職權以之為裁判之資料；而除斥期間當事人縱不援用，法院亦得依職權以之為裁判之資料，此其一。已完成之消滅時效，其利益可以拋棄，而已屆滿之除斥期間，其利益不許拋棄，此其二。消滅時效有中斷或不完成之問題，而除斥期間則否（但德民一二四條二項則承認其亦有不完成之問題），此其三。消滅時效之起算點民法設有一般性規定（民法一二八條），以請求權可行使或為行為時為起算點，而除斥期間，除於各該條有規定外，未設一般規定，解釋上自以其權利完全成立之時為起算點，此其四。因消滅時效所消滅之權利多為請求權；而因除斥期間所消滅之權利多為形成權，此其五。

由此五點，可知消滅時效與除斥期間大不相同。至其在形式上之區別，即條文中凡有「請求權因若干年不行使而消滅」或「因時效而消滅」之字樣者，則屬於消滅時效；而僅有「經過若干年而消滅」之字樣者，則為除斥期間。惟此乃原則，吾人於適用之際，仍須斟酌其立法精神以斷之。

第二節　消滅時效之客體

第一、以請求權為客體

消滅時效之客體，各國立法例並不一致（見❶），日本民法以債權及其他非所有權之財產權為消滅時效之客體（日民一六七條）；德國民法則以請求權為消滅時效之客體（德民一九四條），我民法從德國民法立法例，以請求權為消滅時效之客體（民法一二五條以下）。支配權（物權、人格權、身分權等）、形成權（撤銷權、解除權、承認權、選擇權等）及抗辯權（一時抗辯權、永久抗辯權等）均不因時效而消滅。形成權因除斥期間經過而消滅。民法第八八〇條規定抵押權消滅之期限，乃除斥期間，而非消滅時效，蓋此抵押權之消滅，乃權利本身，而非其請求權也。權利中有定為請求權而其性質為形成權者，例如買受人之減少價金請求權（民法三五九條、三六三條、三六五條）、定作人之減少報酬請求權（民法四九四條）、共有物分割請求權（民法八二三條）、離婚請求權（民法一〇五三條、一〇五四條）等，均不適用消滅時效之規定。

第二、請求權之範圍

請求權者，謂要求他人為特定行為（作為、不作為）之權利，包括債權的請求權、物權的請求權（物上請求權）及身分權的請求權，然因其性質，亦有不適用消滅時效者，茲分述之如次：

（一）**債權的請求權**　消滅時效，主要以債權的請求權為其客體。債權的請求權，除由債權關係所生之請求權外，尚包括因債務人不履行債務所生之損害賠償請求權及因物權或其他權利之侵害而生之損害賠償請求權在內。

（二）**物權的請求權**　基於所有權之物權的請求權，是否因時效而消滅？頗有爭論。我國學者多採肯定說，謂：物權的請求權雖非純粹之債權，但與物權本身異其內容，乃以特定人之給付為標的之獨立請求權，故基本物權雖不因時效而消滅，但由此所生之物權的請求權不能不認為得因時效而消滅，尤其我民法祇規定請求權因時效而消滅，初無區別其請求權係因債權而生抑因物權而生之理由也（李宜琛：《民法總則》三六五頁，胡長清：《中國民法總論》四〇四頁，王伯琦：《民法總則》二一八頁，洪遜欣：《中國民法總》則五六五頁等）；日本判例、通說採否定說，謂：物權的請求權非獨立之請求權，乃僅為物權的權能之一種而已，物權本身既不因時效而消滅，則由物權而生之請求權，自亦不得脫離基本物權獨因時效而消滅，否則將使物權成為有名無實之權利（大判大正五年六月二三日民錄二二輯一一六一頁、大判大正一一年八月二一日民集一卷四九三頁；鳩山秀夫：《民法研究》二卷一八四頁以下，柚木馨：《判例物權法總論》四一〇頁，我妻榮：《新訂民法總則》四九五頁以下等），我國學者亦有採否定說者，謂：基於所有權之物上請求權，在所有權存續之限度內，不斷發生，故不能因罹於時效而消滅（鄭玉波：《民法物權》六五頁註二，史尚寬：《物權法論》五九頁等）。曩昔我國解釋例、判例均採積極說，例如司法院二八年院字第一八三三號解釋「不動產所有權之回復請求權，應適用民法第一二五條關於消滅時效之規定」、三〇年院字第二一四五號解釋「民法第一二五條所稱之請求權，不僅指債權的請求權而言，物權的請求權亦包括在內」；最高法院四〇年臺上字第二五八號判例「不動產所有權之回復請求權，應適用民法第一二五條關於消滅時效之規定」、四二年臺上字第七八六號判例「民法第一二五條所稱之請求權，包括所有物返還請求權在內」等。迨五四年司法院大法官會議釋字第一〇七號解釋始謂：「已登記不動產所有人之回復請求權，無民法第一二五條消滅時效規定之適用。」六九年釋字第一六四號解釋更謂：「已登記不動產所有人之除去妨害請求權，不在本院釋字第一〇七號解釋範圍之內，但依其性質，亦無民法第一二五條消滅時效規定之適用。」以維護土地法第四三條所定登記之絕對效力，避免已登記不動產所有人因消滅時效喪失回復請求權仍永遠負擔稅捐義務而顯失情法之平，並避免發生權利上名實不符之現象。

在釋字第一六四號解釋，當時擔任大法官之本書著者堅持其向來立場而發表不同意見，謂：「民法第七六七條所定之所有物返還請求權、所有權妨害除去請求權及所有權妨害防止請求權，無論該不動產之所有權已否登記，均無消滅時效規定之適用，本院第一〇七號解釋，應予擴張。」惟綜合釋字第一〇七號及第一六四號之解釋理由，並參照德國民法「已經登記之權利之請求權，不受時效之規制」之規定（德民九〇二條一項），在我民法宜解為：由已登記不動產物權所生之物權的請求權，不因時效而消滅，但由未登記不動產物權所生之物權的請求權及由動產物權所生之物權的請求權，得罹於消滅時效。

（三）**身分權的請求權**　由親屬關係而生之請求權，以向將來回復相當關係狀態為目的者，除有特別規定（如民法一〇六三條三項）外，不因時效而消滅（參照德民一九四條二項）。蓋親屬關係存續中，事實關係與法律關係有不符者，隨時得請求回復之，而且親屬關係有關於善良風俗道德上之義務，亦不應因時效而消滅也。例如，履行婚約請求權（民法九七五條）、夫妻同居請求權（民法一〇〇一條）、父母對於第三人之子女交還請求權（基於民法一〇八四條二項）等是。惟其請求權偏重於財產上利益而與公序良俗無關者，亦得因時效而消滅，例如，因親屬關係之侵害而生之損害賠償請求權（民法一八四條）、生命權被侵害人之父母子女對於加損害人之損害賠償請求權（民法一九四條）、夫妻之一方因判決離婚對於有過失之他方之損害賠償請求權（民法一〇五六條）。其與公序良俗有關者，例如，受扶養權利人之扶養請求權（民法一一一四條以下）、無過失之配偶因判決離婚而陷於生活困難時之贍養費請求權（民法一〇五七條）、收養關係終止時無過失之一方對於他方之贍養費請求權（民法一〇八二條），其基本債權不因時效而消滅，然對於過去已發生之部分，例如各期給付請求權，不妨因時效而消滅。

（四）其他雖為財產權，而不適用消滅時效之規定者　有如下列：①與一定法律關係當然伴隨之請求權，例如相鄰權係伴隨相鄰關係之權利，與其相鄰關係相始終，於其關係存續中，不罹於消滅時效。②留置權以占有標的物為內容，留置權人喪失占有，其留置權即歸於消滅，無罹於消滅時效之餘地。

第三節　消滅時效之期間

消滅時效係以一定事實狀態（請求權不行使），達於一定之期間為成立要件，然則此一定之期間，其長度如何？起算點若何？允許當事人任意加長或縮短否？皆有詳加論述之必要，茲先就期間之長度，述之如左：

第一、一般期間

一般期間指長期消滅時效之期間而言，依我民法第一二五條規定：「請求權，因十五年間不行使而消滅。但法律所定期間較短者，依其規定。」❶此十五年之期間，即消滅時效之最長期間，除本法（如次段

❶ 民法第一二五條之立法例：

法民　第二二六二條　關於訴權，無論為人的為物的，均以三十年為消滅時效完成之期間。（按羅馬法消滅時效最長

所述）及其他法律（如票據法，海商法等）有特別規定外，均應適用之，故為一般期間。

第二、特別期間

特別期間即指短期消滅時效之期間而言，此期間法律所規定者，並不一致，於我民法總則則有左列兩種：

期為三十年，本條及德民一九五條蓋均仿之）

德民　第一九四條　對於他人作為或不作為之請求權，罹於時效。

由親屬法上之關係而生之請求權，於相當狀態，以對於將來而設定為目的時，則不罹於時效。

第一九五條　通常之時效期間，為三年。

瑞債　第一二七條　於聯邦法律無特別規定時，一切之債權，因十年之時效而消滅。

日民　第一六七條　債權因十年間不行使而消滅。

非債權或所有權之財產權，因二十年間不行使而消滅。

第一六八條　定期金之債權，自第一次清償期起，因二十年間不行使而消滅，自最後清償期起十年間不行使而消滅。

泰民　第四二五條　權利於法律所定之期間，債權人不行使時，因時效而消滅。

定期金之債權人，為取得時效中斷之證明，得隨時請求債務人之承認書。

第四五〇條　政府所有之一切債權，其時效期間為十年。

第四五一條　由最後之判決確定或仲裁判斷之裁決所生之債權，其時效期間為十年。

第四五二條　債權之時效期間，於法律無特別規定者為十年。

（一）五年　我民法第一二六條規定：「利息、紅利、租金、贍養費、退職金及其他一年或不及一年之定期給付債權，其各期給付請求權，因五年間不行使而消滅。」❷本條係規定定期給付請求債權之特別

---

❷民法第一二六條之立法例：

法民　第二二七七條　左列各種事件，以五年為消滅其權利之期間：

一、無限之年金及終身之年金。

二、定期給付之贍養費。

三、家屋及土地之租金。

四、借款之利息，及其他一年或不及一年之定期給付。

舊德民　第一九七條　關於利息之遲付額及為原本之逐次償還而做為利息增付之金額之遲付額之請求權；關於非依第一九六條第一項第六款規定之借貸及佃租之遲付額之請求權；及關於定期金、保留金、工資、待命金、休職金、養育費，其他定期給付之遲付額之請求權，以四年罹於時效。

瑞債　第一二八條　左列債權，因五年之時效而消滅：

一、租金、田租、利息或其他定期給付之債權；

二、因供給飲食而生之飲食費、住宿費之債權；

三、因手工、商品之小賣，醫生之手術，律師、訴訟代理人、支配人及公證人之職務，使用人、奴婢、零工及勞力人之勞務所生之債權。

日民　第一六九條　以一年或短於一年之期間，而定金錢或其他物之給付之債權，因五年間不行使而消滅。

泰民　第四四九條　左揭之時效期間為五年：

消滅時效，其期間為「五年」，蓋此等債權容易積累，而其受領證據，亦不易保存，故定以較短之期間，可謂適當。至所謂定期給付債權，乃指於一定或不定之期間內，定期的給付金錢或其他物品之債權而言，就其全體言之，謂之定期給付債權，就其就各期應受之給付言之，則為各期給付，由此各期給付而生之請求權，謂之各期給付請求權。定期給付債權之特徵有三：①須有發生此定期給付債權之基本債權，如利息須有原本債權是。因而普通買賣之分期付款，雖亦分期給付，但仍屬普通債權，僅其所定之清償方法略有不同而已，故不在本條所稱定期給付債權之內（二四年三月四日院字第一二二七號解釋例參照）。②須於所定期間為規則的反覆給付。③其請求權得各個獨立。至其給付之標的是否為金錢，或每期給付之數量是否為同一，則在所不問。又每期之長度，在利息、紅利、租金、贍養費、退職金五者則無限制，即不論其每期在一年以內或超過一年，倘屬於定期給付，均適用本條之規定；但其他之定期給付債權，則須其每期之期間為一年或不及一年始可，若超過一年者，則仍適用一般長期時效（十五年）之規定（王伯琦：《民法總則》二一八頁，認為利息紅利等五者，其各期相隔之期間，亦均須在一年以下者，始得適用本條）。

（二）二年　我民法第一二七條規定：「左列各款請求權，因二年間不行使而消滅。」❸是亦為短期

---

❸ 民法第一二七條之立法例：

一、對卸賣商人應付之代價之支付；

二、利息及紅利之支付；

三、不動產租賃代價之支付；

四、應定期履行之一切給付。

法民　第二二七二條　左列訴權，以一年為其消滅時效之期間（一八九二年一一月三〇日法）：

一、承發吏關於送達文書及其事務執行應得報酬之訴權；

二、寄宿舍對於生徒，關於住宿費及其他授業學費之訴權；

三、以一年為期而被僱傭之家事使用人，關於其工資之訴權。

左列訴權以二年為其消滅時效之期間：

一、醫師、外科醫師、牙醫、助產士及藥劑師之出診、診療及藥費之訴權。

二、商人對於非商人關於商品價金之訴權（一九一一年二月二六日法）。

第二二七三條　關於律師應得之費用及報酬之訴權，自其訴訟宣告判決之日，或原告被告雙方和解之日，或改任其他律師之日，以二年為其權利消滅之期間。

如訴訟尚未終了，關於律師應得之費用及報酬之訴權，其權利消滅之期間為五年。

舊德民　第一九六條　左列請求權，以二年罹於時效：

一、商人、製造人、手工業人及美術商，關於商品之供給、勞務之實行、及他人事務之管理及墊款之請求權；但此等給付，係為債務人之營業為之時不在此限。

二、農業人或山林業人，關於農產物及林產物之給付請求權；但以對於債務人之家用，而給付者為限。

三、鐵道業人、運送人、船長、車行及車夫，關於乘車費、運送費、車費、報酬及墊款之請求權。

四、旅店主人及營業的供給飲食者，關於住宿及飲食之給付，並為供客人需要所為之其他給付及墊款請求權。

五、彩票營業者由彩票營業所生之請求權；但轉賣彩票者，不在此限。

六、以租賃動產為營業之租金請求權。

七、第一款所載以外之人，以管理他人事務或服勞務為營業者，屬於營業自身報酬及墊款請求權。

八、從事私役者之工資，報酬或其他勞務上之收入，並墊款請求權，及僱用人就此請求所為之先付請求權。

九、工業勞動者（職工、助手、徒弟、製造工人）、零工及手細工人，關於工資，及替代工資或以其為工資之一部所約定之其他給付及墊款請求權，並僱用人就此等請求所為之先付請求權。

一〇、學費及其他以授業契約所約定之給付，並為受業生所支付之墊款請求權。

一一、從事授業、養育、給養或治療之公私設施，因為授業、養育、給養或治療之給付所有之請求權，及此等給付所附帶之費用請求權。

一二、為給養或養育而收容他人者，因為第十一款所載種類之給付及費用所有之請求權。

一三、公私立學校教員之報酬請求權；但公立學校教員之請求，依特別規定可以猶豫者，不在此限。

一四、醫生中之外科醫生，產科醫生，齒科醫生及獸醫生，及助產士，關於業務上之墊款請求權。

一五、律師、公證人、承發吏及為處理某事而被任命或認許者，關於規費及墊款請求權；但以其規費及墊款，非屬國庫收入者為限。

一六、當事人對於律師之先付金請求權。

一七、證人及鑑定人之規費及墊款請求權。

第一項第一款第二款第五款所載之請求，若不罹於二年之時效，則以四年罹於時效。

瑞債　第一二八條　（見前註）

日民　第一七〇條　左列債權，因三年間不行使而消滅：

一、醫生、助產士及藥師，關於技術勤勞及配方之債權。

二、技師、土木工人及承攬人，關於工事之債權，但此時效，自其擔任之工事終了時起算。

第一七一條　律師自事件終了時起，公證人及執行吏自其職務執行時起，經過三年者，就其職務所受取之書類，免其責任。

第一七二條　律師、公證人及執行吏，關於職務之債權，自其原因事實終了時，因二年間不行使而消滅，但自其事實中各事項終了時起，經過五年者，雖在右之期間，關於其事項之債權，亦消滅。

第一七三條　左列債權，因二年間不行使而消滅：

一、生產人、卸賣商人、小賣商人、出賣之產物及商品之價金。

二、工作人及製造人關於工作之債權。

三、校長、塾長、教師、師匠，對於學生及習業人之教育、衣食及住宿費用之債權。

第一七四條　左列債權，因一年間，不行使而消滅：

一、以一月或不及一月而定之受僱人工資。

二、勞力人及賣藝人之租金，並其供給物之價金。

三、運送費。

四、旅店、飲食店、遊戲場及娛樂場之住宿費、飲食費、座費、門票錢、消費物價金及其墊款。

五、動產之耗費。

泰民

第四四八條　左揭之時效期間為二年：

一、對於小賣商人應付之代價之支付。

二、對於飲食店、旅店或其他類似之營業之應付之飲食費、住宿費之支付。

三、使用人對於被用人應付之工資之支付。

四、對於運送業者應付之運費及其他附隨之支付。

五、動產租賃之租金之支付。

消滅時效，其各種債權如下：

(1)旅店、飲食店、及娛樂場之住宿費、飲食費、座費、消費物之代價及其墊款；

(2)運送費及運送人所墊之款；

(3)以租賃動產為營業者之租價；（租賃而非動產，或為動產而非營業，則其租金應適用前述五年之規定。）

(4)醫生、藥師、看護生之診費、藥費、報酬及其墊款；

(5)律師、會計師、公證人之報酬及其墊款；

(6)律師、會計師、公證人所收當事人物件之交還；（仍可基於所有物返還請求權，請求返還自不待言。）

(7)技師、承攬人之報酬及其墊款；

(8)商人、製造人、手工業人所供給之商品及產物之代價。

上列各種債權，其請求權均須於二年以內行使，否則因時效而消滅，蓋此等債權通常既容易清償，而其受領證書之保存者尤少，故法律為從速解決其法律關係計，乃定有二年之短期時效，可謂允當。

關於消滅時效之期間，除上述者外，於民法其他各編，以及其他法律中所列者不少，但統計之，則不外十種，茲表列之如左：

六、僱傭之工資之支付，包含對於醫生律師證人鑑定人應付之規費之支付。

期間	參考法條	期間	參考法條
十五年	民法一二五條。	二年	民法一二七條、一九七條、四五六條、七五六條之八。海商法九九條、一〇三條四項。保險法六五條。
十年	民法一九七條、一一四六條。	一年	民法五一四條、五一四條之一二、五六三條二項、九六二條。票據法二二條二項。海商法一二五條。
五年	民法一二六條。	六個月	民法四七三條、六一一條。票據法二二條三項。
四年	決算法七條。	四個月	票據法二二條二項後段。
三年	民法七一七條。票據法二二條一項前段。	二個月	民法五六三條二項。票據法二二條三項後段。

其次，消滅時效之期間，應自何時起算？此亦為一重要問題，故我民法第一二八條明定：「消滅時效，自請求權可行使時起算。以不行為為目的之請求權，自為行為時起算。」❹例如定有清償期之債權，自該

---

❹ 民法第一二八條之立法例：

舊德民　第一九八條　時效自請求權成立時起算，請求以不行為為目的者，時效自有反對行為時起算。

瑞債　第一三〇條　時效自債權期限之屆至，開始進行。

債權須催告者，其時效自得為催告之日起，開始進行。

日民　第一六六條　消滅時效，自得行使權利時進行。

前項規定，於始期或附停止條件附權利之標的物，為第三人占有者，自其占有之時，不妨取得時效之進行，但

期限屆至時起算，未定清償期者，則自債權成立之日起算。至於不作為內容之債權，則自有違反行為時起算，如負有不開設道路之債務人，倘開設道路時，則消滅時效即開始進行是。惟此之起算規定，係一般性之規定，若其他特別消滅時效，各該法條各有關於起算之特別規定時（例如一九七條），則自應優先適用該特別規定，自不待言。

至於消滅時效之期間，是否得由當事人任意加長或縮短？我民法第一四七條前段明定：「時效期間，不得以法律行為加長或減短之。」（立法例見㉑）可見時效期間之規定，係強行規定，當事人不得左右之。蓋時效制度係以客觀的事實狀態為基礎，而使生法律效果，故不許當事人任意變更也。

第四節　消滅時效之中斷

第一、時效中斷之意義

時效中斷者，於時效進行中，有與時效基礎相反之事實發生，使已進行之期間全歸無效之謂。夫時效之基礎，係建立於永續的一定的事實狀態（在取得時效為繼續的占有；在消滅時效為繼續的請求權之不行使）之上，因而於時效期間進行中，倘有與此基礎不相容之事實發生（就取得時效言，如中止占有；就消滅時效言，如請求權之行使），則時效自應中斷，而使已進行之期間歸於無效，於中斷事由終止時，重行起

權利人因中斷時效，無論何時，得請求占有人之承認。

泰民　第四二九條　時效，自權利可以行使時進行。

第四三一條（二項）　債務人負有不行為之義務，自債務人為行為時進行。

算。時效之中斷與後述時效之不完成，併稱時效之障礙，此蓋為保護因時效進行而受不利益之當事人之利益，而設之制度也。

第二、消滅時效中斷之事由

與時效基礎相反之事實，即係時效中斷之事由，此等事由，於法、日民法因自然中斷與法定中斷而有不同，自然中斷之事由，指占有之喪失而言，乃取得時效所特有者，法定中斷之事由，指請求、扣押及承認等而言，乃取得時效與消滅時效所通有者。我民法將前者規定於物權編，後者規定於總則編，惟我總則編所規定之中斷事由，在取得時效是否準用，學者間之意見不一，除此點請參照拙著《民法物權》本論第二章第一節第六（三）外，茲將各該中斷事由分述之：

（一）請求　消滅時效中斷之事由，首推請求。何謂請求？其效力如何？分述如左：

（1）請求之意義　請求者因時效進行而受不利益之當事人，出而行使其權利之謂。惟我民法第一二九條一項一款所稱之「請求」❺係專指訴訟外之請求而言，（日民法上之請求係包括訴訟上及訴訟外之請求

---

❺ 民法第一二九條之立法例：

法民　第二二四四條　法院之傳喚，或以阻止時效為目的送達支付命令或扣押，為法律上之中斷。

第二二四五條　占有人因和解而為治安法院所傳喚，嗣後於法定期間內受初級法院之傳喚時，自因和解而被傳喚之日起時效中斷。

第二二四八條　時效因義務人或財產占有人承認相對人之權利而中斷。

舊德民　第二〇八條　債務人支付利息，或提供擔保，或以其他方法對權利人承認其請求者，時效中斷。

第二〇九條　權利人因請求履行，或確認，執行文之付與，或請求執行判決而起訴者，時效中斷。

左列事項與起訴有同一之效力：

一、依督促程序，送達支付命令。

一之一、於初級法院或民事訴訟法第七九四條第一項第一款所揭之調停所，因提出聲請調停而實行其請求權。

二、報明破產債權。

三、於訴訟上，為請求之抵銷。

四、請求繫於訴訟之結果者，於其訴訟中為訴訟之告知。

五、開始執行行為，但強制執行係由法院或其他官署所指定者則為強制執行之聲請。

德民　第二一〇條　訴權之有無，應依官署之事前裁決而決定者，或須上級法院指定管轄法院者，其時效，因對於官署或上級法院提出請求書而中斷，與起訴或聲請調停同。但以請求決定後，三個月內起訴或聲請調停者為限。此項期間準用第二〇三條第二〇六條及第二〇七條之規定。

瑞債　第一三五條　時效，因左列事由而中斷：

一、債務人債權之承認。就中關於利息及分割支付，擔保及保證之設定。

二、債務之請求，於法院或仲裁法院起訴或抗辯，並破產加入，及因裁判上和解而傳喚。

日民　第一四七條　時效，因左列事由而中斷：

一、請求。

二、扣押，假扣押或假處分。

三、承認。

泰民　第四三八條　時效，因左列事由而中斷：

而言，法、德民法係仿羅馬法，以訴訟上之請求為限），至訴訟上之請求，則謂之「起訴」，另以其為獨立之中斷事由（下述），不在此請求之內。蓋我國舊習以無訟為貴（朱柏廬治家格言有「居家戒爭訟，訟則終凶」之說），故起訴乃不得已之事，不能輕易為之，因而此之請求，僅權利人有意思表示（如討債）為已足，而不以向法院起訴為必要。

（2）**請求之效力**　請求依民法第一二九條一項規定，為消滅時效中斷之原因，易言之，請求可發生中斷消滅時效之效力，不過依我民法第一三〇條規定：「時效因請求而中斷者，若於請求後六個月內不起訴，視為不中斷。」❻可見因請求之中斷，並非絕對的，乃係相對的，即僅有請求則不能絕對的中斷，必須於請求後六個月內起訴，始能絕對的中斷，否則仍視為不中斷。蓋時效因請求而中斷者，若被請求人應此請求，而履行其義務時，則法律關係消滅，自別無問題。但若被請求人置若罔聞時，則請求權人仍應起訴，以求解決。若不於相當時間內起訴，則可推知其無行使權利之決心，而向之不行使權利之事實狀態，

一、於法院起訴，但其訴須未撤回或駁回，以請求人之訴狀交付法院之日，為起訴之日；

二、破產程序參加之聲請，但債權人之程序參加須未撤回或駁回；

三、付仲裁判斷；

四、債務之承認。

❻ 民法第一三〇條之立法例：

日民　第一五三條　催告非於六個月內為裁判上之請求，因和解而傳喚或任意到庭，破產程序之參加，扣押、假扣押或假處分，不生時效中斷效力。

雖經一度生波，但仍歸平息，故法律視為不中斷，而使自初即不發生中斷之效力。是以請求人如欲保持請求之中斷效力，非於請求後六個月內起訴不可。又此之所謂起訴應解為民法第一二九條二項所列與起訴有同一效力之事由，亦包括在內（我妻榮：《中華民國民法總則》一七九頁參照），故請求人於請求後雖未起訴，但於六個月內曾為各該事由之一者（如依督促程序聲請發支付命令），亦視同起訴，而請求之中斷效力，即可保持矣。至於請求後六個月內雖再為請求，乃至繼續不斷的為同樣之請求，亦祇能分別有其相對的中斷效力，而不能保持前一請求之中斷效力，自不待言。

（二）承認　承認亦為消滅時效中斷事由之一，其意義及效力如左：

（1）承認之意義　承認者因時效受利益之當事人，向有請求權人確認其權利存在之行為也。其性質屬於一種意思通知（準法律行為），而非意思表示，蓋承認僅在確認請求權人權利之存在，並非從新負擔債務，亦不必有拋棄時效利益之意思，而由承認所生中斷之效力，又係出諸法律規定，與承認人之意思無關，故承認僅為一種意思通知。至其方法以書面、言詞，於審判上、審判外為之均無不可。又不限於明示，即默示，如一部清償、支付利息、要求緩期、提供擔保等，亦可。

（2）承認之效力　一經承認，則消滅時效即因之而中斷（民法一二九條一項二款），則承認可發生中斷時效之效力，自不待言。惟由承認所生之中斷效力，與上述由請求所生者不同，由請求所生者，非於六個月內起訴，則視為不中斷，亦即單純之請求，若不配以起訴，實際上等於無中斷之效力，而此之承認則不如是，即僅有承認即可絕對的發生中斷之效力，與起訴與否無關。蓋義務人既經承認，則權利人自信賴之，其不行使權利，乃人情之常，不能謂為怠於行使權利，故應使之生絕對中斷效力也。

（三）**起訴**　起訴亦為一種消滅時效中斷之事由，其意義及效力如左：

（1）**起訴之意義**　起訴乃於訴訟上行使權利之行為，此之起訴當然指提起民事訴訟而言，其為給付之訴，確認之訴，形成之訴，抑為本訴反訴，乃至附帶民事訴訟，均非所問。即債務人提起債權不存在之消極的確認之訴，而債權人應訴者，亦無不可。

（2）**起訴之效力**　起訴發生中斷消滅時效之效力（民法一二九條一項三款），但依民法第一三一條規定：「時效因起訴而中斷者，若撤回其訴，或因不合法而受駁回之裁判，其裁判確定，視為不中斷。」❼則起訴所生之中斷效力，亦非絕對的，必須未撤回其訴，或其訴未因不合法而受駁回始可。所謂撤回其訴者，乃原告於判決確定前，表示其訴之全部或一部不求法院裁判之行為也。其訴一經撤回，則與未起訴同，

---

❼ 民法第一三一條之立法例：

法民　第二二四七條　左列情形，時效視為不中斷：
一、法院之傳喚因違背方式而無效時；
二、原告撤回其訴時；
三、原告怠於訴訟致訴權喪失時；
四、法院駁回其訴時。

舊德民　第二一二條　訴訟被撤回，或依非決定事件本身之判決而被駁回者，視為未因起訴而中斷。權利人，於六個月內更為起訴者，其時效視為最初之起訴而中斷。此項期間，準用第二〇三條第二〇六條及第二〇七條之規定。

日民　第一四九條　裁判上之請求，於訴之駁回或撤回時，不生時效中斷之效力。

故時效因起訴中斷者，至此應視為不中斷。又合意停止訴訟程序之當事人，自陳明合意停止時起，如於四個月內不續行訴訟者，視為撤回其訴或上訴（民訴一九〇條），此種擬制的撤回，解釋上自亦包括上述撤回之內。所謂訴因不合法而受駁回者，乃其訴之提起，不合法而受駁回之謂（民訴二四九條），訴之駁回依現行民事訴訟法之規定，法院應以「裁定」為之。對於駁回之裁定，得為抗告（民訴四八二條），倘逾抗告期間而未抗告，或抗告被駁回時，則其裁定確定。裁定確定，則因起訴而中斷之時效，即視為不中斷。至於起訴應自何時發生中斷效力，其說有二：①認為提起訴訟之時，即發生中斷效力；②認為訴狀送達於相對人之時，始發生中斷效力。但依我民事訴訟法第二四四條一項之規定，起訴應以訴狀提出於法院為之，自以前說為妥。蓋訴狀之提起，已可認為行使權利，若必待送達於相對人，則或因法院事務之遲延，權利人難免遭受不測之損害也。

（四）與起訴有同一效力之事項　民法第一二九條二項規定，與起訴有同一效力之事項有五，茲分述之：

（1）依督促程序聲請發支付命令　依民事訴訟法第五〇八條規定：「債權人之請求，以給付金錢或其他代替物或有價證券之一定數量為標的者，得聲請法院依督促程序發支付命令。」此支付命令一經請發，即發生中斷時效之效力（民法一二九條二項一款）。其次依民法第一三二條規定：「時效因聲請發支付命令而中斷者，若撤回聲請，或受駁回之裁判，或支付命令失其效力時，視為不中斷。」❽此亦屬於中斷時效

---

❽ 民法第一三二條之立法例：

德民　第二一三條　於督促程序，因送達支付命令之中斷，準用第二一一條a.之規定。支付命令失其效力者，視為未

之一種限制。所謂撤回聲請，指聲請人撤回其發支付命令之聲請而言，聲請人既自行撤回其聲請，則與未聲請同。故其時效視為不中斷。所謂受駁回之裁判，指支付命令之聲請，不合於民事訴訟法第五〇八條至第五一一條之規定，或依聲請之意旨，認債權人之請求為無理由者，法院應以裁定駁回之者而言（民訴五一三條），聲請既受駁回，自亦與未聲請等，故時效應視為不中斷。所謂支付命令失其效力，有下列兩種情形：①發支付命令後，三個月內不能送達於債務者，其支付命令失其效力；②債務人對於支付命令於法定期間內提出異議者，支付命令失其效力（民訴五一九條上段）。此兩種情形，在①之失其效力，可視為時效不中斷；在②之失其效力，因同條下段復有：「以債權人支付命令之聲請，視為起訴或聲請調解」之規定，是已轉換為另一中斷事由（起訴或聲請調解），而仍可保持其中斷效力也。

(2) **聲請調解，或提付仲裁**　聲請調解指依民事訴訟法第四〇五條之規定聲請調解而言，但不以此為限。凡其他法律有得聲請調解之規定，而在性質上亦應認與起訴有同一效力者，均包括在內（最高法院四八年臺上字第七二二號及第九三六號判例參照）。又，①依仲裁法第三七條一項之規定，仲裁人之判斷，於當事人間，與法院之確定判決有同一效力；②證券交易法第一六六條一項規定：依本法所為有價證券交易所生之爭議，當事人得依約定進行仲裁，但證券商與證券交易所或證券商相互間，不論當事人間有無訂立仲裁契約，均應進行仲裁，除本法規定外，依仲裁法之規定；③勞資爭議處理法第二五條一項規定：勞資爭議調解不成立者，雙方當事人得共同向直轄市或縣（市）主管機關申請交付仲裁，及同法第三七條一

中斷（民事訴訟法七〇一條）。

日民　第一五〇條　支付命令，因債權人不於法定期間內申請假執行而失其效力時，不生時效中斷之效力。

項規定，仲裁委員會就權利事項之勞資爭議所作成之仲裁判斷，於當事人間，與法院之確定判決有同一效力。惟依民法第一三三條規定：「時效因聲請調解或提付仲裁而中斷者，若調解之聲請經撤回、被駁回、調解不成立或仲裁之請求經撤回、仲裁不能達成判斷時，視為不中斷。」❾亦理所當然也。

（3）申報和解債權或破產債權　申報和解債權，乃債權人依破產法第一二條一項三款之規定，申報債權之謂。至申報破產債權者，乃債權人向破產管理人申報其債權之謂（破產六五條一項五款）。此兩者亦均為權利之行使，自應發生中斷時效之效力（民法一二九條二項三款），但依民法第一三四條規定：「時效因申報和解債權或申報破產債權而中斷者，若債權人撤回其申報時，視為不中斷。」❿蓋報而又撤，與未報者等，故應視為不中斷也。

---

❾ 民法第一三三條之立法例：

舊德民　第二一二條　a.因申請調停時效中斷，於調停程序終結前繼續之，且於此程序直接附帶訴訟程序時，依第二一一條第二一二條之規定繼續之。調停程序因未開始其程序而休止者，準用第二一一條第二項之規定。撤回調停申請時，消滅時效視為不中斷。

日民　第一五一條　因和解而傳喚，若相對人不到庭，或和解不成立，非於一個月內起訴，不生時效中斷之效力。任意到庭，和解不成立者亦同。

❿ 民法第一三四條之立法例：

德民　第二一四條　（一、二項）因報明破產債權而中斷者，於破產程序終了前存續。撤回其報明時視為不中斷。

日民　第一五二條　參加破產程序，債權人撤回其參加，或其請求被駁回時，不生時效中斷之效力。

（4）**告知訴訟**　告知訴訟者，乃當事人於訴訟繫屬中，將訴訟告知於因自己敗訴而有法律上利害關係之第三人之謂（民訴六五條）。例如出賣人甲，對於買受人乙，就買賣標的物依法負有追奪之擔保（即擔保第三人就買賣標的物，對於買受人不得主張任何權利，亦稱權利之瑕疵擔保，民法三四九條）。倘買受人乙被他人就該標的物提起追奪之訴時，則乙一旦敗訴，即對於甲有履行追奪擔保之請求權，而甲即有履行其擔保之義務，故就此訴訟言，甲即為有法律上利害關係之第三人。此時乙為免上述之請求權因時效而消滅計，將其訴訟告知於甲，即發生中斷之效力（民法一二九條二項四款），不過依民法第一三五條規定：「時效因告知訴訟而中斷者，若於訴訟終結後，六個月內不起訴，視為不中斷。」❶❶蓋告知訴訟後，無論被告知人參加訴訟與否，若告知人敗訴時，則告知人與被告知人間之權義關係（追奪擔保）仍不因該訴訟之終結而解決，故必須另行起訴。因而此之起訴如不於該訴訟終結後六個月內為之者，則時效應視為不中斷，以示限制。

（5）**開始執行行為或聲請強制執行**　此可分兩點述之如下：

(1)開始執行行為：執行行為乃執行機關依強制執行法所為之實現權利之行為。其開始原則上因債權

❶❶ 民法第一三五條之立法例：

舊德民　第二一五條　因訴訟上所為之抵銷，或告知訴訟而中斷者，至訴訟依確定判決，或其他方法終結時為止，存續。第二一一條第二項之規定，適用之。

訴訟終結後，六個月內不提起給付或確認之訴者，視為不中斷。此項期間準用第二〇三條第二〇六條及第二〇七條之規定。

人之聲請為之，但假扣押、假處分及假執行之裁判，其執行應依職權為之（強執五條）。茲之所謂開始執行行為乃指依職權所為之執行行為而言（其依債權人之聲請為之者，則屬於下列(2)點所述者），此種執行行為一經開始，即發生中斷時效之效力（民法一二九條二項五款），但依民法第一三六條一項規定：「時效因開始執行行為而中斷者，若因權利人之聲請，或法律上要件之欠缺而撤銷其執行處分時，視為不中斷。」⓬所謂因權利人之聲請，而撤銷其執行處分者，指因受假執行利益之人，自行請求撤銷其執行處分而言；所謂因法律上要件之欠缺，而撤銷其執行處分者，指執行處分不合法定要件（如不合民訴五二三條或五三二條二項之規定），致被撤銷之情形而言。其執行處分既被撤銷，則與自始未為該處分等，故時效因開始執行行為而中斷者，至此應視為不中斷。

(2)聲請強制執行：強制執行原則上須依聲請為之，前已敘明。依聲請為之者，一經聲請即發生中斷時效之效力（民法一二九條二項五款），但依民法第一三六條二項規定：「時效因聲請強制執行而中斷者，

⓬ 民法第一三六條之立法例：

舊德民　第二一六條　因開始執行行為而中斷者，其執行處分因權利人之聲請或法定要件之欠缺而被撤銷時，視為不中斷。

因聲請強制執行而中斷者，其聲請被駁回，或於開始執行行為前已撤回，或已實行之執行處分依前項規定而被撤銷時，視為不中斷。

日民　第一五四條　扣押，假扣押及假處分，因權利人之聲請，或因不依法律規定而被撤銷時，不生時效中斷之效力。

第一五五條　扣押，假扣押及假處分，如非對於受時效利益之人為之，非通知其人以後，不生時效中斷之效力。

若撤回其聲請，或其聲請被駁回時，視為不中斷。」所謂因聲請強制執行而中斷者，即指因當事人之聲請強制執行而中斷者而言，此種中斷既因聲請而發生，則撤回其聲請，或其聲請被駁回，自仍應視為不中斷也。至因聲請之強制執行如亦開始其執行行為後，而有民法第一三六條一項之情形時（即因原聲請人之聲請，而撤銷其執行處分），是否亦視為不中斷，此在德國民法（二一六條二項）有規定亦應視為不中斷，我民法雖無明文，但解釋上從同。

第三、消滅時效中斷之效力

（一）時效中斷及於時之效力　我民法第一三七條一項規定：「時效中斷者，自中斷之事由終止時，重行起算。」⑬依此則時效中斷事由發生前已經過之期間，概歸無效；於中斷事由存續中，時效不進行；

---

⑬ 民法第一三七條之立法例：

舊德民　第二一一條　因起訴而中斷者，至訴訟受確定判決，或因其他方法終結時為止，存續。

訴訟因合意或因不能實行訴訟而休止者，其中斷以當事人或法院之最後訴訟行為而終止。中斷終止後開始之新時效，依當事人一方續行訴訟而中斷，與起訴同。

第二一七條　時效中斷者，至中斷之時為止，所經過之期間，不算入。新時效非於中斷終止後，不得重行開始。

第二一八條　因確定判決而被確定之請求權，雖原來應罹於短期時效者，亦延長至三十年而罹於時效。其基於可執行之和解，或可執行之證書所生之請求權，以及因破產手續確定而得為執行之請求權，亦同。

前項確定，如係關於將來期滿之定期給付，則其短期之時效期間，不受變更。

瑞債　第一三七條　時效與中斷同時更新進行。

債權因證書之發行而被承認，或因審判官之判決而被確定時，其新時效期間為十年。

而自中斷事由終止時，時效重新開始進行，例如有一普通請求權，自可以行使時起，已經過十年，此時倘該債務人承認者，則自其承認時起尚須經過十五年，始能完成其時效是。又時效於重行起算後，如再發生中斷之事由時，仍可依民法第一二九條規定，生中斷效力，自不待言。

其次，時效既自中斷事由終止時，重行起算，則何時為中斷事由之終止？此則因中斷事由之不同，而有差異，茲分別列述如左：

(1) 時效因請求而中斷者　則請求之通知達到時，即為中斷事由之終止，而重行起算。

(2) 時效因承認而中斷者　以承認之表示為權利人所了解（對話）或達到於權利人（非對話）時，

第一三八條　因起訴或抗辯而中斷時效者，於訴訟進行中當事人為裁判上之行為，及因審判官之命令或裁判而訴訟終結時，更新進行。

中斷因債權人之請求而生者，其時效，與各請求行為同時更新進行。

中斷因破產加入而生者，新時效自依破產法得再主張債權時起，開始進行。

第一三九條　起訴或抗辯因受訴審判官之管轄錯誤，或可以補正之欠缺，即時或於時期前被駁回者，其時效期間如已於其間經過，則六十日之請求權主張之新期間開始進行。

日民　第一五七條　中斷之時效，自其中斷事由終止時起，更開始其進行。

因裁判上之請求而中斷之時效，自裁判確定時起，更開始其進行。

泰民　第四三九條　於法院起訴者，其時效至最終判決確定時止中斷。

第四四六條　時效中斷者，中斷以前之期間不算入。

第四四七條　自中斷終止時起，新時效期間進行。

為中斷事由之終止，而重行起算。

（3）時效因起訴而中斷者　依我民法第一三七條二項規定：「因起訴而中斷之時效，自受確定判決，或因其他方法訴訟終結時，重行起算。」判決確定則訴訟終結，但訴訟亦有因其他方法而終結者，如因裁判上之和解而終結是。訴訟終結時，即為中斷事由（起訴）之終止，而時效重行起算。

（4）時效因與起訴有同一效力之事由而中斷者　則亦應於各該程序終結時，重行起算，其具體情形如下：

⑴時效因聲請發支付命令而中斷者，則自宣告假執行之裁定確定時，即為中斷事由之終止，而重行起算。

⑵時效因聲請調解或提付仲裁而中斷者，如調解成立或仲裁達成判斷時，中斷事由即為終止，而重行起算。

⑶時效因申報和解債權或破產債權而中斷者，則和解或破產程序終了之時，即為中斷事由終止之時，而自該時起重行起算。

⑷時效因告知訴訟時而中斷者，則自送達到時起，為中斷事由之終止，而重行起算。

⑸時效因開始執行行為或聲請強制執行而中斷者，則執行程序終結時，為中斷事由之終止，而重行起算。

此外應注意者：①以上所列各項，除承認外，必須各無「視為不中斷」之情形，始可重行起算，否則舊時效仍照舊進行，並由最初開始時通算之，例如甲對乙之請求權，於滿十年時起訴，而該訴訟於五個月終結，則自終結時起，新時效重新進行，再經過十五年始能完成（共經過二十五年五個月）；若甲於起訴後三個月撤回其訴，則時效視為不中斷，祇須再經過四年九個月（滿十五年時），時效即完成矣。②如有數個中斷事由併存者，一事由雖終了，而他事由仍存在時，則時效仍為中斷，此亦不可不知者也。③經確定判決或其他與確定判決有同一效力之執行名義所確定之請求權，其原有消滅時效期間不滿五年者，因中斷而重行起算之時效期間為五年（民法一三七條三項）。例如原為二年期間之時效，經判決確定後，重行起算時，則變為五年時效期間是。此為七十一年修正新增設之規定。又本項所稱與確定判決有同一效力之執行名義，係指實體上爭執業已確定者而言，本票裁定強制執行，僅有執行力，並無實質確定力，仍須提起本案訴訟，其實體上爭執，始可確定，應予注意。

（二）**時效中斷及於人之效力**　我民法第一三八條規定：「時效中斷，以當事人、繼承人、受讓人之間為限，始有效力。」⓮蓋時效之中斷，係由於因時效而受利益或不利益之當事人之行為，故其效力，祇

⓮ 民法第一三八條之立法例：

法民　第一二〇六條　對連帶債務中一人起訴時，對其他債務人，均時效中斷。

舊德民　第九四一條　本於所有權之請求權，對於自主占有人，若在間接占有之情形，則由自主占有人，對於繼承占有權利之占有人，於裁判上實行時，則取得時效中斷。但此之中斷僅對於為中斷行為之當事人發生效力，因而準用第二〇九條至第二一二條第二一六條第二一九條第二二〇條之規定。

瑞債　第一三六條　對於連帶債務人，或不可分給付之共同債務人之時效中斷，對於其他共同債務人不生效力。對於主債務人之時效中斷，即為對於保證人之時效中斷。

能及於當事人，所謂當事人即為中斷行為之人及其相對人是也。例如由權利人之請求而中斷者，則為請求人與被請求人；若因義務人之承認而中斷者，則為承認人與其對方是也。至於繼承人與受讓人雖非直接之當事人，但前者乃當事人之概括繼承人，後者乃當事人之特定繼承人，當然為當事人行為效力之所能及，故中斷時效對於此等人間亦發生效力。

中斷時效對於當事人間始有效力，乃一原則，立法上不無例外，如在保證債務，倘債權人向主債務人請求履行及為其他中斷時效之行為時，對於保證人亦生效力（民法七四七條），即其適例。其次中斷時效在連帶之債，其效力亦與一般情形有所不同，可分述如下：

（1）**就連帶債務言**　我民法惟就消滅時效已完成之問題，於第二七六條二項有規定，對於時效中斷之問題，則無明文，然依第二七九條之文義觀之，則應解為連帶債務人之一人，有消滅時效中斷之事由時，其效力不及於其他連帶債務人，亦即僅於該債務人與債權人間有其效力，仍符合民法第一三八條規定之原則。

（2）**就連帶債權言**　我民法亦惟就消滅時效已完成之點，於第二八八條二項有規定，而對於消滅時效中斷一點，則未設明文。但依第二九〇條之法文以觀，則亦應解為連帶債權人之一人，有消滅中斷時效之事由時，其效力不及於其他連帶債權人。惟有例外，即連帶債權人向債務人請求給付，因而時效中斷者，其效力亦能及於其他債權人（民法二八五條參照），至因其他事由（如債務人之承認）而中斷者，則仍應適

對於保證人之時效中斷，對於主債務人不生效力。

日民　第一四八條　前條之時效中斷，惟於當事人及其繼承人間有其效力。

用原則也。

第五節　消滅時效之不完成

第一、消滅時效不完成之意義

（一）**時效不完成之意義**　時效不完成者，乃時效期間行將完成（滿期）之際，因有請求權無法或不便行使之事由存在，法律乃使已應完成之時效，於該事由終止後，一定期間內，暫緩完成；俾因時效完成而受不利益之當事人，得利用此不完成之期間，行使權利，以中斷時效之制度也。蓋消滅時效之立腳點，在於一定期間內（時效期間）不行使權利，故於此一定期間內，一有行使權利之行為，則使已進行之期間，全歸無效，是謂消滅時效之中斷。惟雖未行使權利，而有無法或不便行使之事實者，則使已進行之時效，暫行中止，是謂消滅時效之停止。時效之停止意有廣狹，廣義之停止，包括時效期間進行中之停止（如德民二〇二條至二〇五條），及時效期間終止之際之停止（如德民二〇六條、二〇七條）兩者而言，我民法從日本民法（一五八至一六一條）之例，僅對後者有規定，學者稱為時效之不完成，實則亦係停止之一種，至於前者，我民法既無規定（我刑法關於追訴權及行刑權之時效，有期中停止之制度，刑法第八三條及第八五條），則在時效期間進行中，不論任何事由，均不因之而停止，此乃法律偏惠於義務人者也。又請求權無法或不便行使之事由若何？不完成期間之長短如何？容後述之。

（二）**時效不完成與時效中斷之區別**　時效不完成與時效中斷，二者相仿，每不易區別，茲列一比較表如左：

區別 名稱	同點		異點	
	目的	作用	事由	效力
時效中斷	保護因時效進行而受不利益之當事人	二者均為時效之障礙	中斷乃由於當事人之行為，其事由有八（見民法一二九條）	(1)中斷事由終止重行起算，已經過期間歸於無效 (2)效力係對人的（相對的）
時效不完成			不完成乃由於當事人行為以外之事實，其事由有五（見民法一三九至一四三條）	(1)停止前已進行之期間仍有效，停止事由終止後仍須合算 (2)效力係對世的（絕對的）

第二、消滅時效不完成之事由

（一）不可避之事變　我民法第一三九條規定：「時效之期間終止時，因天災或其他不可避之事變，致不能中斷其時效者，自其妨礙事由消滅時起，一個月內，其時效不完成。」⓯依此可析述其要件及效果

⓯ 民法第一三九條之立法例：

舊德民　第二〇三條　時效期間於最後六個月內，因裁判上之休止，妨礙權利人之請求者，其間停止其時效。

前項之妨礙，於其他狀態，因不可抗力而生者亦同。

瑞債　第一三四條　左列債權，不開始時效之進行，既已開始進行者，停止其進行：

一、子女對於父母之債權，於親權存續中；

二、受監護人對於監護人及監護官署之債權，於監護關係存續中；

三、夫妻間之債權，於婚姻存續中；

四、男女工人對於僱主之債權，於僱傭契約存續中；

如下：

（1）**要件**　本條所定不完成事由之成立要件為：

(1)須有不可避之事變：不可避之事變云者，乃該事變之發生，非人力所能抗拒之謂，故亦稱不可抗力。惟事變有客觀與主觀兩種，前者指權利人本身以外之天災（風災、水災、疫癘、地震）及人禍（戰爭）而言；後者指權利人本身所生之事變（如被匪綁架，或猝患不省人事之急病等）而言。本條所稱不可避之事變，是否兼賅斯二者在內？學者間非無異議，有謂法文既以天災為例示，則可知其原意係專指客觀的事變而言，主觀的事變，無論何種情形均不在內（胡元義：《民法總則》四五〇頁）；有謂主觀事變，其普通者如父母之喪，尋常之病，海外之旅行等，固不應包括在內，但如上所述猝患不省人事之急病，被匪綁架等，已陷於不能中斷時效之狀態，此時若令時效依舊完成，則未免對權利人過苛，故此等事變雖係主觀的，亦應包括之。蓋與其以主觀客觀為標準，斷定其是否為不可避之事變，毋寧以事變之性質，是否無礙於為中斷時效之行為為準，較為適當也（黃右昌：《民法詮解總則編》下五八六頁）。二說自以後者較合情

五、其債權於債務人使用權存在之間；

六、不能於瑞士法院主張其債權之間。

時效於以上關係消滅之日經過後，開始進行；既已開始進行者，繼續之。

債務請求法及破產法之特別規定，保有其效力。

日民　第一六一條　於時效期間終止之際，因天災及其他不可避之事變，致不能中斷時效者，自其妨礙消滅時起，二星期內，其時效不完成。

理。惟所謂不可避者，非絕對不可避之意，應依社會上一般觀念決之。例如因洪水而交通斷絕，雖尚可以飛機往還，然在一般觀察，仍屬不可避也。

(2)須其事變足致不能中斷：事變須使各種中斷行為，均不可能者始可，若僅因法院停止辦公，不能起訴，而尚能向義務人請求者，或雖不能向義務人請求，而猶能向法院起訴者，均不在此限。

(3)須其事變於時效期間終止時存在：事變何時發生，雖非所問，但於時效終止時，其事變必須仍舊存在始可，否則如其事變業已消滅，縱其消滅距時效期間之終止，僅稍前一日，則亦無時效不完成之可言也（王伯琦：《民法總則》二二八頁認為本條規定就此點言之，適用上不無窒礙）。

（2）**效果**　合乎上述要件後，則構成時效不完成之事由，於是自該事由消滅時起，一個月內，其時效不完成。此一個月期間之計算法依第一二〇條以下之規定為之。

（二）**關於繼承財產之權利**　我民法第一四〇條規定：「屬於繼承財產之權利，或對於繼承財產之權利，自繼承人確定或管理人選定，或破產之宣告時起，六個月內，其時效不完成。」⑯茲依此析述其要件

---

⑯ 民法第一四〇條之立法例：

法民　第二二五八條　限定繼承人對繼承財產所有之債權，時效不進行。對於無遺產繼承人之財產，不問選定管理人與否，不得停止其時效之進行。

舊德民　第二〇七條　屬於繼承財產之請求權，或對於繼承財產之請求權之消滅時效，於繼承人承受繼承財產，或對於繼承財產開始破產程序，或其請求權得由代理人或對代理人實行時，六個月內不完成。時效期間不足六個月者，則以就時效所定之時間，代六個月。

及效果如下：

（１）要件　本條所定不完成事由之成立要件為：

⑴須為屬於繼承財產之權利，或對於繼承財產之權利：在一般權利，權利人與義務人通常皆居於確定之地位，行使與被行使兩方面，並無何等困難。惟關於繼承財產之權利，因繼承係由被繼承人之死亡而開始，此時倘繼承人或管理人不確定，在屬於繼承財產之權利，即無行使該權利之主體；在對於繼承財產之權利，即無被行使之對象，故法律乃有此不完成規定之設，以資保護。

⑵須繼承開始時時效尚未完成：此乃時效不完成制度之所當然，倘繼承開始時，時效已完成，自無本條之適用。

⑶須繼承人或管理人未確定：如已確定，自當由此等人行使權利，或對此等人行使權利，以中斷時效，而不發生不完成之問題。故必須繼承人不確定；或繼承人之有無不明，尚未由親屬會議選定遺產管理人；或因遺產不足清償債務，而有破產法第五九條所列之情形，尚未經法院宣告破產，而產生破產管理人者，始有本條之適用。

（２）效果　具備上述之要件，則其時效六個月內不完成。此六個月期間之起算，或自繼承人確定之時，或自管理人選定之時，或自破產宣告之時，要視其情形之如何而定。

（三）無能力人欠缺法定代理人時之權利　我民法第一四一條規定：「無行為能力人，或限制行為能

瑞債　第一三四條　（見⑮）

日民　第一六〇條　關於繼承財產，自繼承人確定，管理人選定，或破產之宣告時起，六個月內，其時效不完成。

力人之權利，於時效期間終止前六個月內，若無法定代理人者，自其成為行為能力人，或其法定代理人就職時起，六個月內，其時效不完成。」⓱茲依此析述其要件及效果如下：

（1）要件　本條規定不完成事由之成立要件為：

⑴須為無行為能力人或限制行為能力人之權利：權利之主體須為無行為能力人或限制行為能力人，

⓱ 民法第一四一條之立法例：

法民　第二二五二條　對於未成年人或禁治產人，應停止其消滅時效期間之進行，但第二二七八條所定及法律上別有規定者，不在此限。

第二二七八條　短期消滅時效，對於未成年人禁治產人，應不停止其消滅時效期間之進行，但相對人得對於監護人求償。

舊德民　第二〇六條　無行為能力人或限制行為能力人，無法定代理人時，對於其人進行之時效，於其人成為行為能力人，或代理欠缺消滅後，六個月內時效不完成。但時效期間不足六個月者，則以就時效所定之時間，代六個月。

前項規定，限制行為能力人於有訴訟能力之範圍內，不適用之。

瑞債　第一三四條　（見⓯）

日民　第一五八條　時效之期間終止前，六個月內，未成年人或禁治產人，無法定代理人時，自其人成為能力人，或法定代理人就職時起，六個月內，其時效不完成。

泰民　第四三五條　無法定代理人之無能力人所有之權利，自其人成為能力人，或選任法定代理人時起，一年內，其時效不完成。

易言之，消滅時效之客體，須為此等人之權利，若他人對於此等人之權利（亦即此等人之義務），則不能適用本條。

(2)須無法定代理人：若有法定代理人，自可由其法定代理人代為行使權利，無須使時效不完成，故以無法定代理人為要件。

(3)須於時效期間終止前六個月內無法定代理人：無法定代理人須於何時？法文明定須於時效期間終止前六個月內，若於六個月以前早已無法定代理人者，則尤應適用本條，自不待言。惟限制行為能力人關於特定行為有行為能力時（民法七七條但書），則關於該行為所生之權利，雖無法定代理人，亦無本條之適用，是不可不注意者也。

（2）**效果**　若具備上述要件，則其時效，自無行為能力人或限制行為能力人成為行為能力人，或其法定代理人就職時起，六個月內不完成。蓋無行為能力人絕對不能自己行使權利；而限制行為能力人雖非絕對不能自己行使權利，但原則上亦不能獨立為有效之權利行使，因而除由其法定代理人代為行使，或經其允許始能行使外，其權利即無從行使。故於時效期間終止前六個月內，倘無法定代理人者，則非俟其本人成為行為能力人，或其法定代理人就職，其權利無從行使之情形，即不能消除。加以其本人雖已成為行為能力人，或其法定代理人雖已就職，然亦未必即刻明瞭對何人有權利，及其權利如何行使，而必須有一清查考慮之期間，法律明定自其成為行為能力人或法定代理人就職時起，六個月內時效不完成者，其理由在此。

（四）無能力人對於法定代理人之權利　我民法第一四二條規定：「無行為能力人或限制行為能力人，

對於其法定代理人之權利，於代理關係消滅後一年內，其時效不完成。」⑱茲依此析述其要件及效果如下：

（1）**要件**　本條所定不完成事由之成立要件為：

(1)須為無行為能力人或限制行為能力人之權利：如非此等人之權利，則不在此限。

(2)須為對於其法定代理人之權利：此即與前（一四一）條之不同處，前條係對於法定代理人以外之人之權利，而此係對於法定代理人之權利，亦即此權利之義務人為法定代理人。

（2）**效果**　具備上述之要件，則其權利之消滅時效，自其代理關係消滅後一年內不完成。蓋代理關係存續中，無行為能力人或限制行為能力人，既不能自己行使其權利；代理關係消滅後，如已成為行為能力人者，固能行使其權利，但對於其法定代理人，因情感關係，自不便驟然行使，故法律特使其時效一年內不完成也。至於代理關係，縱已消滅，而於一年內，無行為能力人或限制行為能力人，仍未成為行為能

---

⑱ 民法第一四二條之立法例：

法民　第二二五二條　（見⑰）

舊德民　第二〇四條　夫妻間之請求權之時效，於婚姻關係存續中停止之。關於親子間之請求權，於子女未成年間；關於監護人及受監護人之請求權，於監護關係存續間，亦同。

瑞債　第一三四條　（見⑮）

日民　第一五九條　無能力人對於管理其財產之父母或監護人所有之權利，自其人成為能力人，或後任之法定代理人就職時起，六個月內，其時效不完成。

泰民　第四三五條（二項）　無能力人對於其法定代理人之權利，自其人成為能力人時起，五年內，其時效不完成。

力人，且又無後任之法定代理人者，則如何？此在解釋上仍得適用前（一四一）條，即自其成為行為能力人或其新法定代理人就職時起，其時效六個月內不完成。

（五）夫妻相互間之權利　我民法第一四三條規定：「夫對於妻或妻對於夫之權利，於婚姻關係消滅後一年內，其時效不完成。」❶⑲茲依此析述其要件及效果如下：

（1）要件　本條所定不完成事由之成立要件為：

(1)須為夫對於妻或妻對於夫之權利：祇須夫妻間相互之權利即可，其權利之發生原因如何，在所不問。

(2)須為其婚姻存續中所發生之權利：若為婚姻關係消滅後，所生之權利，如判決離婚所生之損害賠償請求權（民法一〇五六條），因夫妻之名分既已不存，自無本條之適用也。

（2）效果　具備上述要件後，則其相互間權利之時效，自其婚姻關係消滅後，一年內不完成。蓋婚姻存續中，其行使權利，往往忽略，而於婚姻關係消滅時，容或舊情未泯，亦不便驟然行使，故法律特予

⑲　民法第一四三條之立法例：

法民　第二二五三條　夫妻關係存續中，應停止其權利消滅期間之進行。

德民　第二〇四條　（見⑱）

瑞債　第一三四條　（見⑮）

日民　第一五九條之二　夫婦一方對於他方所有之權利，自婚姻解消時起，六個月內其時效不完成。

泰民　第四三六條　夫對於妻，或妻對於夫之權利，自婚姻解消時起，一年內，其時效不完成。

以一年之期間，俾得利用之以中斷時效。

第三、消滅時效不完成之效力

消滅時效不完成之事由，共有五種，已如上述。其中前三者係因權利之無法行使，後二者係因權利之不便行使，故法律均使其時效停止進行，俾對於權利人予以中斷時效之機會，然而權利人如於此法定停止期間（一個月，民法一三九條；六個月，民法一四〇、一四一條；一年，民法一四二、一四三條）內，仍不為中斷之行為者，則其時效終必完成也。

第六節　消滅時效之效力

消滅時效之效力者，乃消滅時效完成後，在法律上應發生之效果是也，其效果如何？茲分述之。

（一）消滅時效及於債務人之效力　消滅時效完成後，對於當事人間所發生之效力，各國立法例，頗不一致，大別之如左：

（1）債權消滅主義　消滅時效完成後，債權本身，歸於消滅，是乃就債權人方面立論，日本民法（一六七條以下）即採此主義者也。

（2）訴權消滅主義　消滅時效完成後，債權本身並不消滅，僅關於實行該債權之訴權，歸於消滅，是亦從債權人方面立論，但認為實體權仍存在，僅變為自然債務而已。法國民法（二二六二條）即採此主義者也。

（3）抗辯權發生主義　消滅時效完成後，不惟債權本身不消滅，即其訴權亦不消滅，僅債務人發生拒絕給付抗辯權而已，是乃從債務人方面立論，德國民法（二二二條）即採此主義者也。

以上三種主義，我民法係採取最後之主義，而於第一四四條一項規定：「時效完成後，債務人得拒絕給付。」⑳可見時效完成後，債權人之債權並不消滅，雖第一二五條至第一二七條，皆標明「請求權消滅」字樣，但依本條之文義觀之，其請求權亦非當然消滅，祗債務人發生拒絕給付抗辯權而已，故同條二項規定：「請求權已經時效消滅，債務人仍為履行之給付者，不得以不知時效為理由，請求返還。其以契約承認該債務，或提出擔保者，亦同。」蓋時效雖經完成，其基本債權，亦未消滅，故債務人仍為履行之給付者，在債權人方面原非不當得利，故不得以不知時效為理由，而請求返還也。至以契約承認該債務，或提出擔保者，則可認為該債務人已拋棄其拒絕給付之抗辯權，故事後亦不得主張該契約為無效，或撤回其擔保。又債務人於時效完成後，雖得拋棄其拒絕給付之抗辯權，而不享受時效之利益，但依我民法第一四七

---

⑳ 民法第一四四條之立法例：

法民　第二二二三條　基於時效之理由，法官不得以其職權援用之。

舊德民　第二二二條　消滅時效完成時，債務人得拒絕給付。

因滿足罹於時效之請求權所為之給付，不得以不知時效為理由而請求返還給付物。債務人於契約上之承認及擔保之供與者亦同。

日民　第一四四條　時效之效力溯及於起算之日。

第一四五條　時效非當事人援用，法院不得依之而為裁判。

泰民　第四三二條　時效完成時，其權利溯及時效開始進行時消滅。

條下段規定「不得預先拋棄時效之利益。」㉑因而當事人如有拋棄時效利益之預約（如契約中附有縱令時效完成，亦不拒絕給付之條款），亦不能生效。蓋時效制度係為社會公益而設，故其規定實具有強行性，倘許當事人預先拋棄時效利益，即無異排斥時效制度之適用，況此種情形亦不免發生債權人藉機壓迫債務人之情事，故法律明定不許之。

此外消滅時效完成後，債權人之債權固因罹於時效，而不得為抵銷，但在時效完成前，已適於抵銷者，

㉑ 民法第一四七條之立法例：

法民　第二二二〇條　無論何人，不得預先拋棄時效之權利，但已完成之時效得拋棄之。

舊德民　第二二五條　時效不得以法律行為排除或加重之。但時效之減輕，尤其時效期間之縮短，則許可之。

瑞債　第一二九條　本章所載之時效期間，不得以當事人之合意變更之。

第一四一條　時效，不得預先拋棄。

連帶債務人一人之拋棄，不得對抗其他連帶債務人。

就不可分給付，債務人間及主債務人之拋棄，對於其保證人亦與前項同。

第一四二條　審判官不得以職權調查時效。

日民　第一四六條　時效之利益不得預先拋棄。

泰民　第四二六條　時效利益於時效完成前，不得拋棄，但得於完成後為之。

第四二七條　法律所定之時效期間，不得加長或減短。

第四三七條　於死亡時所有之債權，或債務之時效，自其死亡日起一年內終止者，其時效期間，自死亡時，延長一年。

亦得為抵銷（民法三三七條），蓋於此情形，債權人雖未及時行使權利，但因其權利早已適於抵銷，亦即可以隨時抵銷，因而債權人即心有所恃，自不免疏忽或遺忘，而未為抵銷之意思表示，若於經過時效期間後，即因此而不許其抵銷，揆諸情理，實欠公允，故法律仍許其抵銷之，以資持平。

（二）消滅時效及於從權利之效力　我民法第一四六條規定：「主權利因時效消滅者，其效力及於從權利。但法律有特別規定者，不在此限。」㉒蓋從權利附隨主權利之命運，主權利既已消滅，則從權利自不能獨存，然此乃原則，如法律有特別規定者，則不在此限，所謂法律有特別規定者，如民法第一四五條一項之規定，即其一例，依該項規定：「以抵押權、質權或留置權擔保之請求權，雖經時效消滅，債權人仍得就其抵押物、質物或留置物取償。」㉓夫抵押權、質權、留置權，均係從權利，依前述原則，其主權

㉒ 民法第一四六條之立法例：

舊德民　第二二四條　對於附隨於主請求權之從給付之請求權，其應適用之特別時效，雖未完成，亦與主請求權同因時效而消滅。

瑞債　第一三三條　主請求權因時效而消滅者，與主請求權同時所生之利息，或其他從請求權，亦同消滅。

泰民　第四三三條　債權之主事項因時效消滅者，其孳息及附隨之權利，亦因時效而消滅。

㉓ 民法第一四五條之立法例：

舊德民　第二二三條　以抵押權或質權擔保之請求權，雖罹於時效，權利人不妨就擔保物請求履行。因請求權之擔保，而讓與權利時，不得以請求權已罹於消滅時效為理由，而請求返還。前二項之規定，於利息及其他定期給付，以其遲延額為標的請求權之消滅時效，不適用之。

瑞債　第一四〇條　動產質權之存續，不妨礙債權之時效，但時效之開始，不妨礙債權人質權之實行。

利消滅，則此等從權利亦應隨之消滅，自不能再就之取償，然此等供擔保之權利，究為物權，且債權人往往因恃有此等擔保物之故，而疏忽權利之及時行使，故法律特例外規定仍得就其取償。不過另依民法第八八〇條規定：「以抵押權擔保之債權，其請求權已因時效而消滅，如抵押權人，於消滅時效完成後，五年間不實行其抵押權者，其抵押權消滅。」則就抵押物取償一節，亦須於消滅時效完成後，五年內為之也。

上述之各種擔保物權，不隨請求權之消滅時效而消滅，既係一種例外，因而性質上不宜於適用此種例外之權利，自仍應使擔保該權利之擔保物權，同歸消滅，故我民法第一四五條二項規定：「前項規定，於利息及其他定期給付之各期給付請求權，經時效消滅者，不適用之。」是即明示此等請求權，倘因時效消滅，不能復就其擔保物取償。蓋此等定期給付之請求權，性質特殊，倘亦許債權人於消滅時效完成後，就擔保物取償者，則各期之給付，難免累積甚多，對於債務人殊屬不利，故法律特設此例外之例外，俾仍返乎原則，而使其從權利隨主權利一同消滅，以資保護債務人也。

泰民　第四三四條　債權雖因時效而消滅，抵押權人或於留置財產上有優先權之債權人，亦不妨以抵押財產或留置財產充償其債權；但抵押權人或債權人權利之行使，其關於遲延利息之請求為五年。

附論：消滅時效制度在羅馬法上之形成

一

消滅時效與取得時效之制度，雖均肇端於羅馬法，但斯二者在羅馬法上並非一個統一的制度，其發生時期，既不相同，其沿革情形，自亦差異，近世民法有將斯二者加一上級概念（時效），而予以統一規定者（如法、日民法），乃係受中世紀註釋法學派及教會法之影響而然，我民法則仿德民之立法例，將消滅時效規定於總則編，而將取得時效規定於物權編，體例允當，學者稱之。關於後者，在羅馬法上如何形成，以及其內容如何，應讓諸物權編討論（請參照拙著《民法物權》七二頁註一），茲僅就消滅時效制度，加以概述。

二

消滅時效者，乃債之關係，因出訴期限之經過而消滅之制度也，其在羅馬法上之形成可分下列三期述之：

（一）**古代**　羅馬古代（自羅馬建國後約五世紀間），尚無消滅時效之制度，其十二表法僅有使用取得制度（usucapio，即後世取得時效制度之濫觴，詳請參閱拙著《羅馬法要義》八五頁），可見消滅時效後於取得時效而發生，二者之起源並不相同也。

（二）**法務官法時代**　法務官法乃由法務官之活動，而形成之法律體系也，在法務官法時代，消滅時效制度，始告發生，因羅馬訴訟法上有「期限訴訟」（actio temporalis）與「永久訴訟」（actio perpetua）之分，前者即係法務官法上之訴訟，其出訴期限為一年，債權人倘不於此一年期內起訴，則其訴權消滅（債權亦消滅），此即消滅時效制度之由來；至於後者乃市民法上之訴訟，其訴權不論何時，永遠保有，惟對於背義遺囑撤銷之訴，則須於五年以內為之。

（三）**帝政時代**　戴育圖帝（Theodosius）時代，對於消滅時效，曾設一總括規定，即將一切訴訟均限制其出訴期限，原來法務官法上之期限訴訟，及背義遺囑撤銷之訴，其期限仍舊維持，固不必論；即對於市民法上之永久訴訟，亦限定三十年（有特殊情形者則延至四十年）內為之，故自戴帝以後，永久訴訟之名稱雖存，但事實上卻無所謂永久訴訟矣。迨查士丁尼大帝對於戴帝之消滅時效制度，照樣沿用，故羅馬法上之消滅時效，可謂發端於法務官法，而完成於戴帝也。

三

（一）**消滅時效之要件**　羅馬法之消滅時效，除期間經過之一點外，並無其他之成立要件，與教會法上須以善意為要件者不同。

（二）**消滅時效之中斷**　消滅時效中斷事由，在查帝法上有①訴之提起；②利息之支付；③債務證書之作成等等，但以口頭之承認，卻不生中斷之效力。又中斷效力係相對的，中斷後新時效開始進行，至依判決之時效中斷，對於原應罹於短期消滅時效之訴權，於判決後乃變為三十年之時效。

（三）**消滅時效之停止**　對於未成熟人及未成年人，則時效期間在三十年以下之訴權，常發生停止之問題，其後教會法認為時效制度屬於一種罪惡，於是更設有廣泛的停止事由，以阻止時效之完成。

（四）**消滅時效完成後之效力**　消滅時效完成後，在法務官法之期限訴訟，則債權人即喪失權利，前已言之，故其時效之出訴期限屆滿，實為債務消滅之一原因，但至戴帝之規定，債權人倘不於法定期限內起訴者，祇不能再起訴而已，其債權並不因之而消滅，亦即變為自然債務矣。

四

羅馬法上除上述債權之消滅時效外，尚有役權之消滅時效一種。役權之消滅時效，其效力非僅訴權消滅，即實體權（役權）自體亦歸消滅。地役權及人役權在古典時代如經過一年（動產）或二年（不動產）；在查帝法如經過三年（動產）或十年、二十年（不動產），而不行使權利者，即歸消滅。其期間之起算點，係自供役人方面有與役權之存在不相容之狀態發生時起算，但其役權一部分不行使者，該部分並不因時效而消滅。近世法律，如日本民法亦設有役權之消滅時效（日民二九〇條至二九三條），我民法既不承認物權之消滅時效，自亦無役權消滅時效之可言。

第七章　權利之行使

第一節　總　說

我民法總則編第七章標題為「權利之行使」，其內容則不外為權利濫用之禁止、誠實信用原則及自衛與自助三大問題。茲先就本章標題之意義及其立法趣旨等，敘述如下：

第一、權利行使之意義

權利之行使者，乃權利之主體或有行使權者，就權利之客體，實現其內容之正當行為也。一切權利之行使雖均屬於行為，但每因權利種類之不同，而其行使之行為亦異，有為法律行為者，如依撤銷權而撤銷是；有為準法律行為者，如依催告權而為催告是；亦有為事實行為者，如依所有權而使用其所有物是，凡此皆係行使權利之行為也。惟權利之行使，應與下列諸概念有所區別：①權利之享有：權利之行使與權利之享有不同，後者乃享有權利之利益之謂，係從靜的方面著眼，且限於權利人本身，始得享有之，而前者乃實現其權利內容之謂，係從動的方面著眼，且不限於權利人本身為之，即其代理人（有行使權者）亦得為之也。②權利之主張：權利之行使與權利之主張亦不相同，後者乃泛指依權利之作用所得為之一切行為而言，其範圍較廣，而前者則專指依權利之內容所得為之行為而言，其範圍較狹，例如權利之讓與及提起確認之訴，雖得謂為權利之主張，但不得謂為權利之行使是也。③權利之實現：權利之行使與權利之實現亦有差異，後者乃權利之內容已經實現之謂，前者則僅為實現其內容之行為而已。權利之實現，由於權利之行使者固多，其非由於權利之行使者，亦復不少，例如債權由於債務人之履行而實現，而非僅因債權之請求而實現是；又權利之實現，除須權利之行使外，亦有尚須其他之事實者，例如民法第七四條之撤銷權，即須於權利之行使外，尚以有法院之判決為必要是也。

第二、權利行使之限制

權利行使之限制者，乃吾人之私權在行使上不得有背於社會公益，而須受法律之種種限制之謂。蓋近世法律，已由權利本位進入社會本位，其保護私權，固在謀取個人之利益，但同時亦在維持社會之秩序，及增進公共之福祉，亦即謀取團體之利益，因而個人行使其權利，即不能罔顧團體之利害，而恣意為之，尤不能祇知有己，而不知有人，以破壞共同生活之協調。故文明各國法律莫不對權利之行使，設有相當之限制（德國威瑪憲法第一五三條，及其民法第二二六條；日本國憲法第一二條，及其民法第一條參照），而其限制已成為立法原則，並不止於權利行使自由之一種例外而已。我國法律除憲法第二二條及第二三條對此亦有規定外，我民法總則編設有禁止權利濫用及誠實信用原則之規定，而其他各編亦皆設有相當之規定，俾符合現代之立法精神。

第三、權利之保護

法律對於權利之行使，雖因公益關係，而加以種種限制，但另一方面，權利如遭受非法之侵害時，法律自亦加以保護。惟保護之方法雖多，然大別不外「公力救濟」與「私力救濟」兩途。前者即當權利遭受侵害時，權利人得請求國家（法院）以公力排除之；後者乃由私人以腕力逕行排除之是也。此兩種保護之方法，就其進化之過程言，當以私力救濟發生在先，而公力救濟發生在後，蓋昔野蠻時代，國家之組織不健全，對於權利之保護，唯有讓諸私力救濟之一途，因而私權之自救權，即不能不視為私權之附屬權，而任由個人行使之，厥後社會進步，國家權力日臻強大，保護私權之公共機關亦漸次完備，向之私力救濟，已無存在之必要。況私力救濟一事，弱者既無從收其實效，而強者又每易假以欺人，影響社會秩序，莫此為甚，故國家愈進步，私力救濟之範圍即愈形縮小，試觀近世各國法律對於權利之保護，莫不專以公力救濟從事，而僅認私力救濟為不得已之例外，即可知之。我國法律，除刑法上設有正當防衛與緊急避難外（刑法二三條、二四條），於民法上亦設有自衛行為（正當防衛，緊急避難）與自助行為兩種規定，蓋以公力救濟，有時難免緩不濟急，倘遇有緊迫情形，若絕對不許私力救濟，實難盡保護私權之能事，況事態若不及時制止，勢必續行擴大，對於社會秩序亦難免影響，而轉與法律維持社會秩序之宗旨不合，故我民法仍不得不於某種限度內，設有私力救濟之制度也。

第二節　違反公共利益之禁止

第一、公共利益之意義

民法總則編修正時，以「權利人於法律限制內，雖得自由行使其權利，惟不得違反公共利益，乃權利社會化之基本內涵」，爰於原第一四八條增列「權利之行使，不得違反公共利益」，俾與我民法立法原則更相脗合。本書著者將「不得違反公共利益」列入禁止權利濫用之內容（李模：《民法總則之理論與實用》修訂版三九五頁，劉得寬：《民法總則》修訂新版四一八頁亦同），惟民法既增列此規定，應係另一不同的原則，允宜獨立敘述之（施啟揚：《民法總則》修訂版三七九頁以下，黃立：《民法總則》四九六頁以下同旨）。

在權利社會化之法律思潮下，私法上之權利不僅具有私的性質，同時具有公共的性質，權利不僅為個人利益而存在，而且為公共利益而存在，行使權利自應與公共利益相調和。「權利之行使，不得違反公共利益」，即宣示私權之公共性與社會性也。

公共利益，日本民法稱公共福祉，要之乃國家社會一般利益，日本學者我妻榮將之定義為整體社會共同生活之向上發展（我妻榮：《新訂民法總則》三四頁），其具體內容，應就個案分別判斷之。公共利益原則係在補正傳統個人主義、自由主義之偏差，並非排斥個人主義、自由主義，在適用上切忌過度強調公共利益而犧牲私權原來所保障的個人利益，是宜注意。

第二、違反公共利益之效果

我民法規定：「權利之行使，不得違反公共利益」，性質上屬於消極性的規定，權利人行使權利不必積極的增進或維護公共利益，但必須消極的不違反公共利益（施啟揚：《民法總則》修訂版三八一～三頁），行使權利時，其權利內容或行使方法如違反公共利益，則在違反公共利益之範圍內，不發生權利行使之效力。

為促進或維護公共利益，諸法律中多設有規定，其違反係違反法律規定，不單獨構成「違反公共利益」，故適用違反公共利益而應受限制之機會實際上並不多，茲舉二、三實例於次：

(1)在系爭土地上所建之變電所一旦拆除，則高雄市都會區居民之生活勢將陷於癱瘓，生產工廠均將停頓，如非誇大其詞，而事實上復無其他適當土地取代，則權利人本於所有權請求義務人拆除地上變電所設施，交還系爭土地，其行使權利顯然違反公共利益，依民法第一四八條一項規定，應為法所不許（最高法院七九年臺上字第二四一九號判決）。

(2)因不特定公眾通行所必要之既成道路成立公用地役關係，土地所有人行使所有權應受限制者，應限於原供公眾通行之既成道路部分，難謂因公眾通行之必要得任意變更其位置或擴張其範圍（最高法院八八年臺上字第三五七號判決）。

(3)某村莊在某河川有漂流木材之流木權，該河川對治水、水源、發電、灌溉等公共利益具有重要意義者，則該流木權於符合此公共利益之範圍內，其權利內容、行使方法即應受限制（日本最高判昭和二五、一二、一民集四卷一二號六二五頁）。

第三節　權利濫用之禁止

第一、權利濫用之意義

權利之濫用者，乃權利人行使權利，違反法律賦與權利之本旨（權利之社會性），因而法律上遂不承認其為行使權利之行為之謂。夫法律賦人以私權，其本旨非僅在保護個人，亦兼在維護社會公益，已屢見前述，因而權利人之行使權利，必須符合法律賦予權利之本旨不可。我民法第一四八條一項規定：「權利之行使，不得以損害他人為主要目的。」❶是即確定權利是否濫用之一種抽象的、消極的標準，倘權利之行

❶ 民法第一四八條之立法例：

使，若逾此限度，即不符合法律賦予權利之本旨。故權利之行使不得損害他人。不過吾人之行使權利，若絕對不許損及他人，實屬難能之事，因而行使權利，若係出於維護自己之正當利益（如向債務人討債），縱他人因之受損（如債務人清償，當然係一種損失），亦屬不得已之事，法律自莫可奈何。然若專以損害他人為目的（損人利己），或以損害他人為主要目的（損人之處極大，利己之處極小）時，則構成權利之濫用矣。依判例，權利之行使，是否以損害他人為主要目的，應就權利人因權利行使所能取得之利益，與他人及國家社會因其權利行使所受之損失，比較衡量以定之，倘其權利之行使，自己所得利益極少而他人及國家社會所受之損失甚大者，即得視為以損害他人為主要目的（最高法院七一年臺上字第七三七號判例）。

第二、權利濫用之效果

權利濫用，既為法所不許，則果有濫用之情事時，法律上應生如何之效果，茲分述之：

（一）一般效果　權利濫用之效果，視權利行使之方法如何，而不相同，即權利之行使若係法律行為

德民　第二二六條　權利之行使，不許專以損害他人為目的。

瑞民　第二條　行使自己之權利，及履行自己之義務，應依誠實及信義為之。
權利之顯然濫用，不受法律之保護。

日民　第一條　私權應遵依公共福祉。
權利之行使及義務之履行，應依信義而誠實為之。
權利之濫用，不許之。

泰民　第一七條　權利之設定消滅變更，及債務之履行，須為誠意。

時，則其法律行為應屬無效。權利之行使若係事實行為時，則對於因之受有損害者，負賠償責任；而其事實行為倘仍在繼續，亦即權利濫用之狀態仍未停止者，受害人得請求停止之。

（二）**特殊效果**　特殊效果指法律上就濫用權利設有特別規定其效果而言。例如民法第一〇九〇條規定：「父母之一方濫用其對於子女之權利時，法院得依他方、未成年子女、主管機關、社會福利機構或其他利害關係人之請求或依職權，為子女之利益，宣告停止其權利之全部或一部。」則親權之濫用，即可發生被停止之效果也。此外關於權利濫用之詳細情形，請參照本章附論（權利濫用之研究），茲不贅述。

第四節　誠實信用原則

第一、誠實信用原則之意義

民法第一四八條二項規定：「行使權利，履行義務，應依誠實及信用方法。」是為誠實信用原則（以下簡稱誠信原則）之規定。按此一原則本規定於民法債編第二一九條，限於債之關係適用，民法總則編修正時，以「誠信原則，應適用於任何權利之行使及義務之履行，僅就行使債權，履行債務之誠信原則，於債編第二一九條中規定，似難涵蓋其他權利之行使與義務之履行」，現行民法爰於第一四八條增列第二項明示其旨，即「行使權利，履行義務，應依誠實及信用方法」，並刪除上開第二一九條。然則誠信原則之意義如何？曰：誠信原則乃斟酌各該事件之特別情形，較量雙方當事人彼此之利益，務使在法律關係上公平妥當之一種法律原則也。析述之如下：

（一）**誠信原則係一種法律原則**　「誠實信用」四字雖係道德觀念，但誠信原則卻已法律化，而成為一種法律原則。因之，①誠信原則之規定，法院應依職權而為適用；②誠信原則之規定，屬於法律問題，得為上訴第三審之理由；③誠信原則之規定屬於強行規定，當事人不得以契約排除之。

（二）**誠信原則乃務使在法律關係上公平妥當之原則**　公平正義乃法律之理想，法諺有所謂：「公平與善良乃法律之法律」（Aequum et bonum est lex legum）之說，厥旨在此。誠信原則即為達成此理想之一種手段，其適用應於法律關係見之。不過誠信原則雖為一種抽象的原則，但適用時，仍應斟酌各該事件之特別情形，較量雙方當事人之彼此利益，務使在法律關係上公平妥當而後可。就權利之行使言之，例如訂製西服，業已做好送到，僅忘釘左袖口之飾鈕，允即補釘，而請求先行付款時，定作人不得行使同時履行抗辯權，否則即不合乎誠信原則；又如債權人基於存款入銀行之目的與債務人約定中午十二時前付款，而債務人因故遲到二十分鐘，但債權人收款後仍可存入銀行，並無該日利息之損失，若竟拒絕受領，即屬有背誠信原則是。

第二、誠信原則之效用

誠信原則之效用，甚為廣泛，大體言之有：①對於法律行為之解釋或補充；②對於法律條文之解釋或補充；③可作為立法之準則等等，但民法第一四八條二項之規定，則以誠信原則作為行使權利或履行義務之準繩，因之行使權利，如不符此一原則，則不為合法之行使，於是不發生行使權利之效力；反之，履行義務，如不符此一原則，則為不合法之履行，於是亦不發生履行義務之效力。可見此一原則在法律關係上效用甚大。學者有將此一原則與公序良俗原則同樣推崇之為「帝王條項」（königliche Paragraphen）者，良有以也（蔡章麟：〈論誠實信用之原則〉一文九頁）。

第五節　自衛行為

第一款　總　說

第一、自衛行為之意義

自衛行為者，乃自己或他人之權利，受侵害或危險時，所為之防衛或避難行為也。自衛行為不僅為民法上之重要觀念，即刑法上亦有之（在國際法上國家亦有自衛權），自衛行為分為兩種，一為正當防衛，一為緊急避難，前者我刑法規定於第二三條，民法則規定於第一四九條；後者我刑法規定於第二四條，民法則規定於第一五〇條。二者在刑法上不構成犯罪，而為刑事免責之事由（違法阻卻），在民法上不構成侵權，而為民事免責之事由。

第二、自衛行為免責之理由

自衛行為可為刑事及民事之免責事由，然則其理由何在？說者如左：

（一）**主觀說**　謂緊急之際，吾人當無思考之餘暇，於是其所為之行為，已失其自由意思，故能阻卻違法。此係就行為人之意思立論，為舊日民刑法學者之通說。

（二）**客觀說**　此說對於免責之理由，係於客觀方面求之，復分二說如下：

（1）**權利行為說**　謂自衛行為既係為保護自己權利而為，自應認為係權利之行使行為，因而即不能復認為違法。

（2）**非常行為說**　謂自衛行為，乃值非常之際，不容國家干涉，惟有任諸當事人之自處，而聽其自然而已。故此說亦稱放任行為說。

以上各說，以最後者為妥，蓋對於自衛行為法律並不認為違法者，並非基於行為人喪失自由意思之故，亦非認為行為人係行使權利，而係以事出非常，難待公力之干預，祇好聽其私力救濟，而對於其所發生之結果，於某種程度內，可不問其責任而已。

第二款　正當防衛

第一、正當防衛之意義及要件

正當防衛者，乃對於現時不法之侵害，為防衛自己或他人之權利，而於必要之程度內，所為之防衛行為也（民法一四九條）❷。茲依此將其要件列表如下：

---

❷ 民法第一四九條之立法例：

德民　第二二七條　因正當防衛所為之行為非屬不法。

正當防衛謂對於現時不法之攻擊，為防衛自己或他人，所為之必要行為。

瑞債　第五二條（一項）　因為正當防衛而抵抗侵害之人，對於侵害人之身體生命或財產所加之損害，不任其責。

日民　第七二〇條　對於他人之不法行為，為防衛自己或第三人之權利，不得已而為加害行為者，不任損害賠償之責；但不妨礙被害人對於不法行為人之損害賠償之請求。

前項規定因避免由他人之物所生之急迫危難時，而毀損其物者，準用之。

正當防衛之成立要件
- （一）須有加害行為
  - （1）須為現時之侵害
  - （2）須為不法之侵害
- （二）須有防衛行為
  - （1）須為防衛自己或他人之權利（目的）
  - （2）須未逾越必要之程度（手段）

根據上表可知，正當防衛之成立要件，可分為兩大部分如左：

（一）須有加害行為　此為正當防衛之前提，更分兩項：

（1）須為現時之侵害　侵害行為須已著手，或現正實施而未完畢（如遇兇漢持械突擊），始得對之為防衛行為。若侵害已成過去，而對之復仇；或侵害尚在未來，而先下手為強，皆為法所不許，蓋此等情形，儘可從容謀取公力救濟也。

（2）須為不法之侵害　侵害須為不法，若為合法之侵害，則不得對之為防衛行為，例如警察逮捕犯人，犯人不得拒捕是。又不法僅須客觀不法為已足，加害人主觀上有無故意或過失，在所不問，例如遇有醉漢襲人，在客觀上亦屬不法，即得對之為防衛行為，蓋任何人無甘受不法襲擊之義務也。

（二）須有防衛行為　此乃正當防衛之本體，更分兩項：

（1）須為防衛自己或他人之權利　行為之目的，須在乎防衛自己或他人之權利，若毫無目的，則不得為之。至權利之種類如何？他人之範圍（是否親友）如何？均非所問。又防衛他人權利所為之行為，亦

泰民　第一九六條　因正當防衛或法律上之命令，而加害於他人之行為，非侵權行為，無賠償之責。

被害人對於受正當防衛行使者，或不法與以命令者，得請求損害賠償。

別稱緊急救助。緊急救助對於防衛公共危險之犯罪亦得為之，例如對於壅塞水路足以引起水災之行為，人人均得為防衛行為，以衛自己兼衛他人是。

（2）**須未逾越必要之程度**　此為防衛行為之手段問題，防衛行為須對於加害人予以反擊（若加第三人以損害，則屬於後述之緊急避難問題），但其反擊行為須未逾越必要之程度而後可。至必要與否，乃客觀的狀況，而非行為人之主觀意見，例如鄰兒攀枝盜果，則大聲叱喝之，至多以竹杖擬擊，而使之逃跑為已足，若以槍斃之則不可。又遇有持刀來砍之人，以槍斃之，固非無必要，若已奪得其刀而反刀殺之，則為不必要矣。總之，必要與不必要，須依具體的情形而定，未可一概而論也。

第二、正當防衛之效果

具備前述之要件後，則構成正當防衛，正當防衛不負損害賠償之責；但已逾越必要程度者（防衛過當），則仍應負相當賠償之責（民法一四九條）。至於誤想的防衛行為，即誤以為有應防衛狀態之存在，而為之防衛行為，是否應負賠償責任，應依侵權行為之一般原則而定，即以其誤想防衛狀態之存在，有無過失以斷之。

第三款　緊急避難

第一、緊急避難之意義及要件

緊急避難者，因避免自己或他人生命、身體、自由或財產上急迫之危險，而於避免危險所必要，並未逾越危險所能致之損害程度內，所為之避難行為也（民法一五〇條一項）❸。茲依此先將其要件列表如左，然後說明：

緊急避難之成立要件
- （一）須有危險存在
  - （1）須有急迫之危險
  - （2）須有及於自己或他人生命、身體、自由或財產之危險
- （二）須有避難行為
  - （1）須有避免危險之行為
  - （2）須為避免危險所必要，且未逾越危險所能致之損害程度

❸民法第一五〇條之立法例：

德民　第二二八條　為自己或他人避免由他人之物所生之急迫危險，加害於他人之物或破壞之者，如其加害或破壞，於避免危險上所必要，且其損害與危險之程度相當者，即非為違法；但行為人就其危險之發生有過失者，仍負損害賠償之義務。

第九〇四條　物之所有人，如他人對於其物之干涉，為現在危險之防止之所必要，且其急迫之損害，較之因干涉對於所有人所生之損害甚鉅時，無禁止其干涉之權利；但所有權人，得請求賠償因干涉所生之損害。

瑞債　第五二條（二項）　因避免自己或他人之急迫損害或危險，對於他人之財產加以損害者，應依審判官之裁量，賠償其損害。

日民　第七二〇條（二項）（見❷）

泰民　第一九七條　為避免直接及一般的危險，而毀損或破壞某物者，非侵權行為，無支付賠償之責；但其行為所生之損害，須未逾越所欲避免之危險之程度。

為避免直接及個人的危險，而毀損人或破壞某物者，應償還之。對於某物所生之直接危險，因防衛自己或第三人之權利，而毀損或破壞其物者，非侵權行為，無支付賠償之責；但由其行為所生之損害，須未逾越所欲避免之危險之程度，且危險之發生須非由其人之過失。

（一）須有危險存在　此為緊急避難之前提，更細分如下：

（1）須有急迫之危險　危險之程度須急迫，其發生之原因若何，在非所問，由於人，由於物，由於事變，均無不可。例如猛犬向人突噬，係自動的抑為他人所唆使，並無區別之必要，惟其程度必須急迫耳。

（2）須有及於自己或他人生命、身體、自由或財產之危險　受危險之對象，限於生命、身體、自由、財產等四種，此點與正當防衛不同，正當防衛祇要權利受侵害，則不問何種權利，均得為防衛行為。此則限於上述四者，因而倘名譽信用受有危險，縱屬急迫，亦不能構成緊急避難之前提。

（二）須有避難行為　此為緊急避難之本體，更細分如下：

（1）須有避免危險之行為　此即避難人所加於他人之侵害行為，例如因躲避肇事之汽車，而撞毀攤販之商品是。惟因其所加害對象之不同，常分為「防禦的緊急避難」與「攻擊的緊急避難」兩者，前者乃對於發生危險之物本身加以毀損（即對於危險之原因，加以消滅），例如鄰屋失火，為避免延燒己家，而拆毀其屋垣是；後者乃對於未關與危險之物，加以損毀，例如甲為避免丙之侵害，而破壞乙之所有物是（若對於侵害人之物，加以毀損者，則屬正當防衛）。又如甲因避免海水之淹沒，而奪取乙之救生圈，致乙滅頂，或甲為避免出籠猛虎之撲噬，而拉乙自保，致乙受傷之類，皆屬之。

（2）須為避免危險所必要，且未逾越危險所能致之損害程度　避難行為須為避免危險所必要，亦即以脫卻危險為止，否則藉端濫行侵害他人，當為法所不許；又雖為避免危險所必要，但所加於他人之損害程度，亦有限制，即其所加之損害，須未逾越其因危險所能致之損害程度始可。例如因避免自己生命之危險，而損害他人之生命苟有必要，雖尚無不可，但為避免自己財產之危險，而傷害他人之身體，則絕對不可。不寧唯是，即為避免自己財產上之較小危險，而加於他人財產上以較大之損害，亦為法所不許，例如牛入稻田，其禾秧雖有被踐踏之危險，但不得奪牛而殺之是。

第二、緊急避難之效果

具備前述之要件後，緊急避難即可成立，因而對於所加於他人之損害，不負賠償之責（在刑法上不犯罪），但有下列情形者，仍須負賠償之責：

（1）**危險之發生，行為人有責任者**　此種情形，仍應負損害賠償之責（民法一五〇條二項）。例如刺戟馬尾而馬揚蹄亂踢，則為避免被踢之危險，而踏毀他人之物者，即須賠償；又如無端挑逗鄰家之犬，而遭犬撲噬，如打殺其犬，亦應賠償，蓋危險之發生，行為人均曾予以原因也。

（2）**避難過當者**　即因避難行為所加於他人之損害，已逾越危險所能致之損害程度者，此際仍應負賠償責任。

第六節　自助行為

第一、自助行為之意義及要件

自助行為者，為保護自己之權利（請求權），對於他人之自由或財產施以拘束、押收或毀損之行為也。夫貸錢者雖得請求返還，購物者雖得請求交付，但義務人若不予返還或不肯交付時，則權利人卻不得自掏義務人之腰包，而取其金錢；或自扼出賣人之手腕，而奪其物品，於此情形祇有訴請法院，為之解決（公力救濟），否則擅自下手，亦構成侵權行為，而為法所不許。蓋國家為維持社會秩序，不能不如是也。惟法院並非到處皆是，而其他有關機關（如警察機關）亦非隨地均有，因而倘遇時機緊迫，而不及受法院或其他有關機關之救助時，則例外亦不得不容許自助行為（私力救濟）。容許自助行為既屬法律上之例外，則對其成立要件，即不能不嚴加限制，其要件為何？依我民法第一五一條規定：「為保護自己權利，對於他人之自由或財產施以拘束、押收或毀損者，不負損害賠償之責。但以不及受法院或其他有關機關援助，並非於其時為之，則請求權不得實行或其實行顯有困難者為限。」❹茲依此先列表如左，然後說明：

自助行為之成立要件

- （一）須為保護自己之權利
- （二）須時機緊迫不及請求公力救濟
- （三）須依法定之方法（對於他人之自由／財產施以拘束／押收或毀損）

❹ 民法第一五一條之立法例：

德民　第二二九條　以自助之目的，而押收破壞或毀損其物，或拘束有逃亡之虞之債務人，或對於負有容忍義務之義務人除去其抵抗者，以不能於適當之時受官署之援助，且非於其時為之，則請求權不能實現，或顯有困難者為限，其行為不為違法。

瑞債　第五二條（三項）　為保全正當請求權之目的，自為保護處分者，以依其情事，不能於適當時期受官署援助，且惟依自助可以避免請求權之消滅，或因為其主張之顯著困難者為限，無賠償義務。

泰民　第一九四條　無論何人，以平穩為之為限，得因自助而毀損破壞或占有其物。若不能得法院或當地官署之援助，速為處置，則權利之實行，有被蹂躪或顯著損害之危險者，縱為右之行為，亦非侵權行為。

（一）須為保護自己之權利　保護自己之權利，乃自助行為成立之基本要件，亦係自助行為與自衛行為之不同處，蓋後者不限於保護自己之權利，即保護他人之權利亦無不可，而此則以保護自己之權利為限。至於權利之種類如何？法文雖未標明，然由第一五一條但書之文義推之，應以請求權為限，且不論債權的請求權或物權的請求權均包括在內，惟請求權之不得強制執行者則不在此限，例如夫妻同居請求權（民法一〇〇一條）及婚約履行請求權（民法九七五條），均不得強制執行，自亦不得為自助行為，蓋公力救濟尚且不許，遑論私力救濟耶。又經確定判決廢棄之請求權，及相對人已行使其抗辯權之請求權，亦均不得為自助行為。

（二）須時機緊迫不及請求公力救濟　此為自助行為之前提，所謂「時機緊迫」即指非於其時為之則請求權不得實行，或其實行顯有困難之情形而言，例如債務人在國內未留財產，而欲逃往國外，行將登機，此際若不加以解決，則時機稍縱即逝，事後其請求權即不得實行，至少限度其實行已顯有困難矣。所謂「不及請求公力救濟」即指不及受法院或其他有關機關援助之情形而言，蓋時機雖已緊迫，但仍能受法院或其他有關機關援助者，則仍不得為自助行為；必須不及受法院或其他有關機關援助始可，如上例其登機之時，適在夜間，而為債權人所發見，斯時法院已不辦公，而附近又無警察機關，即可認為不及受公力之援助，而得為自助行為。

（三）須依法定之方法　自助行為須依法定之方法，不得恣意為之。法定之方法如何？即：①對於他人之自由，施以拘束；②對於他人之財產施以押收或毀損是也。前者例如飲食店對於面生顧客食畢不付金錢，即欲縱身逃跑者，加以拘束是；後者例如出賣人欲隱匿其買賣標的物，而買受人加以押收，或對於將該物運往他處之卡車之輪胎加以毀損是。以上各種方法究採取何者，當事人自可視實際情形決之，惟既不得超過其範圍（例如傷害人之身體），亦不得逾越必要之程度（例如押收可達目的者，即不得毀損，毀損財產已足者，即不得拘束人之自由），此點德國民法第二三〇條已有規定，我民法雖無明文，但亦應為同一之解釋。

第二、自助行為之效果

自助行為具備上述之要件後，即可成立，而因此加於他人（義務人）之損害，可不負賠償責任（民法一五一條上段）。惟毀損財產者，則財產一經毀損，問題多已解決，故事後不須再有何等處置；但拘束自由或押收財產者，則問題多未因之而解決，是以於為自助行為後仍須有所處置始可，處置之道若何？依我民法第一五二條一項規定：「依前條之規定，拘束他人自由或押收他人財產者，應即時向法院聲請處理。」❺

---

❺ 民法第一五二條之立法例：

德民　第二三〇條　自助行為不得超過防止危險之必要限度。

為物之押收者，如不為強制執行，應為其物假扣押之聲請。

拘束義務人身體之自由者，如不恢復其自由，應於實施拘束地之初級法院為人的保全假扣押之聲請，並應速將義務人移送法院。

聲請遲延或聲請被駁回時，應速返還押收物，釋放被拘束之人。

第二三一條　誤認有阻卻違法性所必要之條件，而為第二二九條所載之行為者，其錯誤雖非基於過失，對於相對人亦負損害賠償責任。

所謂向法院聲請處理者，即應將所拘束之人或所押收之財產，送交法院，請其為適當處置之謂；所謂須即時者乃極言其不可遲延之意。因而同條二項復有：「前項聲請被駁回或其聲請遲延者，行為人應負損害賠償之責」之規定，可見聲請遲延者，仍應負損害賠償之責。至於其聲請被駁回，亦須負損害賠償之責者，必其聲請不合法或無理由，故法律仍使之負責也。

於此應附述者，民法總則編關於自助行為之規定，乃一般性之規定，此外債編第四四五條第四四七條（出租人之留置權）、第六一二條（旅店主人之留置權），及物權編第七九一條二項（土地所有人之留置權）、第七九七條（土地所有人越界枝根刈除權）、第九六〇條（占有人之防禦權及取回權）等規定，亦皆具有自助行為之性質，應一併注意及之。

泰民　第一九五條　自助行為，以避免危險必要之程度為限。
誤信為自助而為自助行為者，對於他人任賠償之責。

附論：權利濫用之研究

一

「權利濫用」一語，於今已習見不鮮，而於法律條文中，逕用「濫用」字樣者，亦不乏其例，如我民法第一〇九〇條有：「父母濫用其對於子女之權利時，其最近尊親屬或親屬會議，得糾正之。糾正無效時，得請求法院宣告停止其權利之全部或一部。」（按現行本條文字已修改為：「父母之一方濫用其對於子女之權利時，法院得依他方、未成年子女、主管機關、社會福利機構或其他利害關係人之請求或依職權，為子女之利益，宣告停止其權利之全部或一部。」）瑞士民法第二條二項有：「權利之顯然濫用，不受法律之保護。」日本民法第一條三項有：「權利之濫用，不許之。」之規定均屬之，惟日本國憲法第一二條雖亦有國民不得濫用自由及權利等字樣，然一般所謂權利濫用者，常指私權之濫用而言，蓋憲法上之基本人權（公權），多與政治有關，甚少單獨的構成濫用之問題，至於所謂職權濫用者，乃具有公務員身分者之特有問題，並無普遍性，故吾人一言權利濫用，則輒以私權之濫用為對象，此在學者間，殆無不異口同音者也。

二

私權主要以私有財產制度為其濫觴，蓋當初人類對於自己捕獲之物、自己製造之物，即認為自己所有之物，於是乃有「任由自己隨意處置，不許他人妄加干涉」之意識生成，此種意識達於為社會所承認時，則權利之觀念及其行使之基礎，始告確立。其後此種所有權之意識，與甲、乙間交換所有物之經濟行為相結合，乃依買賣或租賃等契約之方式，發生債權。更將所有權由對物的現實支配關係，發展為抽象的支配關係，亦即使所有權成為觀念化乃至虛有化，終於有所謂地上權、永佃權等用益物權，及質權、抵押權等擔保物權之產生。時至今日私權種類，已異常繁多。惟此等伴隨私有財產制度而來，且以所有權為中心之個人的多種多樣的私權，既為社會的規範意識所支持，而成為社會生活中個人對個人關係之支配者，則權利人對於其權利之行使，自應有其界限，否則即無法維持社會的共同生活。關於此點，在法律上之處置，每因時代之變遷而不相同，究其經過之情形如何？吾人可以羅馬法為始，加以考察。

羅馬法上雖有：「行使自己之權利，無論對於何人，皆非不法」(Qui iure Suo utitur, nemini facit iniuriam)之原則，但另一面亦有不少不許以損害他人為目的而為權利行使之事例，尤其在相鄰關係上，對於有害鄰人所有之權利行使，逕認為違法，我民法所設相鄰關係之規定（民法七七四條至八〇〇條），亦多自羅馬法沿襲而來。總之在羅馬法上關於權利濫用之問題，雖尚無有系統之規定，然而關於權利行使應有限制一節，並非不認之。

迨及近世，因自然法學派之勃興，及自由主義、個人主義之倡行，對於權利之觀念，為之丕變，亦即「權利絕對」之思想，於焉形成。在法蘭西大革命「人權宣言」中，竟有「所有權之不可侵性」與「財產權之絕對性」之口號，結果以法國民法為始，其他近代各國民法，莫不將此種觀念，訂入實際制度，使與政治經濟的自由思想相配合，而成為權利乃為權利人個人而存在，權利人對於權利之行使饒有絕對自由之現象。於是所有權人或其他財產權人，對於其權利，竟認為可以無限制的行使，無論予他人以何等不利，他人亦非忍受不可，其極端者且將「土地所有權及於土地之上下」一事，解為「上達九天，下達地心」，此在今日視之，不可不謂跡近狂妄。

蓋於社會生活中，個人不過為共同生活體之一份子，「我」與「汝」與「彼」之間，實相依而存在，若於人群中唯承認有「我」，所謂「自由主義比沙皇，不許旁人有主張」者，則不惟不合道理，而所謂「我」也者，實際亦無法存在，因一人既唯我獨尊，而為所欲為，則他人亦必以其人之道，還諸其人之身，如是人人相敵，社會生活尚能維持乎？故自前世紀中葉以來，對於上述之極端的權利絕對思想，乃漸有由社會見地加以批判及反省之勢。學者間有所謂「希卡內」禁止者，即其發端也。按「希卡內」(Schikane, Chicane) 一語，本為故意損害他人之意，所謂「妒嫉建築」，即其最著之實例。一八五五年春，法國科爾馬 (Calmar) 法院曾有：「專為遮蔽鄰舍陽光而修築之煙筒，應認為係以加害鄰人為目的，其建築所有人，須將其拆除。」之一判決，乃揭開禁止權利濫用之序幕，自法國民法施行以來，強調私權之絕對性，到此已達半世紀之當時，此一判決出，不可不謂為具有重大之意義。影響所及，翌年（一八五六年）春，法國里昂 (Lyons) 法院，對於以枯竭鄰地之礦泉為目的，而挖掘自己土地一事件，亦有：「所有人對於所有物固得自由利用，但須以不妨礙鄰人之所有權之享受，為其限界。」之判決，此一判決尤具有劃時代的意義，在當時曾贏得最高之評價。

其後於前世紀末產生之德國民法，其第一次草案中，對於「希卡內」禁止一節，竟未提及，致遭物議，因而其現行民法第二二六條乃有「權利之行使，不許專以損害他人為目的」之設置，以揭明禁止權利濫用之原則。其後奧國民法於一九一六年追加：「故意以違背善良風俗之方法，加損害者，應負賠償責任；但其損害如係因權利之行使而發生者，以其行使權利顯然以損害他人為目的者為限，負其責任。」一項（一二九五條二項），雖與德國民法同其趣旨，但其另行揭櫫「善良風俗」之一客觀的標準，實係從社會的觀點而著眼，較德民之純以權利人之主觀的目的為標準，而決定權利是否濫用者，實又勝一籌。良以「專以損害他人為目的」之一主觀的要件，不僅於裁判之際，舉證困難；且對於縱無加害目的，而為權利人極少之利益，使他人遭莫大損害之情形，將有不能認為權利濫用之弊，故非有一客觀的標準，則適用上難收實效。因而瑞士民法第二條一項乃有：「行使自己之權利，及履行自己之義務，應依誠實及信義為之。」之規定；而同條二項復有：「權利之顯然濫用，不受法律之保護。」之規定，於是權利濫用之禁止，乃直接見諸明文矣。此外一九一六年巴西民法第一六〇條六項亦規定：「因權利正常之行使所為之行為，非屬不法行為。」其反面即可表示「非正常之權利行使，乃屬不法。」至於日本民法，因係以法國民法及德國第一次民法草案為藍本而編纂，故除設有關於親權濫用之規定（舊八九六條）外，並無關於權利行使或濫用禁止之一般規定，但此次戰後修訂，於第一條設有：「私權遵依公共福祉」；「權利之行使及義務之履行，應依信義及誠實為之」；「權利之濫用不許之。」等三項，其第二項與第三項，雖似完全抄襲前揭瑞士民法第二條之條文，但其第一項卻揭明私權之公共性，因而即可表示對於權利濫用，係從權利之本質的內在的性格，所謂社會性或公共性上，加以否認者，此點乃其特色也。

其次，關於權利濫用之事例，德國最高法院判例曾認有下列數種：①對於定做之物，以其絕小之瑕疵而拒絕受領，有反於誠實信義者；②被告人為借款，以其一定數目字之股票為質，於被請求清償時，雖其股票已變為全無價值，而請求返還其原數字之股票；③父對於其所仇視之子，禁止進入其子之母所埋葬之園；④出賣人對於其出賣物品之瑕疵，已願為除去，而仍為解約之行為。至於日本在此次戰前，其民法雖無禁止權利濫用之明文，但其法院之判決，則不乏其例，其較著者有鐵道業者，不講求煤煙預防之方法，任煙害之發生，致沿線之松樹枯死一事件，關於此事件之判決中有：「凡營社會共同生活者之間，一人之行為，難免致他人不利益，於通常情形而不得概認為權利之侵害，亦即他人於共同生活之必要範圍內，不得不予容忍。然而其行為如超過社會觀念上一般認為被害人應予容忍之限度以外時，則不能不認為已非權利之適當行使，而應解為不法行為。」（大正八年三月三日大審院第二民事部判決）可見權利濫用早為法所不許。此次戰後，關於此類判決，尤屬屢見，茲舉二例如下：

⑴關於以未得出租人之承諾，任意轉租為理由，而解除租約一案，法院判決認係權利濫用，其判決略謂：「任意轉租所以成為租約解除之法定原因（日民六一二條，相當於我民四四三條，但略有出入）者，以承租人之任意轉租一事，乃係對出租人之一種背信行為也。惟因戰後之影響，致物資缺乏，尤以房荒為甚，因而如為苦無居處之人（撤退者，疏散者），承租人肯將自己住屋之一部騰出讓其居住者，與其謂為係對於出租人之背信行為，勿寧由高次之觀點，認為係社會生活協力之美舉，因而如解為構成解約之背信行為，實屬不妥，故右述之轉租，出租人以未得其承諾，而行使解除權，不能不謂為反於信義，而為權利之濫用。」（昭和二五年四月一〇日福岡高等裁判所判決，見下級民事裁判例集一卷四號五三五頁）

⑵關於音響震動侵入一案，法院之判決為：「本案問題所在之音響震動及其他臭氣煤煙之侵入一節，如尚未超出社會協同生活上普通之程度者，則相對人非容忍不可。但其程度之如何，應參照其時代之社會倫理觀，而依吾人之健全的常識判斷之，因而音響震動等之侵入，已超出社會協同生活上之普通程度以上，而達於鄰近居住人生活不堪之地步者，其權利行使即屬權利之濫用。相對人得基於所有權或其他權利，請求該妨害之除去或預防，或請求損害賠償。」（昭和二五年一〇月一八日福井地方裁判所判決，見下級民事裁判例集一卷一〇號一六六六頁）

以上係權利濫用問題，在外國法例及判例上之變遷情形，若在理論方面觀之，則普瀾涅耳（Planial）嘗謂：「權利濫用之用語，其自身即屬矛盾，蓋吾人行使吾人之權利，則吾人之行為自不能不謂為適法，倘如認為違法時，則必係已逾越權利之範圍，而屬於無權利（San sdroit）之行為矣。……權利濫用伊始，即同時失去其權利之性質（le droit cesse oú l'abus commence）。」由此理論推之，則權利實具有相對性矣。又狄驥（Léon duguit）氏更唱「權利否認論」，可見關於權利濫用問題，今後必向權利本質論及法律哲學的觀察上發展也。

最後試觀我國法律及判例對於權利濫用問題之處置情形如何，按我民法直用「濫用」字樣者，有第一○九○條關於親權行使之規定，前已言之，此外關於權利濫用一般性之規定，即民法第一四八條一項：「權利之行使，不得違反公共利益，或以損害他人為主要目的。」是也，此規定較德民第二二六條之規定，其適用範圍寬廣已多，即在德民非專以損害他人為目的，則不構成權利濫用，而我民法則縱不專以損害他人為目的，但權利人之行使權利，對於自己之利益極小，對於他人之損害莫大者，則亦不能不解為以損害他人為主要目的，而構成權利之濫用也。又我民法同條二項有：「行使權利，履行義務，應依誠實及信用方法。」亦係行使權利之最高原則，此次修正列入總則編，甚為妥當。此外我民法有關禁止權利濫用之間接規定尚多，限於篇幅，茲不枚舉。至於我國法院判例，有關禁止濫用者可舉之如下：

⑴行使權利，若非圖自己之利益，而專以損害他人為目的者，謂之權利濫用，不在法律保護之列（民國一五年大判上字第六一○號）。

⑵占有人於其占有土地所建築之房屋，土地所有人，雖得請求拆去，然依其情事，可認土地所有人

依占有人請求，償以相當費用，將房屋收歸己有。實與請求拆去房屋，可得全然同一之利益者，若土地所有人，必使占有人拆去房屋以損其價格，自不得謂非權利之濫用（同上）。

三

民法上既不許權利濫用，則遇有濫用之情形，究應得如何之結果？當然權利濫用其自體應屬於一種違法行為，自不得再繼續或反覆為之，此點在任何權利濫用之情形，莫不皆然。但此外尚因所濫用之權利性質，濫用結果所生之狀態，以及認為濫用之根據如何，而異其效果，本不能一概而論，然大體言之，則有如左列：

(1)權利濫用既認為違法，則其結果如致他人以損害者，自應負侵權行為之損害賠償責任。

(2)權利行使本來應生之效果，而因其濫用之關係，法律遂不使之發生，例如契約之解除，如濫用者，則不生契約解除之效果是。

(3)以權利濫用為理由，而剝奪其權利者亦有之，例如民法第一〇九〇條規定，親權濫用，則得剝奪之是也。

(4)煤煙、音響、震動、熱、瓦斯、強光等因向鄰地過度侵入者，則鄰地所有人得請求停止其過度之侵入，亦即請求其於適當限度侵入，如將來有過度侵入之虞時，且得請求預防之。

(5)於認為濫用之範圍內，固不得行使其權利，但該權利自體並非失其存在，因而權利人如因其權利之不得行使，而遭受損害時，自亦得請求補償。例如越界建築。鄰地所有人如知其越界，不能提出異議而於事後請求移去或變更建築物者，固屬權利之濫用，法所不許（民法七九六條參照），但鄰地所有人對於該建築物基地之所有權，並不因之而喪失，即得請求越界人購買越界部分之土地，如有損害並得請求賠償。

參考書目（以出版年月為序，引用時，並對著者先生省略敬稱，請諒！）

甲、本國法

1. 民法詮解總則編（上、下、補編）　黃右昌　民國三七年
2. 民法總論　徐謙　民國三八年
3. 民法總則　李宜琛　民國四一年
4. 民法總則　何孝元　民國四二年
5. 民法原論總則　史尚寬　民國四三年
6. 民法要義（總則編）　梅仲協　民國四三年
7. 民法總則　胡元義　民國四五年
8. 民法總則　王伯琦　民國四六年
9. 中國民法總則　洪遜欣　民國四七年
10. 中國民法總論　蔡肇璜　年度不詳

乙、外國法

1. 民法釋義（總則編）　梶康郎　大正一四年
2. 民法講話（上）　末弘嚴太郎　大正一五年

3. 日本民法總論　鳩山秀夫　昭和二年
4. 中華民國民法總則　中華民國法制研究會　昭和六年
5. 民法總則　穗積重遠　昭和一一年
6. 民法（第一、二部）　末川博　昭和一八年
7. 中華民國民法總則　我妻榮　昭和二一年
8. 例解民法精義（總則）　吾妻光俊　昭和二九年
9. 民法總則　我妻榮　昭和三〇年
10. 民法總論　宗宮信次　昭和三〇年
11. 民法總論　柚木馨　昭和三〇年
12. 民法提要（總則）　松坂佐一　昭和三二年

丙、其他專著

1. 德意志民法（Ⅰ）民法總則　神戶大學外國法研究會　昭和三〇年
2. 法蘭西民法（Ⅰ）～（Ⅴ）　神戶大學外國法研究會　昭和三一年

（其他參考專著於引用處敘明，茲不備舉）

◎民法物權

鄭玉波／著　黃宗樂／修訂

鄭玉波教授著《民法物權》，風靡學界，歷久不衰，乃公認的經典之作。本書原著，氣盛言宜，字字珠璣，修訂時盡量保存原著之風貌，非特有必要，絕不更易任何文字；增補部分亦盡量依循鄭教授筆法，務期鉤玄提要，使全書內容更臻於充實完善。

國家圖書館出版品預行編目資料

民法總則／鄭玉波著;黃宗樂,楊宏暉修訂.－－修訂十二版一刷.－－臺北市: 三民，2021
面；　公分

ISBN 978-957-14-6300-1（平裝）
1. 民法總則

584.1　　106009277

民法總則

作　者	鄭玉波
修訂者	黃宗樂　楊宏暉
發行人	劉振強
出版者	三民書局股份有限公司
地　址	臺北市復興北路 386 號 (復北門市) 臺北市重慶南路一段 61 號 (重南門市)
電　話	(02)25006600
網　址	三民網路書店 https://www.sanmin.com.tw
出版日期	初版一刷 1959 年 8 月 修訂十版一刷 2007 年 9 月 修訂十一版一刷 2008 年 9 月 修訂十二版一刷 2021 年 8 月
書籍編號	S581120
I S B N	978-957-14-6300-1

三民書局